国家社科基金青年项目（15CTJ004）

韩君 等◎著

产业结构变动的能源消费效应与生态环境效应研究

CHANYE JIEGOU BIANDONG DE NENGYUAN XIAOFEI XIAOYING
YU SHENGTAI HUANJING XIAOYING YANJIU

中国财经出版传媒集团

经济科学出版社
Economic Science Press

图书在版编目（CIP）数据

产业结构变动的能源消费效应与生态环境效应研究／
韩君等著 . -- 北京：经济科学出版社，2022. 8
ISBN 978 - 7 - 5218 - 3967 - 8

Ⅰ . ①产… Ⅱ . ①韩… Ⅲ . ①产业结构调整 - 影响 -
能源消费 - 研究 - 中国 ②产业结构调整 - 影响 - 生态环境
- 环境效应 - 研究 - 中国 Ⅳ . ①F269. 24 ②F426. 2
③X321. 2

中国版本图书馆 CIP 数据核字（2022）第 156681 号

责任编辑：杜　鹏　武献杰　常家凤
责任校对：王苗苗
责任印制：邱　天

产业结构变动的能源消费效应与生态环境效应研究

韩　君　等著

经济科学出版社出版、发行　新华书店经销

社址：北京市海淀区阜成路甲 28 号　邮编：100142

编辑部电话：010 - 88191441　发行部电话：010 - 88191522

网址：www. esp. com. cn

电子邮箱：esp_bj@ 163. com

天猫网店：经济科学出版社旗舰店

网址：http：//jjkxcbs. tmall. com

固安华明印业有限公司印装

710×1000　16 开　19. 25 印张　320000 字

2022 年 8 月第 1 版　2022 年 8 月第 1 次印刷

ISBN 978 - 7 - 5218 - 3967 - 8　定价：98. 00 元

（图书出现印装问题，本社负责调换。电话：010 - 88191510）

（版权所有　侵权必究　打击盗版　举报热线：010 - 88191661

QQ：2242791300　营销中心电话：010 - 88191537

电子邮箱：dbts@ esp. com. cn）

前　言

　　产业结构变动不仅是经济结构调整的重要组成部分，还是促进经济可持续发展的重要途径。经济系统的输入端连接着能源系统，输出端则连接着生态环境系统。各种能源资源进入经济系统并通过生产和生活的使用，向生态环境中排放各种污染物，破坏和污染环境，影响人类的健康和生命财产安全。在能源资源和生态环境的双重约束下，通过有效地调整产业结构，不仅能够提高经济系统输入端能源的利用效率，而且能够减少经济系统输出端污染物的排放量。当前正处于通过经济结构调整优化促进经济稳定增长的关键期，同时经济发展面临的能源约束和生态环境约束更趋严重，在此背景下，研究产业结构变动的能源消费效应和生态环境效应，对于缓解我国能源供求矛盾和改善生态环境质量有着重要的理论意义和现实意义。

　　围绕"产业结构变动规律研究"，学者们较多地关注产业结构变动对产值和就业等影响的研究，虽然对也有少数学者关注产业结构变动对能源消费和生态环境影响的研究，但研究的内容还不够系统和全面，同时对产业结构变动影响能源消费和生态环境的机理阐述还不够客观和透彻。围绕"产业结构变动的能源消费效应实证研究"，学者们虽然在模型选择上，呈现出多样化的特征；但在产业结构变动的测度上，使用的指标和方法相对来讲比较单一和趋同，对产业部门的划分还不够详细，这不利于针对具体部门和行业提出差异性和有效性的建议和措施。围绕"产业结构变动的生态环境效应实证研究"，学者们虽然运用的研究方法不同，但在研究思路上却是趋同的，即直接从产业结构变动对生态环境影响的角度进行建模和分析；这里需要的强调的是，由于现有关于产业结构变动对生态环境影响的理论还比较匮乏，因此，这样建模和分析的理论基础值得讨论和商榷。

　　本书首先根据能源系统、经济系统、生态环境系统之间的相互关系，深入探究产业结构变动对能源消费和生态环境影响的作用机理，以此作为建立产业结构变动的能源消费效应和生态环境效应模型的理论基础；其次对产业结构的内涵以及产业结构变动的内涵进行辨析和界定，构建基于投入与产出双重视角的产业结构变动测度方法，从投入（生产工艺）和产出（产值）的双重视角测度产业结构变动的数量特征与数量规律；最后结合中国及各省份的经验数据，从时间、空间、时空、行业和结构的角度探寻产业结构变动的能源消费效应规律和生态环境效应规律，并为中国及各省份提供定制的节能减排和生态环境保护对策。

本书的主要创新表现为：第一，产业结构变动规律理论的扩展。经典的产业结构变动规律理论主要研究了产业结构变动对产值和就业等方面的影响特征和规律。在可持续发展和经济发展新常态的时代背景下，探究产业结构变动的能源消费效应和生态环境效应特征、规律，是对产业结构变动规律理论的发展、补充和完善。第二，产业结构变动测度研究视角的创新。现有产业结构变动基本上都是从产出（产值）的视角对产业部门进行分类，即产出的同质性，按照生产相同产品的基层型单位划归同一类型的产业部门。本书对产业结构变动的测度不仅从产出（产值）的角度去衡量，还要从投入（生产工艺）的角度去测度，这样能够更贴切、更准确描述产业结构变动对能源消费与生态环境影响。第三，研究方法的创新。现有关于产业结构变动对能源消费影响研究运用的方法主要有线性回归模型、协整与误差修正模型、面板模型、因素分解模型和灰色关联模型；现有关于产业结构变动的生态环境效应研究运用的方法主要有环境投入产出模型、综合评价模型、因素分解模型。本书通过运用时空模型研究产业结构变动对能源消费与生态环境的时间效应、空间效应、时空效应，通过运用非竞争型投入分析模型研究产业结构变动对能源消费与生态环境的行业效应、结构效应。第四，学术观点的创新。现有研究认为产业结构变动对能源消费、生态环境都存在着直接的作用关系。本书认为产业结构变动对能源消费存在着直接影响，能源消费通过污染物排放对生态环境存在着直接影响；而产业结构变动对生态环境的影响是通过能源消费传递的，是间接的影响和作用。

产业结构演变是社会经济发展的动力来源和时代特征。经典的产业结构理论重点关注产业结构变动对就业和产值的影响，已经比较成熟和完善。在推动经济高质量发展的新时代背景下，能源消费与生态环境已经成为制约社会经济发展的重要约束条件，因此，探寻产业结构变动对能源消费与生态环境的作用规律对于促进社会经济可持续发展具有重要的理论价值。第一，新时代中国产业结构变动规律是，产业结构变动的引擎是在以北京为中心的京津冀地区和以上海为中心的长三角地区，产业结构变动的重心分布在西北地区和西南地区，产业结构变动的主导产业由第二产业转向第三产业，劳动、资本、能源等各类生产要素将会向产业结构变动的引擎、重心和主导产业流动并加速聚集。第二，新时代中国产业结构变动的能源消费效应规律是，经济发展水平较高的地区，产业结构变动对能源消费影响的程度较高，应注重区域政策的制定和实施；能源消费水平较高的行业，产业结构变动对能源消费影响的程度较高，应注重行业政策的制定和实施；能源消费占比较高的能源，产业结构变动对该类能源消费影响的程度较高，应注重能源政策的制定和实施。第三，新时代中国能源消费变动的生态环境效应规律是，从产出视角来看，能源消费规模对不同污染物均为显著的正向直接效应，对工业废气的影响最大，对工业二氧化硫的影响最小；对工业废水和工业二氧化硫有显著的正向空间溢出效应。能源消费结构对工业废气、工业粉尘、工业废水、工业固体废物等污染物均有显著的正向直接效应，对工业固体废物有显著的空间溢出效应。从投入视角来看，能源消费规模变动对氮氧化物、二氧化硫和烟尘排放均具有拉动效应，能源消费结构变动对氮氧化物、二氧化硫和烟尘排放具有分类、分时的抑制效应。东部地区能源消费规模变动和结构变动对氮氧化物、二氧化硫和烟尘排放水平均高于中部和西部地区，但是随着时间的推移，排放的高值区域由东部地区向中部地区转移。制造业、生产性服务业、房地产业、能源行业能源消费规模变动和结构变动对氮氧化物、二氧化硫和烟尘排放影响较大，农业、采掘业能源消费规模变动和结构变动对氮氧化物、二氧化硫和烟尘排放影响较小。

　　本书由九章组成，其中：第一章由韩君撰写；第二章由赵嘉仪撰写；第三章由张家明撰写；第四章由王菲撰写；第五章由李浩智撰写；第六章由王璐撰写；第七章由高瀛璐撰写；第八章由牛士豪撰写；第九章由韩君撰写；全书由韩君统稿。

　　最后，需要说明的是，限于作者的理论水平和研究视野，在研究思路、研究方法上还需要进一步拓展和完善，真诚欢迎广大读者批评指正！

韩　君

2022 年 6 月

目　　录

第一章 导 论

　　产业结构变动不仅是经济结构调整的重要组成部分，还是促进经济可持续发展的重要途径。经济系统的输入端连接着能源系统，输出端则连接着生态环境系统；各种能源资源进入经济系统并通过生产和生活的使用，向生态环境中排放各种污染物，破坏和污染环境，影响人类的健康和生命财产安全。在能源资源和生态环境的双重约束下，通过有效的调整产业结构，不仅能够提高经济系统输入端能源的利用效率，而且能够减少经济系统输出端污染物的排放量。当前正处于通过经济结构调整优化促进经济稳定增长的关键期，同时经济发展面临的能源约束和生态环境约束更趋严重。在此背景下，研究产业结构变动的能源消费效应和生态环境效应，对于缓解我国能源供求矛盾和改善生态环境质量有着重要的理论意义和现实意义。本章重点阐述产业结构变动的能源消费效应与生态环境效应的研究背景、研究意义、研究思路、研究方法、研究内容的安排、可能的创新与不足等，以此作为本书的导引。

第一节　研究背景与意义

一、研究背景

　　党的十九大报告是开启全面建设社会主义现代化强国的动员令和宣言书，为我国未来的全面发展指明了方向，其中：在经济建设方面强调指出"中国特色社会主义进入了新时代，我国经济已由高速增长阶段转向高质量发展阶段，正处在转变发展方式、优化经济结构、转换增长动力的攻关期，建设现代化经济体系是跨越关口的迫切要求和我国发展的战略目标"①。这是贯彻新发展理念，建设现代化经济体系的具体要求。要实现这个目标，关键在于经济结构的调整尤其是产业结构的调整与优化升级。在绿色发展方面强调指出"加快建立绿色生产和消费的法律制度和政策导向，建立健全绿色低碳循环发展的经济体系。构建市场导向的绿色技术创新体系，发展绿色金融，壮大节能环保产业、清洁生产产业、清洁能源产业。推进能源生产和消费革命，构建清洁低碳、安全高效的能源体系。推进资源全面节约和循环利用，实施国家节水行动，降低能耗、物耗，实现生产系统和生活系统循环链接"②。这是贯彻新发展理念、践行绿色经济发展方式的具体要求。绿色经济发展方式的主要特征是节能环保、清洁低碳、安全高效，核心在于能源消费水平的降低、能源消费结构的调整以及能源消费方式的转变。在生态环境建设方面强调指出"坚持全民共治、源头防治，持续实施大气污染防治行动，打赢蓝天保卫战。加快水污染防治，实施流域环境和近岸海域综合治理。强化土壤污染管控和修复，加强农业面源污染防治，开展农村人居环境整治行动。加强固体废弃物和垃圾处置。提高污染排放标准，强化排污者责任，健全环保信用评价、信息强制性披露、严惩重罚等制度。构建政府为主导、企业为主体、社会组织和公众共同参与的环境治理体系。积极参与全球环境治理，落实减排承诺"③。这是贯彻新发展理念、实现生态文明建设目标的具体要求。要实现这个目标，重点在于减少固体废物、废水和废气的排放量，恢复生态环境的修复能力，提升生态环境的承载力。

可见，建设现代化经济体系、践行绿色经济发展方式和实现生态文明建设目标是中国特色社会主义进入新时代需要完成的共同任务，这三个方面虽然各自的目标任务不同、表现特征不同、措施方案不同，但是，要想同时实现这三个方面的建设任务，都离不开一条发展的主线，就是产业结构调整与优化升级。产业结构的调整是建立现代化经济体系的核心问题，同时通过调整产业结构可以带动能源消费水平和能源消费结构的转变，进而减少各种污染物的排放达到提升生态环境质量的目的。

---

①②③ 习近平．决胜全面建成小康社会 夺取新时代中国特色社会主义伟大胜利——在中国共产党第十九次全国代表大会上的报告［J］．中国经济周刊，2017（42）．

二、研究意义

基于新发展理念与经济高质量发展目标的总体要求，本书旨在通过探寻中国及各省份产业结构变动的能源消费效应规律、生态环境效应规律，为中国及各省份产业结构调整和制定产业政策提供经验参考和理论依据。研究的意义主要表现为：

第一，对于产业结构变动测度的重新认识意义。现有产业结构变动测度方法在计算公式构造方面都选择产业产值或增加值作为主要变量，都是以产业产值或增加值数据作为测度的主要数据源；始终是站在产出变化的角度去衡量和反映产业结构的变动。这里其实存在着不能够准确反映产业结构变动的问题，例如电力生产部门，虽然其产品是电力，但是生产工艺却可以是煤电、水电、风力发电、太阳能发电、核电等，当生产电力产品的生产工艺由煤电向水电、风力发电、太阳能发电、核电等转变时，显然在生产过程中会对煤炭消耗减少，相应的污染物排放会减少，对生态环境的影响会减弱，这应该属于产业结构变动的范畴；然而如果仅站在产出角度衡量产业结构变动，结果很显然是没有变化。因此，对产业部门分类仅仅站在产出角度划分是存在偏面性的，尤其是在描述产业结构变动对能源消费与生态环境影响时，这样处理的结果无法真实反映产业结构的客观变化。产业结构变动从表面上看是各产业产值的变化，但探究其变化的深层次原因是技术进步、国际贸易和管理创新等所带来的各产业部门生产工艺的变化。对于同一类型产品的生产来讲，不同的生产工艺意味着不同类型的能源消费和不同数量的能源消费。因此，从投入（生产工艺）角度测度产业结构变动，能够更准确、客观地反映产业结构变动对能源消费与生态环境影响。

第二，对于产业结构变动规律研究的理论拓展意义。经典的产业结构变动规律理论主要讨论了产业结构变动对产值和就业等方面的影响特征和规律，这些方面的研究结论在克拉克法则与库兹涅茨法则上体现得最为明显、最具有代表性，而且在理论上已经达成了共识。而在可持续发展的时代背景下，在能源资源和生态环境的双重约束下，要解决能源供求矛盾与生态环境恶化的问题，如果仍然沿用经典的产业结构理论去解释和分析已经不能够满足解决问题的需要。因此，站在新时代的背景下，面对新的发展目标，需要进一步探讨产业结构变动的能源消费效应和生态环境效应特征、规律，这是对产业结构变动规律理论的发展、补充和完善。

第三，对于产业结构调整政策制定的现实指导意义。当前，我国经济已由高速增长阶段转向高质量发展阶段，正处在转变发展方式、优化经济结构、转换增长动力的攻关期①；能源供求矛盾加剧和生态环境恶化已经成为影响我国经济社会可持续发展的重要桎梏。如何协调经济发展、能源消费与生态环境之间的关系，实现经济系统、能源系统与生态环境系统的耦合发展，已经成为社会经济发展中的重要议题。本书通过使用宏观经济面板数据和投入产出表准面板数据探寻中国30个省份产业结构变动的能源消费效应与生态环境效应的具体数量特征，这不仅有利于客观、准确地认识和把握产业结构变动对能源消费、生态环境的影响方向和影响程度，而且能够为制定切实、有效、精准的产业政策提供可靠的理论依据和经验参考。

第二节 研究思路与研究方法

一、研究思路

本书根据文献综述→"3E"系统研究→产业结构变动测度→能源消费效应测算→生态环境效应测算→演变规律经验研究的逻辑关系，研究产业结构变动的能源消费效应与生态环境效应问题（技术路线如图1.1所示），具体的思路是：首先，通过对现有文献进行梳理，并且围绕现有文献的内容特点，将文献分为三个方面进行综述，即"产业结构变动规律研究""产业结构变动的能源消费效应实证研究""产业结构变动的生态环境效应实证研究"。研究表明，学者们较多地关注产业结构变动对产值和就业等影响的研究，虽然也有少数学者关注产业结构变动对能源消费和生态环境影响的研究，但使用的指标和方法相对来讲比较单一和趋同，研究的内容还不够系统和全面，同时对产业结构变动影响能源消费和生态环境的机理阐述还不够客观和透彻。本书在对文献进行评述的基础上，提出研究的切入点。其次，根据"3E"系统（经济系统、能源系统、生态环境系统）之间的相互作用关系，将经济发

---

① 习近平. 决胜全面建成小康社会 夺取新时代中国特色社会主义伟大胜利——在中国共产党第十九次全国代表大会上的报告［J］. 中国经济周刊，2017（42）.

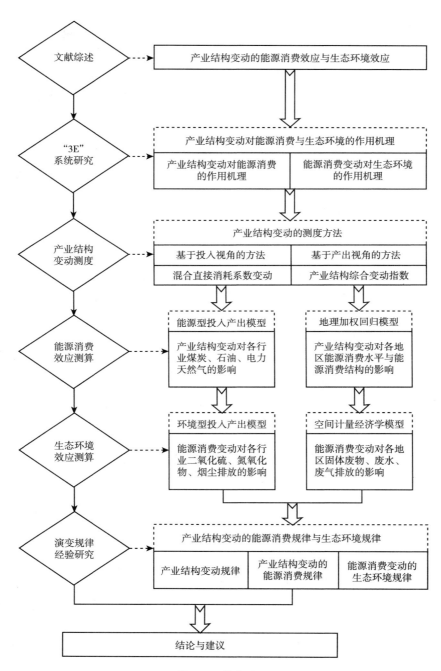

图 1.1 技术路线

展阶段划分为传统社会阶段、工业化阶段、后工业化阶段与生态化阶段，并阐述不同经济发展阶段的能源消费与生态环境特征；以此重点论述产业结构变动对能源消费的作用机理，以及能源消费变动对生态环境的作用机理，从而为产业结构变动的能源消费效应模型与能源消费变动的生态环境效应模型构建奠定理论基础。再次，通过对常见产业结构变动测度方法的特点进行比较，分析现有测度方法存在的问题，提出基于产出与投入双重视角的产业结构变动测度方法。基于产出（产值）角度测度产业结构，主要借助现有产业结构变动测度方法，根据产业结构变动对能源消费的作用机理，构建产业结构变动综合指数；基于投入（生产工艺）角度测度产业结构，主要运用投入产出表中的技术经济系数（混合直接消耗系数）测算各产业部门由于生产工艺变化所引致的产业结构变动。同时，运用中国 30 个省份的宏观经济数据与投入产出表，测算各区域产业结构变动的时间、空间与行业特征。从次，基于产出视角测算的产业结构变动综合指数，建立地理加权回归模型估计各省份产业结构变动对能源消费水平与能源消费结构的空间异质效应；基于投入视角测算的混合直接消耗系数变动结果，构建能源型投入产出模型并测算各省份产业结构变动对农业、采掘业、制造业、生产性服务业、房地产业和能源行业的煤炭、石油、电力和天然气等能源的消费效应。基于产出视角建立空间计量经济学模型估计能源消费水平变动与能源消费结构变动对固体废物、废水、废气的直接效应和空间溢出效应；基于投入视角构建环境型投入产出模型测算煤炭、石油、电力和天然气等能源消费规模变动与能源消费结构变动对氮氧化物、二氧化硫、烟尘等污染物排放的影响。最后，从理论的角度，对产业结构变动的测算结果、产业结构变动的能源消费效应的测算结果、能源消费变动的生态环境效应的测算结果进行提炼和归纳，得到新时代中国产业结构的演变规律、产业结构变动的能源消费效应规律以及能源消费变动的生态环境效应规律，从而为中国及各省份提供定制的产业政策、节能减排与环境保护政策提供理论依据。

在本书研究中，产业结构变动的测度是拟解决问题的基础，产业结构变动对能源消费与生态环境的作用机理研究是拟解决问题的重点，这关系到产业结构变动的能源消费效应与生态环境效应模型构建的理论依据。虽然 R、Stata 统计分析编程系统有标准式的空间计量经济学模型应用程序可以调用，但未必适合产业结构变动的能源消费效应地理加权回归模型、能源消费变动的生态环境效应空间计量经济学模型的估计，因此这两个时空模型的参数估计需要编写新的程序才能够解决，这是研究中的难点。此外，在编制能源型投入产出表与环境型投入产出表的过程中，如何将各产业部门按照研究的需要进行分解、分类与合并，同时对各行业的混合直接消耗系数进行推算，对各类能源的污染物排放量进行测算等问题也是研究中的重点与难点问题。

本书研究的主要目标是通过运用国民经济统计学、计量经济学、产业经济学、能源经济学、生态经济学等跨学科的理论知识，运用空间计量经济学模型、能源型投入产出模型、环境型投入产出模型、ArcGIS 可视化方法等多种定量分析方法，探寻中国及各省份的产业结构变动的能源消费效应规律、生态环境效应规律；并以此作为中国及各省份产业结构调整和制定产业政策的经验参考和理论依据。

二、研究方法

研究问题的科学性与客观性取决于所使用研究方法的专业性与合理性，产业结构变动的能源消费效应与生态环境效应问题研究是一个横跨国民经济统计学、计量经济学、产业经济学、能源经济学、生态经济学的多学科的问题。因此，要对这个问题进行科学、客观的研究，自然需要运用多个维度的研究方法。本书在方法的使用上主要表现在以下四个方面。

（一）归纳与演绎方法

归纳法是通过对大量个体进行观察和分析，对其异质性进行筛选和剔除，保留其同质性的特征和属性，进而得到事物或现象的一般规律[①]。本书通过对传统社会阶段、工业化阶段、后工业化阶段与生态化阶段等不同经济发展阶段能源消费与生态环境特征归纳和总结，阐述和提出了产业结构变动对能源消费的作用机理以及能源消费变动对生态环境的作用机理。通过对产业结构变动的测算结果、产业结构变动的能源消费效应的测算结果、能源消费变动的生态环境效应的测算结果进行提炼和归纳，总结得到新时代中国产业结构的演变规律、产业结构变动的能源消费效应规律以及能源消费变动的生态环境效应规律。

演绎法以基本理论为推理的基础，根据事物或现象的已知部分推导事物

---

① 韩君．生态环境质量约束条件下能源资源性产品定价机制研究［D］．兰州：兰州大学，2014．

或现象的未知部分①。本书以因素分解基本理论为依据，推导和构建能源型投入产出模型，基于投入视角（生产工艺的变化）运用混合直接消耗系数分析各省份、各行业产业结构变动对煤炭、石油、电力和天然气等能源的消费效应。在此基础上，同理推导和构建环境型投入产出模型，分析各省份、各行业、不同类型的能源消费规模变动与能源消费结构变动对氮氧化物、二氧化硫、烟尘等污染物排放的影响。

（二）空间计量经济学方法

传统的计量经济学方法通常假定空间样本单元满足独立性与同分布的假设，然而在现实问题中这两个假设都很难满足，因此，如果仍然使用传统的计量经济学方法进行建模和估计，这样必然会对估计结果的准确性产生影响。考虑到不同省份的能源消费水平可能会呈现出异质性的特点，在研究产业结构变动的能源消费效应时，本书主要使用空间局部自相关与地理加权回归模型进行建模和估计，以此分析产业结构变动对能源消费影响的空间异质效应。考虑到不同污染物尤其是大气污染物的产生与流动、扩散并不局限于同一区域的特点，在研究能源消费变动的生态环境效应时，本书主要使用空间全局自相关与空间杜宾模型进行建模和估计，以此分析能源消费变动对不同污染排放的空间溢出效应。

（三）投入产出分析方法

投入产出表主要通过中间流量象限反映不同产业部门之间相互提供产品、相互消耗产品的技术经济联系②。基于投入视角研究产业结构变动的重点是衡量产业部门在生产过程中对各种中间产品的消耗情况，以此反映产业部门生产工艺的变化；而投入产出表的中间流量象限在列方向上所提供的数据正是产业部门对其他部门提供中间产品的消耗，因此，投入产出表为这个问题的研究提供了全面、合理的基础数据。本书从基本型投入产出表出发，通过分解、分类与整理将产业部门合并为农业、采掘业、制造业、生产性服务业、房地产业、能源行业，并结合后续研究的需要计算混合直接消耗系数，以混合直接消耗系数的变化反映产业结构变动；通过编制能源型投入产出表，推

---

①② 韩君. 生态环境质量约束条件下能源资源性产品定价机制研究［D］. 兰州：兰州大学，2014.

导和构建产业结构变动的能源消费效应模型，测算各省份不同产业结构变动对煤炭、石油、电力和天然气的影响；通过编制环境型投入产出表，推导和构建能源消费变动的生态环境效应模型，测算各省份不同产业不同类型能源消费变动对氮氧化物、二氧化硫、烟尘排放的影响。

（四）可视化方法

为了更加全面、客观地分析产业结构变动的能源消费效应与生态环境效应，本书在剖析问题的维度上进行比较深入、系统的思考，并最终形成了时间、空间、行业、能源、污染物、规模、结构等多维度的研究结果。这不仅丰富了研究的内容，而且对于精准把握这个问题的特征和规律提供了有力经验依据。然而，由于呈现的分析维度较多，模型输出的信息较为发散，这给直观认识和了解研究结果带来了一定的困难。因此，为了解决分析维度较多、信息不够集中的问题，本书使用可视化的方法对产业结构变动测算结果、产业结构变动的能源消费效应测算结果、能源消费变动的生态环境效应测算结果均进行了全方位的图形化展示。通过对研究结果进行可视化处理，不仅丰富了研究内容的多样性，同时为有价值的研究信息提取提供了有力帮助。

第三节 主要研究内容

根据本书的研究思路，可将主要研究内容分为九个方面，各章研究内容简要概括如下：

第一章是导论。主要就研究背景与研究意义、研究思路与研究方法、研究内容的安排、可能的创新与不足等问题进行阐述，从整体上对产业结构变动的能源消费效应与生态环境效应问题的研究脉络进行描述和展示，进而对这个问题有总体上的认识。

第二章是文献综述。主要围绕"产业结构变动规律研究""产业结构变动的能源消费效应实证研究""产业结构变动的生态环境效应实证研究"三个方面对现有文献进行梳理和述评，指出现有文献对产业结构变动对产值和就业等影响的研究关注较多，对产业结构变动对能源消费和生态环境影响的研究关注较少；研究的内容还不够系统和全面，同时对产业结构变动影响能源消费和生态环境的机理阐述还不够客观和透彻。

第三章是能源与生态环境相关基本问题。在阐述能源、生态环境的基本概念的基础上，主要从供给与需求的角度描述与分析中国及各省份能源的现状，揭示各类能源供求的变化特征，同时从二氧化硫、废气、烟尘、废水、固体废物排放的角度刻画中国及各省份生态环境的状况，并通过聚类方法分析各类污染物排放的时空分异特征；从而对所分析的能源与生态环境问题有直观认识和客观把握。

第四章是产业结构变动对能源消费与生态环境的作用机理研究。主要阐述经济系统、能源系统、生态环境系统之间的相互作用关系，在此基础上论述不同经济发展阶段的能源消费问题与生态环境问题。着重阐释了产业结构变动影响能源消费的作用机理，以及能源消费变动影响生态环境的作用机理，并提出产业结构变动对能源消费存在着直接影响，能源消费通过污染物排放对生态环境存在着直接影响；而产业结构变动对生态环境的影响是通过能源消费传递的，是间接的影响和作用。

第五章是产业结构变动测度问题研究。主要对产业结构及产业结构变动内涵进行界定，在此基础上重点对常见的产业结构变动测度方法进行系统的梳理和分类，并剖析现有产业结构变动测度方法的特点以及存在的问题，提出基于产出与投入双重视角的产业结构变动测度方法；并结合中国及各省份的经验数据，测算与归纳中国及各省份产业结构变动的时间、空间、行业特征，为了解中国及各省份产业结构的现状及后续研究提供基础数据。

第六章是产业结构变动的能源消费效应测算。基于产业结构变动对能源消费的作用机理，从产出（产值）表征产业结构的角度，构建地理加权回归模型结合中国及各省份的经验数据，分析产业结构变动对能源消费影响的时间效应、空间效应以及时空效应。从投入（生产工艺）表征产业结构的角度，编制能源型投入产出表，构建投入产出模型并重新测算中国及各省份农业、采掘业、制造业、生产性服务业、房地产业与能源行业的混合直接消耗系数，在此基础上测算各产业对主要能源煤炭、石油、天然气和电力的需求量；并分析不同时期随着产业结构的变动，各产业的综合能源、煤炭、石油、天然气、电力的能源消费量的变化特征。

第七章是能源消费变动的生态环境效应测算。基于能源消费变动对生态环境的作用机理，从产出（产值）表征产业结构的角度，构建空间计量经济学模型结合中国及各省份的经验数据，分析能源消费变动对生态环境影响的时间效应、空间效应以及时空效应。从投入（生产工艺）表征产业结构的角度，在环境型投入产出表的基础上，测算中国及各省份农业、采掘业、制造业、生产性服务业、房地产业与能源行业能源消费规模变动与能源消费结构变动对氮氧化物、二氧化硫、烟尘等污染物排放量的影响，同时分析不同时期随着能源消费的变动，各产业的污染物排放种类及数量的变化特征。

第八章是产业结构变动的能源消费效应与生态环境效应规律研究。本章以产业结构变动测度结果、产业结构变动的能源消费效应测算结果、能源消费变动的生态环境效应测算结果为基础，归纳和提炼新时代中国产业结构演变规律、产业结构变动的能源消费效应规律和能源消费变动的生态环境效应规律，为拓展产业结构演变规律理论与促进经济社会可持续发展提供理论依据。

第九章是结语。根据前八章的研究内容特点，从全书的角度归纳和阐述本书的主要结论，并从产业政策、能源政策与环境政策"分"与"合"的角度提出相应的对策建议。同时，结合整个研究过程中的思考，给出本书的研究启示与研究展望。

第四节　研究可能的创新与不足

一、可能的创新之处

本书基于投入与产出双重视角研究产业结构变动的测度问题、产业结构变动的能源消费效应问题、能源消费变动的生态环境效应问题，可能的创新之处主要体现在理论拓展、研究视角、研究方法、学术观点等方面，具体表现为以下方面。

（一）产业结构变动规律理论的扩展

产业结构的演变是社会经济发展的动力来源和时代特征。经典的产业结构变动规律理论主要研究了产业结构变动对产值和就业等方面的影响特征和规律，已经比较成熟和完善。在推动经济高质量发展的新时代背景下，能源消费与生态环境已经成为制约社会经济发展的重要约束条件。因此，探寻产业结构变动对能源消费与生态环境的作用规律对于促进社会经济可持续发展具有重要的理论价值，探究产业结构变动的能源消费效应和生态环境效应特征、规律，是对产业结构变动规律理论的发展、补充和完善。

（二）产业结构变动测度研究视角的创新

现有产业结构变动基本上都是站在产出（产值）的视角对产业部门进行分类，即产出的同质性，按照生产相同产品的基层型单位划归同一类型的产业部门。本书对产业结构变动的测度不仅从产出（产值）的角度去衡量，还要从投入（生产工艺）的角度去测度，这样能够更贴切、更准确描述产业结构变动对能源消费与生态环境影响。基于产出（产值）角度测度产业结构，主要借助现有产业结构变动测度方法，根据产业结构变动对能源消费的作用机理，构建产业结构变动综合指数；基于投入（生产工艺）角度测度产业结构，主要运用投入产出表中混合直接消耗系数测算各产业部门由于生产工艺变化所引致的产业结构变动。

（三）研究方法的创新

现有关于产业结构变动对能源消费影响研究运用的方法主要有线性回归模型、协整与误差修正模型、面板模型、因素分解模型和灰色关联模型；现有关于产业结构变动的生态环境效应研究运用的方法主要有环境投入产出模型、综合评价模型、因素分解模型。本书通过运用空间计量模型研究产业结构变动对能源消费以及能源消费变动对生态环境的时间效应、空间效应、时空效应，通过运用能源型投入产出模型研究产业结构变动对能源消费与生态环境的时间效应、空间效应、行业效应、结构效应，通过运用环境型投入产出模型研究能源消费变动对生态环境的时间效应、空间效应、行业效应、规模效应与结构效应。

（四）学术观点的创新

现有研究认为产业结构变动对能源消费、生态环境都存在着直接的作用关系。虽然产业结构变动会带来能源消费的变化，从而对能源消费有直接作用，然而不会直接影响污染物排放的变化，不会对生态环境产生直接影响。由于煤炭、石油、天然气、电力等不同能源单位消耗量产生的污染物在种类和数量存在着明显差异，因此能源消费在结构和数量的变化导致产生的污染物在种类和数量也发生相应的变化，即能源消费的结构和数量决定着污染物排放的种类和数量，能源消费对污染物排放存在着直接影响。因此，本书认为，产业结构变动对能源消费存在着直接影响，能源消费通过污染物排放对生态环境存在着直接影响；而产业结构变动对生态环境的影响是通过能源消费传递的，是间接的影响和作用。

二、不足之处

产业结构变动的能源消费效应与生态环境效应研究是一个涉及多学科、多区域、多部门、多层面的复杂问题，因此，虽然本书从多维视角对该问题进行了较为系统、专业、科学的研究，但是与这个问题本身的复杂性相比，仍然存在着不足和局限性。

（一）产业结构变动的测度尚存在着研究空间

虽然本书相对于已有研究增加了测度产业结构变动的新维度（投入视角），但是在衡量产业结构变动时仅使用了混合直接消耗系数进行刻画，没有使用完全消耗系数与完全需求系数进行反映，另外，对各产业混合直接消耗系数的信息提取方法比较简单，因此，后续研究可以在利用混合直接消耗系数信息的方法上进行改进与创新。

（二）投入产出表数据需要完善与更新

本书使用投入产出表数据主要有两个目的：一方面是增加研究产业结构变动的视角；另一方面是将产业结构变动的测度进行细分，尽可能精确到不同省份、不同行业、不同能源、不同污染物。然而由于各省份编制投入产出表的时间较短，同时 2017 年的各省份投入产出表到目前仍然没有官方发布，这使得本书可以使用的投入产出表数据仍然停留在 2012 年。

第二章　文献综述

从人类社会经济发展历程来看，经济结构矛盾是经济发展的主要矛盾，而经济结构调整无疑是经济发展的主题，现代经济发展的历史进程也以充分证实了其发展的核心就是结构问题。由于产业结构能够反映出经济发展的阶段和水平，使得产业结构问题日渐成为学者们研究的焦点并取得了大量的研究成果，由于本书研究的核心问题是分析产业结构变动的能源消费效应和生态环境效应，结合现有文献的特点，本书主要围绕着产业结构变动规律及影响因素研究、产业结构变动的能源消费效应研究以及产业结构（能源消费）变动的生态环境效应研究等问题对代表性文献进行梳理，为本书研究切入点的确定及后续研究提供文献基础。

第一节　产业结构变动规律及影响因素方面的研究

一、关于产业结构变动规律方面的研究

产业结构发展情况主要取决于人类社会的分工和社会经济发展水平。在石器时代，人类社会的唯一生产部门主要是以种植业和畜牧业为主要形式的原始农业，随着生产力水平的不断发展和生产工具的升级，使得在农业部落中的一部分部落由从事种养业和畜牧业中分离出来，由此产生人类历史上的第一次社会大分工，这也为人类社会产业结构的变动拉开了序幕[①]。在第一次社会大分工出现后，随着生产工具的不断升级，在第二次和第三次社会大分工的影响下，人类社会逐渐形成了以农业、工业和服务业为命名的

---

① 马克思，恩格斯. 马克思恩格斯选集：第四卷［M］. 北京：人民出版社，2012.

三次产业（胡洍武，2017），也就是说，人类社会的发展相继经历了三个不同的阶段，即：第一产业、第二产业和第三产业为主要的产业结构情况（黄少军，2000），并呈现出一定的变动规律。一般而言，配第（Petty，1672）被认为是最早研究产业结构演变规律的经济学家，他通过分析劳动力在农业、制造业和商业间的移动规律，比较了农业、工业和商业人均收入水平的差异，进而揭示了产业结构演变与经济发展的基本方向。霍夫曼（Hoffman，1931）研究设计霍夫曼系数，通过计算制造业中消费资料与资本资料的工业生产的比例来衡量产业发展在经历工业化阶段时的产业结构演变规律。而真正标志着产业结构变动规律的研究是 1940 年英国经济学家科林·克拉克（Colin Clark）所取得的研究成果，他在对三次产业进行分类的基础上分析了劳动力在三次产业间的变化情况。研究发现，随着经济的发展和收入水平的不断上升，人们对农产品的相对需求将逐渐下降，而对制造业产品的相对需求提高，但相对于服务产品需求将降低，这将导致从事第一产业的人数相对从事第二产业的人数下降，而从事第二产业的人数相较第三产业降低（科林·克拉克，1940），即三次产业的就业人数会依次由第一产业流向第二产业再流向第三产业，如此说明了产业结构的变动趋势。在此基础上，有关经济学家将配第与克拉克的有关产业研究的思想概括为"配第—克拉克定理"，从而揭示了产业结构变动与社会经济形态演变的一般规律①。在继承克拉克研究成果的基础上，库兹涅茨（Kuznets，1941）从资源的使用效率角度分析了产业结构的变动规律。他认为，随着社会生产力水平的不断提高，资源逐渐从生产率较低的部门流向生产率较高的部门，继而促使经济整体的资源配置效率得到提高，这表明三次产业的产值也会由第一产业向第二产业转移，再由第二产业向第三产业转移，而这一变换又称为"库兹涅茨式"产业结构演进（见表2.1）。钱纳里（Chenery，1986）将不发达经济到成熟工业经济的整个变化过程划分为三个阶段六个时期的方式来考察经济增长与产业结构的变化关系。他认为从任何一个发展阶段向更高一个发展阶段的演进都是通过产业结构变动来推动的。根据库兹涅茨的研究思想不难发现，人类社会产业结构

---

① 配第—克拉克定理根据产业结构类型对社会发展形态进行了界定，因此刻画出了产业结构变动与社会经济形态演变的一般规律：当全社会的 GDP 占比和就业占比以第一产业农业为主体时，可将三次产业发展的这个阶段称为农业社会；当全社会的 GDP 占比和就业占比以第二产业工业为主体时，可将三次产业发展的这个阶段称为工业社会；当全社会的 GDP 占比和就业占比以第三产业服务业为主体时，可将三次产业发展的这个阶段称为服务经济社会。

变迁的过程就是资源在三个部门再配置的过程。按照生产要素的再配置效应这一研究思路，很多学者从劳动的再配置效应这一指标具体考察产业结构的变动规律（Nehru，1996；胡永泰，1998；丁霄泉，2001；温杰和张建华，2010；Ercolani，2011；岳龙华和杨仕元，2013；伍山林，2016；龚敏和辛明辉，2018），研究结果均证实了劳动要素的再配置效应能够显著提高全社会平均劳动生产率，从而能够推动产业结构的变动和调整。

表 2.1 产业结构变动规律概况

产业分类	劳动力相对比重		国民收入相对比重		比较生产率 = 劳动力相对比重/国民收入相对比重	
	时序分析	横截面分析	时序分析	横截面分析	时序分析	横截面分析
第一产业	下降	下降	下降	下降	下降（1 以下）	几乎不变（1 以下）
第二产业	不确定	上升	上升	上升	上升（1 以上）	下降（1 以上）
第三产业	上升	上升	不确定	微升	下降（1 以上）	下降（1 以上）

资料来源：刘志彪. 现代产业经济分析（第三版）[M]. 南京：南京大学出版社，2009.

从上述经典的产业经济学相关文献中不难发现，人类社会的发展大多依次遵循着"农业社会（第一产业）→工业社会（第二产业）→服务经济社会（第三产业）为主导产业"的发展规律。很多学者分别从各自的研究领域对这一规律进行了考察和验证。具有代表性的是 1968 年美国经济学家福克斯（Fuchs）在考察美国的产业结构发展时，发现在诸多发达经济体中美国是最先实现从工业经济进入服务经济社会，这也证实产业结构发展的一般规律。汪海波（2014）具体考察 19 世纪下半叶到 20 世纪初英国、法国、德国和意大利等国家产业结构的变动情况，研究结果发现经济发达国家工业演变规律呈现出从轻工业到重工业发展的特点，这导致劳动密集型产业的比重逐渐降低而资金密集型产业所占比例逐渐上升。还有学者发现，在国民经济的各个产业中，劳动生产率最高的是工业，其次是服务业，最后才是农业（李玉梅，2017），而国内外的学者们通过劳动生产率这一研究视角分析欧美国家产业结构演化实践与经验前提下的"去工业化"问题（Peiper，2000）、再工业化问题（Samy and Daudelin，2013），探讨产业结构调整过程中可能发生的风险，特别是第三产业或服务业比重的变化是否对经济增长有所影响（袁富华，2012），第三产业份额的提高带来的是"结构红利"还是"成本病"的问题（李翔，2016）。

二、关于产业结构变动的影响因素方面研究

通过对相关文献的梳理，不难发现产业结构变动的主要影响因素有：制度创新、经济发展、国际贸易和市场需求四个因素。具有代表性的成果主要有：钱纳里（1986）以"赛尔昆模型"为基础对产业结构变动进行分析，研究结果表明经济发展水平与人口数量对产业结构的变动发挥着重大影响。而赤松要（Kaname Akamatsu，1935）则从国际贸易角度分析产业结构的影响因素，通过"雁行产业发展形态说"提出了国际贸易对产业结构的影响，从而吸引了较多学者从国际贸易视角分析产业结构变动的影响因素。弗农（Vernon，1966）从比较优势动态转移角度分析国际贸易对产业结构变动的影响，库兹涅茨则从国际贸易水平探讨了其对产业结构变动的影响。熊彼特（Schumpeter，2012）从创新角度分析产业结构影响的作用机制，相关成果均证实了创新水平对产业结构变动发挥着一定影响。恩斯特（Ernst，2007）着重从台湾 IT 行业的发展情况分析了技术创新这一要素对产业结构的影响，所得结果也表明技术创新能够较大程度地促进产业结构的变动。筱原三代平（Miyohei，1959）考察了"需求收入弹性"对产业结构变动的影响情况，结果显示市场需求是推动一国或地区产业发展的最大引擎。此外，国内学者以我国产业结构变动的实际探讨产业结构变动的影响因素。王述英（2004）的研究成果显示，在产业结构升级过程中，影响产业结构变动的主要因素有：劳动生产率、国际贸易、收入水平、需求结构的变动及技术水平的进步。杨公仆（2005）认为产业经济发展水平不仅和经济增长的水平显著相关，与经济发展水平也关联密切，因此，他认为影响产业结构变动的主要因素是经济增长和经济发展水平。吴德进（2007）分别通过分析国民收入提升与社会需求结构和消费结构的关系，得出国内生产总值（GDP）的提升不仅显著提高收入和社会消费需求，还能激发产业水平升级的结论。因此，GDP 是影响产业结构变动的重要因素。由此可见，决定和助推产业结构升级的是经济发展水平。金福子（2017）重点探讨了制度创新对产业结构的影响，并以我国省际数据为基础进行实证分析。结果显示，不同规模及制度类型的企业的外资

利用情况存在着明显差异，这种差异在我国的不同地区也同时存在，这就表明制度创新对产业结构的调整有着非常重要的影响。关于生产要素的再配置效应，尤其是劳动的再配置效应被广泛运用于度量产业结构演变对经济增长速度的影响和劳动部门结构变化对经济增长的贡献。针对劳动的再配置效应的衡量，现有文献大多采用尼赫鲁（Nehru，1993）提供的经典算法，如胡永泰（1998）测算我国农业部门的劳动力再配置效应，还有一些相似的文献（丁霄泉，2001；温杰和张建华，2010；Ercolani and Wei，2011；岳龙华和杨仕元，2013）。特别需要指出的是，伍山林（2016）在对这一经典算法加以改进，通过利用马塞尔增长源分解模式研究劳动的再配置效应的衡量问题，由此近似地测算出农村劳动力流动对经济增长的影响。

经典的产业结构理论在研究产业结构的演变规律时，大部分还是以其对产值和就业等影响为着眼点，为人们认识产业结构客观变化特征和指导宏观产业结构调整提供重要的理论依据。当前节约能源和保护环境已成为世界各国可持续发展面临的两个重要问题，由于时代背景的限制，经典的产业结构理论并没有涉及产业结构变动对能源消费和生态环境影响的研究。舒尔和内舍特（Schurr and Netschert，1960）通过分析美国1880～1955年的经验数据，发现随着产业结构的演进，能源消费呈现出倒 U 型的变化规律。马伦鲍姆（Malenbaum，1975）通过研究矿产资源消费的生命周期，结果显示能源强度和能源消费弹性系数随着产业结构的变动呈现出倒 U 型的变化规律。汉弗莱和斯坦尼斯瓦夫（Humphrey and Stanislaw，1979）根据英国1700～1975年的产业结构经验数据分析英国的产业结构变化情况，研究结果显示在这个时期英国的能源强度随着产业结构的演进也呈现出倒 U 型的规律。李艳梅（2014）从生产和生活方式变化对生产部门和生活部门能源消费影响的视角，阐明了产业结构演进对能源消费的作用机制。

相较于经典的产业结构变动规律理论来讲，舒尔和内舍特、马伦鲍姆、汉弗莱和斯坦尼斯瓦夫、李艳梅等学者关于产业结构变动对能源消费规律方面的研究，虽然与我们现在的时代特征更契合，但仍然缺少产业结构变动对生态环境影响的关注。王海建（1999）通过构建产业结构变动对环境污染物排放影响分析模型，从理论上和方法上分析生产技术结构变动、最终需求结构变动及收入变动对环境污染物排放的影响，但缺少与我国实践相结合，对我国产业结构变动的生态环境效应规律缺乏相应的研究和阐述。

第二节　产业结构变动的能源消费效应研究

　　本书研究的核心问题是产业结构变动对能源消费的影响，因此，接下来的研究主要围绕着产业结构变动的能源消费效应对有关文献进行梳理。现有的研究结果表明，能源消费与经济增长呈现出倒 U 型的关系（吴滨和李为人，2007）并与产业结构情况密切相关（马晓微等，2017），具体表现在产业结构演进过程中能源消费强度的规律性变化。在工业化初级阶段向中级阶段演进过程中能源强度明显上升，但随着工业化进程的推进能源强度将会下降（常中甫，2008），也就是说，产业结构的变动影响着能源消费的变化。根据研究目的的需要，本书主要从产业结构变动的测度、能源消费的表征、相关的研究方法以及研究结论等方面对现有的文献加以评述。

一、关于产业结构变动测度方面的研究

　　现有关于产业结构变动测度方面的文献大多选择三次产业的产值或者三次产业产值占 GDP 的比重来测度产业结构变动。代表性的文献有路正南（1999）将能源消费总量与三次产业国内生产总值的绝对量为考察对象分析了产业结构变动的能源消费效应。尹春华和顾培亮（2003）使用 1980～1998年三次产业所占比重的考察产业结构的变动。齐志新和陈文颖（2006）以GDP 及第一产业、工业、建筑业、第三产业增加值的实际情况衡量 1980～2003 年我国产业结构的变动情况。张瑞等（2007）以 1985 年为基期，通过GDP 平减指数计算出实际 GDP，再通过计算第二产业占 GDP 的比重衡量我国1985～2004 年 29 个省份的产业结构变动情况。郭志军等（2007）运用1953～2004 年三次产业结构和 GDP 的相关数据对产业结构的变动情况进行衡量。王丹枫（2010）考虑到工业是我国能源最主要的消费行业，采用工业占GDP 的比重来衡量 1995～2007 年 31 个省份产业结构的变动情况。董锋等（2010）分别运用重工业增加值与工业增加值的比值、第二产业占 GDP 比值、第三产业占 GDP 比值来反映 1985～2006 年全国产业结构变动情况。刘佳骏等（2011）按照第一产业、第二产业、第三产业占经济总量的比重来反映1998～2009 年各省份产业结构的变动情况。张传平等（2014）考虑到山东省

第二产业在产业结构中所占比例较高的情况，运用第二产业占 GDP 的比重来反映 1980～2012 年山东省产业结构的变动情况。石秀华和刘伦（2014）、刘璇（2015）采用第一、第二、第三产业占 GDP 的比重来反映产业结构的变动情况。郝亚钢（2015）采用第二产业产值占第二产业与第三产业产值之和的比例反映产业结构变动。张慧楠等（2018）采用第二产业占 GDP 的比重来衡量 2000～2015 年中国 30 省份的产业结构变动情况。另外，还有一些少数的研究则选择五个产业部门（第一产业、工业、建筑业、交通运输业和商业批发业）或六个产业部门（农业、工业、建筑业、交通运输业、商业、第三产业）分类来测度产业结构变动，如史丹（1999、2003），她将产业部门划分成：农业、工业、建筑业、交通运输业、商业批发业和其他，以 1980～1996 年数据来反映产业结构的变动情况。徐博和刘芳（2004）计算了第一产业、工业、建筑业、交通运输业和商业批发业占 GDP 的比重，并以此为标准衡量了 1992～2002 年全国产业结构的变动情况。李金铠（2008）以 1981 年为不变价格，分别以农业（农、林、牧、渔）、工业、建筑业、交通运输业（交通、运输、仓储、邮政业）、商业（批发、零售、住宿、餐饮业）和其他行业（包括居民生活部门在内的第三产业）占 GDP 的比重来衡量 1981～2005 年我国产业结构的变动情况。刘凤朝和孙玉涛（2008）采用第一产业产值、第二产业产值、第三产业产值、工业产值、建筑业产值、交通运输仓储和邮政业产值、批发零售业产值占 GDP 的比重来衡量 1987～2005 年我国产业结构的变动情况。纪玉俊和赵娜（2017）采用第三产业与第二产业之比来衡量产业结构，以此描述 2000～2013 年我国各省份的产业结构变动情况。

最近关于产业结构变动测度的研究倾向于通过构建指标体系计算综合评价指标来反映产业结构变动，代表性的文献有郭文（2018）、邹璇和王盼（2019）采用产业结构合理化与产业结构高级化来衡量产业结构调整，而不论是产业合理化还是产业结构高级化，其本质上还是从产出的视角来测度产业结构变动。邓光耀等（2018）以第一产业、第二产业、第三产业占 GDP 的比重为基础通过构建产业结构升级指数来表征产业结构变动。吕明元等（2018）从产业结构合理化、产业结构高级化和产业结构可持续化三个方面构建综合指标体系测度产业结构生态化，以此反映产业结构变动。杨芬等（2020）从产业结构有效性、整合性和优化性三个方面构建指标体系测度产业结构优化水平，以此衡量产业结构变动。

彭建等（Peng J et al.，2015）认为，不论是选择产业占比的单一指标还是选择产业结构综合评价指标来测度产业结构的变动，都存在着两个方面的局限性：一是用少数几个产业的变化代替整个国民经济所有产业的变化，比较笼统，不便于对各产业的具体变动进行准确的定位；二是使用产值或产值占 GDP 的比重是站在产出的角度测度产业结构变动，而产出（产值）的变化根源在于投入（生产工艺）的变化（刘伟，2008；王智波，2011），缺少从投入（生产工艺）视角对产业结构变动的测度。

二、关于能源消费的表征方面的研究

选择能源消费总量作为分析对象的研究主要有路正南（1999），他选择 1978～1997 年全国能源消费总量的数据来反映这一时期我国能源消费的变化情况。同样，史丹（1999）采用能源消费总量这一指标分别考察 1980～1996 年、1980～2000 年全国能源消费的变化情况。尹春华和顾培亮（2003）采用能源消费总量这一指标分别考察 1980～1998 年全国能源消费的变化情况。董锋等（2010）运用能源消费总量这一指标考察 1985～2006 年全国能源消费的变动情况。纪玉俊和赵娜（2017）采用能源消费总量考察 2000～2013 年全国各省份的能源消费情况。徐博和刘芳（2004）则采用第一产业、工业、建筑业、交通运输业和商业批发业的能源消耗量以及能源消耗总量来考察 1992～2000 年能源消耗情况。张瑞等（2007）以 1985 年为基期，计算 1986～2005 年全国 29 个省份一次能源消费量占 GDP 的比例，并以此来衡量这一时期能源消费的变化情况。齐志新等（2007）主要考察工业能源消费情况，并以工业能源消费情况以及工业中的轻工业和重工业能源消费强度来反映 1993～2005 年我国能源消费的变化情况。郭志军等（2007）主要将能源消费总量和煤炭、石油、天然气、水电等消费量数据为指标考察 1983～2004 年我国能源消费的变化情况。李金铠（2008）分别以农业（农、林、牧、渔）、工业、建筑业、交通运输业（交通、运输、仓储、邮政业）、商业（批发、零售、住宿、餐饮业）和其他行业（包括居民生活部门在内的第三产业）等六大产业部分的能源消费来反映 1981～2005 年我国能源消费的变动情况。刘凤朝和孙玉涛（2008）强调能源消费标在考察终端能源消费量的基础上，将能源加工转换损失量和损失量纳入衡量指标来反映 1987～2005 年我国能源消费的变动情况。张传平等（2014）将能源消费总量作为研究对象，运用 1980～2012 年能源消费的统计数据表征山东省能源消费的变动情况。石秀华和刘伦

（2014）分别以 2005 ~ 2012 年能源消费总量和单位产值能源消耗两个指标的有关数据反映了我国能源消费的变动情况。史丹和张金隆（2003）采用综合能源消费量、煤炭消费量、石油消费量、电力消费量 4 个指标衡量 1980 ~ 2000 年全国能源消费的变化情况。韩智勇等（2004）从单位国内生产总值所消耗的能源数量角度，分别从结构和效率份额两部分考察了 1998 ~ 2000 年能源强度的变化情况。齐志新和陈文颖（2006）通过利用拉氏因素分解法计算 1980 ~ 2003 年第一产业、工业、建筑业、第三产业的能源强度，并以此以标准衡量这一时期能源消费的变化情况。王丹枫（2010）采用单位地区生产总值消耗的能源总量、电力量等数据计算以 1995 ~ 2007 年我国各省份的能源利用效率，并以此来衡量这一时期能源消费的变化情况。刘佳骏等（2011）以第一产业能耗、第二产业能耗和第三产业能耗为标准，考察 1998 ~ 2009 年全国各省份的能源消耗情况。张慧楠等（2018）运用人均能源消费量表征 2000 ~ 2015 年中国 30 个省份的能源消费情况。吕明元等（2018）使用能源消费结构反映 1995 ~ 2014 年京津冀与长三角两个区域的能源消费情况。杨芬等（2020）运用能源消费强度来衡量中国 30 个省份的能源消费情况。

三、关于研究方法方面的研究

有些学者运用经典的线性回归模型，如路正南（1999）将能源消费总量与 GDP、第一产业、第二产业、第三产业建立线性回归模型。史丹（1999、2003）以产量基础和经济构成作为解释变量，能源消费作为被解释变量进行回归分析。在其分析中，指标选择的是各种产业所占比重，由于产业不同带动经济发展状况不同，导致经济有所变化，因此分析各种产业新增情况和消耗能源的情况，其实是研究能源在产业优化时的消耗情况，但是在回归分析中并没有考虑到这种影响因素。徐博和刘芳（2004）根据分析函数，推导发现能源弹性系数在有些方面存在局限，所以为了根据能源要素增长和能源消费系数推断经济增长速度，必须要假定技术进步率和其他要素增长率为零，然后进行了能源消费水平影响因素的回归分析。刘凤朝和孙玉涛（2008）根据前人研究结论，按照技术创新、产业优化影响能源消费的研究思路，用数学方法建立线性模型，并进行实证分析。

有些学者运用协整与误差修正模型，如郭志军等（2007）通过对三次产业结构和能源消费进行时间序列分析，得到了两者关系；然后通过协整检验，并建立误差修正模型。董锋等（2010）使用协整分析方法分析了技术进步、产业结构、对外开放程度、外贸依存度、财政支出五个变量是否存在虚假回归问题，然后通过误差修正模型检验能源消耗量的实际值和预测值。张传平等（2014）采用协整方法分析了山东省1980~2012年能源消费、产业结构和经济发展的长期均衡关系。周庆元和陈海龙（2018）采用协整检验分析产业结构与能源消费之间的长期均衡关系。

有些学者运用面板模型，如张瑞等（2007）以1985~2004年29个省份的截面及时间序列数据为基础，建立了关于产业结构和能源强度的面板模型，通过对不同时期的产业调整影响能源强度的程度做模型分析。李金铠（2008）对我国能源消费总量、煤炭、石油、电力、天然气等六大产业部门的统计数据为基础建立了面板数据模型。王丹枫（2010）以1995~2007年我国31个省份面板数据为研究对象，采用分位数回归计量模型方法研究经济增长、人口比例、技术发展、产业变化、能源价格变动等因素对我国能源利用效率的影响趋势变化。郭文（2018）运用面板模型从能源核算的角度分析产业结构合理化与产业结构高级化对能源消费的影响。邓光耀等（2018）运用动态与静态面板模型分析产业结构升级对能源消费的影响。

有些学者运用因素分解模型，如韩智勇等（2004）通过建立因素分解模型将主要影响因素区分成结构和效率份额，并利用数学方法将能源强度变化分解成的部分和两种因素一一对应。齐志新和陈文颖（2006）运用 Laspeyres Decomposition 的方法对我国1980~2003年的中国宏观能源强度下降的影响因素区分开来进行分析，并且对1993~2003年的工业部门能源强度下降现象也做了相同处理。齐志新等（2007）使用因素分解方法，对1993~2005年的工业部门内部轻重结构调整影响能源消费和强度状况进行测算。刘佳骏等（2011）应用因素分解方法对我国区域结构产业优化和分地区能源效率提高之间关系进行了实证研究。

有些学者运用灰色关联模型，如彭建（2015）、尹春华和顾培亮（2003）使用灰色关联分析法，将能源消费和产业结构关联在一起进行分析，得到了三次产业和生活用能对能源消耗的关联度。曾波和苏晓燕（2006）通过运用灰色关联分析法分析了产业结构和能源消费的关联效应，分析了第一、第二、第三产业对经济增长的贡献。石秀华和刘伦（2014）运用灰色关联法，对我国2005~2012年各省份的能源消耗和其第一、第二、第三产业的数据为基础实证分析了各个地区三次产业对能源消费的影响。彭公阳（2015）运用灰色关联法分析东部、中部、西部地区产业结构变动对能源消费的影响是存在着差异的，认为东部、中部、西部地区应因地制宜制定节能政策。

有些学者运用门槛模型，如柴泽阳等（2016）使用面板门槛模型分析在环境规制条件下长江经济带产业结构调整对能源消费的影响。纪玉俊和赵娜（2017）运用面板门槛模型分析在市场化条件下产业结构变动对能源消费的"双门槛效应"。廖敬文（2017）运用面板门槛模型分析在技术创新条件下产业结构合理化对能源消费的门槛效应。

还有些学者运用近几年关注度比较高的空间计量模型，如张慧楠等（2018）运用空间杜宾模型分析产业结构变动对人均能源消费的空间溢出效应。邹璇和王盼（2019）运用空间计量模型估计产业结构合理化与产业结构高度化对能源消费结构的空间溢出效应。

目前，研究产业结构变动对能源消费影响的方法逐渐由以计量经济学方法向以其他学科的方法扩展。就计量经济学方法而言，也逐渐由初级计量经济学方法向高级计量经济学方法转变。大多数方法只关注产业结构变动对能源消费产生的时间效应，而较少涉及空间效应，基本上没有提到产业结构变动对能源消费的时空效应、行业效应和结构效应等方面，而且在建模过程中对模型建立的理论基础鲜有阐述。

四、关于研究结论方面的研究

目前大部分研究认为调结构优产能，不但能够降低我国能源的消耗数量，而且还可以促进能源强度下降和提升能源利用效率。如蒲原（Kambara，1992）、路正南（1999）采集 1978 ~ 1997 年国内数据分析了产业结构变动的能源消费效应。主要研究结论是我国煤、石油、天然气等传统能源的消耗数量与我国整体的经济发展关联紧密，其能源消耗弹性系数达到 0.312；通过对比三次产业变化对能源消耗总量的影响可知，第二产业影响最大，第三产业影响最小；优化产业内部结构需要减少第一产业占比、增加第三产业比重。史丹（1999、2003）分别通过两个回归模型，研究调整产业结构对能源消费的影响，研究结论主要有：影响能源消费的一个关键因素是调整产业结构的变动，由于不同产业结构对不同能源品种的要求，其对产业结构变动的影响力和作用力也是不完全相同的。我国各个政府机构和管理能源的机构在规划每年的经济发展目标和能源生产总量时，不仅要顾虑经济的增长速度和总量的变化还要顾虑调整产业结构的影响；随着我国第三产业的快速增长和经济总量的增加，我国将迈入一个电力需求激增的阶段；我国节约能源的着眼点应落在提高能源利用率和提升技术进步等方面。徐博和刘芳（2004）从理论和实证两方面入手，分析了能源弹性系数的缺陷，佐证了调结构优产能对我国能源消耗数量的作用，分析结果如下：若能源弹性系数低，调结构优产能会减少每单位国民生产总值的能源消费数量进而实现我国经济的快速增长。调产能优结构对控制能源消费数量有着关键性的作用；农业和第二产业占比的增加或者减少都对能源消费数量产生波动；由于调结构优产能和国民经济总量增加，电力将是我国重要的消费能源。李金铠（2008）建立能源消费总量、煤炭、石油、电力、天然气的面板数据模型，实证分析显示：三次产业中不同行业对煤、石油、天然气等传统能源的需求是不一样的，其中对我国传统能源和新型能源消耗总量以及煤、石油、天然气、电力等传统能源消耗数量最多的是第二产业中的工业、交通运输，对其他行业影响相对较小的是第三产业、建筑业、第一产业，因此，减少第二产业占比，提高第三产业占比，对减少能源消费总量以及煤等主要能源品种具有关键性意义。当前，我国实现节能的关键性举措是调结构优产能，节约能源消耗的重心要落在我国的第二产业中的工业部门、交通部门和其他部门，同时，由于经济总量的增加，第一、第二、第三产业对我国煤、石油、天然气等传统能源消耗数量的影响出现走低的趋势，这说明在我国促经济保增长的进程中实施整体性的节能具有可行性。王丹枫（2010）利用分位数回归模型分析经济发展，第一、第二、第三产业结构的构成，人口要素、科技发展，煤、石油、天然气等能源价格，这四大因素对我国煤、石油、天然气等传统能源利用效率的影响，研究表明：我国 31 个省份对煤、石油、天然气等能源利用率的水平分布有明显的失衡性，在不同效用水平下各因素对每单位产值所消耗的能源不一样，具有显著的区域性和层次性，在东部、中部、西部 3 个区域范围内和不同效用水平下，各个因素对每单位国民生产总值所消耗的能源数量的影响有明显的不同，这表明我国在消耗能源时，第一、第二、第三的各产业结构、产业优化创新的投入、先进技术的投入等均有不适当的地方，煤、石油、天然气等能源价格的市场化程度还不够，因此各地须结合自身的发展采取适当的产业、经济结构及能源战略和因地制宜的实施节能工作，以整体改善我国的能源利用效率状况，促进社会经济又好又快发展。董锋等（2010）研究结论主要有：从短期视角分析，以工业为主的第二产业的构成对我国煤、石油、天然气等传统能源消耗的作用为正且效应也最大，而以服务业为主的三产业和以农业为主的第一产业依次递减。从长期视角分析，我国第一产业的波动对煤、石油、天然气等传统能源消耗的影响程度为负，而第二、第三产业为正。第三产业变动对能源消费的短期效应大于长期效应，而第二产业则恰好相反。刘佳骏等（2011）从空间维度分析调结构优产能对我国提高各个区域能源利用效率的作用，利用第一、第二、第三产业结构的国内生产总值和煤、石油、天然气等传统能源数据，从理论和实证这两个方面入手，以我国各省份的三产业的 GDP 和相关能源数据为样本，得出不同省份产业结构变动对提升该区能源利用效率具有较大的空间差异；其中第三产业结构合理且发展程度较高的省份，发展程度较低省份以及位于调结构初期的中西部省份产业结构变动对提升该区域能源利用效率效果显著；而发展程度较低且没有特色产业的省份与产业处于产业链末端的省份的调结构优产能对提升该区域煤、石油等传统能源的利用效率效果不显著。张传平等（2014）研究结果表明：山东省煤、石油、天然气等传统能源消费数量、经济增长和第一、第二、第三产业构成之间有长期的协整关系。从长期均衡角度分析，经济增长对煤、石油、天然气等传统能源结构的弹性系数小于第一、第二、第三产业构成对煤、石油、天然气等传统能源消费数量的弹性系数；利用向量误差修正模型分析可知，山东省 50% 的能源需求变动可由该省经济的增长和三次产业结构短期的波动和长期的均衡来反映。通常向量误差修正模型的误差修正项系数为小于 0 的数，这表明符合负向修正机制；通过格兰杰因果关系检验表明，山东省经济的增长对第一、第二、第三产业的构成以及三次产业的结构对该区能源消费量都存在单向因果联系。同时，利用脉冲响应和方差分解方法估计与测算，山东省第一、第二、第三产业构成和经济增长对该区煤、石油、天然气等传统能源的消耗都有作用，但经济发展对能源消费的影响要远低于产业结构对能源消费的影响，这表明可通过调整产业结构来提高能源利用效率。纪玉俊和赵娜（2017）使用门槛回归方法建立非线性模型，认为在考虑市场化因素的情况下，产业结构变动对降低能源消费具有积极的作用。张慧楠等（2018）使用空间杜宾模型对产业结构变动对能源消费的总效应进行分解，认为产业结构变动对能源消费有正向的空间溢出效应。郭文（2018）、邹璇和王盼（2019）认为产业结构合理化与产业结构高级化对降低化石能源在能源消费中的比重具有正向效应。杨芬等（2020）认为在技术创新条件下产业结构调整对节约能源具有正向的作用。

但也有些学者持相反的观点，林贤暖和波伦斯克（Lin and Polenske，1995）、孙金武（Sun J. W，1998）、加尔巴乔等（Garbaccio et al.，1999）、昂（Ang，2000、2003）、彭建等（2015）等通过实证研究认为，调结构优产能并不是影响煤、石油、天然气等能源消费、能源强度和能源利用率的关键因素。韩智勇等（2004）研究结果也表明1998～2000年我国能源消耗强度降低的关键性因素为三大产业的能源利用效率的提升，其中第二产业能源消耗强度的下降是总体能源强度下降的重要原因。齐志新和陈文颖（2006）通过拉氏因素分解法，分析了我国1978～2004年三次产业结构变化的能源消耗效应，结果表明我国能源利用效率提升的重要原因是科学技术的进步。齐志新等（2007）利用因素分解法，探讨我国1993～2005年第二产业中轻工业和重工业结构变化的能源消耗效应，认为影响煤、石油、天然气等能源消耗数量的关键因素是经济增长规模和部门能源强度，与轻重产业结构变动这一影响因素关系较小。

目前，在研究产业结构对能源消费影响的文献中，就产业结构变动测度而言，大部分文献对产业结构变动的测度在早期偏向于使用第二产业产值或第三产业产值占GDP的比重来衡量，近期则偏向于通过从产业结构合理化、高级化、可持续化，或者产业结构有效性、整合性和优化性方面构建指标体系反映产业结构的变动；然而不论是使用单一指标衡量产业结构变动，还是通过建立指标体系使用综合评价指标衡量产业结构变动，其本质都是以各产业部门产值为中心来反映产业结构变动。就能源消费表征而言，使用的能源消费指标主要有能源消费总量、人均能源消费量、能源消费强度、能源消费弹性系数等，涉及的研究范围主要是中国及各省份的数据，涉及的能源类型主要是综合能源、煤炭、石油、电力和天然气等；几乎很少涉及各产业部门的能源消费数据。就研究方法的使用而言，主要包括经典的线性回归模型、协整与误差修正模型、面板模型、因素分解模型、灰色关联模型、门槛模型和空间计量模型，对这些方法的使用基本上与其受重视的时间先后顺序有关，整体上偏向于宏观经济整体的时间和空间效应研究，对结构效应方面的研究关注较少。就研究结论的特点而言，主要表现为两个方面：一方面是大部分文献的研究认为产业结构变动能够促进能源消费水平的降低，有利于节约能源资源的使用；另一方面是少部分文献的研究认为产业结构变动并不是降低能源消费水平的关键因素，而是技术进步所带来的能源利用效率的提高。总体来看，关于产业结构变动的能源消费效应研究文献相对较多，且研究比较成熟；但是研究视角均是从产出的角度来衡量产业结构变动，并以此研究对能源消费的影响。

第三节 产业结构（能源消费）变动的
生态环境效应研究

在现有的研究文献中，关于产业结构变动的能源消费效应问题的逻辑关系和作用机理研究基本上已经达成共识，然而对产业结构变动的生态环境效应研究或者是能源消费变动的生态环境效应研究两个问题的认识却存在着分歧。目前，由于对这两个问题作用机理的研究相对比较缺乏，所以现有文献对这两个问题的研究均有涉及。相对来讲，关于产业结构变动的生态环境效应研究文献起步较早，而且相对较多，而关于能源消费变动的生态环境效应研究文献起步较晚，且相对较少。

一、关于产业结构变动的生态环境效应研究

斯特恩（Stern，2002）通过研究 1973～1990 年 64 个国家第一、第二、第三产业结构变化对二氧化硫（SO_2）排放变化的效应，结果表明三次产业结构的变动对二氧化硫排放具有增加的效应。洛普（Llop，2007）利用环境投入产出模型，以 1995～2000 年西班牙第一、第二、第三产业的结构变动和废弃污染物的排放数据为样本，分析产业构成对废弃污染物的作用，研究得出产业结构调整对废弃污染物排放减少具有显著作用。周景博（1999）、彭建等（2005）、赵雪雁（2007）、赵彤和丁萍（2008）、张健（2008）、吴敦和李百岁（2009）、汤进华和钟儒刚（2010）、袁杭松和陈来（2010）、邬娜等（2013）、张远宾和熊理然（2015）、付玉芹等（2016）、陆道芬和黄伟新（2017）、杨柳英和赵翠薇（2018）、秦洁琼等（2018）通过分别分析北京、丽江、甘肃、江苏、滁州、鄂尔多斯、武汉、巢湖流域、内蒙古、滇西北、黄河三角洲、广西、贵州、南京的产业结构对生态环境的影响，以主观赋值的方式确定各产业的生态环境影响系数，然后以各产业产值在 GDP 中所占的比重作为权数，运用加权平均的方法得到区域产业结构的综合生态环境影响指数，以此来反映区域产业结构变动的生态环境效应。仁荷等（Oh et al.，

2010）、邵帅等（Shao et al. ，2011）、鲁万波（2013）通过对数平均迪氏指数技术的"两层完全分解法"理论，以1994～2008年我国各省份的煤碳排放量为样本实施分解，从产业结构层面出发研究了六大产业部门对碳排放的影响，同时分析了我国国民经济的总值、新型和传统能源的强度和结构以及我国第一、二、三产业构成这四大因素对我国煤炭排放的作用。研究结果显示：依据煤、石油、天然气等传统能源强度和我国国民生产总产值的变化特征，将1994～2008年分成五个经济增长阶段；根据三次产业在每个阶段对二氧化碳（CO_2）的排放数量来看，除"高效率 + 低产值"阶段（1995～1998年）外，在其余四个阶段对二氧化碳排放量贡献率最大的是工业部门；从综合角度来看，位于二氧化碳排放量第二位是交通邮政部门，二氧化碳排放量最小的是其他产业部门；从各分解因素对不同阶段二氧化碳排放量的影响来看，我国国民生产总产值为第一正向影响因素，第一、二、三产业的产业结构为第二正向影响因素，而能源强度为第一负向影响因素，煤、石油、天然气等能源结构为第二负向影响因素。西斯卡和道林（Ciscar and Dowling，2014）、程钰（2014）通过运用因素分解法对产业结构变动的大气环境效应尤其是二氧化碳效应进行研究，认为优化和减少第二产业中尤其是污染密集型产业的占比是减少废弃污染物排放量行之有效的方法。朱妮和张艳芳（2015）运用向量自回归模型分析产业结构变动对碳排放强度的影响，认为产业结构变动对碳排放强度具有抑制效应。方时姣和周倩玲（2017）运用空间面板模型分析产业结构对雾霾的时间与空间影响。陈生明（2019）运用半参数空间全局向量自回归方法分析产业结构调整对雾霾的空间溢出效应。袁晓玲等（2019）运用三阶段最小二乘法研究产业结构升级对生态环境优化的影响，认为产业结构升级能够促进生态环境优化，但是存在着区域差异。

国内外关于产业结构变动的生态环境效应研究，在产业结构变动的测度上基本选择三次产业产值或者三次产业产值占 GDP 的比重来表征；在生态环境效应的测度上主要选择工业"三废"排放、二氧化碳排放、二氧化硫排放来表征，较少涉及雾霾重要组成成分 PM2.5、PM10 等可吸入颗粒物的影响；在研究方法上以投入产出分析法、综合评价方法、因素分解法和空间计量经济学方法为主要分析工具；对于产业结构变动的生态环境效应作用机理研究几乎没有系统的论述。

二、关于能源消费变动的生态环境效应研究

目前，关于能源消费变动的生态环境效应文献主要集中于能源消费对雾霾污染物排放影响的研究方面，对生态环境的影响研究文献相对较少。另外，从研究时间上来看，关于能源消费变动的生态环境效应研究文献出现的时间较晚，大部分为近 5 年的研究成果。这个问题上升到理论层面的时间与雾霾问题受到社会各界广泛关注的时间节点是一致的。

较早系统关注这个问题的是魏巍贤和马喜立（2015）运用动态可计算一般均衡模型分析能源结构调整对细颗粒物（PM2.5）和可吸入颗粒物（PM10）等主要雾霾污染物的影响，认为能源结构，调整可以有效降低 PM2.5 和 PM10 的排放，是治理雾霾的重要手段。刘晓红和江可申（2016）运用面板模型分析中国 30 个省份能源消费结构对 PM10 的影响，认为能源消费结构对 PM10 的呈正向的影响，且在高污染地区更为明显。唐登莉等（2017）运用空间面板模型分析中国东、中、西部地区能源消费对雾霾污染物排放的影响，认为虽然东、中、西部地区能源消费对雾霾污染物排放均具有正向效应，但是三个区域的影响程度上存在着差异；总体来看，对东部与中部地区的影响较大，对西部地区的影响较小。方时姣和周倩玲（2017）、东童童（2019）运用空间面板模型分析能源消费对 PM2.5 和 PM10 等主要雾霾污染物的影响，认为煤炭对雾霾污染物的影响最大，其次是石油，影响最小的是天然气；因此改善能源消费结构，提高天然气消费的占比对于减少雾霾污染物排放具有积极作用。周慧敏和安佳（2018）运用面板模型分析东部地区 10 个省份人均能源消费水平对雾霾污染物的影响，认为东部地区能源消费对雾霾虽然有显著的影响，但是随着时间的推移，其显著性在不断下降。马瑞婕（2018）运用空间杜宾模型分析能源消费对雾霾污染物的空间溢出效应，而且将能源消费分为能源消费规模和能源消费结构两个方面分别进行研究。陈生明（2019）运用半参数空间全局向量自回归模型分析能源消费结构对雾霾污染物排放的影响，认为优化能源消费结构、降低化石能源的比重对东部、中部、西部地区雾霾污染物排放的减少均具有明显的促进作用。关伟和金一（2020）运用向量自回归模型与脉冲响应函数分析能源利用对生态环境的影响，认为能源利用对生态环境有显著的冲击，但是对东部、中部和西部地区的冲击程度存在着区域差异。

　　围绕"产业结构变动规律研究"，大多数学者们的研究重心仍然放在第一、第二、第三产业结构的变动对我国国民生产总值和就业的影响，仅有少量学者将自己的关注点落在第一、第二、第三产业结构的变动对我国能源消耗数量和生态环境的影响，但研究的内容还不够系统和全面，而且对三次产业结构的变化对我国能源消耗数量和生态环境机理的阐述也还不够客观和透彻。围绕"产业结构变动的能源消费效应实证研究"，学者们虽然在模型选择上，使用经典的线性回归模型、协整与误差修正模型、面板模型、因素分解模型、灰色关联模型、门槛模型和空间计量模型等多种方法，呈现出多样化的特征；但在产业结构变动的测度上，不论是使用单一指标衡量产业结构变动，还是通过建立指标体系使用综合评价指标衡量产业结构变动，其本质都是以各产业部门产值为中心来反映产业结构变动，对产业部门的生产工艺和投入结构几乎没有反映，这不利于针对具体部门和行业提出差异性和有效性的建议和措施。围绕"产业结构（能源消费）变动的生态环境效应实证研究"，尽管学者们的分析方式不一样，但研究思路有异曲同工之妙，即直接从产业结构变动对生态环境影响的角度建立模型进行研究，或者近几年由于雾霾问题受到广泛关注，所以才初步开始研究能源消费对雾霾污染物排放的影响；值得关注的是，由于现有关于产业结构（能源消费）变动对生态环境影响的理论还比较匮乏，因此这样建模和分析的理论基础值得讨论和商榷。

第三章 能源与生态环境相关基本问题

本章主要对资源、自然资源、能源资源以及生态环境等基本概念进行阐述和界定，同时分析能源资源与生态环境的特点，并对两者的演变历史进行概述，最后对中国及各地区各类型能源的供给与需求现状，对二氧化硫、烟尘粉尘、废气、废水和固体废物等主要污染物的排放现状进行时空特征分析，以期对能源与生态环境现状有客观的认识和把握。

第一节 能源资源的相关问题

一、资源及自然资源的内涵

(一) 资源的内涵

资源的内涵丰富，通常对其从两个方面进行阐述和解释，即广义的资源和狭义的资源概念。从广义的角度进行定义，资源是指满足人类生活、生产所需的有形和无形资源的总称。不仅包括没有经过人类劳动加工来自大自然的物品，而且还包括经过人类劳动加工过的物品。从狭义的角度进行定义，资源是指来源于大自然用于满足人类生存、发展和使用的资料总和，主要包括自然资源。李金昌（1991）、蔡运龙（1997）、沈满洪（2007）、王克强（2007）认为：自然资源是某区域在一定时期形成的、在当前技术条件下可以用于满足人类生存与发展、生活与生产需要的自然要素的总和。

目前，对资源概念的解释和使用还不统一，具体表现在：（1）将资源当作广义概念来使用。认为资源不仅包括自然资源，还包括人文资源，这种理解在资源经济学及生态经济学研究中被普遍运用。因为只有将两大类资源的配置达到最优化，社会与经济的健康、持续发展才能正常进行。（2）把资源当作狭义的自然资源来理解。美国经济学家阿兰·兰德尔（1989）认为"资源是人类发现的有用途和有价值的物质"。在他的著作中所探讨的资源都是指自然资源。（3）把资源当作生产要素来对待。多数经济学家认为资源与生产要素等同。例如，微观经济学中的资源配置是指生产要素，包括土地、劳动力、资金、技术和管理等①。（4）把资源等同于产品即原材料来认识。社会上通常所说的资源或自然资源，多数情况下将其视为一般性的产品参与生产过程中，即相当于原材料②。

　　为了便于分析经济系统、生态环境系统、资源系统的相互关系和相互作用，本项目使用资源的狭义概念，即资源是指来源于大自然并在当前技术条件下可以用于满足人类生存与发展、生活与生产需要的资料总和，主要包括自然资源。

（二）自然资源的内涵

　　相关文献由于研究的角度不同对自然资源的界定各有特点，其中比较有代表性的是地理学家金梅曼（Zimmenman）、《不列颠百科全书》、联合国相关文献以及我国的《辞海》等分别从主观的角度、环境功能的角度、动态变化的角度、自然属性的角度对自然资源进行界定。

　　金梅曼认为自然资源是指在当前社会经济发展水平下人们需要的自然物质或者是在当前技术进步条件下人们可以开发利用的自然物质的总和。如果该自然物质在一定的社会经济发展水平条件下人们没有需求的意愿，那么则不是自然资源；同样，如果该自然物质在一定的技术进步条件下人们没有能力利用，那么也不是自然资源。显然，这样对自然资源进行界定，具有较强的主观性③。

　　《不列颠百科全书》认为自然资源是指在一定的生产力条件下人们能够使用为生产和生活提供物质保障的自然物质，而这些自然物质则来源于不同的环境功能。具体表现为：岩石、矿藏等自然物质是地球化学循环机能作用的结果，水、大气、海洋等自然物质是地球物理环境机能作用的结果，动物、

　　① 厉以宁，章静．环境经济学［M］．北京：中国计划出版社，1995.
　　②③ 王军．资源与环境经济学［M］．北京：中国农业大学出版社，2009.

植物等自然物质是环境的生态机能作用的结果。因此，这里关于自然资源的论述，更多的是凸显其环境功能的特征①。

联合国相关文献认为自然资源是指在地球演变过程中所形成的无机物质和有机物质的总和。这表明随着地球的演变，自然资源的内涵也随之发生变化。因此，从动态变化的角度进行观察，自然资源不是一个静态的固定的概念，而是一个发展变化的相对概念②。

《辞海》认为自然资源是指没有经过人类劳动作用，天然形成的各种自然物质的总和。不论这种自然物质是否是在当前社会经济发展水平条件下人们需要的自然物质，或者是否是在当前技术进步条件下人们可以开发利用的自然物质。这样对自然资源进行界定，更加突出了自然资源的自然属性③。

二、能源资源的内涵、分类与特性

（一）能源资源的内涵

关于能源资源的解释较多，有代表性的主要有：中国《科学技术百科全书》认为"能源是可从其获得热、光和动力之类能量的资源"④；《不列颠百科全书》认为"能源是一个包括着所有燃料、水流、阳光和风的术语，人类适当的转化手段便可让它为自己提供所需的能量"⑤；《日本大百科全书》认为："能源是指在各种生产活动中，利用热能、机械能、光能、电能等来做功，可利用这些能量源泉的自然界中的各种载体"⑥；《能源百科全书》认为："能源是可以直接或经转换提供人类所需的光、热、动力等任何形式能量的载体资源"⑦。

基于各种代表性解释，笔者认为能源资源是指产生和提供各种形式能量（如热能、电能、光能、机械能等）的资源。广义上讲能源资源是指能够提

①⑤　不列颠百科全书．国际中文版［M］．北京：中国大百科全书出版社，2007.

②　United Nations. Integrated Environmental and Economic Accounting［M］. UN Publishers. New York，1993.

③　辞海．缩印本［S］．上海：上海辞书出版社，1979.

④　中国科学院．科学技术百科全书［M］．北京：科学出版社，1981.

⑥　相贺澈夫．日本大百科全书［M］．日本：株式会社，1987.

⑦　帕克．能源百科全书［M］．程惠尔译．北京：科学出版社，1992.

供能量的天然资源和人工资源的总称。狭义上讲能源资源是指人们对天然能量资源进行开发加工而生产出的可提供能量的物质产品，具体包括煤炭、石油、天然气和电力等。

（二）能源资源的分类①

按照来源、可再生性、利用方式、利用的历史状况等不同的分类标准对能源资源进行分类，具体表现为：

1. 能源资源按来源，可以分为第一类能源、第二类能源和第三类能源。第一类能源，来自地球以外，主要包括太阳能转化而成的矿物能源（煤炭、石油、天然气）。第二类能源，来自地球内部，主要包括地热、核能等。第三类能源，来自地球和其他天体的运动作用，主要包括风能、潮汐能、水能等。

2. 能源资源按可再生性，可以分为可再生能源和不可再生能源。可再生能源主要包括水能、生物质能、风能、地热能、潮汐能等，在使用后可以从自然界较易得到补充的能源。这类能源的利用往往不产生或很少产生污染物，它们可能成为未来能源结构的基础。不可再生能源是指人类开发利用后在短期内不能再生的能源，如煤炭、石油、天然气等。

3. 能源资源按使用方式，可以分为一次能源和二次能源。一次能源指对天然能量资源直接开发利用，没有再经过加工转换的能源。二次能源也称人工资源，它是人们开采或开发出来后再进行加工转换为其他形式的能源。

4. 能源资源按使用的历史状况，分为常规能源和新能源。常规能源指在目前科学技术下广泛使用的能源。新能源指相对于常规能源，目前正在研究开发、尚未广泛利用的能源。

（三）能源资源的特性②

能源资源的特征和性质主要表现为效用性、不可再生性、稀缺性、地域性和生态环境的破坏性等方面。

1. 效用性。由于能源资源能够产生和提供热能、电能、光能、机械能等能量，因此为人们的生活水平不断提高和生产的正常进行提供了燃料和动力。

---

①② 林伯强. 中国能源发展报告［M］. 北京：北京大学出版社，2019.

随着城镇化进程的推进，城市人口的不断增加，人们的衣食住行对能源的依赖程度越来越高，能源对满足人们的日常需求程度也越来越高。从宏观上讲，能源是整个社会持续发展的必备物质条件。

2. 不可再生性。目前在我国的能源消费中，几乎完全依赖于石油、煤炭、天然气等化石能源。实际的问题是，不论是石油、煤炭或者是天然气等重要能源资源都有相当长的再生周期，通常其再生周期长达几千万年甚至上亿年，而且其再生条件也是很难由人工创造和实现。因此，相对于有限的人类历史活动而言，可以认为能源资源是不可再生的。

3. 稀缺性。能源资源的稀缺性体现在人类对能源资源需求的无限性与能源资源供给的有限性这对矛盾上。具体表现为两个方面：一是稀缺性使能源资源在数量和质量上对人类发展具有一定的承载力，即能源资源能够承载经济发展规模和速度的能力；二是稀缺性通过供需关系的变化对市场上可交易能源资源的价格产生影响。

4. 地域性。受太阳辐射、大气环流、地质构造和地表形态结构等因素的影响，能源资源在地域上的分布是不均衡的，具有特殊的分布规律。总体上是西多东少、北多南少。煤炭总资源量北部占87%，西部占52%；可采储量北部占79%，西部占26%。石油陆上总资源量东北和华北占52%，西北占35%；可采储量东北和华北占50%，西北占32%。天然气陆上总资源量西北占43%，华北和东北占12%；可采储量西北占52%，华北和东北占23%。水能资源理论蕴藏量70%集中在西南，技术可开发水能资源西南占67.8%，中南占15.5%[1]。

5. 生态环境的破坏性。能源资源中的煤炭、石油、天然气等都是化石能源，即便可以用水力发电，但在我国大部分电力还是以煤炭发电为主。这些化石能源在使用过程中会产生大量的二氧化碳，以及二氧化硫、氮氧化物和其他的粉尘颗粒等。其中二氧化碳是导致气候变暖的主要推手，而二氧化硫、氮氧化物则会导致土壤酸化、植被破坏，其他粉尘颗粒也会污染空气，所以在能源资源的使用过程中必须关注其对环境产生的影响。

---

① 林伯强. 中国能源发展报告［M］. 北京：北京大学出版社，2019.

第二节 生态环境的相关问题

一、生态环境的内涵

（一）生态环境的科学内涵

在环境科学中，认为生态环境是指围绕着人的全部空间以及其中一切可以影响人的生活与发展的各种天然的与人工改造过的自然要素的总称。生态环境涵盖的内容很丰富，主要包括自然环境与社会环境，其中：自然环境包括大气环境、水环境、土壤环境、地质环境、矿藏环境、生物环境、星球环境、宇宙环境等；社会环境包括聚居环境、生产环境、交通环境、文化环境等[①]。

（二）生态环境的法律内涵

在法律规范中，各国不同时期对生态环境内涵的阐述方式并不是完全相同的，这反映出不同时期各国经济发展目标的变化以及人们的生态环境观念的改变。2015 年 1 月颁布施行的《中华人民共和国环境保护法》对生态环境的界定是："本法所称的环境，是指影响人类生存和发展的各种天然的和经过人工改造的自然因素的总体，包括大气、水、海洋、土地、矿藏、森林、草原、湿地、野生生物、自然遗迹、人文遗迹、自然保护区、风景名胜区、城市和乡村等。"[②]

通过对生态环境的科学内涵与法律内涵进行阐释，根据本书研究对象的特点与研究目的的需要，本书在后续研究中所提到的生态环境概念，则更倾向于是自然环境所包括的内容。

二、生态环境的特点

从传统的角度来看，生态环境是一种公共财产，可以供人们自由地、免

---

① 张坤民. 当代环境管理要义之一：环境管理的基本概念 [J]. 环境保护，1999（5）：3 - 5.
② 环境保护部. 中华人民共和国环境保护法 [Z]. 2015.

费地、长期地使用它而不必付出任何代价。因此，生态环境作为一种公共产品或者公共财产，具有以下主要特点：

（一）稀缺性

不可再生资源如煤炭、石油会随着使用而逐渐耗竭。即使空气和水等资源，表面上看起来是"取之不尽用之不竭的"，其实如果当空气和水遭到污染的时候，人们想要找到干净的、无损于人体健康的空气和水也并非易事。

（二）非排他性

公共产品是指许多人可以共同使用而不是仅供一个人使用的物品。生态环境由于其使用的边界比较模糊，往往是很多人可以共同使用而不受其他人的影响，因此，生态环境是典型的公共产品，自然符合公共产品的特点，具有非排他性的特征。

（三）外部性

由于生态环境是一种公共产品，不论是个人或者是企业，对其使用均具有"免费"的特点，这也造成了个人和企业可以无序的、大量的向生态环境中排放各种各样的污染物，污染和破坏生态环境而不用承担任何的环境成本，从而产生环境"外部性"的问题。

三、生态环境问题的实质

（一）自然资源的补给和再生都需要时间

森林采伐量不应超过其可持续产量。全世界现有森林面积 36.25 亿公顷，1980~1990 年每年平均砍伐量为 1 680 万公顷，相当于每年砍掉总量的 0.5%。森林具有涵养水土、储存二氧化碳、栖息动植物群落、提供林产品、调节区域气候等功能，过度砍伐使森林和生物多样性面临毁灭的威胁。土地利用应谨慎地控制其退化速度。全球土地面积的 15% 因人类活动已经遭受到不同程度的退化，土壤侵蚀年平均速度为每公顷 0.5~2.0 吨。水并不是取之不尽的，淡水资源是一切陆地生态系统不可缺少的重要组成部分，人类消费淡水量的迅速增加导致严重的淡水资源短缺。我国华北地区出现了世界上最大的"地下水漏斗",它不仅伴随着地面沉降、海水入侵,也预示着这一地区的可持续发展将面临更大问题①。

(二) 生态环境容量是有限的

全球每年向生态环境排放大量的废气、废水和固体废物。这些污染物排入生态环境后,有的能够稳定地在地球上存在几百年,从而使得生态环境状况发生显著的变化。例如,目前大气中的二氧化碳浓度已经由工业化前的280ppm 升高到353ppm,甲烷浓度由 0.8ppm 上升至 1.72ppm,一氧化二氮浓度由 285ppm 上升至 310ppm,这些温室气体的增多已经使地球表面温度在过去的 100 年中上升了 0.3℃~0.6℃。20 世纪 70 年代后期在南极上空发现了臭氧层空洞,目前仍然在不断扩大,南极上空低平流层中臭氧总量平均减少了 30%~40%。由于煤炭和石油等化石燃料作为常规能源被大规模使用,所以源源不断地向大气中排放硫氧化物和氮氧化物,当这些氧化物与大气中的水进行结合就会形成酸雨并沉降到地面,导致大片森林枯萎以及大量的水生生物和鱼类死亡。同时,工业废水如果不经处理排入河流,会造成河流的污染,当这些有害物质渗入地下会破坏地下水,进而威胁人类的饮水安全②。

第三节　能源资源的利用历史与生态环境问题

一、能源资源的利用历史

人类利用能源的历史大约可以追溯到两万年以前古猿人的钻木取火,从那时起人类学会了以薪柴为燃料来取暖和煮熟食物。后来,随着能源应用广度和深度的不断提高,对人类社会发展的推动作用也越来越明显。在能源利用的早期阶段,非商品能源占全部使用能源的 52%,随着时间的推移,非商品能源所占的比重在不断下降。19 世纪末 20 世纪初,由于西方国家工业化的迅速兴起和发展,对能源需求也越来越高,在这个时期煤炭成为当时经济发展中所依赖的主要能源。20 世纪中叶以后,全球的能源消费结构发生了较

---

①② 林伯强.中国能源发展报告 [M].北京:北京大学出版社,2019.

为显著的变化，由以煤炭为主要能源向以石油、天然气为主要能源转变。到20世纪70年代，石油和天然气的消费量占全部能源消费量的64%。随后由于石油价格的上涨，导致石油消费占能源消费的比重从20世纪70年代的46%下降到20世纪90年代的36%，然而全球整体上的能源消费结构并没有明显的变化，在能源消费中石油消费的占比依然在稳定提高[①]。

20世纪70年代能源危机的出现，导致能源的总供需发生了较大的变化，能源价格出现了明显的上升，廉价能源时代就此结束。据联合国环境署的报告，到1989年底，预计已证实的全世界的石油资源储量为1 390万亿吨，煤炭资源储量为5 340亿吨石油当量，天然气资源储量为1 040亿吨石油当量。按照1990年的消费水平，石油储量将够用约46年，煤炭约205年，天然气约67年。化石能源在全球的分布非常不均衡，在已经发现的油气资源中，75%的石油和78%的天然气分布在中东、苏联和北美地区。尤其是中东地区占有全球50%以上的油气资源探明储量。而能源的这种不均衡分布也造成世界各国的能源利用方式存在着明显的差异[②]。

19世纪以来，世界的工业化进程取得了巨大的发展成就，各地都因工业化发生了翻天覆地的变化，各国的现代化程度越来越高，人们的生活质量也在不断提升。在这个过程中对能源需求和依赖的程度也越来越高，是以高投入、高能耗为代价支撑现代社会的经济发展。在工业化的进程中，虽然工业生产增长了近50倍，但是对化石能源的消耗也增加近30倍。具体表现为：尽管人类创造物质财富的80%是在20世纪50年代之后产生的，然而人类消耗化石能源的60%也是在20世纪50年代之后产生的[③]。

二、能源资源与生态环境问题

从20世纪中叶起，生态环境恶化的问题逐步显现出来，并被公众所关注。在开始阶段，生态环境问题只限制在特定的地域。现在生态环境问题已经逐渐演变成为区域性乃至全球性的问题，一个国家或地区的生态环境问题可以影响其邻国的环境甚至世界的环境，比如众所周知的酸雨、臭氧层破坏和全球变暖等问题。

[①][②][③] 魏一鸣，等. 中国能源报告：战略与政策研究［M］. 北京：科学出版社，2010.

（一）能源资源利用与酸雨

工业革命以来，由于化石燃料作为人类的主要能源一直被广泛利用，因此大气中的硫和氮的氧化物浓度呈现出显著增加的特征。1852 年，英国污染检查团的一位早期成员在《科学》杂志上报道说，他发现在曼彻斯特附近地区的降雨中有硫酸。1872 年，他在撰写的调查报告中使用了"酸雨"这一词。100 年后，酸雨现象作为全球生态环境问题受到全世界的广泛关注。对"酸雨"一词，不同学者有着不同的阐述，比较经典的观点认为"酸雨是表示氢离子浓度指数（PH 值）低于大气中二氧化碳相平衡的蒸馏水 PH 值（5.6）的降水"。20 世纪 60 年代以后，随着人们对酸雨的认识逐步扩大，"酸雨""酸沉降""酸沉降物"等说法也被广泛地使用。硫和氮的氧化物一旦与空气中的水蒸气结合，就会形成高腐蚀性的硫酸和硝酸。而硫氧化物和氮氧化物主要是从燃煤和燃油发电厂、冶炼厂和工业锅炉中以气体形式排出来的，随着汽车的越来越广泛普及，汽车尾气也成为产生硫氧化物和氮氧化物的重要来源。当硫氧化物和氮氧化物与空气中的水蒸气结合以雨、雪、雾的形式返回地球，就形成了酸雨。同时硫氧化物和氮氧化物可随风飘落到其他的国家或地区，目前欧洲、北美及东亚地区是酸雨危害较为严重的地区[①]。

（二）能源资源利用与全球变暖

全球变暖是人们关注的另一个全球性环境问题，它不仅涉及地球变暖这一自然变化，还涉及其他领域，严重制约人类活动。对于温室效应变化的贡献，水汽占 60% ~70%，二氧化碳占 25% 左右。由于水汽量是由自然所决定的，因此，影响温室效应的是二氧化碳等正在持续增长的大气微量成分，而不包括水汽。全球变暖的机理是，地球表面将来自太阳的辐射能以 4 ~100μm 波长的热辐射形式向外释放。大气吸收了其中的一部分，然后再向宇宙和地面放射出去，其中向下释放的热量就会产生温室效应。二氧化碳并不是唯一造成温室效应的气体，甲烷以及氧化亚氮等气体也同样会产生温室效应，但在空气中的浓度相对较少。如果把大气比作一个游泳池，相应地，只有一桶多的二氧化碳，8 升的甲烷，30 茶勺的氧化亚氮，1 滴氯氟碳$_{11}$（CFC_{11}）和半滴氯氟碳$_{12}$（CFC_{12}）。其中后面的几种微量气体的温室效应比二氧化碳要

---

① 魏一鸣，等. 中国能源报告：战略与政策研究 ［M］. 北京：科学出版社，2010.

大得多，如甲烷是二氧化碳的 21 倍，CFC_{12} 是二氧化碳的 15～800 倍。因为这些微量气体在大气中的寿命较短，所以温室效应很快会消失，从长远看，危害并不大。总体来看，气候变暖有一半以上原因在于过量的二氧化碳，而矿物燃料产生的二氧化碳又占了人为产生的二氧化碳总量的 2/3。近 200 年的西方国家的工业化进程是空气中二氧化碳增加的主要原因，具体表现为在生产和生活中，大量使用煤炭、石油和天然气等化石能源为工业、商业、住房及其他目的服务，导致了二氧化碳的大量排放[1]。

在过去的 100 年中，全球平均温度的上升幅度在 0.3℃～0.6℃，海平面随之平均上升了 10～200cm。如果不采取行动来控制二氧化碳的排放，全球地表平均温度将继续以每 10 年平均 0.3℃ 的速度上升。即使地球温度只提高 1℃～2℃，也会带来严重的后果，降雨方式改变、旱灾增多、海平面上升、水灾和风暴频繁、影响农业、粮食和人体健康。为此，各国将温室问题视为政府的首要问题之一，1992 年在巴西里约热内卢通过的《联合国气候变化框架公约》是世界上第一个为全面控制二氧化碳等温室气体排放，以应对全球气候变暖给人类经济和社会带来不利影响的国际公约，也是国际社会在对付全球气候变化问题上进行国际合作的一个基本框架[2]。

第四节　能源资源的供求现状

一、能源资源需求

2017 年中国能源消费总量为 44.9 亿吨标准煤，同比增长 2.9%。其中，煤炭消费量为 38.6 亿吨，同比增长 2.1%；石油消费量为 5.9 亿吨，同比增长 5.2%；天然气消费量为 2 407 亿立方米，同比增长 16.7%；电力消费量为 63 077 亿千瓦时，同比增长 6.6%。

（一）综合能源消费

从能源消费结构看，2017 年中国煤炭、石油消费比重不断下降，天然气和非化石能源比重进一步上升，能源消费结构优化调整。2017 年中国煤炭消

---

①② 魏一鸣，等．中国能源报告：战略与政策研究［M］．北京：科学出版社，2010.

费量占能源消费量的比重达到 60.4%，比 2016 年下降 1.6 个百分点；水电、核电、风电、天然气等清洁能源消费比重为 20.8%，比 2016 年提高 1.3 个百分点。节能降耗和生态建设成效显著，能源消费强度明显下降，全国万元 GDP 能耗较 2016 年下降 3.7%。

从地区能源消费看，中国能源消费主要集中于东部经济发达的省份，但呈现出向西转移的趋势。人均能源消费排序与能源消费总量排序存在较大差异，东部经济发达地区能源消费总量水平较高，由于西部经济欠发达地区大力发展能源密集型产业，导致人均能源消费水平高于经济发达地区。2017 年能源消费总量排名前 5 位的省份分别为山东、广东、江苏、河北和河南，能源消费总量分别为 3.87 亿吨标准煤、3.23 亿吨标准煤、3.14 亿吨标准煤、3.04 亿吨标准煤和 2.29 亿吨标准煤，除了河南以外，其他 4 个省份均高于 3 亿吨标准煤；排名后 5 位的省份分别为甘肃、北京、宁夏、青海和海南，其中海南和青海能源消费总量均低于 5 000 万吨标准煤。中国人均能源消费量地区差异明显，2017 年，宁夏以人均消费 9.51 吨标准煤排名首位，人均能源消费量超过 5 吨标准煤的省份有 5 个，分别是内蒙古、新疆、青海、宁夏、山西和天津；排名后 5 位的是云南、海南、广西、安徽和江西，这些省份的人均能源消费量均在 2.5 吨标准煤以下。人均能源消费呈现出的主要特征是：能源消费总量高的地区人均能源消费量比较靠后，能源消费总量低的地区人均能源消费量比较靠前。

从能源消费强度看，2017 年单位 GDP 能源消费量排名前 5 位的省份分别为宁夏（1.88 吨标准煤/万元）、青海（1.60 吨标准煤/万元）、新疆（1.60 吨标准煤/万元）、山西（1.29 吨标准煤/万元）、内蒙古（1.24 吨标准煤/万元），排名后 5 位的省份分别为福建（0.40 吨标准煤/万元）、上海（0.39 吨标准煤/万元）、江苏（0.37 吨标准煤/万元）、广东（0.36 吨标准煤/万元）、北京（0.25 吨标准煤/万元）；能耗强度最高的宁夏是能耗强度最低的北京的 7.5 倍[①]。

（二）煤炭消费

2017 年中国煤炭消费 38.6 亿吨，同比增长 2.1%，继续保持低速增长。中国分部门煤炭消费结构持续优化，发电用煤比重不断上升，煤炭利用效率

---

① 韩君. 生态环境质量约束的能源资源定价机制研究［M］. 北京：经济科学出版社，2017.

进一步提高；煤炭消费主要集中在经济和资源大省。同时受环境和资源约束的限制，中国煤炭消费重心逐渐由东向西转移。

从部门煤炭消费看，电力、钢铁、建材和化工四大耗煤行业煤炭消费量占比超过88.9%，其中，电力行业耗煤20亿吨，钢铁行业耗煤6.56亿吨，建材行业耗煤5.25亿吨，化工行业耗煤2.86亿吨。煤炭在工业主要应用于电力、煤气及水生产和供应业、制造业和采掘业。具体来讲，电力、热力生产和供应业，黑色金属冶炼和压延加工业，非金属矿物制品业，化学原料和化学制品制造业这四大行业合计煤炭消费量达到34.32亿吨。

从地区煤炭消费看，中国各省份煤炭消费差异明显。从消费总量上看，山东煤炭消费量位居全国首位；从人均消费量上看，内蒙古人均煤炭消费量远远高于其他省份；从消费变化趋势上看，东部、中部地区煤炭消费增速放缓，煤炭消费向西部转移的趋势明显；从煤炭消费密度上看，华北和华东地区的煤炭消费密度较高，由此引发的环境和污染问题值得关注。东南沿海地区作为中国经济最发达的地区，火电、钢铁、水泥、化工生产较为集中。由于东南沿海地区多数省份煤炭产量低，因此主要依靠从主要产煤省份调入或进口，煤炭供需受进口的影响较大。近年来，随着产业结构和能源结构的调整，以及环境保护要求的不断提高，该区域的煤炭消费增速呈现出下降的趋势。"三西"地区（山西、陕西、内蒙古西部）是中国的主要煤炭产区，煤炭产量超过60%，同时也是中国能源产业与重工业较为集中的地区。近年来，由于"三西"地区经济增长较快，所以推动煤炭消费的快速增长。华中地区在"中部崛起"的发展战略支持下，工业化、城镇化进程逐步加快，受此影响，该区域对能源需求不断扩大，煤炭供需关系脆弱。京津冀地区是中国煤炭消费的重要地区。前些年，华北地区雾霾天气严重，环境问题凸显，同时钢铁、水泥、玻璃等主要耗煤行业面临产能过剩。河北省作为重要的钢铁和水泥生产大省，随着治理污染力度的加大以及淘汰过剩产能措施的实施，煤炭消费的增速呈现出下降的趋势①。

（三）石油消费

2017年，中国石油消费量达到5.9亿吨，增速为5.2%，是世界第二大石油消费国；虽然石油消费量占世界消费总量的13.1%，但是人均消费

---

① 韩君. 生态环境质量约束的能源资源定价机制研究 [M]. 北京：经济科学出版社，2017.

水平仅为世界的 71.19%。分部门看，工业用油比重趋于下降，交通运输业用油比重快速上升；分地区看，石油消费集中在东部经济发达、交通便利的省份；分品种看，成品油增速明显放缓，各品种的消费增速呈现出分化的趋势，具体表现为：煤油消费保持较快增长，汽油和柴油消费增长较为稳定。

从部门石油消费看，中国的石油消费主要集中于工业和交通运输业。近年来，第一产业消费占比呈现出下降趋势，工业和交通运输业的石油消费占比呈现出持续上升的特征。2016 年交通运输、仓储和邮政业的石油消费 21 032.5 万吨，增长 2.35%，占比达到 37.29%，为中国第一大石油消费部门。从终端消费结构看，汽油、柴油和煤油主要用于交通运输业，而燃料油主要作为炼油原料用于工业部门。2016 年汽油消费主要集中在交通运输和居民生活消费，所占比重分别为 46.44% 和 25.03%，工业汽油消费比重仅为 3.68%；柴油消费主要集中在交通运输业、工业与农业，所占比重分别为 65.73% 和 17.27%，生活消费比重仅为 4.52%；煤油消费绝大部分集中在交通运输，占比高达 94.76%；燃料油消费主要集中在工业、交通运输业，比重分别为 65.55% 和 32.63%。从趋势上看，成品油用于运输的比重不断提高，而用于其他领域的比重趋于下降。

从地区石油消费看，中国石油消费主要集中在东部经济发达省份，人均石油消费与石油总量消费的地区分布基本一致。中国原油消费主要集中在石油资源丰富、交通运输便利和炼油能力较强的省份，如辽宁和山东两省原油消费占全国原油消费总量的 28%。中国成品油消费主要集中在经济发展较好、交通物流便利的东部省份，其中煤油消费主要集中在几个大的航空运输的节点区域，如北京、上海、广东和四川。人均石油消费量的地区差异较为明显，东部经济发达省份和西部人口稀疏的资源大省的人均石油消费水平较高，中部和西部经济较不发达的人口大省人均石油消费水平较低①。

（四）天然气消费

2017 年中国天然气消费总量为 2 407 亿立方米，同比增长 16.96%，日均天然气消费量为 6.6 亿立方米，人均天然气消费量为 161 立方米，是世界

---

① 韩君. 生态环境质量约束的能源资源定价机制研究 [M]. 北京：经济科学出版社，2017.

第三大天然气消费国，但人均天然气消费量仅为世界平均水平的29%，远低于发达国家消费水平。分部门看，天然气消费主要集中在工业、交通运输业以及生活领域。分地区看，华东地区的天然气消费量不仅最高，而且增速较快。

从部门天然气消费看，中国的天然气消费主要集中在工业、居民生活和交通运输部门；工业内部中制造业的天然气消费比重呈现出上升趋势，而采掘业和电力、煤气及水生产供应业的天然气消费比重呈现出下降趋势。2017年工业天然气消费总量为1 026亿立方米，占消费总量的42.6%；居民生活天然气消费量为660亿立方米，占消费总量的27.4%；发电用气490亿立方米，占20.4%；化工行业天然气消耗量230亿立方米，占比9.6%。

从地区天然气消费看，经济发达程度对天然气消费影响明显，全国各省份中排名前五名的依次为四川、江苏、广东、北京、新疆，排名后五名的则为云南、广西、贵州、江西、吉林，排名靠后主要因其经济发达程度相对落后，工业燃气和化工等部门用气量较少。东部、中部、西部天然气消费量分别占全国天然气消费总量的48.1%，14%和32.6%[①]。

（五）电力消费

2017年中国电力消费总量为63 077亿千瓦时，比2016年增长6.6%，是世界第一大电力消费国；日均用电量为172.8亿千瓦时，比2016年提高6.55%；人均用电量为4 537.65千瓦时。电力消费弹性系数为0.95，较2016年增加0.20。分部门看，农业和工业电力消费量增速呈现出上升的趋势，第三产业和居民生活电力消费量增速呈现放缓趋势。分地区看，东部地区电力消费占比仍然较高，但西部地区电力消费占比呈现出逐渐上升的趋势。

分部门电力消费看，电力消费结构不断优化，但第二产业用电比重仍高于70%，第三产业和居民生活电力消费比重远低于世界平均水平。第二产业是最主要的电力消费部门，2007年以来第二产业用电占全社会用电量的比重始终处于70%以上。2017年，我国第一、第二、第三产业和居民生活的用电量分别为1 155亿千瓦时、44 413亿千瓦时、8 814亿千瓦时和8 695亿千瓦时。全社会用电量呈现较快增长态势。第二产业中，装备制造业和高技术产业用电量持续快速增长，具有代表性的通用及专用设备制造业、交通运输/电

---

① 韩君. 生态环境质量约束的能源资源定价机制研究［M］. 北京：经济科学出版社，2017.

子/电气设备制造业、医药制造业用电量增长速度分别为 10.3%、10.3% 和 8.2%，传统高耗能的电力行业、钢铁行业、建材行业和化工行业增速逐季放缓。

分地区电力消费看，西部地区电力消费增长较快，在电力消费总量中的占比呈上升趋势；东部地区电力消费增速放缓，但占比仍然最大。全国全社会用电量排名前三位的分别是广东、江苏和山东。从人均情况看，人均用电量的地区分布与人均生活用电量的地区分布差异明显，西部资源大省人均用电量较高，而人均生活用电量较高的省份主要集中在东部经济发达地区[①]。

二、能源资源供应

2017 年中国一次能源生产总量为 34.6 亿吨标准煤，同比下降 4.2%。其中，煤炭产量为 34.45 亿吨，同比增长 2.41%；原油产量为 2.0 亿吨，同比下降 6.9%；天然气产量为 1 369 亿立方米，同比增长 1.7%；发电量为 6.14 万亿千瓦时，同比增长 5.6%。在一次能源生产中，煤炭产量占比为 75.5%，比 2016 年上升 2.41%；原油产量占比为 8.9%；天然气占比为 4.6%，较 2016 年提高 1.7%。

2017 年能源进口继续增长，能源对外依存度进一步提高。净进口煤炭达到 2.6 亿吨，同比增长 25.2%，对外依存度达到 6.3%；净进口原油 3.80 亿吨，同比增长 14%，对外依存度高达 65%；净进口天然气 719 亿立方米，同比增长 23%，对外依存度为 34.3%。

（一）煤炭供应

中国拥有丰富的煤炭资源，且近年来煤炭进口保持较快增长，煤炭供应能力持续增强，煤炭库存持续增加。2017 年，中国原煤产量 34.45 亿吨，同比增长 2.41%，日均煤炭产量为 943.8 万吨，人均煤炭产量约 2.48 吨/人。2016 年，中国原煤产量为 16.86 亿吨油当量，占世界总产量的 46.1%。煤炭探明剩余可采储量居世界第三，但储采比、人均储量低于世界平均水平。煤炭资源量地区差异显著，新增储量主要集中在西部地区，山西、内蒙古、新疆的煤炭基础储量位居全国前三位，原煤生产重心逐渐西移[②]。

---

①②　韩君. 生态环境质量约束的能源资源定价机制研究 ［M］. 北京：经济科学出版社，2017.

（二）石油供应

2017 年中国油气开发略有回落，全年原油产量 19 142 万吨，同比下降 3.2%，其中，原油加工量 56 246 万吨，成品油产量 34 617 万吨，成品油消费量 30 661 万吨。成品油生产中，汽油、煤油保持较快增长，柴油增速继续放缓。世界第一大原油生产国沙特阿拉伯原油产量为 5.9 亿吨，是中国的 2.95 倍，中国为世界第七大产油国。中国的油气开发和生产主要集中在西北、东北和华北地区。塔里木、鄂尔多斯和四川等西部盆地和海上油田在中国油气储产量增长中的作用越来越明显。2017 年，原油进口保持较高水平，全年净进口原油 4.1 亿吨，同比增长 10%，创出历史纪录新高，成为全球最大的原油进口国；汽、柴、煤保持全面净出口，全年净出口成品油 2 252 万吨。石油、原油的对外依存度进一步提高，分别达到 67.4% 和 68.6%。原油和成品油的净调入省份差别较大，原油调入集中在经济实力雄厚及炼油能力较强的省份，成品油调入集中在原油资源匮乏和炼油能力较弱的省份①。

（三）天然气供应

2017 年，中国天然气产量达 1 474 亿立方米，同比增长 7.51%；页岩气产量增长迅速，达到 92 亿立方米，同比上涨 15%；煤层气产量达到 86 亿立方米，同比上涨高于 70%。中国天然气产品占世界的 3.9%，保持世界第六位，仅为美国的 18.5%，俄罗斯的 24%。天然气进口量达到 962 亿立方米，同比增长 53.1%，对外依存度为 39%，继续保持逐年上升的趋势。从分地区看，中国的天然气产量主要集中陕西、四川和新疆，产量分别为 482 亿立方米、308 亿立方米、339 亿立方米，合计占全国天然气总产量的 76.6%。从分企业看，2016 年，三大石油公司的天然气产量快速增长，总计达到 1 329.3 亿立方米，占全国总产量的 96.9%。天然气的调动方向主要从西部的产气省份向东部的经济发达省份调入，陕西和江苏分别列全国净调出和净调入的首位。2017 年，中国天然气进口量 920 亿立方米，同比增长 27.6%。其中，中国管道气进口 347 亿立方米，主要进口来源地是中亚的土库曼斯坦，占全部管道气进口量的 79%；液化天然气（LNG）进口 1 963 万吨（折合 373.6 亿

---

① 韩君. 生态环境质量约束的能源资源定价机制研究［M］. 北京：经济科学出版社，2017.

立方米），主要进口来源国家是澳大利亚。2007 年以来，天然气需求持续增长，对外依存度不断提高，2017 年该数据达到 39%，同比提高 4.5%①。

（四）电力供应

2017 年中国发电量达到 64 179 亿千瓦时，同比增长 6.5%。日均发电量为 175.8 亿千瓦时，较 2016 年增加 7.5 亿千瓦时。2017 年中国 6 000 千瓦及以上电厂发电设备平均利用小时数为 3 786 小时，比 2016 年减少 11 小时。分电源看，2016 年中国电力供应结构中，水电、火电、核电、风电和太阳能等其他能源发电量分别为 10 819 亿千瓦时、46 115 亿千瓦时、2 480.7 亿千瓦时、2 695 亿千瓦时和 648 亿千瓦时，分别占发电总量的 16.8%、71.7%、3.86%、4.19% 和 0.1%。分地区看，四川、云南、西藏和广西四省份火力发电占比低于 50%，水力发电在这些地区中占主导地位②。

第五节　生态环境现状

生态环境的内涵丰富，涉及的内容较多，为了能够比较准确、客观地反映生态环境的现状，本书根据生态环境的内涵同时从数据可获得性的角度出发，选择二氧化硫、烟尘粉尘、废气、废水和固体废物排放作为衡量生态环境的重要指标，借助可视化的方法展示 2000～2017 年中国 30 个省份生态环境现状的时间变化特征；同时根据各种污染物的人均排放量对 30 省份进行等级分类，以此反映生态环境现状的空间变化特征。

一、二氧化硫排放现状

由表 3.1 看出，2000 年 SO_2 排放量为 Ⅰ 级的省份有西藏、青海、黑龙江、安徽、江西、福建和海南；排放量为 Ⅱ 级的省份有新疆、四川、吉林、云南、北京、河南、湖北、湖南和广东；排放量为 Ⅲ 级的省份有甘肃、陕西、广西、天津、山东、江苏、上海、浙江；排放量为 Ⅳ 级的省份有内蒙古、宁夏、陕西、河北、辽宁、重庆和贵州。

---

①②　韩君．生态环境质量约束的能源资源定价机制研究［M］．北京：经济科学出版社，2017．

表 3.1　　　　　2000～2017 年全国人均工业 SO$_2$ 排放量省份等级变化

级别	Ⅰ级省份	Ⅱ级省份	Ⅲ级省份	Ⅳ级省份
2000 年	西藏、青海、黑龙江、安徽、江西、福建和海南	新疆、四川、吉林、云南、北京、河南、湖北、湖南和广东	甘肃、陕西、广西、天津、山东、江苏、上海、浙江	内蒙古、宁夏、陕西、河北、辽宁、重庆和贵州
2017 年	西藏、北京、上海、广东和海南	四川、湖北、湖南、广西、安徽、浙江和福建	云南、黑龙江、吉林、河北、天津、河南、江苏和江西	新疆、青海、甘肃、宁夏、山西、陕西、内蒙古、辽宁、山东、重庆和贵州

由表 3.1 看出，2005 年 SO$_2$ 排放量为Ⅰ级的省份有西藏、云南、湖北、湖南、海南、黑龙江、吉林、北京、安徽和福建；排放量为Ⅱ级的省份有四川、贵州、河南、江西、广东和浙江；排放量为Ⅲ级的省份有新疆、甘肃、河北和江苏；排放量为Ⅳ级的省份有青海、内蒙古、天津、宁夏、陕西、山西、重庆、辽宁、广西和上海。2000～2005 年，由低级转为高级的省份有江苏、吉林、新疆、山西、广西；高级转为低级的省份有云南、湖北、湖南、浙江、河北、北京、贵州，其中变化最明显的为青海，直接从Ⅰ级省份到Ⅳ级省份，人均工业 SO$_2$ 排放量上升显著。

由表 3.1 看出，2010 年 SO$_2$ 排放量为Ⅰ级的省份有西藏、北京、湖北、安徽、广东和海南；排放量为Ⅱ级的省份有四川、云南、湖南、江西、福建、上海、黑龙江和吉林；排放量为Ⅲ级的省份有河北、山东、河南、江苏和浙江；排放量为Ⅳ的省份有新疆、青海、甘肃、宁夏、山西、陕西、内蒙古、辽宁、天津、重庆、贵州和广西。2005～2010 年，从低级转为高级的省份有云南、湖南、黑龙江、吉林、福建、贵州、河南、浙江、新疆、甘肃、河北；高级转为低级的省份有广东、上海。

由表 3.1 看出，2017 年 SO$_2$ 排放量为Ⅰ级的省份有西藏、北京、上海、广东和海南；排放量为Ⅱ级的省份有四川、湖北、湖南、广西、安徽、浙江和福建；排放量为Ⅲ级的省份有云南、黑龙江、吉林、河北、天津、河南、江苏和江西；排放量为Ⅳ的省份有新疆、青海、甘肃、宁夏、山西、陕西、内蒙古、辽宁、山东、重庆和贵州。2010～2017 年，从低级转为高级的省份有湖北、安徽、云南、江西；高级转为低级的省份有上海、黑龙江、吉林、山东、浙江、天津、广西。

从等级变化表可以看出全国人均工业 SO_2 排放量存在明显的高高集聚和低低集聚特征，说明各地区之间存在显著影响，其中人均工业 SO_2 排放量较高的Ⅳ级省份则主要集中在中西部地区。由表 3.1 看出，2000～2017 年Ⅰ级、Ⅱ级省份个数从 16 个减少到 12 个，Ⅲ级、Ⅳ级省份从 15 个增加到 19 个，其中，中西部省份的个数显著增加，而东部省份则未有明显变化。新疆、青海、江西、上海的相对等级水平变化较为显著，有明显的上升趋势；而西藏、内蒙古、宁夏、四川、湖北、湖南、江苏、重庆、贵州则没有发生明显变化，维持在相对稳定水平。总体来看从 2000～2017 年全国人均工业 SO_2 排放量整体呈上升趋势。

二、烟尘粉尘排放现状

由表 3.2 看出，2000 年烟粉尘排放量为Ⅰ级的省份有西藏、云南、安徽、上海、福建和海南；排放量为Ⅱ级的省份有新疆、甘肃、重庆、湖北、广东、黑龙江、北京和江苏；排放量为Ⅲ级的省份有四川、河南、山东、湖南、江西、浙江、天津和吉林；排放量为Ⅳ级的省份有青海、内蒙古、宁夏、陕西、山西、河北、辽宁、贵州和广东。总体来看，西部地区烟粉尘污染较为严重。

表 3.2　　2000～2017 年全国人均工业烟粉尘排放量省份等级变化

级别	Ⅰ级省份	Ⅱ级省份	Ⅲ级省份	Ⅳ级省份
2000 年	西藏、云南、安徽、上海、福建和海南	新疆、甘肃、重庆、湖北、广东、黑龙江、北京和江苏	四川、河南、山东、湖南、江西、浙江、天津和吉林	青海、内蒙古、宁夏、陕西、山西、河北、辽宁、贵州和广东
2017 年	西藏、北京、上海、广东和海南	四川、云南、湖南、浙江和天津	重庆、贵州、广西、山东、河南、湖北、安徽、江苏、江西和福建	新疆、青海、甘肃、内蒙古、宁夏、陕西、山西、河北、辽宁、吉林和黑龙江

由表 3.2 看出，2005 年烟粉尘排放量为Ⅰ级的省份有西藏、北京、上海、广东和海南；排放量为Ⅱ级的省份有云南、浙江和福建；排放量为Ⅲ级的省份有新疆、甘肃、四川、重庆、贵州、湖北、天津、山东、江苏、安徽、江西和黑龙江；排放量为Ⅳ级的省份有青海、内蒙古、宁夏、陕西、山西、

河南、河北、辽宁、吉林、湖南和广西。2000~2005 年，由低级转为高级的省份有云南、安徽、福建、新疆、甘肃、重庆、湖北、黑龙江、江苏、河南、湖南、吉林；高级转为低级的省份有广东、北京、浙江、贵州、广东。其中变化较大省份为安徽、北京和广东，2000~2005 年，安徽从 I 级转为Ⅲ级，而北京和广东则分别从Ⅲ级和Ⅳ级转为 I 级。

由表 3.2 看出，2010 年烟粉尘排放量为 I 级的省份有西藏、北京、上海、广东和海南；排放量为Ⅱ级的省份有四川、云南、湖北、天津、山东和浙江；排放量为Ⅲ级的省份有甘肃、陕西、重庆、贵州、河南、江苏、安徽、江西和福建；排放量为Ⅳ级的省份有新疆、青海、内蒙古、宁夏、山西、河北、辽宁、吉林、黑龙江、湖南和广西。2005~2010 年，由低级转为高级的省份有福建、新疆、黑龙江；高级转为低级的省份有四川、湖北、天津、山东、陕西、河南。

由表 3.2 看出，2017 年烟粉尘排放量为 I 级的省份有西藏、北京、上海、广东和海南；排放量为Ⅱ级的省份有四川、云南、湖南、浙江和天津；排放量为Ⅲ级的省份有重庆、贵州、广西、山东、河南、湖北、安徽、江苏、江西和福建；排放量为Ⅳ级的省份有新疆、青海、甘肃、内蒙古、宁夏、陕西、山西、河北、辽宁、吉林和黑龙江。2010~2017 年，由低级转为高级的省份有湖北、山东、甘肃、陕西；高级转为低级的省份有湖南和广西。其中变化较为显著的省份为湖南，直接从Ⅳ级转为Ⅱ级。

从等级变化表可以看出全国人均工业烟粉尘排放量呈现显著的高高集聚现象，全国大部分地区的人均烟粉尘排放量处于Ⅲ级、Ⅳ级水平。从 2000 年西部部分地区为Ⅳ级水平到 2017 年西部全部地区为Ⅳ级水平，说明人均工业烟粉尘排放量在全国范围内呈现西部增多，东部减少的特征。具体表现在安徽、福建、新疆、甘肃、黑龙江人均工业烟粉尘排放量显著增加，广东显著减少；而西藏、上海、海南、河南、山东、江西、青海、内蒙古、宁夏、陕西、山西、河北和辽宁则未发生显著变化。

三、废气排放现状

由表 3.3 看出，2000 年废气排放量为 I 级的省份有西藏、四川、云南、陕西、重庆、河南、安徽、湖南、江西、福建和海南；排放量为Ⅱ级的省份有新疆、湖北、贵州、广西和广东；排放量为Ⅲ级的省份有青海、甘肃、黑龙江、吉林、山东、江苏和浙江；排放量为Ⅳ级的省份有内蒙古、宁夏、陕西、天津、北京、河北、辽宁和上海。

表 3.3　　　　　2000～2017 年全国人均工业废气排放量省份等级变化

级别	Ⅰ级省份	Ⅱ级省份	Ⅲ级省份	Ⅳ级省份
2000 年	西藏、四川、云南、陕西、重庆、河南、安徽、湖南、江西、福建和海南	新疆、湖北、贵州、广西和广东	青海、甘肃、黑龙江、吉林、山东、江苏和浙江	内蒙古、宁夏、陕西、天津、北京、河北、辽宁和上海
2017 年	西藏、四川、湖南、广东、海南和北京	陕西、河南、湖北、重庆、云南、广西、江西、福建、黑龙江和吉林	甘肃、贵州、安徽、浙江和上海	新疆、青海、内蒙古、宁夏、山西、河北、天津、辽宁、山东和江苏

　　由表 3.3 看出，2005 年废气排放量为Ⅰ级的省份有西藏、四川、云南、陕西、重庆、贵州、湖南、安徽、江西、广东、海南和黑龙江；排放量为Ⅱ级的省份有甘肃、河南、湖北和福建；排放量为Ⅲ级的省份有新疆、青海、广西、吉林、北京、山东和浙江；排放量为Ⅳ级的省份有内蒙古、宁夏、山西、河北、天津、辽宁、江苏和上海。2000～2005 年，由低级转为高级的省份有：河南、福建、新疆、广西、江苏；高级转为低级的省份有贵州、广东、甘肃、黑龙江、陕西、北京，其中变化最明显的为陕西和内蒙古，均从 2000 年的Ⅳ级省份到 2005 年的Ⅰ级省份，人均工业废气排放量显著减少。

　　由表 3.3 看出，2010 年废气排放量为Ⅰ级的省份有西藏、云南、湖南、江西、广东和海南；排放量为Ⅱ级的省份有甘肃、陕西、四川、贵州、广西、河南、湖北、安徽、福建、北京、黑龙江和吉林；排放量为Ⅲ级的省份有新疆、重庆、山东、江苏和浙江；排放量为Ⅳ级的省份有青海、内蒙古、宁夏、山西、河北、天津、辽宁和上海。2005～2010 年，由低级转为高级的省份有四川、陕西、重庆、贵州、安徽、黑龙江、青海；高级转为低级的省份有广西、吉林、北京、江苏，其中变化比较显著的地区为重庆，由 2005 年的Ⅰ级省份到 2010 年的Ⅲ级省份。

　　由表 3.3 看出，2017 年废气排放量为Ⅰ级的省份有西藏、四川、湖南、广东、海南和北京；排放量为Ⅱ级的省份有陕西、河南、湖北、重庆、云南、广西、江西、福建、黑龙江和吉林；排放量为Ⅲ级的省份有甘肃、贵州、安徽、浙江和上海；排放量为Ⅳ级的省份有新疆、青海、内蒙古、宁夏、山西、河北、天津、辽宁、山东和江苏。2010～2017 年，由低级转为高级的省份有云南、江西、甘肃、贵州、安徽、新疆、江苏；高级转为低级的省份有四川、北京、重庆、山东、上海。

由等级变化表可以看出全国人均工业废气排放量较高的省份明显集中在中西部地区，东部地区人均排放量较低。表 3.3 看出，2000～2017 年Ⅰ级省份从 11 个减少到 6 个，Ⅳ级省份从 8 个增加到 10 个。其中安徽、新疆的人均工业废气排放量显著升高，陕西和北京则显著减少，而西藏、内蒙古、宁夏、甘肃、四川、湖南、湖北、广西、海南、辽宁、天津、河北、浙江并无显著变化。2000～2017 年东部地区的Ⅰ级省份数量明显减少，而西部地区Ⅳ级省份却有明显增加，人均工业废气排放量在全国范围内呈上升趋势。

四、废水排放现状

由表 3.4 看出，2000 年废水排放量为Ⅰ级的省份有新疆、西藏、青海、甘肃、内蒙古、陕西、山西、河南、安徽、江西、云南、贵州和海南；排放量为Ⅱ级的省份有四川、黑龙江、吉林、河北、山东、福建和广东；排放量为Ⅲ级的省份有宁夏、湖北、湖南、广西、辽宁、北京和天津；排放量为Ⅳ级的省份有重庆、江苏、上海和浙江。

表 3.4 　　　　　　2000～2017 年全国人均工业废水排放量省份等级变化

级别	Ⅰ级省份	Ⅱ级省份	Ⅲ级省份	Ⅳ级省份
2000 年	新疆、西藏、青海、甘肃、内蒙古、陕西、山西、河南、安徽、江西、云南、贵州和海南	四川、黑龙江、吉林、河北、山东、福建和广东	宁夏、湖北、湖南、广西、辽宁、北京和天津	重庆、江苏、上海和浙江
2017 年	西藏、甘肃、陕西、山西、四川、重庆、云南、贵州、湖南、北京、安徽、海南和黑龙江	新疆、青海、内蒙古、吉林、河北、天津、河南、湖北、广西和广东	辽宁、山东、上海、江西和福建	宁夏、江苏和浙江

由表 3.4 看出，2005 年废水排放量为Ⅰ级的省份有新疆、西藏、云南、内蒙古、黑龙江、甘肃、陕西、山西、北京、安徽、江西、贵州和海南；排

放量为Ⅱ级的省份有青海、四川、吉林、河北、山东、河南、湖北、湖南和广东；排放量为Ⅲ级的省份有宁夏、重庆、广西、辽宁、天津、上海和福建；排放量为Ⅳ级的省份有江苏和浙江。2000～2005年，由低级转为高级的省份有青海、河南、福建；高级转为低级的省份有黑龙江、湖北、湖南、北京、重庆、上海。

　　由表3.4看出，2010年废水排放量为Ⅰ级的省份有新疆、西藏、甘肃、四川、云南、贵州、海南、陕西、山西、黑龙江、吉林、北京和安徽；排放量为Ⅱ级的省份有青海、内蒙古、河北、天津、辽宁、河南、重庆、湖南、江西和上海；排放量为Ⅲ级的省份有湖北、山东、江苏、福建和广东；排放量为Ⅳ级的省份有宁夏、浙江和广西。2005～2010年，由低级转为高级的省份有内蒙古、江西、山东、湖北、广东、宁夏、广西；高级转为低级的省份有四川、吉林、重庆、辽宁、天津、上海、江苏。

　　由表3.4看出，2017年废水排放量为Ⅰ级的省份有西藏、甘肃、陕西、山西、四川、重庆、云南、贵州、湖南、北京、安徽、海南和黑龙江；排放量为Ⅱ级的省份有新疆、青海、内蒙古、吉林、河北、天津、河南、湖北、广西和广东；排放量为Ⅲ级的省份有辽宁、山东、上海、江西和福建；排放量为Ⅳ级的省份有宁夏、江苏和浙江。2010～2017年，由低级转为高级的省份有新疆、吉林、辽宁、江西、上海、江苏；高级转为低级的省份有湖南、重庆、湖南、湖北、广东、广西。其中变化较大省份为广西，由2010年的Ⅳ级省份到2017年的Ⅱ级省份，人均废水排放量显著降低。

　　由等级变化表可以看出全国大部分城市的人均工业废水排放量处于Ⅰ级、Ⅱ级水平，Ⅲ级、Ⅳ级水平省份则主要集中在东部地区，其中Ⅳ级省份主要集中在长三角地区。从表3.4可以看出，全国人均工业废水排放量在2000～2017年各级水平省份未发生显著变化，大部分省份如西藏、甘肃、陕西、山西、安徽、云南、贵州、海南、吉林、河北、广东、江苏、浙江的废水排放量保持在相对稳定水平，而湖南、北京、重庆废水排放量显著下降，唯有江西显著上升。

五、固体废物排放现状

　　由表3.5看出，2000年固体废物排放量为Ⅰ级的省份有西藏、浙江、广东和海南；排放量为Ⅱ级的省份有新疆、天津、河南、江苏、安徽、重庆、湖南和广西；排放量为Ⅲ级的省份有青海、甘肃、陕西、四川、湖北、贵州、山东、黑龙江、吉林和福建；排放量为Ⅳ级的省份有内蒙古、宁夏、山西、河北、北京、辽宁、云南、江西和上海。

表 3.5   **2000～2017 年全国人均固体废物排放量省份等级变化**

级别	Ⅰ级省份	Ⅱ级省份	Ⅲ级省份	Ⅳ级省份
2000 年	西藏、浙江、广东和海南	新疆、天津、河南、江苏、安徽、重庆、湖南和广西	青海、甘肃、陕西、四川、湖北、贵州、山东、黑龙江、吉林和福建	内蒙古、宁夏、山西、河北、北京、辽宁、云南、江西和上海
2017 年	西藏、北京、上海、广东和海南	重庆、湖南、天津、浙江和福建	四川、贵州、广西、山东、河南、湖北、安徽、江苏、贵州、广西、黑龙江和吉林	新疆、青海、甘肃、内蒙古、宁夏、陕西、山西、河北、辽宁、云南和江西

由表 3.5 看出，2005 年固体废物排放量为Ⅰ级的省份有西藏、浙江、广东和海南；排放量为Ⅱ级的省份有新疆、河南、重庆、湖北、湖南、广西、江苏和安徽；排放量为Ⅲ级的省份有甘肃、四川、云南、黑龙江、吉林、北京、天津、山东、上海和福建；排放量为Ⅳ级的省份有青海、内蒙古、宁夏、陕西、山西、河北、辽宁、贵州和江西。2000～2005 年，由低级转为高级的省份有天津、青海、广西和贵州；高级转为低级的省份有湖北和上海。

由表 3.5 看出，2010 年固体废物排放量为Ⅰ级的省份有西藏、北京、浙江、广东和海南；排放量为Ⅱ级的省份有河南、江苏、上海、重庆和湖南；排放量为Ⅲ级的省份有新疆、甘肃、四川、陕西、湖北、天津、山东、安徽、广西、福建、黑龙江和吉林；排放量为Ⅳ级的省份有青海、云南、贵州、内蒙古、宁夏、山西、河北、辽宁和江西。2005～2010 年，由低级转为高级的省份有新疆、湖北、安徽和云南；高级转为低级的省份有北京、上海和陕西。

由表 3.5 看出，2017 年固体废物排放量为Ⅰ级的省份有西藏、北京、上海、广东和海南；排放量为Ⅱ级的省份有重庆、湖南、天津、浙江和福建；排放量为Ⅲ级的省份有四川、贵州、广西、山东、河南、湖北、安徽、江苏、贵州、广西、黑龙江和吉林；排放量为Ⅳ级的省份有新疆、青海、甘肃、内蒙古、宁夏、陕西、山西、河北、辽宁、云南和江西。2010～2017 年，由低级转为高级的省份有浙江、河南、江苏、新疆、甘肃和陕西；高级转为低级的省份有上海、天津、福建和贵州。

　　由等级变化表可以看出全国大部分地区的人均固体废物排放量处于Ⅲ级、Ⅳ级水平，西部地区的人均固体废物排放量明显高于东部地区。2000～2017年新疆的排放量显著上升，北京、上海则显著降低；而西藏、广东、海南、天津、重庆、四川、湖南、湖北、贵州、山东、内蒙古、宁夏、陕西、河北、黑龙江、吉林、辽宁和江西人均固体废物排放保持在相对稳定水平。2000～2017年全国Ⅰ级、Ⅱ级省份由12个减为10个，而Ⅲ级、Ⅳ级省份由19个增为21个，整体变化幅度不大，说明全国人均固体废物排放量保持相对稳定的趋势。

第四章　产业结构变动对能源消费
与生态环境的作用机理研究

　　产业结构变动对能源消费与生态环境的作用方式和途径是构建产业结构变动的能源消费效应与生态环境效应模型的理论基础。本章首先阐述经济系统、能源系统与生态环境系统之间的相互关系；其次分别就传统社会阶段、工业化阶段、后工业化阶段、生态化阶段等不同经济发展阶段的能源消费与生态环境特征进行剖析；最后论述产业结构变动对能源消费的作用机理，以及能源消费变动对生态环境的作用机理。

　　本章主要讨论两个方面的问题：一个是基础问题，即经济系统、能源系统与生态环境系统之间的相互关系问题，这个问题是研究产业结构变动对能源消费与生态环境作用机理的基础；经济系统输入端连接着能源系统、输出端则连接着生态环境系统；各种能源资源进入经济系统并通过生产和生活的使用，向生态环境中排放各种污染物，破坏和污染环境，影响人类的健康和生命财产安全。另一个是重点问题，现有研究关于产业结构变动对能源消费的影响机理研究相对比较多，但是关于能源消费变动对生态环境的影响机理研究比较匮乏，更多的研究偏向于直接研究产业结构变动对生态环境的影响。本章的研究目的在于通过这方面的研究，强调虽然产业结构变动对能源消费有直接影响，但对生态环境的影响是通过能源消费传递的，是间接的影响和作用；能源消费起到中间传导机制的作用。

第一节　经济系统、能源系统与生态
环境系统相互关系研究

　　20 世纪 60 年代出版的《寂静的春天》强调必须在人与自然之间建立

"合作协调"的关系①；70年代《人类环境宣言》旨在呼吁世界各国为了全体人民和后代利益共同承担环境保护的责任②；80年代，世界环境与发展委员会（WCED）经过对经济系统、能源系统和生态环境系统相互关系的细致考察，在《我们共同的未来》中指出未来道路发展的方向就是"可持续发展"，实现经济系统、能源系统和生态环境系统三者之间的相互耦合，相互协调发展③。社会的全面发展不应仅仅是经济的快速增长，而应是经济系统、能源系统和生态环境系统之间相互协调、包容共赢的结果。经济、能源和生态环境系统三者协调发展中能源系统的能源消费是经济发展的物质基础，经济系统中产业结构升级是经济发展的核心动力，生态环境系统中的环境保护是经济发展的主要目标。

从图4.1可以看出，作为容易被人类忽视的生态环境系统通过供给初级资源及环境服务（如涵养水源、防风固沙、休憩、景观观赏等）支撑着经济系统和能源系统的正常运转。同时，经济系统在生产过程中产生的废弃物、

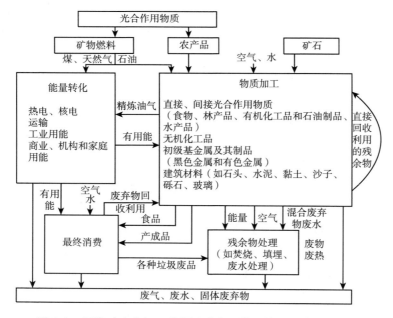

图4.1　经济（产业）—能源—生态环境系统之间的相互关系

---

① 蕾切尔·卡逊著. 寂静的春天［M］. 吕瑞兰，李长生译. 上海：上海译文出版社，2014.
② United Nations. United Nations declaration of the human environment［R］. 1972.
③ 世界环境与发展委员会. 我们共同的未来［M］. 王之佳等译. 长春：吉林人民出版社，1997.

能源系统能量转化和最终消费产生的废弃物均由生态环境系统承担其分解和净化的任务。当能源系统中的能源资源（如矿物燃料、可再生资源和不可再生资源）耗损过快，就会产生资源开采过度的现象。当生态环境系统承担的废弃物超过其自身净化能力就会出现空气颗粒物含量、土壤重金属水平和水域污染物超标的现象。生态环境系统的资源开发超过自身更替速度，废弃物排放超过自身修复能力时，就会产生诸多自然资源和生态环境问题。

一、经济系统——协调发展的核心

经济系统以自然资源的初级加工和深加工生产出社会需要的物质产品，为能源系统和生态环境系统的改善提供必需的物资和资金支持。对于社会整体而言，经济发展始终处于发展的核心位置。只有经济发展达到一定水平，才能为技术创新和环境保护提供资金支持，才能有效提高能源消耗强度，减少社会废弃物排放。经济系统与能源系统、生态环境系统之间相互协调相互制约的关系表现为：从投入产出的角度而言，在社会资本量一定的情况下，增加能源系统和生态环境系统的投入有利于改善支撑经济系统必需的外在要素，如通过技术创新提升能源利用效率和减少污染物排放。长期来看，这些外在要素的改变能够有效推动经济效益的增长；但是，这些非生产性的资金投入会抑制生产性投资，从而影响经济增长。经济系统一方面运用来自能源系统的初级能源产品或服务维持运行，另一方面为生态环境系统的修复与改善提供资金支持。因此，经济系统的协调发展应在追求经济效益与数量增长的同时，通过优化产业结构、合理分配资金、依靠技术创新来提高生产的社会整体福利水平。

二、能源系统——协调发展的物质基础

虽然能源系统中的能源资源均来自生态环境系统，但是能源存量的变化却与经济系统的原材料投入、能量耗用水平相关。通过提升能源开采、勘探与开发的能力，可增加能源存量。通过为经济系统提供原材料和能量转化资源的途径，则减少能源存量。能源系统的能源存量和经济系统的经济增长存在着协调和冲突两种关系：通过技术创新与资本投资能够提高能源消耗强度，调整能源消费结构，培育可再生资源，勘探不可再生资源，提高能源存量。因此，能源系统的协调发展取决于能源消耗强度的提升和能源消费结构的优化。

三、生态环境系统—协调发展的空间支持

生态环境系统是各种自然资源，如矿藏、森林、水流、能源等存储及转化的载体。生态环境系统的承载力与经济系统的经济增长存在着协调与冲突，生态环境承载力的提升取决于环保资金的投入和环境治理的技术水平，经济增长可以为环境治理和改善提供必要的资金与技术。同时，经济的快速增长会引致自然资源投入的增加，提高废弃物排放总量，降低生态环境系统的承载力。因此，生态环境系统的协调发展取决于经济增长与生态环境系统承载力的适应程度。通过图 4.1 可以发现，实现生态环境系统协调发展的路径有两个方面：一方面是在经济系统中通过产业调整，尽量减少自然资源和能源转化投入，提高能源使用效率，对不可再生资源优化利用提升能源利用强度，对可再生资源提升循环利用率，有效降低能源消耗总量；另一方面是利用技术创新和增加环境治理投入，联合经济系统的力量，减少排向生态环境系统的废弃物，恢复和维持生态环境系统的自我循环能力。

四、经济—能源—生态环境系统内物质与能量流动的特征研究

经济—能源—生态环境系统中的生产和消费活动均受物质/能量守恒定律和热力学第二定律的约束。根据物质/能量守恒定律，生态环境系统中的自然资源和能量输入一个系统，必然会以某种形式存在或输出。物质与能量是守恒的，不会在生态环境中消失，只是通过经济系统改变了存在的形式，这种形式有可能是物质产品，也有可能是废弃物或废能。废弃物或废能通过技术处理，一部分可以重新进入经济系统被循环利用，另一部分却只能以废弃物的形式排放到生态环境系统中。

在经济—能源—生态环境系统中，物质和能量的流动起源于生态环境系统，经过勘探、开采等过程，人们从生态环境系统获得了具有能量的物质—能源资源。图 4.1 以物质守恒和热力学第二定律为基础，展示了在社会发展过程中经济（产业结构）、能源和生态环境系统之间的相互关系。经济系统的输入端连接着能源系统，输出端则连接着生态环境系统；各种能源资源进入经济系统并通过能量转化向生态环境中排放各种污染物。作为经济系统重要的投入要素，能源与初级自然资源、资金、劳动力一起输入经济系统，经

过生产工艺和外部能量转化的作用，一部分能源内化于最终商品，另一部分能源变成残余物输出至生态环境系统。内化于最终商品的能源增加了能源存储量，当最终商品失去使用价值后，其将会重新以各种废弃物的形式输出至生态环境系统。物质从生态环境系统到能源，通过经济系统的生产、分配与消费，最终将以回到生态环境系统完成一个流动循环。该物质流动循环的实质是人们通过经济生产与生态环境系统进行物质交换。生态环境系统是物质流动的起点与终点，但其输出与输入的物质却相差甚远，前者是由包含能量的物质，后者是能量转换后的废弃物。

从图4.1可以看出，在物质循环过程中能量的流动始终伴随着物质的流动，能量流动是物质流动的助推器，推动物质顺利实现各种形式的转化，最终输出符合人们消费需求的物质。由此可知，经济系统的有效运转依赖于生态环境系统提供的物质流动、能源系统提供的能量流动以及生态环境系统的承载能力。

第二节　不同经济发展阶段能源消费 与生态环境特征

在社会发展过程中，经济系统不同的产业结构布局，不仅反映了经济活动中资源的各种配置导向，还影响着输出到生态环境系统的废弃物排放量。区域产业结构及产业结构内部的不同组合、产值水平除了决定地区的经济发展模式，还影响着区域生态环境的质量。在特定的生产工艺和残余物回收利用水平下，不同产业的能源消耗强度、能源消耗结构和废弃物排放水平存在着较大的差异。由于不同产业的能源消耗强度存在着差异，通常第二产业的能源消耗强度高于第一、第三产业；当第二产业产值所占比重上升，第一、第三产业产值所占比重下降时，国民经济总体的能源消耗强度会上升，能源消费总量也会相应增加；反之，当第二产业产值所占比重下降，第一、第三产业产值所占比重上升时，国民经济总体的能源消耗强度会下降，能源消费总量也会相应减少。随着社会需求的变动，经济系统中产业结构的具体组合会出现连续的更迭变化。因此，不同经济发展阶段中与不同产业模式相对应的产业结构布局决定着该阶段社会的能源消耗强度、能源消耗结构及废弃物排放水平。

随着社会发展水平的不断提升，经济发展阶段根据钱纳里的工业化阶段理论，以工业化发展水平为基础大致划分为：传统社会阶段、工业化阶段、后工业化阶段和生态化阶段。其中，工业化阶段又可分为工业化初期、中期和后期三个阶段。不同经济发展阶段，作为主导产业的第一产业、第二产业和第三产业在国民经济中的比重是不同的。

一、传统社会阶段

社会的主要生产活动集中于第一产业农业部门，农业支撑着社会人口、经济与文化各方面的发展。第二产业工业部门仅处于萌芽时期，第三产业尚未出现。随着社会需求结构的增长、矿藏勘探与开发技术的进步，第二产业逐渐得到缓慢发展，工业产品以手工制造为主要特征，对先进技术的大规模应用尚未形成规模。以传统农业模式为主的时期，对能源消费主要以满足生活需求为主，能源消费主要以可再生资源为主，如山林砍伐、动植物油脂提炼等。该产业模式对生态环境的影响主要集中在空气污染、水体问题和土壤退化方面。其中，空气污染来源于秸秆焚烧和烧荒垦田；水体问题来源于肥料使用和过度开采造成的地下水位下降，局部水域生态环境系统恶化；土壤退化来源于土壤过度使用和开垦造成的荒漠化和盐碱化。伴随着矿藏勘探、开采技术的提高和冶炼萃取技术的精湛，社会发展进入以传统工业模式为主的时期，其生产方式以传统手工制造为主。虽然该时期的生产技术极大缩短了物质产品的生产周期，然而经济结构依然是以农业为主，对生态环境的影响分为两部分：一部分是传统农业的影响；另一部分是矿藏开采对土地永久性的破坏和经济农作物种植周期缩短带来的土壤肥力下降。在传统社会阶段，政府对生态环境问题的重视程度不高。

二、工业化阶段

第二产业工业部门成为社会经济发展的主导产业，产业结构转变为以第二产业为主。工业化阶段初期以简单机器制造的轻工业为主、大型机器制造的重工业已现雏形，轻工业以提供建材、农业器具、食品和烟草等生活材料为主；与传统社会阶段的工业模式不同，该阶段的轻工业对能源的消费需求迅速增加。工业化阶段中期，社会经济发展进入快速增长时期，现代农业释放出大量劳动力进入工业生产部门。其中，能源、冶金、重金属制造和化工等污染密集型产业得到快速增长，重工业在经济发展中的比例逐渐上升，现代农业种植、育种和肥料生产技术的提高，使农业部门在经济中的比例有所下降，以提供资金管理、融通，便利人们生活为主要特征的第三产业则快速发展。随着对不可再生矿产与能源资源投入的增长，该时期对生态环境的影响是全方位的。其中，未经处理的大量废气直接进入大气，造成空气污染；现代农业和工业的发展均需要大量水资源的投入，造成大规模的地下水开采，经过工业生产的废水含有大量化学元素和有毒物质，则会造成水体的污染；生产过程和最终消费所产生的固体废弃物侵蚀了大量土壤，伴随自然风化淋溶，废弃物中所包含重金属及有害物质会融入土壤，造成土壤的重金属富集。最初工业产业模式的特征是污染控制产业，产业输入端是不可再生的矿藏和能源资源，通过生产过程中的能量转化输出能满足社会需求的物质产品、可回收利用的残余物及直接排放的废气排放物。工业化阶段后期，社会经济发展呈现出高速增长。伴随人们保护环境意识逐渐增强和经济发展水平的提升，对产业结构的绿色度提出了新的要求，生产模式由污染控制转向清洁生产。清洁生产模式的特征是整个生产过程保持清洁化，对源头初级资源的投入、过程中能源消耗和残余物的化学处理均有严格的要求标准。虽然清洁生产模式在一定程度上缓解了废弃物的大量排放，但只能起到改善环境的作用，无法实现生态环境系统承载力的有效提升。工业化整个阶段均是以工业部门为主导产业，但是工业部门占国民经济的比重和工业部门的内在结构随着经济增长都在不断发生变化，加上社会公众环保意识的不断增强，多种因素促使经济系统的能源消耗和废弃物排放水平不断改善。

三、后工业化阶段

经济的快速增长使得各种社会需求迅速发生变化，随之在后工业化阶段，产业结构的主导产业转换为以提供各种服务为主的第三产业，工业部门占国民经济的比重在不断下降，农业部门占比降至最低。产业模式进一步由清洁生产演化为循环经济模式，初始投入的生产资料来源由不可再生资源为主转变为以不可再生资源和残余物回收利用为主，能源消费中清洁能源的使用比例逐渐增大，回收的残余能量也成为能量转化重要来源。在该阶段，通过优化源头资源的投入，提升残余物回收利用技术，使得输出端的污染物排放水平显著下降。随着消费结构的转换，生产和消费环节对生态环境的影响主要转变为以不可分解的塑料制品为主的白色污染、交通运输造成的大气污染、电磁波辐射污染和生物多样性的锐减。

四、生态化阶段

虽然该阶段的产业结构构成与后工业化阶段相似，但是产业模式之间却有着本质差别，生态产业模式的实质是实现经济与生态系统的耦合。该模式的能源消费将以不可再生的清洁能源如天然气、可燃冰和可再生能源如核能、太阳能、水能等为主，不可再生矿藏能源为辅，能源结构合理，废弃物排放有效降低。该阶段的最终目标是以经济发展和生态环境承载力为基础的整个生态系统的可持续发展。

表 4.1 详细总结了不同经济发展阶段与产业结构对应的产业模式，包括各种产业模式的特征、能源消费结构、环境规制手段及对生态环境的影响。

表 4.1　　　　　　　不同经济发展阶段中产业结构的特征及影响

经济发展阶段	主导产业	产业结构	产业模式	特征	能源消费结构	环境规制手段	生态环境的影响
传统社会阶段	一	一、二、三	传统农业模式	传统农业	可再生资源；如山林砍伐、动植物油脂提炼	无	空气污染：秸秆焚烧；水体污染：农药使用，地下水位下降；农田开垦：土壤肥力下降、土壤侵蚀、土地退化
			传统工业模式	传统农业为主，工业为辅	可再生资源：农产品加工；不可再生资源：铁器和金属矿藏的初级加工	无	矿藏开采、土地退化、土壤肥力下降

续表

经济发展阶段		主导产业	产业结构	产业模式	特征	能源消费结构	环境规制手段	生态环境的影响
工业阶段	初期	二	二、三、一	传统工业模式	现代农业、轻工业为主，重工业为辅	以消耗矿产资源和能源资源等不可再生资源为主	简单的命令控制型为主	矿藏开采、土地退化、水体污染
	中期	二	二、三、一	污染控制产业模式	现代农业、重工业为主；末端治理	以消耗矿产资源和能源资源等不可再生资源为主	命令控制型、市场激励型（末端治理、执行成本高、效率低下）	工业废水、废气以及固体废弃物对水资源、大气环境、土壤均会产生影响
	后期	二	二、三、一	清洁生产模式	预防污染战略，从源头出发，降低污染物排放	以矿产资源和能源资源等不可再生资源为主，残余物回收利用为辅	命令控制型、市场激励型为主；多方参与为辅	污染物排放水平明显下降
后工业化阶段		三	三、二、一	循环经济模式	循环利用战略，减少资源和能源输入，降低污染物排放	以矿产资源和能源资源等不可再生资源为主，残余物回收利用为辅	政府、企业和公众合作多方参与的环境规制	污染物排放水平显著下降；白色污染；交通运输造成的大气污染；电磁波污染；生物多样性锐减
生态阶段		三	三、二、一	生态产业模式	从产业结构、生态系统整体出发，实现系统耦合	以不可再生能源和清洁能源为主，可再生资源为辅；能源利用效率提高，能源消耗结构优化		社会、经济和生态环境系统实现协调发展

综上所述，在整个经济发展历程中，各个经济发展阶段的产业结构显著不同，每个经济发展阶段都有与之对应的产业模式，其中各自的能源消耗结构、能源消耗利用水平均存在着差异，采取的环境规制手段及对生态环境的影响均有一些独有的特征。可以看出，在社会经济发展过程中，不同产业模

式的产业结构、产业规模、能源资源利用技术水平和残余物处理技术均对生态环境有着不同程度的影响。目前，我国的经济发展处于工业化阶段高速发展的后期，其产业模式以污染控制向清洁生产的转型期。接下来，将以此为背景分析工业化阶段产业结构变动对能源消费和能源消费对生态环境的作用机理。

第三节　产业结构变动影响能源消费的作用机理

从经济—能源—生态环境系统的相关关系和不同经济发展阶段中产业结构变动、产业生产模式调整、能源消耗结构变化和对生态环境系统影响程度分析可以看出，经济系统的产业结构变动对能源消费有着直接的影响，但是否对生态环境有着直接的作用和影响需要深入分析。虽然产业结构变动对能源消费有直接影响，但对生态环境的影响却是通过能源消费输入和输出的物质传递的，是间接的影响和作用，能源消费起到中间传导机制的作用。从产业产出（产值）的层面分析，产业结构变动包含两个维度的内容：产业结构合理化，即产业结构变动提升了社会整体资源配置的效率，消除了社会供给与社会需求之间的差距；产业结构高级化，即占据经济主导地位的产业发生变化，主导产业逐渐由第一产业转换至第二产业，然后升级为第三产业。下面的分析从产业结构变动的横向与纵向两位维度分别论述产业结构变动对能源消费的作用机理，即产业结构变动如何影响能源消费，以及能源消费变动对生态环境的作用机理，即能源消费变动如何影响生态环境质量。

从产出（产值）角度表征产业结构来看，产业结构变动与能源消费之间存在着规律性的直接相关关系。能源消费变动从表面上看是由各产业产值的变化引起，但探究其变化的深层次原因是技术进步、国际贸易和管理创新等所带来的各产业部门生产工艺的变化。能源消费变动是由诸多社会因素和经济因素作用的结果。产业结构变动对能源消费的影响可分为内部因素、外部因素和技术因素。其中，内部因素主要是指由经济系统内部自身增长而引起的消费能源变动，包括社会需求变化、内部资金供给和资源禀赋影响三部分；外部因素是指由与经济系统相关的外部作用力推动，包括外部资金投入和国际贸易影响；技术因素是指由各种技术创新引起的能源消费变动。产业结构变动对能源消费产生作用的途径往往是产业结构调整先对内部、外部和技术因素产生影响引致能源消费发生变动。下面将分析产业结构变动是如何影响能源消费、影响能源消费关键的中间变量有哪些及产生影响的作用机理。

一、产业结构变动是经济持续增长的动力源泉

产业结构变动所造成的最直接影响是工业部门为社会供给的物质产品结构发生变化，引导着社会经济规模的变动。随着社会的变迁，人们对物质的需求从最初简单的解决温饱问题，发展至中低端产品总体出现供给大于需求，高端产品有效供给不足的状态，最后上升至以个体需求为出发点的私有订制。然而，上述需求的顺利转化需要以产品供给结构调整为基础，产品供给结构调整的目标包括两部分：一是通过调整社会产品结构最大化满足社会需求提升社会福利水平；二是提升社会经济规模的总量，实现社会经济增长。首先，随着经济的快速发展，产业结构的变动能够通过产业结构合理化提升稀缺资源的利用效率产出更多满足社会需求的产品，有效增加产品的边际效用水平，提升社会总体福利，优化经济产出的产品结构，满足社会的多元化需求。产业结构变动通过提升资源利用效率，进而提高能源利用强度及改变能源初始投入结构，提高社会对稀缺资源和能源资源的利用效率影响能源消费变动。其次，产业结构变动通过改变经济活动各要素的贡献度，调整各产业在经济中的比重，低耗能产业在经济总量中的比重越大，意味着经济发展对能源消耗的总量规模会有所变动。

从社会资源配置的角度看，当社会供给结构与社会需求结构不相吻合时，产业结构的合理化能够通过改变资源投入分配即资源供给和资源结构，重新提高自然资源中稀缺资源在社会各生产部门各行业的配置效率，优化稀缺资源配置，从而影响社会经济对能源的消费水平。从社会经济增长的角度看，当社会经济处于快速增长的过程中，产业结构高级化能够调整高耗能产业在经济总量中的比重，减少社会对能源消费的需求，影响能源的消费水平。总体来说，产业结构变动通过经济规模的总量和结构，影响社会对能源消费的需求水平①。

二、产业结构变动影响着自然资源的利用方式

自然资源利用包括资源禀赋、资源供给和资源结构等方面。其中，资源禀赋直接制约着地区各种自然资源和能源资源的有效供给水平，后面主要讨论资源供给和资源结构两个方面。每个经济发展阶段，作为生产要素之一的自然资源在不同产业为主导的经济过程中所扮演的角色和发挥的作用是不同的。以农业为主导的产业结构：经济活动的投入与产出对象均为自然资源，其中土地尤为重要。社会整体的产出水平和产业内部结构的调整受制于地方资源禀赋，此阶段自然资源在经济过程中起着主导作用。以工业为主导的产业结构：经济活动的投入对象为劳动力、资本、技术和自然资源为主，产出的生活和生产资料品种越来越丰富。然而，随着生产分工的逐步扩大，最终产品生产周期延长，不同生产环节对能量转化的需求也在发生着变化。此阶段，自然资源对产业结构的作用比农业主导阶段有所减弱，但是对能量转化的需求却在持续上涨。以第三产业为主导的产业结构：经济活动的投入对象主要以技术、资金和具有知识创新能力的劳动力等轻资产为主，自然资源为辅，产出则以满足基本生活的物质产品和依托信息传递技术的虚拟产品为主，其中虚拟产品的产值比重呈不断上升趋势。该阶段的经济增长主要来源于各领域的创新水平，自然资源对经济增长的约束力逐渐减弱。由此可知，产业结构的调整会影响自然资源利用的总量和结构，进而影响产业生产对能源的消耗水平。

目前，我国处于工业主导的产业结构阶段，无论是产业投入还是生产过程对自然资源和能源资源的需求量依然呈不断增长的态势。随着经济规模的快速增长和社会环保意识的觉醒，政府开始有计划地使用环境规制组合手段引导工业生产过程对自然资源的利用。由于自然资源约束着社会经济的发展，产业结构的调整改进了生产工艺，改变了生产方式，这要求企业转变对自然资源的利用方式。同时，也要求企业提高自然资源的利用效率，从粗犷的使用模式转变为集约式加工利用。在环境规制手段的作用下，产业结构的调整对能源消费所带来的影响主要有两部分。其中，一部分影响来源于产业结构调整改变了自然资源的供需状况，能够有效提升市场中较高性价比自然资源的供给水平，推动优质资源的开采和使用，提高自然资源的深加工水平。另一部分影响来源于产业结构调整改变了企业对自然资源的投入结构，减少了

投入对初级自然资源的依赖，提升生产残余物的回收利用水平，加大清洁能源在能量转化中的比重，有利于促使企业提高自然资源的利用效率。总体来说，产业结构变动通过自然资源供给和自然资源结构影响社会能源消耗的供给水平①。

三、产业结构变动推动城镇化进程的提高

随着社会生产力水平的不断提高，产业结构变动会促使三次产业产值由第一产业向第二产业转移，再由第二产业向第三产业转移；同时，三次产业的劳动力也会由第一产业流向第二产业，再由第二产业流向第三产业。劳动力随着产业产值的转移而转移，主要原因是劳动生产率在三次产业中的逐步提高导致的。在产业结构的变动过程中，常常伴随着技术进步，并逐渐形成劳动生产率较高的部门，通常劳动生产率较高的部门提供的工资也相对较高，从而推动劳动力由劳动生产率较低的部门向劳动生产率较高的部门转移。然而，不论是第二产业，还是第三产业，其产生、发展和繁荣的根基都在城市，而不是农村。因此，产业结构变动导致人口由农村向城镇转移，是加速城镇化进程的主要动力源。由于城镇人均能源消费量要高于农村人均能源消费量，所以城镇化水平的提高往往会增加能源消费量。也就是说，产业结构合理化过程中会推动城镇化进程的发展，而城镇化进程的发展又会导致能源消费量的提升；即产业结构变动会通过城镇化进程的变化影响能源消费量②。

四、产业结构变动影响着社会技术创新

科技创新的最终目的是提高和改善人们的生活质量，也是推动社会发展的重要因素。根据技术创新的来源可分为企业自主创新和借鉴成熟技术的学习模仿创新。产业结构变动源于社会的技术进步，也会推动社会的技术创新。技术创新和产业结构变动之间具有"激励—反馈"的作用机制③。获取超过社会平均利润的动力激励企业运用技术资源在现有基础上通过自主创新或学

---

① ② 韩君，张慧楠. 中国经济高质量发展背景下区域能源消费的测度 [J]. 数量经济技术经济研究，2019（7）：42 – 61.

③ 叶琪. 我国技术创新与制造业结构调整互动的机理与实证 [J]. 技术经济与管理研究，2017（8）：105 – 109.

习模仿改进生产工艺，进而推动产业结构变动。产业结构变动则会通过延续技术创新的使用周期反向推动技术创新的多次成长或孵化出新的生产技术。

一方面，由于技术进步与能源消费之间存在回弹效应①，即技术进步在降低能源消耗规模，提升能源利用效率的同时，也会引致更多的能源需求，在能源支出水平一定时，会造成能源价格下降，抑制能源利用效率。社会技术创新能够为企业供给最新的生产设备和技术，通过提高企业能源利用效率降低产品单位成本，提升企业的竞争能力，降低对能源消耗的需求。同时，技术创新能够有效激发社会潜在的消费能力，整体扩大市场的消费需求，有足够的能力消费更多的新产品。技术创新能够有效提升社会供给和社会需求，推动社会经济增长，实现产业结构变动，扩大社会对能源消费的需求。另一方面，产业结构的合理化能够有效提升传统产业部门资源利用效率，产业结构的高级化建立了拥有先进生产设备和技术的新兴产业部门，这一产业结构变动过程推动自然资源流向具有现代特征的产业部门。与传统产业部门相比，现代产业部门具有自然资源利用效率高、清洁能源在能量转化中的比重逐渐上升和残余物循环利用水平较高等特点。因此，经济发展过程中，现代产业部门有助于通过市场机制高效淘汰落后的产能设备，提高社会资源的整体利用效率，实现社会优质和稀缺资源的优化配置，为进一步的技术创新和升级释放空间。同时，现代产业部门若想保持获取超额利润的优势，会加快新技术的市场化推广，取得新技术的规模化效应，并对新技术的改造升级提出更高的要求，从而延长技术的使用周期，实现新技术的多次成长。在此过程中，产业结构变动使得现代产业部门能够通过新生产工艺和残余物循环利用技术的推广有效提升产业能源的利用效率，影响产业对能源消费的需求。伴随现代产业部门对清洁能源的需求不断增加，会促使清洁能源开采技术快速发展，有效扩大能源供给。由此可知，产业结构变动通过技术创新对能源消费变动影响是双向的，既有抑制能源消费的影响也有扩大能源消费需求的影响。从短期来看，技术创新能够通过技术效应减少企业生产过程中的能源消费总量，从长期来看，技术创新能够扩大经济发展对能源消费规模的需求②。

① 赵楠，贾丽静，张军桥. 技术进步对中国能源利用效率影响机制研究［J］. 统计研究，2013（4）：63-69.

② 韩君，张慧楠. 中国经济高质量发展背景下区域能源消费的测度［J］. 数量经济技术经济研究，2019（7）：42-61.

五、产业结构变动影响外商直接投资的投资规模与技术转移

外商直接投资的目的是国际资本在全球寻求高回报的投资机会实现资本积累，该行为能够实现全球资源的重新配置，拓展国际分工的广度与深度。参与全球分工的国家会倾向于本国具有比较优势的产业，其中产业结构的合理化可以提升社会自然资源的总体配置效率，产业结构的高级化能够有效扩大社会需求。这些变动对外商直接投资的国际资本具有强大的吸引力，进而影响外商直接投资的投资规模与技术转移等方面。

随着我国产业结构的升级，在全球化分工中，我国的比较优势产业已从低端加工制造业转变为技术含量较高的中高端产业，清洁生产已经成为各个产业生产工艺升级的目标。在此背景下，无论占据主导地位的产业特征是高消耗高排放还是低消耗低排放，外商直接投资中投资规模的扩大均会直接增加对能源消费的需求。技术创新基本遵循由低级到高级的演化过程，我国引进生产技术的最低要求是技术水平高于我国行业水平，这意味着引进的技术可以实现投入等量自然资源可获得更多产出，且能源消耗水平低，废弃物排放少。由于我国目前在大力推行物质产品生产过程的清洁化，外商直接投资的技术引进从短期来看会刺激产业经济规模的扩大，增加能源消费的规模。但是，从长期来看技术转移有助于提升产业能源利用的强度，提升能源消费中清洁能源比重，降低产业对能源消费的需求[①]。

六、产业结构变动影响国际贸易的总量与结构

产业结构变动背景下，国际贸易对社会能源消费影响机制的理论基础与外商直接投资一致均是比较优势理论。外商直接投资的实质是全球资本的流动，国际贸易的实质是全球物质产品的流动，最后的结果均是实现全球资源的优化配置。

在国际贸易中，随着我国产业结构的合理化和高级化，提升了资源的使用效率，意味着最终的物质产品成本下降，进而提升了我国产品在国际市场

---

① 韩君，张慧楠. 中国经济高质量发展背景下区域能源消费的测度 [J]. 数量经济技术经济研究，2019（7）：42 – 61.

上的竞争能力。相比同类产品具有更大的竞争优势，可以降低交易成本，获得国际市场更高的市场份额。潜在国际市场需求量会诱导国内产业生产规模的扩张，增加能源消费的需求。但是，国际贸易中我国主导产品的结构却影响着能源消费总量增加的规模。国际贸易是由进出口产业组成，如果我国出口产品科技含量越高，意味着等量产值下消耗的能源越少，如果出口产品以自然资源初级加工和重工业为主，意味着等量产值下消耗的自然资源和能源资源水平较高。由此可知，我国出口贸易的产品结构直接影响着社会潜在能源消费的需求。同样，虽然我国进口贸易会减少国内能源消耗规模，但是进口产品对我国能源消耗需求抑制作用的大小与产品结构紧密相联①。

综上所述，产业结构变动对能源消费的影响是多维度的且比较复杂。产业结构变动主要体现为产业结构的合理化和高级化两个维度，以此为基础，通过社会经济规模、自然资源利用方式、技术创新、企业准入壁垒、外商直接投资和国际贸易等因素影响能源消费变动。图 4.2 展示了产业结构变动影响能源消费的作用机理。

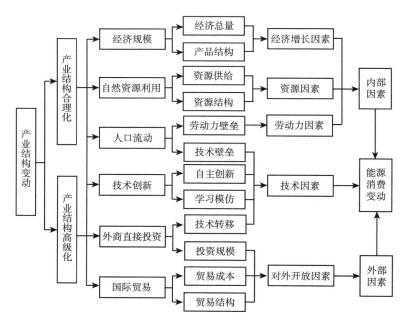

图 4.2　产业结构变动影响能源消费的作用机理

---

①　韩君，张慧楠．中国经济高质量发展背景下区域能源消费的测度［J］．数量经济技术经济研究，2019（7）：42－61．

第四节 能源消费变动影响生态环境的作用机理

能源消费排放的废弃物包含各种形态，其中，二氧化碳、氟化物、二氧化硫、颗粒物等造成大气环境污染，氨氮、磷、镉、汞、铅等化学物造成水体污染，无法分解或拆分的固体废弃物等造成土壤污染，电子设备的密集使用会造成电磁波污染。在产业结构变动的情景下，经济系统受到冲击后直接影响到输入端能源系统即能源消费。由于煤炭、石油、天然气、电力等不同能源消耗所产生的污染物在数量和种类存在着明显差异，因此，能源消费在数量和结构方面的变化导致将产生的污染物在数量和种类也发生相应的变化，即能源消费的数量和种类决定着污染物排放的数量和种类，能源消费对污染物排放存在着直接影响。

一、能源消费规模对生态环境的影响

2000 年以来，我国的能源消耗总量从 14.69 亿吨标准煤，增长到 2017 年的 44.85 亿吨标准煤，年均增长率为 6.78%。从表 4.2 可以看出，不论是能源消费总量，还是各类能源的消费量，2000~2017 年均呈现出上升的趋势。其中，煤炭与石油的消费量增长相对比较慢，而天然气与电力的消费量增长相对比较快。下面将以能源资源开采、运输及加工、使用的生命周期为主线具体分析各种能源消费对生态环境的影响。

表 4.2　　2000~2017 年中国能源消费总量及各类能源消费量　　单位：亿吨标准煤

年份	能源消费总量	煤炭	石油	天然气	水/核/风电
2000	14.69	10.07	3.23	0.32	1.07
2001	15.55	10.58	3.29	0.37	1.31
2002	16.96	11.62	3.56	0.39	1.39
2003	19.71	13.84	3.96	0.45	1.46
2004	23.03	16.17	4.58	0.53	1.75
2005	26.14	18.92	4.65	0.63	1.93
2006	28.65	20.74	5.01	0.77	2.12

续表

年份	能源消费总量	煤炭	石油	天然气	水/核/风电
2007	31.14	22.58	5.29	0.93	2.34
2008	32.06	22.92	5.35	1.09	2.69
2009	33.61	24.07	5.51	1.18	2.86
2010	36.06	24.96	6.28	1.44	3.39
2011	38.70	27.17	6.50	1.78	3.25
2012	40.21	27.55	6.84	1.93	3.90
2013	41.69	28.10	7.13	2.21	4.25
2014	42.58	27.93	7.41	2.43	4.81
2015	42.99	27.38	7.87	2.54	5.20
2016	43.58	27.03	7.98	2.79	5.80
2017	44.85	27.09	8.43	3.14	6.19

资料来源：2001～2018 年《中国统计年鉴》。

（1）煤炭、石油等化石能源对生态环境的影响。目前，化石燃料仍是世界上经济生产主要的能源来源，煤炭和石油在开采、运输及加工、能量转化利用的过程中对生态环境均有不同程度的影响。其中，在开采过程中，煤炭的地下开采会造成地表下陷，煤炭的采选、分拣工作对地下水和地表水产生污染，石油开采会对开采场地周围的水域及农田造成较大影响。在运输过程中，大量煤炭在运输过程中散播到空气中的粉尘及颗粒物会造成沿线地区的空气污染，原油运输过程中的管道泄漏和油船事故会给管道沿线的土地和海域造成污染。在加工过程中，煤炭洗煤过程中会排放大量包含氮氧化物和硫化物的洗煤水，根据不同的需求，原油在改变油质状态的冶炼过程中分馏、催化、冷却和精制均会排放大量的废弃物。在使用过程中，煤炭和石油的燃烧的过程中会向大气排放二氧化碳、二氧化硫、铅、氧化氮、碳氧化物、硫化物等废气，同时还会向大气散放燃烧时没有回收利用的热能，造成局部地区的热污染。这些污染物在高空中经过化学反应和雨水的接触，容易产生二次污染，如酸雨等，从而造成对生态环境的污染与破坏。

（2）天然气对生态环境的影响。天然气与煤炭、石油同属于地下矿藏资源，也需要经过开采、运输、加工和使用的过程。在开采过程中，大型的天然气开采设备会对地表土壤和水域造成较大影响。在运输过程中，天然气运输同样面临管道泄漏和油船事故的风险对管道沿线的空气和水域造成污染。

在加工过程中，天然气的净化提炼和化学加工过程会产生大量废水和没有回收利用的热能。与煤炭和石油相比，天然气使用过程中排放的废气污染物较少，因此被称为清洁能源。天然气的使用过程几乎不产生二氧化硫和粉尘颗粒物，排放的废气主要为二氧化碳和氮氧化物。提供等能量的情况下，使用天然气产生的氮氧化物仅为煤炭和石油燃烧排放物的20%，二氧化碳排放量为煤炭燃烧排放量的56%，石油燃烧排放量的71%[①]。相对来讲，天然气使用过程中排放的污染物较少，对生态环境的影响较小。

（3）其他能源对生态环境的影响。其他能源包括核能、风能和水能资源，这些能源资源都属于经济、可再生的清洁能源，但局限于目前的利用水平和对风险的控制能力，这些能源资源没能成为经济系统能量转化的首选。其中，风能完全来自生态环境系统，风能利用对生态环境的影响主要是风电设备对风场附近地表土壤的损坏，风能不易储存的弊端容易造成风场大规模放弃风能造成资源浪费。水能对生态环境的影响主要来自大型水电站和水库的建设，大型水电站和水库的建设可能引起地面下沉，改变局部地区的气候资源，影响水库流域水生生物的生态系统。核能对生态环境的影响主要来源于核废料泄漏和核反应堆事故，核能使用最大的缺点是技术不安全极易造成放射性污染，对人类和周围的生态环境造成毁灭性影响。

由此可知，不同能源在资源开采、运输及加工、使用过程中均会对生态环境造成不同的影响。因此，能源消费规模变动会通过能源资源生命周期的各个环节影响最终进入生态环境系统的废弃物种类和总量。在经济规模不断扩大的情景下，不论是对能源消费总量还是对各类能源的消费量都是在不断上升的，所以，能源消费规模变动往往会导致污染物排放量的增加，对生态环境的污染和破坏仍然会持续加重。

二、能源消费结构对生态环境的影响

从2000～2017年中国能源消费结构表（见表4.3）可以看出，煤炭消费占能源消费总量的比例由2000年的68.55%上升到2007年的72.50%再下降到2017年的60.40%，呈现出先上升再下降的特征；石油消费占比由2000年

[①] 陆家亮，赵素平. 中国能源消费结构调整与天然气产业发展前景 [J]. 天然气工业，2013 (11)：9-15.

的 21.99% 下降到 2017 年的 18.80%，变化并不明显；煤炭与石油消费的合计占比由 2000 年的 90.54% 下降到 2017 年的 79.29%；整体来看，在中国的能源消费结构中，虽然天然气和电力消费等清洁能源的占比在不断上升，能源消费结构有所改善；但是以煤炭、石油等化石燃料为主的局面并没有根本的改变，能源消费结构的调整空间仍然很大。按照目前测算的不同类型能源消费污染物排放系数来看，每吨标准煤煤炭和石油消耗排放二氧化硫、氮氧化物和烟尘的数量要远远高于每吨标准煤天然气和电力消耗排放的污染物数量。因此，在能源消费规模不变的条件下，改善能源消费结构降低煤炭和石油等化石能源的消费占比，将有利于减少各类污染物的排放量，从而减轻对生态环境的污染与破坏。所以，能源消费结构的变动往往会带来污染物排放量的减少，进而可能会对生态环境质量的提升带来积极的作用。

表 4.3   **2000～2017 年中国能源消费结构**   单位:%

年份	煤炭	石油	天然气	水/核/风电	合计
2000	68.55	21.99	2.18	7.28	100.00
2001	68.04	21.16	2.38	8.42	100.00
2002	68.51	20.99	2.30	8.20	100.00
2003	70.20	20.10	2.30	7.40	100.00
2004	70.20	19.90	2.30	7.60	100.00
2005	72.40	17.80	2.40	7.40	100.00
2006	72.40	17.50	2.70	7.40	100.00
2007	72.50	17.00	3.00	7.50	100.00
2008	71.50	16.70	3.40	8.40	100.00
2009	71.60	16.40	3.50	8.50	100.00
2010	69.20	17.40	4.00	9.40	100.00
2011	70.20	16.80	4.60	8.40	100.00
2012	68.50	17.00	4.80	9.70	100.00
2013	67.40	17.10	5.30	10.20	100.00
2014	65.60	17.40	5.70	11.30	100.00
2015	63.70	18.30	5.90	12.10	100.00
2016	62.02	18.30	6.40	13.30	100.00
2017	60.40	18.80	7.00	13.80	100.00

资料来源：根据 2001～2018 年《中国统计年鉴》整理。

综上所述，能源消费变动可以通过能源消费规模和能源消费结构两个方面影响经济过程输出端排放至生态环境的污染物；但是两者作用于整个生态环境系统的方向是相反的，能源消费规模变动会导致污染物排放量的上升，对生态环境质量产生负向的影响，而能源消费结构变动会带来污染物排放量的下降，对生态环境质量产生正向的影响。图 4.3 总结了能源消费变动影响生态环境的作用机理。

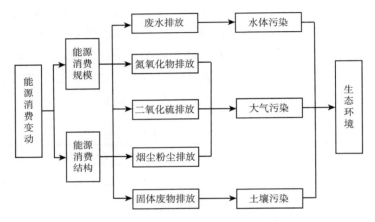

图 4.3　能源消费变动影响生态环境的作用机理

第五节　本章小结

围绕产业结构变动影响能源消费和能源消费变动影响生态环境的作用机理，本章按照产业结构→能源消费→生态环境的传导过程，对经济—能源—生态环境系统的相互关系、不同经济发展阶段中各产业结构与产业模式对生态环境的影响、产业结构变动影响能源消费的作用机理、能源消费变动影响生态环境的作用机理进行了分析和研究。

第一，经济—能源—生态环境系统的关系。经济系统的输入端连接着能源系统，输出端则连接着生态环境系统；各种能源资源进入经济系统并通过生产和生活的使用，向生态环境中排放各种污染物，破坏和污染环境，影响人类的健康和生命财产安全；生态环境系统不仅为经济系统和能源系统提供初始运转动力，也承接来自经济系统和能源系统运转产生的废弃物。

　　第二，不同经济发展阶段中各产业结构与产业模式对生态环境的影响。纵观人类社会经济发展历程，各个经济发展阶段的产业结构显著不同，每个经济发展阶段都有与之对应的产业模式，其中各自的能源消耗结构、能源消耗利用水平均存在着差异，采取的环境规制手段及对生态环境的影响均有独特的特征。社会经济发展过程中，不同产业模式的产业结构、产业规模、能源资源利用技术水平和残余物处理技术均对生态环境有着不同程度的影响。

　　第三，产业结构变动影响能源消费的作用机理。在经济发展过程中，产业结构变动表现为产业结构横向合理化和纵向高度化两个维度，以此为基础通过影响经济规模、自然资源利用水平和方式、企业准入壁垒、技术创新水平、外商直接投资和国际贸易等因素，从不同方面影响着社会能源消耗的供给和需求水平。

　　第四，能源消费变动影响生态环境的作用机理。能源消费变动通过能源消费规模、能源消费结构影响经济生产过程输出端废水、氮氧化物、二氧化硫、烟尘粉尘、固体废物的排放水平，并影响水体、大气和土壤环境，进而影响生态环境。通常在能源消费结构不变的条件下，能源消费规模变动会导致各类污染物排放量的上升，对生态环境质量产生负向的影响；在能源消费规模不变的条件下，能源消费结构变动会带来污染物排放量的下降，对生态环境质量产生正向的影响。

　　第五，产业结构变动对能源消费与生态环境的作用方式和途径是构建产业结构变动的能源消费效应与生态环境效应模型的理论基础。通过分析可知，在能源资源和生态环境的双重约束下，通过有效的产业结构调整，不仅能够提高经济系统输入端能源的利用效率，而且能够减少经济系统输出端污染物的排放量。

第五章 产业结构变动测度问题研究

产业结构变动测度问题是研究产业结构变动对能源消费与生态环境影响的基础，产业结构变动测度结果是否准确关系到后续对能源消费与生态环境影响测算结果是否准确，因此设定和构建合理的产业结构变动测度方法对本课题的后续研究有着关键的影响和作用。本章首先对产业结构的内涵以及产业结构变动的内涵进行阐释和界定；其次对现有的产业结构变动测度方法进行较为系统的梳理和总结；再次提炼产业结构变动测度方法的特点并剖析其存在的问题；最后根据本书研究需要和研究目标，构建基于产出与投入双重视角的产业结构变动测度方法，为实证分析产业结构变动对能源消费与生态环境的影响提供基础数据。

第一节 产业结构变动的内涵界定

一、产业结构的内涵

结构是与整体、系统等相对立又有联系的概念。通常所说的"结构"是指构成一个整体或系统的各个组成要素的排列与组合方式。作为经济学中的重要概念和重要问题，产业结构的概念出现于 20 世纪中期，主要用于表示国民经济中产业链上下游关系、产业与产业之间的关联以及产业在区域内的空间布局。随着劳动分工的不断细化以及产业种类的逐渐增多，关于产业结构的研究文献也越来越多，对产业结构概念的认识也逐渐由模糊转向清晰、由片面转向全面[1]。由于产业部门是介于宏观经济主体（国民经济）和微观经

---

[1] 邵玮. 环境规制约束下中国产业结构优化的路径研究 [D]. 武汉：武汉大学，2017.

济主体（企业）之间的中观经济主体，从国民经济核算的角度来看，产业部门是指由许多从事相同或相近的主要生产活动的基层型单位（产业活动单位）所组成的部门；它是依据主要生产活动性质对基层型单位（产业活动单位）进行分类的结果。因此，产业结构代表着不同产业部门在经济活动中形成的技术或经济上的联系，以及从中表现出来的结构上的某种比例关系①。

通过对已有研究进行梳理可以发现，对产业结构内涵的理解基本上是按照"狭义"和"广义"进行区分。从"狭义"的角度来看，产业结构的内涵主要是指构成经济主体的各产业的地位、组合方式、技术基础、本质关系等；从"广义"的角度来看，产业结构的内涵不仅包括其"狭义"的内容，而且还包括在数量上不同产业的比例关系和区域空间布局等内容。进一步地，要理解产业结构的内涵需要从两个视角去考察，其中一个视角是"量"，主要关注静态情况下不同产业之间数量上的联系，如各产业的产值比率、生产要素在不同产业获得回报率之比等；另一个视角是"质"，即关注不同产业间在技术或经济上如何联系及关联方式的变化，从而揭示各产业部门及其关系的变化规律和动态变化过程②。在国民经济核算中，对产业部门分类的标准是生产活动性质，主要表现为两个方面：一是产出性质，主要是指产品的性质和种类；二是投入性质，主要是指消耗结构和生产工艺。这与从"量"的视角与从"质"的视角对产业结构的理解具有一致性，即从"量"的视角理解产业结构就是基于产出的视角考察产业部门分类并观察其结构关系，而从"质"的视角理解产业结构则是基于投入的视角考察产业部门分类并观察其结构关系。因此，根据国民经济核算中产业部门分类的理论，本书认为可以将产业结构的内涵从"产出"与"投入"双重视角进行阐释和界定，其中：基于"产出"视角的产出结构是指各产业产值在国民经济中所占的比例及其结构关系，主要体现产业结构"量"的特征；基于"投入"视角的产业结构是指各产业消耗其他产业所提供的中间产品的技术经济联系及其生产工艺特征，主要体现产业结构"质"的特征。

二、产业结构变动的内涵

阐述和界定产业结构变动需要先讨论两个方面的问题③：一方面是需要

---

①②③　徐少侠. 产业结构变动对吉林省经济增长的影响研究［D］. 长春：吉林大学，2016.

对产业结构的内涵进行界定，这是论述产业结构变动内涵的基础；另一方面是需要对与产业结构变动表述比较接近但容易混同的概念进行辨析，这是界定产业结构变动内涵的关键。前者在上面已经进行了论述，后者需要在界定产业结构变动内涵之前进行较为详细地辨析。

在现有的文献研究中，与产业结构变动在表述上比较接近的概念主要有产业结构调整、产业结构转型、产业结构优化与产业结构升级等，这些表述在研究产业结构问题的不同文献中均有出现，基本上对这些概念混同使用的较多，而对其进行详细辨析的较少。因此，本书在对这些表述比较接近但容易混同的概念进行辨析的基础上，阐述和界定与上面所提出的产业结构内涵保持一致的产业结构变动内涵。产业结构调整是指根据产业政策与目标对各产业在国民经济中的比例进行有目的的调整，以适应国内经济发展与国际竞争的需要①。由于不同时期、不同区域其产业政策与目标各不相同，因此产业结构调整需要适应不同时期与区域的发展需求②。产业结构转型是指产业结构从一种形态转变为另一种形态；转变的原因主要是产业内部资源配置的不合理而导致产业发展受到多种因素的约束③；主要目的是通过改善产业结构使之适应经济发展阶段的需要，解决产业发展的约束限制，但并不需要对产业结构在技术上或方向上有明确的规定。与产业结构转型相比，产业结构优化侧重于产业结构方向上的变化④；产业结构优化是指通过产业政策的调整和实施，使各产业比例不断合理化并形成协调发展的局面，以此促进经济不断增长⑤。产业结构升级是指产业结构从一种低级形态到高级形态的演进过程；产业结构升级较为强调产业结构演变方向上的变化，与产业结构优化比较相似；产业结构升级必然蕴含着产业结构的转型，同时产业结构的转型也往往包含了产业结构升级的过程。

通过对产业结构调整、产业结构转型、产业结构优化与产业结构升级的内涵和特点进行阐述和辨析，可以发现这四个概念既有相同之处又有差异。其中，相同之处表现为均是对产业结构变化的描述，且与主观的、有目标的宏观经济管理相对应；而差异主要表现在产业结构调整偏向于同产业政策和

① 刘耀彬，张安军. 中部地区煤炭城市产业结构效益动态比较分析 [J]. 地域研究与开发，2010（1）：11–16.

②④ 徐少侠. 产业结构变动对吉林省经济增长的影响研究 [D]. 长春：吉林大学，2016.

③ 尹希文. 中国区域创新环境对产业结构升级的影响研究 [D]. 长春：吉林大学，2019.

⑤ 阳扬. 中国公共服务发展对产业结构高级化的影响 [D]. 广州：广东外语外贸大学，2019.

目标的对接，产业结构转型偏向于通过改善产业结构解决产业发展中的约束限制，产业结构优化偏向于产业结构的合理化与协调发展，产业结构升级偏向于产业结构的高级化。本书提出的产业结构变动概念既与产业结构调整、产业结构转型、产业结构优化、产业结构升级有联系，也与它们有差别。有联系的地方体现在这些概念均是反映产业结构的变化，有差别的地方体现在产业结构调整、产业结构转型、产业结构优化、产业结构升级主要是从主观的角度衡量产业结构的变化，侧重于为宏观经济管理与宏观经济调控的实践服务；而产业结构变动则主要是从客观的角度反映产业结构的变化，侧重于产业结构演变规律的理论研究。

　　基于对产业结构变动同产业结构调整、产业结构转型、产业结构优化、产业结构升级之间关系的分析，结合对产业结构内涵的界定，本书认为产业结构变动是指基于"产出"与"投入"双重视角衡量的产业结构在数量上的变化程度与变化方向，具体表现为各产业产值在国民经济中所占的比例以及各产业技术经济系数的变化程度与方向；既衡量产业结构"量"的变化特征，也反映产业结构"质"的变化特征。产业结构变动的程度取决于所研究的时间、空间和产业的具体表现，讨论其数量特征需要结合相应的样本数据。本书主要对产业结构变化的方向从两个方面进行界定：一方面是基于"产出"视角的产业结构变动的方向；另一方面是基于"投入"视角的产业结构变动的方向。从"产出"视角观察产业结构变动的方向，主要表现为合理化与高级化两个方面，其中：产业结构合理化是指各产业产值在国民经济中所占比例与经济发展阶段、产业结构演进规律相适应；产业结构高级化是指以劳动密集型和资本密集型产业为主导向以技术密集型产业为主导的转变，经济发展的重心从第一产业转移到第二产业，再转移到第三产业的过程，对信息、服务、技术和知识等生产要素的依赖不断加深[①]。从"投入"视角观察产业结构变动的方向，主要表现为低消耗与低排放两个方面，其中：产业结构低消耗是指各产业在生产过程中对各种中间产品尤其是能源的单位消耗不断降低，具体表现为技术经济系数特别是直接消耗系数的不断下降；产业结构低排放是指通过技术进步与技术创新改善生产工艺，以此提升节能水平和优化能源消费结构，降低对各种污染物排放的水平。

---

① 尹希文. 中国区域创新环境对产业结构升级的影响研究［D］. 长春：吉林大学，2019.

第二节　产业结构变动的测度方法

一、常用的产业结构测度方法

产业结构变动主要用于衡量三次产业是否协调发展以及产业结构的转型升级情况。目前，国内外学者采取不同的测度方法研究产业结构变动，从现有文献来看，比较常用的产业结构变动测度方法主要有以下九种。

（一）产业结构变动值

产业结构变动值反映产业结构的变动速度，由美国经济学家西蒙·库兹涅茨（1941）在著作《国民收入与构成》中首次提出。计算公式为：

$$k = \sum_{i=1}^{n} |q_{i1} - q_{i0}| \qquad (5-1)$$

其中，k 为产业结构变动值，q_{i1}、q_{i0} 分别为报告期和基期第 i 产业产值在总产值中所占比重。k 值越大表明产业结构变动速度越快，变动幅度越大。这种方法的测算结果容易受到产业分类的影响，为体现结果的一般性和可比性，在产业结构变动值的基础上，干春晖（2009）对产业结构变动值进行补充、完善，采用平均产业结构变动值衡量三次产业结构总体变动的平均水平[1]。计算公式为：

$$k^* = \sum_{i=1}^{3} |S_{it} - S_{i0}|/t \qquad (5-2)$$

其中，s_{i0}、s_{it} 表示第 i 产业期初与期末的产业构成，第 i 产业产值构成 = 第 i 产业产值/总产值 × 100%，k^* 越大表明产业结构平均变动速度越快，平均变动幅度越大。产业结构变动值与产业结构平均变动值虽然能较好地反映三次产业的整体变动水平，但只是将各产业比重变动的绝对值相加，并不能反映产业结构的变动方向。

---

[1]　干春晖，郑若谷. 改革开放以来产业结构演进与生产率增长研究：对中国 1978—2007 年"结构红利假说"的检验 [J]. 中国工业经济，2009（2）：55 – 65.

（二）产业结构变动系数

产业结构变动系数衡量某地区具体产业的增长速度与该地区整体发展速度之间的关系，使用该方法测算产业结构变动能够反映某地区具体产业的变动程度①。计算公式为：

$$\lambda_i = \frac{1 + X_i}{1 + X_p} \qquad\qquad (5-3)$$

其中，X_i 为第 i 产业的增长率；X_p 为 GDP 的增长率。若 $\lambda_i > 1$，表明 i 产业的增长速度大于该地区生产总值的增长速度，这一产业即将或已经成为主导产业。

（三）产业结构超前系数

产业结构超前系数测算经济系统中某一产业增长对整个经济系统增长的平均超前程度。这种方法的特点是通过比较某具体产业的发展与整体经济的发展，从而判断哪一产业拉动经济增长②。计算公式为：

$$E_i = \alpha_i + (\alpha_i - 1)/R_t \qquad\qquad (5-4)$$

其中，E_i 为第 i 部门的结构超前系数；α_i 为第 i 产业在报告期占 GDP 的比重与在基期占 GDP 的比重之比；R_t 为同期 i 产业所在经济系统的平均增长率。E_i 值反映某产业是否存在超前发展的迹象，当 $E_i < 1$ 时，表明 i 产业发展落后于整体经济的发展；当 $E_i > 1$ 时，表明 i 产业的发展快于整体经济的发展，在三次产业中具有超前发展倾向。

（四）Moore 结构变化指数

Moore 结构变化指数由霍德里克和普雷斯科特（Hodrick and Prescott）在分析美国战后经济周期时被首次提出。Moore 结构变化指数与前三种测算产业结构变动方法的分析思路有明显差异，其原理是运用空间向量测定法，以向量空间中夹角为基础，将国民经济分为第一、第二、第三产业，如果将每

---

① 董雯，杜宏茹，周艳时. 乌昌地区资源型产业的集聚特征及其城市化效应研究 [J]. 自然资源学报，2010（4）：657–667.
② 靖学青. 上海产业升级测度及评析 [J]. 上海经济研究，2008（6）：53–59.

一个产业作为空间中的一个向量，则两个时期对应的两组向量间的夹角表示产业结构变化程度。因此三次产业变化时引起的夹角变化累积和即为三次产业结构变动情况[①]。计算公式为：

$$M_t^+ = \frac{\sum_{i=1}^{n} W_{i,t} W_{i,t+1}}{\sqrt{\left(\sum_{i=1}^{n} W_{i,t}^2 \right) \cdot \left(\sum_{i=1}^{n} W_{i,t+1}^2 \right)}} \quad (5-5)$$

其中，M_t^+ 表示 Moore 结构变化值，$W_{i,t}$ 表示 t 期第 i 产业所占比重，$W_{i,t+1}$ 表示 $t+1$ 期第 i 产业所占比重。定义三次产业结构变化的总夹角为 θ，则：

$$\cos\theta = M_t^+, \theta = \arccos M_t^+$$

其中，θ 反映产业结构变化速度的快慢。若 θ 增大，表明产业结构调整幅度增加；若 θ 减小，表明产业结构调整幅度缓慢。Moore 结构变化指数更细致、更灵敏地揭示产业结构整体变动的过程与程度，实际运用更加广泛。

（五）产业结构熵数

产业结构熵数是利用信息理论中干扰度的概念，将三次产业比重变化视为产业结构的干扰因素，以此反映产业结构的变化程度。值得注意的是，产业结构熵数是在经济发展过程中对产业结构质量变动的描述与刻画，计算公式为：

$$e_t = \sum_{i=1}^{n} W_{it} \ln\left(\frac{1}{W_{it}} \right) \quad (5-6)$$

其中，e_t 为 t 期产业结构熵数值；W_{it} 为第 t 期第 i 产业占 GDP 的比重；n 为产业部门的个数。若某地区各产业比重越均匀，则产业结构熵数值越大，表明产业结构发展趋于多元化；若某地区各产业比重差距越明显，则产业结构熵数值就越小，产业结构趋于专业化。当三次产业占 GDP 比重相等时，$e_t = \text{Ln3} = 1.099$，取得最大值；当三次产业中只发展某一个产业时，e_t 取得最小值，即 $e_t = 0$，因此 e_t 的取值范围为 [0，1.099]。产业结构熵数所测算的产业结构变动能充分地反映产业结构质量变化特征，并且通过产业结构质量变动分析

---

① Hodrick，Prescott. Postwar US Business Cycles：an Empirical Investigation [J]. Journal of Money，Credit and Banking，1997（1）：1–16.

资源是否合理配置，进而结合各个地区的要素禀赋来调整与优化产业结构。但此方法的缺陷是 e_t 取值变化范围不大，反映产业结构量变化程度的灵敏性有限[①]。

（六）产业结构合理化与高级化指数

1. 产业结构合理化指数。这是指产业结构的内部平衡度，即判断三次产业所占比重是否均衡，同时也较为准确地反映了资源的有效利用程度。目前衡量产业结构合理化的方法有标准结构法、产业结构偏离度、结构效益指数以及泰尔指数，其中结构偏离度和泰尔指数被广泛使用。产业结构偏离度衡量产业结构与就业结构是否协调，计算公式为：

$$E = \sum_{i=1}^{n} \left| \frac{Y_i/L_i}{Y/L} - 1 \right| = \sum_{i=1}^{n} \left| \frac{Y_i/Y}{L_i/L} - 1 \right| \qquad (5-7)$$

其中，E 表示产业结构偏离度；Y_i/L_i 表示第 i 产业的劳动生产率；Y_i/Y 表示第 i 产业占总产值的比重；L_i/L 表示第 i 产业从业人员占各产业从业人员总数的比重。通过上式可以看出，当各个产业的劳动生产率与三次产业之和的劳动生产率相等时，即生产要素在三次产业的分配比例达到帕累托最优时，产业结构最合理，此时的经济处于均衡状态。虽然产业结构偏离度能较好地反映产业结构合理化，但不能体现各产业之间的相对重要性，并且绝对值的计算忽略了产业结构的变动方向，所以在实际问题应用中使用较少。

泰尔指数在产业结构偏离度的基础上考虑各产业的相对权重，也保留了产业结构偏离度的理论基础与经济意义。因此，用泰尔指数来衡量产业结构合理化较为准确。其计算公式为：

$$TL = \sum_{i=1}^{n} \left(\frac{Y_i}{Y} \right) = \ln\left(\frac{Y_i/L_i}{Y/L} \right) \qquad (5-8)$$

其中，各个指标的含义与产业结构偏离度一致。因此，当经济处于均衡状态时，有 $Y_i/X_i = Y/X$，即 $TL=0$。所以 TL 值越接近于 0，产业结构越接近均衡状态，产业结构越合理，反之亦然。

2. 产业结构高级化指数。这是指产业结构重心从第一产业向第二、第三

---

① 沈树明，符磊，强永昌. 推进江苏省产业结构调整与创新资源配置协调发展研究［J］. 生态经济，2017（7）：98-102.

产业逐步转移的过程。产业结构升级是产业结构高级化所要反映的核心问题，反映了第三产业在经济增长和经济波动上发挥的作用。目前主要有非农产业比重、新产品产值、Moore 结构变化指数、第三产业在总产值中的占比以及第三产业产值与第二产业产值之比 5 种方法对产业结构高级化进行描述。最常用方法为第三产业产值占总产值比重，计算公式为：

$$TS = \frac{Y_3}{Y} \qquad (5-9)$$

其中，TS 表示产业结构高级化程度；Y_3 表示第三产业产值；Y 表示三次产业总产值。TS 越大，表明产业结构高级化程度越高，产业结构不断升级。但是此方法忽略了第一、第二产业对其产生的影响，精确性较低。后期干春晖、郑若谷（2011）在此基础上，提出用第三产业与第二产业的产值之比测算产业结构高级化。计算公式为：

$$TS = \frac{Y_3}{Y_2} \qquad (5-10)$$

其中，Y_2 表示第二产业产值，其他指标与上述公式一致。这种测算方法主要反映服务业的发展趋势，也反映出对生产要素"低投入、低消耗"类型的特征。随着我国经济健康持续发展，以信息技术为主的第三产业所占比重逐渐增大，我国产业结构高级化程度不断加强。

（七）产业结构变动指数

产业结构变动指数反映产业结构在两个时间点之间的变化，通常使用 NAV 指数与 MLI 指数共同测算产业结构变动。产业结构变动指数在国外衡量产业结构变动中运用较多，在国内运用相对较少。此方法常用于研究产业结构变动与经济增长的关联关系，从而使得测算产业结构变动对经济增长的影响结果更稳健。NAV（the norm of absolute values），也称为 Michaely 指数或者 Stoikov 指数，其表达式为：

$$NAV_{s,t} = 0.5 \sum_{i=1}^{n} |x_{it} - x_{is}|, i=1,2,3, \quad s=1,\cdots,t-1 \qquad (5-11)$$

其中，x_{it} 和 x_{is} 分别表示第 i 产业增加值在时期 t 和 s 占 GDP 的比重。MLI（maternal line index）指数即改进的 Lilien 指数。利利恩（Lilien，1982）最初用其测算时期 s 到时期 t 就业增长率的标准偏差，计算公式为：

$$LI = \sqrt{\sum_{i=1}^{n} x_{it} \cdot \left(\ln \frac{x_{it}}{x_{is}} \right)}, \ x_{is} > 0, x_{it} > 0 \qquad (5-12)$$

但因为不具有对称性，斯塔默（Stamer，1999）对此进行改进，改进后的 Lilien 指数（MLI）表达式如下：

$$MLI_{s,t} = \sqrt{\sum_{i=1}^{n} x_{is} \cdot x_{it} \left(\ln \frac{x_{it}}{x_{is}} \right)^2}, \ x_{it} > 0, x_{is} > 0, i = 1,2,3 \qquad (5-13)$$

其中，x_{it} 和 x_{is} 分别表示第 i 产业增加值在时期 t 与 s 上占 GDP 的比重，经过改进后该指数的稳健性有所提高。

（八）产业结构相似系数

产业结构相似系数借鉴联合国工业发展组织国际工业研究中心提出的结构相似系数，通过对比各地区间产业发展水平考察某地区的产业结构高度化水平。在各地区的产业结构分析中，通过了解地区间的产业结构状况来说明产业结构间的发展水平是否相似。计算公式为：

$$S_{AB} = \frac{\sum_{i=1}^{n} X_{Ai} X_{Bi}}{\sqrt{\sum_{i=1}^{n} X_{Ai}^2} \ \sqrt{\sum_{i=1}^{n} X_{Bi}^2}} \qquad (5-14)$$

其中，X_{Ai} 和 X_{Bi} 分别表示 A 地区、B 地区第 i 产业增加值比重。S_{AB} 表示 A 地区与 B 地区产业结构相似度，$0 \leq S_{AB} \leq 1$。当 S_{AB} 等于 1 时，表明两个地区的三次产业占比完全相同；当 S_{AB} 等于 0 时，表明两个地区的产业结构截然不同。因此，S_{AB} 越大，表示两个地区产业结构相似度越高[①]。产业结构相似系数的侧重点是通过比较研究地区的产业结构与其他地区的产业结构相似系数考察所研究地区的产业结构，一般选取经济发展水平和经济发展阶段相当的地区比较。产业结构相似系数也可比较产业结构和就业结构的相似程度以及不同年份之间的产业结构相似程度。但这种方法的缺陷是测算产业结构变动比较笼统，在应用中应先说明各省份间产业结构的相似性，再通过三次产业占比与人均 GDP 补充说明某地区产业结构的具体变动。

---

① 李桢. 区域产业结构趋同的制度性诱因与策略选择 [J]. 经济学动态，2012（11）：63-68.

（九）重力模型坐标值

重力模型在空间维度下考察产业结构的动态演变轨迹，由于中国东部、西部产业结构差异较大，体现在经济地理学上为产业结构重心转移的不一致性，因此利用物理学中的重力模型探讨产业结构在区域间的差异性。根据物理学可知，总力矩最小的点为重心所在点，通过以下计算，推算重心坐标，具体过程如下：

$$X^{(k+1)} = \frac{\sum\limits_{i=1}^{n} \dfrac{m_i \times x_i}{\sqrt{(x_i - x^k)^2 + (y_i - y^k)^2}}}{\sum\limits_{i=1}^{n} \dfrac{m_i}{\sqrt{(x_i - x^k)^2 + (y_i - y^k)^2}}} \qquad (5-15)$$

$$Y^{(k+1)} = \frac{\sum\limits_{i=1}^{n} \dfrac{m_i \times y_i}{\sqrt{(x_i - x^k)^2 + (y_i - y^k)^2}}}{\sum\limits_{i=1}^{n} \dfrac{m_i}{\sqrt{(x_i - x^k)^2 + (y_i - y^k)^2}}} \qquad (5-16)$$

令 $R_i' = \sqrt{(x_i - x^k)^2 + (y_i - y^k)^2}$，则上式变换为：

$$X^{k+1} = \frac{\sum\limits_{i}^{n} \dfrac{m_i \times x_i}{R_i'}}{\sum\limits_{i=1}^{n} \dfrac{m_i}{R_i'}} \qquad Y^{k+1} = \frac{\sum\limits_{1}^{n} \dfrac{m_i \times y_i}{R_i'}}{\sum\limits_{i=1}^{n} \dfrac{m_i}{R_i'}} \qquad (5-17)$$

设各省中心城市 $P(x_i, y_i)$ 到重心 $Q(\bar{x}, Y)$ 的距离为 R_i，根据欧拉定理得：

$$R_i = \sqrt{(\bar{x} - x_i)^2 + (\bar{y} - y_i)^2} \quad (0 \leqslant R_i \leqslant \infty) \qquad (5-18)$$

当 $R_i \Rightarrow 0$ 时，第 i 个地区离重心的距离越短，$R_i = 0$ 该地区为重心所在地。则重心坐标为：

$$\bar{x} = \frac{\sum m_i x_i}{\sum m_i} \qquad \bar{y} = \frac{\sum m_i y_i}{\sum m_i} \qquad (5-19)$$

其中，x_i 表示省会城市经度；y_i 表示省会城市纬度；m_i 表示 i 省份的产业产值。在研究过程中按照地理坐标把中国分为东部、中部和西部。由于产业结构的空间相关性，产业结构变动必然会引起区域间生产要素流动，从而引发产业结构重新组合，使得产业重心在全国范围内移动。重力模型通过三次产业产值重心变动的动态轨迹来考察三次产业的变动方向，因其发展于物理学，所以学者们对此方法在产业结构变动方面的应用较少①。

二、产业结构变动测度方法的比较

在对不同产业结构变动测度方法梳理、分析、总结的基础上，根据各种产业结构测度方法的内涵和特点，可将产业结构测度方法归纳为四种类型，分别是产业结构变动程度、变动方向、变动质量与变动空间。表 5.1 为不同产业结构变动测度方法测算的 2000～2017 年中国产业结构变动结果②。

（一）产业结构变动程度分析

表 5.1 反映了测度产业结构变动程度的方法有产业结构变动值、Moore 结构变化指数、产业结构变动指数 SCI。产业结构变动值表示一段时间内三次产业变动的绝对值之和；Moore 结构变化指数以空间向量测量为基础，通过向量夹角的变化考察产业结构变动；产业结构变动指数 SCI 反映产业结构在两个时间点之间的变化。2000～2017 年中国产业结构变动值从 0.0010 变化到 0.0495，Moore 结构变化指数值从 0.0664 变化到 2.8737，产业结构变动指数 SCI 中 NAV 从 0.005 变化到 0.0263，MLE 从 0.0003 变化到 0.0341，最低值均来自 2008 年，最高值均来自 2017 年。结果显示：三种方法测算的产业结构变动幅度仅仅表现为数值上的差异性，整体趋于一致。2000～2017 年中国产业结构变动幅度整体呈现出 U 型变化特征，2010 年以后产业结构变动幅度逐年增加，表明中国产业结构调整步伐加快，有强劲的后发优势。虽三种方法的产业结构变动幅度趋于一致，但产业结构变动具有一定的阶段性波动，其中以 2008 年、2009 年最为明显③。

---

① 王晓芳，于江波. 中国产业结构变动驱动要素的动态轨迹：基于新古典经济学要素流动视角的研究 [J]. 上海经济研究，2015（1）：69-80.
②③ 梁亚民，杨燕燕，韩君. 产业结构变动测算方法的多维度研究 [J]. 开发研究，2018（4）：38-44.

表 5.1　2000~2017 年中国产业结构变动多维度测算结果

年份	变动程度				变动方向						变动质量				变动空间	
	产业结构变动值 k	Moore结构变化指数 θ	产业结构变动指数 SCI		产业结构超前系数			产业结构变动系数			产业结构合理化 TL	产业结构高级化 TS	产业结构熵指数 e	产业结构相似系数 S	重力模型坐标值	
符 号	k	θ	NAV	MLE	E_1	E_2	E_3	λ_1	λ_2	λ_3	TL	TS	e	S	$\bar{x}$	$\bar{y}$
2000 年	0.0270	1.6476	0.0135	0.0185	-6.5996	1.0219	1.2499	0.9136	1.0039	1.0314	0.2876	0.8737	1.0068	0.9996	115.0021	32.5800
2001 年	0.0280	1.5604	0.0140	0.0171	0.0597	0.8088	1.2771	0.9528	0.9837	1.0361	0.2979	0.9202	1.0003	0.9996	115.0014	32.5697
2002 年	0.0200	1.1173	0.0100	0.0126	-0.1771	0.9185	1.2181	0.9512	0.9923	1.0249	0.3138	0.9504	0.9927	0.9998	115.0130	32.5518
2003 年	0.0230	1.3019	0.0115	0.0150	-0.6358	1.1804	0.9568	0.9284	1.0264	0.9948	0.3217	0.9212	0.9802	0.9997	115.0210	32.5481
2004 年	0.0170	0.9320	0.0085	0.0104	1.2592	1.0422	0.8573	1.0460	1.0061	0.9799	0.2833	0.8972	0.9869	0.9999	114.9880	32.5537
2005 年	0.0250	1.4378	0.0125	0.0171	-1.4353	1.1530	1.0174	0.9013	1.0245	1.0037	0.2763	0.8790	0.9700	0.9997	114.9996	32.6010
2006 年	0.0210	1.0043	0.0105	0.0127	-0.3309	1.0818	1.0775	0.9127	1.0114	1.0116	0.2644	0.8792	0.9559	0.9998	114.9728	32.5919
2007 年	0.0210	1.1833	0.0105	0.0134	0.8241	0.9164	1.1267	0.9677	0.9853	1.0249	0.2411	0.9145	0.9523	0.9998	114.9470	32.5786
2008 年	0.0010	0.0664	0.0005	0.0003	1.0000	1.0000	0.9848	0.9969	1.0015	0.9991	0.2255	0.9123	0.9524	1.0000	114.8965	32.6383
2009 年	0.0300	1.6526	0.0150	0.0187	-0.1773	0.6657	1.3023	0.9547	0.9777	1.0353	0.2130	0.9661	0.9457	0.9996	114.9025	32.6257
2010 年	0.0100	0.5239	0.0050	0.0062	0.7683	1.0664	0.9699	0.9738	1.0112	0.9942	0.2015	0.9499	0.9410	1.0000	114.8606	32.6382
2011 年	0.0020	0.1158	0.0010	0.0014	0.9285	1.0000	1.0144	0.9900	1.0001	1.0021	0.1815	0.9518	0.9394	1.0000	114.7931	32.6595
2012 年	0.0220	1.3763	0.0110	0.0156	1.0000	0.6706	1.2121	0.9985	0.9757	1.0259	0.1653	1.0007	0.9397	0.9997	114.7267	32.6722
2013 年	0.0280	1.6902	0.0140	0.0191	0.8670	0.5658	1.2592	0.9868	0.9721	1.0307	0.1441	1.0611	0.9377	0.9996	114.6793	32.6317
2014 年	0.0220	1.2580	0.0110	0.0144	0.5838	0.6364	1.2411	0.9747	0.9794	1.0244	0.1286	1.1098	0.9337	0.9998	114.6370	32.5634
2015 年	0.0490	2.8585	0.0245	0.0327	0.2033	-2.2218	1.4563	0.9749	0.9496	1.0501	0.1184	1.2273	0.9255	0.9988	114.6297	32.4506
2016 年	0.0492	2.8721	0.0256	0.0335	0.367	0.7356	1.5129	0.9812	0.9357	1.0365	0.1151	1.2676	0.9216	0.9976	114.6215	32.3878
2017 年	0.0495	2.8737	0.0263	0.0341	0.432	0.6971	1.5765	0.9901	0.9212	1.0617	0.1097	1.3011	0.9139	0.9985	114.6196	32.3022

资料来源：2001~2018 年《中国统计年鉴》。

（二）产业结构变动方向分析

测算产业结构变动方向主要有产业结构超前系数与产业结构变动系数两个指标。产业结构超前系数反映经济系统中某一产业增长速度相对于整个经济系统增长速度的平均超前程度；产业结构变动系数衡量一个地区相关产业的增长速度与该地区的整体发展速度之间的关系。两种方法的共同点是通过比较某一产业与某一地区或国家的整体经济发展考察产业结构变动方向。利用产业结构超前系数与产业结构变动系数测算 2000～2017 年全国产业结构变动，结果显示：整体来讲虽然变动方向有趋同特征，但是存在着差异性。在产业结构超前系数测算产业结构变动的过程中，第一产业的发展远远落后于第二、第三产业的发展。以 2008 年为拐点，2008 年之前，中国多数年份的第二产业发展快于整体经济的发展；2008 年之后，中国多数年份的第三产业的超前系数大于第一、第二产业。产业结构变动系数测算产业结构变动的结果表明，2000～2017 年中国产业发展过程中第二产业和第三产业的主导地位交替出现。2010 年之后，第三产业的结构变动系数大于第一、第二产业，取值分别为 1.0021、1.0259、1.0307、1.0244、1.0501、1.0365 和 1.0617，可见第三产业基本占主导地位[①]。

（三）产业结构变动质量分析

测度产业结构变动质量主要包括三种方法，分别是产业结构合理化指数、产业结构高级化指数与产业结构熵数。产业结构合理化指数主要反映各产业产值与就业之间的匹配关系是否合理；产业结构高级化指数主要反映产业的更替和升级情况；产业结构熵数则偏向于测度产业结构是否均衡发展。实际应用中，通常将产业结构合理化与产业结构高级化作为一个整体测算产业结构的动态变化过程。数据显示：TL 值从 2000 年的 0.2876 下降到 2017 年 0.1097，TS 值从 2000 年的 0.8737 增加到 2017 年的 1.3011，表明中国产业结构合理化和高级化程度均在提高，但产业结构合理化和产业结构高级化均呈现出阶段性波动特征。从理论上来看，随着经济发展，以农业为主导的第一产业比重逐渐下降，第二、

---

① 梁亚民，杨燕燕，韩君. 产业结构变动测算方法的多维度研究 [J]. 开发研究，2018 (4)：38 - 44.

第三产业比重逐渐上升，产业结构熵数会相应地减小。从表5.1的测算结果来看，中国产业结构一直处于动态变化中，并且产业结构熵数值逐年递减，从2000年的1.0068降至2017年的0.9139，表明我国产业结构逐步趋于单一化，这与理论分析结果一致。结合三次产业的增加值比重可以看出，虽然产业结构趋于单一化，但产业结构的主导地位在发生改变。2000～2012年第二产业占据主导地位，2013～2017年第三产业占据主导地位①。

（四）产业结构变动空间分析

产业结构相似系数与重力模型主要从总体上反映区域间产业结构的空间相关性。产业结构相似系数衡量区域间产业结构的相似或差异程度；重力模型从空间角度考察产业结构的变动轨迹，由于产业结构的空间相关性，产业结构变动必然会引起区域间生产要素流动，从而引发产业结构重新组合，使得产业重心在全国范围内移动。本研究运用产业结构相似系数考察中国产业结构的动态演变过程，测算结果显示：2000～2017年我国三次产业结构的相似程度很高，产业结构相似系数取值均在0.99以上，但在2012年后相似程度总体呈下降趋势。运用重力模型测度产业结构变动表明我国经济重心以2012年为拐点，先向西北方向转移再向西南方向转移②。

整体来看，通过对2000～2017年中国产业结构变动进行多维度测算的结果表明：在产业结构变动程度上，中国产业结构变动整体呈现U型变化特征；在产业结构变动方向上，第二、第三产业的发展明显快于整体经济发展，并交替占据主导地位；在产业结构变动质量上，产业结构合理化和高级化程度均在提高，产业结构发展趋于单一化；在产业结构变动空间测算中，中国产业结构变动的相似程度极高。虽然基于不同视角测算的产业结构变动结果并不相同，但是在同一视角下测算的产业结构变动基本上趋于一致③。

---

① ② 梁亚民，杨燕燕，韩君. 产业结构变动测算方法的多维度研究［J］. 开发研究，2018（4）：38－44.

③ 林毅夫. 新结构经济学：重构发展经济学的框架［J］. 经济学（季刊），2011（1）：1－32.

第三节　产业结构变动测度的特点及存在的问题

一、产业结构变动测度的特点

通过对常见的产业结构变动测度方法进行较为系统地梳理和综合比较可知，由于产业结构变动概念自身具有丰富的内涵和外延，致使在产业结构变动测度上有较多的方法可以选择。按照这些方法的功能和用途可以大致分为测度产业结构变动程度、变动方向、变动质量与变动空间等类型。在实际应用中，不论研究什么问题，只要涉及产业结构这个指标，选择使用产业结构高级化（第二产业占 GDP 的比重）测度产业结构变动的现象最为常见。那么将这些表现综合起来看，现有产业结构变动测度主要有以下特点。

（一）测度方法的多样性

目前常见的产业结构变动测度方法有 9 种，分别是产业结构变动值、产业结构变动系数、产业结构超前系数、Moore 结构变化指数、产业结构熵数、产业结构合理化与高级化指数、产业结构变动指数、产业结构相似系数、重力模型坐标值。根据公式构造和参数设置的不同，又可以将这 9 种测度方法进行细分，其中：产业结构变动系数可以分为 3 种形式，即第一、第二、第三产业结构变动系数；产业结构超前系数也可以分为 3 种形式，即第一、第二、第三产业结构超前系数；产业结构变动指数主要有两种表现形式，分别是 NAV 指数与 MLI 指数；产业结构合理化与高级化指数可以分为产业结构合理化指数和产业结构高级化指数。概括起来，可以将原来的 9 种方法扩展成为 15 种方法。

（二）方法选择的单一性

虽然产业结构变动的测度方法较多，但是在实际应用中，偏向于选择产业结构高级化（第二产业占 GDP 的比重）等类似形式来衡量产业结构变动。其中，多数研究选择三次产业的产值或者三次产业产值占 GDP 的比重来测度产业结构变动，如路正南（1999），尹春华和顾培亮（2003），韩智勇、魏一鸣和范英（2004），齐志新和陈文颖（2006），张瑞、丁日佳和尹岚岚

（2007），郭志军、李飞和覃巍（2007），王丹枫（2010），董锋等（2010），刘佳骏、董锁成和李宇（2011），张传平、高伟和赵亚楠（2014），石秀华和刘伦（2014）；少数研究选择五个产业部门（第一产业、工业、建筑业、交通运输业和商业批发业）或六个产业部门（农业、工业、建筑业、交通运输业、商业、第三产业）分类来测度产业结构变动，如史丹（1999、2003），徐博和刘芳（2004），李金铠（2008），刘凤朝和孙玉涛（2008），彭建等（2015）。

（三）测度视角的产出性

虽然这常见的 9 种产业结构变动测度方法的内涵外延不同、计算公式不同、作用功能不同，且呈现出多样性的特点，但是在对产业结构变动测度视角的切入上却有着较大的共性。这主要体现在不论是反映产业结构变动程度的测度方法，还是反映产业结构变动方向、变动质量和变动空间的测度方法，在计算公式构造方面都不约而同地选择产业产值或增加值作为主要变量，都是以产业产值或增加值数据作为测度的主要数据源和计算支撑，这些在各种测度方法的计算公式上体现得非常清楚。因此，不论现有的产业结构变动测度方法如何演变，其研究的视角始终以产出为中心来展开，始终是站在产出变化的角度去衡量和反映产业结构的变动。

二、产业结构变动测度存在的问题

不论是选择三次产业还是选择五个或六个产业部门来测度产业结构的变动，都存在着两个方面的局限性：一是用少数几个产业的变化代替整个国民经济所有产业的变化，比较笼统，不便于对各产业的具体变动进行准确的定位；二是使用产值或产值占 GDP 的比重是站在产出的角度测度产业结构变动，而产出（产值）的变化根源在于投入（生产工艺）的变化（刘伟，2008；王智波，2011），缺少从投入（生产工艺）视角对产业结构变动的测度。

现有产业结构变动基本上都是站在产出（产值）的视角对产业部门进行分类，即产出的同质性，按照生产相同产品的基层型单位划归同一类型的产业部门。这里其实存在着不能够准确反映产业结构变动的问题；例如电力生产部门，其产品是电力，而生产工艺可以是煤电、水电、风力发电、太阳能发电、核电等，当生产电力产品的生产工艺由煤电向水电、风力发电、太阳能发电、核电等转变时，显然在生产过程中会对煤炭消耗减少，相应的污染物排放会减少，对生态环境的影响会减弱，这应该属于产业结构变动的范畴；然而如果仅站在产出角度衡量产业结构变动，结果很显然是没有变化。

SNA（2008）对产业部门分类采用的分类标志是生产活动性质，包括投入的同质性和产出的同质性，具体来讲就是生产工艺与产品必须同时相同或相似的基层型单位才属于同一产业部门。因此，对产业部门分类仅仅站在产出角度划分是存在片面性的，尤其是在描述产业结构变动对能源消费与生态环境影响时，这样处理的结果无法真实反映产业结构的客观变化[①]。

根据对产业结构内涵以及产业结构变动内涵的阐释和界定，本研究对产业结构变动的测度不仅从产出（产值）的角度去衡量，还要从投入（生产工艺）的角度去测度。基于产出（产值）角度测度产业结构，主要借助现有产业结构变动测度方法，根据产业结构变动对能源消费的作用机理，重构适合本研究的产业结构变动测度方法；基于投入（生产工艺）角度测度产业结构，主要运用投入产出表中的技术经济系数（直接消耗系数）测算各产业部门由于生产工艺变化所引致的产业结构变动。

第四节　基于产出与投入双重视角产业结构变动测度

根据产业结构变动的内涵，同时结合现有产业结构变动测度的特点及存在的问题，本节基于产业与投入的双重视角重新设定产业结构变动的测算方法，以此为基础测算产业结构的变动结果，为后续研究产业结构变动对能源消费与生态环境的影响提供基础数据。

一、基于产出视角产业结构变动测度

（一）测算方法的设定

产业结构变动既是一个复杂的过程，又是一个抽象而又丰富的概念。由

① Commission of the European Communities, International Monetary Fund, Organisation for Economic Cooperation and Development, United Nations, World Bank. System of National Accounts 2008 ［M］. UN Publishers. New York, 2008.

此导致测度产业结构变动的测度方法也具有多样性的特征。通过对常见的产业结构变动测度方法进行对比可以看出，不同类型的产业结构变动测度方法应用的领域并不相同。目前学术界普遍分别采用产业结构合理化指数或者产业结构高级化指数衡量产业结构变动，从产业结构变动的内涵以及影响能源消费的作用机理来看，同时使用产业结构合理化指数与产业结构高级化指数衡量产业结构变动更为科学合理。

由于产业结构合理化与产业结构高级化两个方面对能源消费的作用并非相互独立，而是具有交叉影响的特点，为体现这一作用机理，同时考虑到两个指标各自数量变化的特点，因此，本书通过变异系数法在对产业结构合理化指数（用泰尔指数表示）和产业结构高级化指数（用干春晖、郑若谷构造的指数表示)[1] 赋权的基础上，进行加权平均构建产业结构变动综合指数。计算公式为：

$$IS = \omega_1 TL + \omega_2 TS \qquad (5-20)$$

其中，IS 表示产业结构变动综合指数；TL 表示产业结构合理化指数；TS 表示产业结构高级化指数；ω_1、ω_2 分别表示产业结构合理化指数和产业结构高级化指数的权重。

（二）数据来源

测算产业结构合理化指数和产业结构高级化指数所需要的各省份 GDP、各省份三次产业增加值、各省份三次产业从业人员等数据，均来源于 2001 ~ 2018 年《中国统计年鉴》。

（三）测算结果分析

利用构建的产业结构变动综合指数方法测算 2000 ~ 2017 年中国 30 个省份产业结构的变动，为保证产业结构合理化与产业结构高级化数值变动的同向性以及消除数值数量级的影响，在进行综合评价之前，分别进行指标类型一致化处理和功效系数法标准化处理；同时利用 K-Means 聚类方法对中国 30 个省份产业结构变动的结果进行聚类[2]，测算结果见表 5.2 和图 5.1。从产出

---

[1] 干春晖，郑若谷. 改革开放以来产业结构演进与生产率增长研究：对中国 1978—2007 年"结构红利假说"的检验 [J]. 中国工业经济，2009 (2)：55 - 65.

[2] 何晓群. 多元统计分析（第 5 版）[M]. 北京：中国人民大学出版社，2019.

视角来看，2000～2017 年中国 30 个省份的产业结构变动水平均有所提高，这表明产业结构调整给各省份的产业结构合理化和高级化方面均带来了积极的影响。但在各省份在产业结构变动程度上存在着明显的区域差异和分化的特点，其中：2000～2017 年北京和上海的产业结构变动特征比较相似，属于第 1 类，这两个省份产业结构的整体水平提升最快，分别由 73.37 上升到 91.78、由 68.37 上升到 83.41，提高的幅度遥遥领先于全国其他省份。第 2 类主要包括浙江、天津和海南，这 3 个省份的产业结构水平在 2000～2017 年相对提升比较快，且到 2017 年基本都保持在 70 左右的水平上。其他省份属于第 3 类，2000～2017 年产业结构变动的水平并不明显，呈现出微弱的上升趋势，基本在 [61,68] 区间上徘徊。

表 5.2　2000～2017 年中国 30 个省份产业结构变动综合指数（部分年份）

省份	2000 年	2002 年	2007 年	2012 年	2017 年
安　徽	64.31	64.26	63.44	61.95	64.41
北　京	73.37	75.06	82.08	86.44	91.78
福　建	63.84	63.49	64.33	65.14	66.29
甘　肃	63.76	63.67	62.20	62.59	66.04
广　东	63.73	64.15	63.77	64.90	66.39
广　西	64.13	65.09	63.14	62.18	62.98
贵　州	62.91	63.15	63.96	64.41	64.19
海　南	71.89	69.45	66.83	68.54	74.42
河　北	62.20	62.61	62.40	63.13	64.50
河　南	61.88	62.02	61.22	61.64	63.65
黑龙江	61.29	62.01	61.95	63.69	70.92
湖　北	64.31	64.36	63.44	62.28	64.15
湖　南	64.48	64.82	64.18	63.17	64.66
吉　林	64.34	64.18	62.85	61.76	63.52
江　苏	62.41	62.55	63.43	66.03	67.83
江　西	66.69	65.44	62.76	62.82	64.88
辽　宁	63.62	63.91	63.50	62.74	66.93
内蒙古	64.45	64.35	62.13	61.38	63.19
宁　夏	63.77	64.17	62.59	62.50	63.27

续表

省份	2000 年	2002 年	2007 年	2012 年	2017 年
青　海	63.69	63.52	61.93	61.32	63.28
山　东	62.01	62.14	61.92	63.34	62.81
山　西	63.29	62.85	61.61	62.04	66.40
陕　西	63.32	63.18	62.01	61.23	62.76
上　海	68.37	68.40	74.97	79.67	83.41
四　川	64.57	64.84	63.41	62.30	65.48
天　津	66.54	66.45	65.44	67.48	71.49
新　疆	63.64	64.56	62.20	62.42	65.15
云　南	62.56	63.00	62.84	63.18	64.66
浙　江	62.84	63.76	64.98	68.22	70.02
重　庆	63.46	63.61	62.30	62.55	65.17

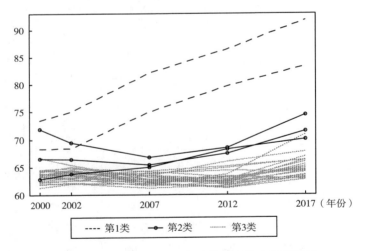

图 5.1　中国 30 个省份产业结构变动综合指数聚类

二、基于投入视角产业结构变动测度

(一) 测算方法的设定

国民经济核算中对产业部门进行分类的标准是生产活动性质, 具有相同或相近生产活动性质的基层型单位通常组成一个产业部门，在生产活动性质上差异较大的基层型单位则属于不同的产业部门。而生产活动性质主要表现为两个方面：一是产出性质，具体表现为产品的类型，生产同类产品的基层型单位归为同一产业部门，生产不同类产品的基层型单位则隶属于不同的产业部门；这就是通常意义上的用第二产业或第三产业增加值占 GDP 的比重来衡量产业结构的方式。二是投入性质，具体表现为投入结构和生产工艺，即使生产同一类型的产品，由于采用的生产工艺不同，从投入结构的角度来看这些基层型单位其实隶属于不同类型的产业部门，而也不能简单地划分到同一产业部门。

显然，通常对国民经济进行产业部门分类更多的是站在产出视角上进行划分的结果，由此在衡量产业结构时也就自然以产出视角划分的产业部门分类结果作为测度的依据，这种测度产业结构的模式是现在学术界采用的主要途径和方法。但是通过对产业部门的分类标准生产活动性质的两个方面产出性质和投入性质进行比较和剖析，可以发现对产业部门分类时不仅要考虑产出的性质，更要考虑投入的性质；与仅按照产出性质划分的产业部门分类结果相比，按照投入性质分类的产业部门更纯一些，更接近产品部门的分类结果。

本书研究的问题是产业结构变动的能源消费效应与生态环境效应，基于这个问题的特点和研究需要，从投入结构和生产工艺的角度衡量产业结构的变动比从产品类型的角度衡量产业结构的变动更具体、更合理、更准确。在投入产出表中，每个产业部门在生产过程中都可能消耗国民经济各产业部门提供的中间产品；从能源的角度来看，可以将这些中间产品划分为两种类型：一种类型是非能源中间产品；另一种类型是能源中间产品。由于本书的研究重点是分析产业结构变动对能源消费的影响，所以在此侧重于关注国民经济各部门对能源中间产品的投入结构。

在投入产出分析中，技术经济系数是反映各产业部门之间相互提供产品、相互消耗产品的重要指标；而直接消耗系数又是技术经济系数中最基础和最重要的指标[1]。从直接消耗系数的内涵来看，其能够较好地反映各产业部门对中间产品的投入结构，能够较好地表征各产业部门的生产工艺[2]。因此，本课题从投入的视角选择直接消耗系数来衡量产业结构，以直接消耗系数的

---

① 沃西里·里昂惕夫. 投入产出经济学［M］. 崔书香译. 北京：商务印书馆，1980.
② 刘起运等. 投入产出分析［M］. 北京：中国人民大学出版社，2006.

变动来反映产业结构的变动。同时结合本书的研究重点，具体用能源直接消耗系数反映各产业部门在生产过程中对能源的投入结构和消耗结构。由于不同产业部门对能源的投入结构和消耗结构存在着差异，为更好地反映不同产业部门的特点，在基本型投入产出表中，将各产业部门进行分解和整合形成两大类部门：一类是非能源部门，具体包括农业、采掘业、制造业（包括低技术制造业、中低技术制造业、中高技术制造业、高技术制造业）、生产性服务业（包括批发服务业、物流服务业、信息服务业、金融服务业、租赁和商务服务业、科技服务业、教育服务业）、房地产业（包括建筑业、房地产业）；另一类是能源部门，具体包括煤炭、石油、电力、天然气。同时，为后续测算在能源消费过程中所排放的各种污染物数量，在计算直接消耗系数的基础上，推算混合直接消耗系数，并使用混合直接消耗系数的变动衡量各产业部门在生产过程中对能源的投入结构和消耗结构，表征基于投入视角的国民经济产业结构变动的特点。

1. 直接消耗系数的计算。

（1）非能源部门对各种能源的直接消耗系数矩阵。

$$A_{m(n-m)}^{E} = X_{m(n-m)}^{E} \hat{Q}_{(n-m)}^{E-1}$$

（2）能源部门对各种能源的直接消耗系数矩阵

$$A_{mm}^{E} = X_{mm}^{E} \hat{Q}_{m}^{E-1}$$

其中，$\hat{Q}_{(n-m)}^{E-1}$，$\hat{Q}_{m}^{E-1}$ 分别为非能源部门与能源部门总产出对角阵的逆矩阵。

2. 混合直接消耗系数的推算。

（1）非能源部门对各种能源的混合直接消耗系数矩阵。

$$A_{m(n-m)}^{E*} = A_{m(n-m)}^{E} \hat{P}_{(n-m)}^{E-1}$$

（2）能源部门对各种能源的混合直接消耗系数矩阵。

$$A_{mm}^{E*} = A_{mm}^{E} \hat{P}_{m}^{E-1}$$

其中，$\hat{P}_{(n-m)}^{E-1}$，$\hat{P}_{m}^{E-1}$ 分别为各种能源价格对角阵的逆矩阵。

3. 基于投入视角的产业结构变动测度。

（1）非能源部门能源混合直接消耗系数的变动。

$$\Delta A_{m(n-m)}^{E*} = A_{m(n-m)}^{E_1*} - A_{m(n-m)}^{E_0*}$$

（2）能源部门能源混合直接消耗系数的变动。

$$\Delta A_{mm}^{E*} = A_{mm}^{E_1^*} - A_{mm}^{E_0^*}$$

其中，$A_{m(n-m)}^{E_1^*}$，$A_{m(n-m)}^{E_0^*}$ 分别为非能源部门报告期与基期能源混合直接消耗系数；$A_{mm}^{E_1^*}$，$A_{mm}^{E_0^*}$ 分别为能源部门报告期与基期能源混合直接消耗系数。

（二）数据来源

由于投入产出表的基本表编制周期为 5 年，在 2017 年的各省份基本型投入产出表没有正式公布的情况下，目前可以获取最新的各省份基本型投入产出表仍然为 2012 年的数据；同时为与基于产出视角测算的产业结构变动在时间上尽可能保持一致，本书选择 2002 年、2007 年和 2012 年中国 30 个省份（西藏、香港、澳门及台湾因缺少数据剔除）的基本型投入产出表（42×42部门）作为研究样本；数据来源于 2002 年、2007 年和 2012 年中国 30 个省份的投入产出年鉴。2002 年、2007 年和 2012 年的煤炭、石油、电力和天然气等能源价格数据来源于 2003 年、2008 年和 2013 年《中国物价年鉴》。

（三）测算结果分析

根据投入视角设定的产业结构变动测算方法，在对 2002 年、2007 年和 2012 年中国 30 个省份（西藏、香港、澳门及台湾因缺少数据剔除）的基本型投入产出表（42×42部门）进行分解和整合的基础上，以 2002 年和 2007 年为基期，分别测算中国 30 个省份 2007 年与 2012 年农业、采掘业、制造业、生产性服务业、房地产业、能源部门的能源混合直接消耗系数的变动，并对混合直接消耗系数变动的测算结果做 K - Means 聚类，如表 5.3 ~ 表 5.8 所示。

1. 农业能源混合直接消耗系数变动分析。

如表 5.3 所示，与 2002 年相比，2007 年中国 30 个省份农业能源混合直接消耗系数处于明显上升型的省份包括安徽、宁夏和上海，导致直接消耗系数上升的能源主要是电力和石油；处于明显下降型的省份包括贵州、辽宁、山东、天津、云南和重庆，导致直接消耗系数下降的能源主要是石油、电力和煤炭；呈现出升降替代型的省份包括甘肃、河北、黑龙江、湖南、青海、陕西、四川和新疆，其中直接消耗系数上升的能源主要是石油，直接消耗系数下降的能源主要是电力和煤炭；基本无变化型的省份包括北京、福建、广东、广西、海南、河南、湖北、吉林、江苏、江西、山西、内蒙古和浙江。

表 5.3 **2007 年与 2012 年中国 30 个省份农业能源混合**
直接消耗系数变动聚类结果

2007 年		2012 年	
类型	聚类结果	类型	聚类结果
明显上升型	安徽、宁夏、上海	明显上升型	福建
基本无变化型	北京、福建、广东、广西、海南、河南、湖北、吉林、江苏、江西、内蒙古、山西、浙江	基本无变化型	安徽、北京、甘肃、广东、广西、贵州、海南、河北、河南、湖北、湖南、江苏、江西、辽宁、内蒙古、山东、山西、陕西、新疆、云南、重庆
明显下降型	贵州、辽宁、山东、天津、云南、重庆	明显下降型	黑龙江、宁夏、青海、四川、上海、浙江
升降替代型	甘肃、河北、黑龙江、湖南、青海、陕西、四川、新疆	升降替代型	天津、吉林

与 2007 年相比，2012 年中国 30 个省份农业能源混合直接消耗系数处于明显上升型的省份仅有福建，导致直接消耗系数上升的能源主要是石油；处于明显下降型的省份包括黑龙江、宁夏、青海、四川、上海和浙江，导致直接消耗系数下降的能源主要是石油和电力；呈现出升降替代型的省份包括天津和吉林，其中直接消耗系数上升的能源主要是电力、煤炭和天然气，直接消耗系数下降的能源主要是石油；基本无变化型的省份包括安徽、北京、甘肃、广东、广西、贵州、海南、河北、河南、湖北、湖南、江苏、江西、辽宁、内蒙古、山东、山西、陕西、新疆、云南和重庆。

通过对 2007 年与 2012 年中国 30 个省份农业能源混合直接消耗系数变动结果进行对比可以发现，虽然 2007 年与 2012 年的聚类结果都可以分为明显上升型、明显下降型、升降替代型和基本无变化型等四种类型，但是这四种类型包括的具体省份却有着较大的变化；其中所包含的省份变化比较大的两种类型主要是明显上升型和基本无变化型。可见，2002～2012 年中国 30 个省份农业在生产过程中对石油和电力的投入结构有较大的变化，而且呈现出区域上的差异，但是这种特征并不稳定；同时，2012 年中国 30 个省份中越来越多的省份农业能源投入结构趋于无明显变动，这表明大部分省份农业生产工艺的调整空间在不断减小。

2. 采掘业能源混合直接消耗系数变动分析。

如表 5.4 所示，与 2002 年相比，2007 年中国 30 个省份采掘业能源混合直接消耗系数处于明显上升型的省份仅有内蒙古，导致直接消耗系数上升的能源是石油；处于微弱上升型的省份包括安徽、北京、福建、河北、黑龙江、吉林、江苏、江西、辽宁、天津、浙江，导致直接消耗系数微弱上升的能源主要是电力；处于微弱下降型的省份包括贵州、宁夏、青海、山西、上海、新疆、云南、重庆，导致直接消耗系数微弱下降的能源主要是煤炭；基本无变化型的省份包括甘肃、广东、广西、海南、河南、湖北、湖南、山东、四川、陕西。

表 5.4　　　　2007 年与 2012 年中国 30 个省份采掘业能源混合

直接消耗系数变动聚类结果

2007 年		2012 年	
类型	聚类结果	类型	聚类结果
明显上升型	内蒙古	明显上升型	无
微弱上升型	安徽、北京、福建、河北、黑龙江、吉林、江苏、江西、辽宁、天津、浙江	微弱上升型	甘肃、广东、广西、贵州、海南、河南、湖北、湖南、宁夏、青海、山东、陕西、四川、新疆、云南、重庆
基本无变化型	甘肃、广东、广西、海南、河南、湖北、湖南、山东、四川、陕西	基本无变化型	上海
微弱下降型	贵州、宁夏、青海、山西、上海、新疆、云南、重庆	微弱下降型	安徽、北京、福建、河北、黑龙江、吉林、江苏、江西、辽宁、山西、天津、浙江
明显下降型	无	明显下降型	内蒙古

与 2007 年相比，2012 年中国 30 个省份采掘业能源混合直接消耗系数处于微弱上升型的省份包括甘肃、广东、广西、贵州、海南、河南、湖北、湖南、宁夏、青海、山东、陕西、四川、新疆、云南、重庆，导致直接消耗系数微弱上升的能源主要是石油和电力；处于微弱下降型的省份包括安徽、北京、福建、河北、黑龙江、吉林、江苏、江西、辽宁、山西、天津、浙江，导致直接消耗系数微弱下降的能源主要是电力；处于明显下降型的省份仅有

内蒙古，导致直接消耗系数下降的能源是石油；基本无变化型的省份仅有上海。

通过对 2007 年与 2012 年中国 30 个省份采掘业能源混合直接消耗系数变动结果进行对比可以发现，2007 年的聚类结果可以分为明显上升型、微弱上升型、基本无变化型和微弱下降型等四种类型，而 2012 年的聚类结果则分为微弱上升型、基本无变化型、微弱下降型和明显下降型等四种类型，可见2007 年与 2012 年的聚类结果在类型划分上存在着较大的差异，2002～2012年，中国 30 个省份采掘业在生产过程中的能源投入结构虽然呈现出区域上的差异，但是这种特征并不稳定。与 2007 年的聚类结果相比，2012 年处于基本无变化型的省份在减少，且仅包括上海，其他省份分别转向到微弱上升型和微弱下降型。而内蒙古的分类变化最为明显，从 2007 年的明显上升型直接转向到 2012 年的明显下降型。这表明就能源投入结构来看，大部分省份采掘业生产工艺的调整空间都有着一定的变化。

3. 制造业能源混合直接消耗系数变动分析。

如表 5.5 所示，与 2002 年相比，2007 年中国 30 个省份制造业能源混合直接消耗系数处于明显上升型的省份包括安徽、福建、河北、黑龙江、江苏、江西、辽宁，导致直接消耗系数上升的能源主要是石油和电力；处于明显下降型的省份包括北京、甘肃、内蒙古、海南、四川、新疆、重庆，导致直接消耗系数下降的能源主要是煤炭、石油和电力；呈现出升降替代型的省份包括吉林、天津、上海、浙江，其中直接消耗系数上升的能源主要是电力和石油，直接消耗系数下降的能源主要是煤炭；基本无变化型的省份包括广东、广西、贵州、河南、湖北、湖南、宁夏、青海、山东、山西、陕西、云南。

表 5.5　　　　2007 年与 2012 年中国 30 个省份制造业能源混合

直接消耗系数变动聚类结果

2007 年		2012 年	
类型	聚类结果	类型	聚类结果
明显上升型	安徽、福建、河北、黑龙江、江苏、江西、辽宁	明显上升型	甘肃、广西、贵州、海南、河南、湖南、青海、宁夏、山东、陕西、四川、新疆、云南
基本无变化型	广东、广西、贵州、河南、湖北、湖南、宁夏、青海、山东、山西、陕西、云南	基本无变化型	安徽、北京、福建、河北、黑龙江、辽宁、内蒙古、山西、上海、天津、浙江

2007 年		2012 年	
类型	聚类结果	类型	聚类结果
明显下降型	北京、甘肃、内蒙古、海南、四川、新疆、重庆	明显下降型	吉林、江西、江苏
升降替代型	吉林、天津、上海、浙江	升降替代型	广东、湖北、重庆

与 2007 年相比，2012 年中国 30 个省份制造业能源混合直接消耗系数处于明显上升型的省份包括甘肃、广西、贵州、海南、河南、湖南、青海、宁夏、山东、陕西、四川、新疆、云南，导致直接消耗系数上升的能源主要是电力、石油和煤炭；处于明显下降型的省份包括吉林、江西、江苏，导致直接消耗系数下降的能源主要是石油；呈现出升降替代型的省份包括广东、湖北、重庆，其中直接消耗系数上升的能源主要是电力，直接消耗系数下降的能源主要是煤炭和天然气；基本无变化型的省份包括安徽、北京、福建、河北、黑龙江、辽宁、内蒙古、山西、上海、天津、浙江。

通过对 2007 年与 2012 年中国 30 个省份制造业能源混合直接消耗系数变动结果进行对比可以发现，虽然 2007 年与 2012 年的聚类结果都可以分为明显上升型、明显下降型、升降替代型和基本无变化型等四种类型，但是这四种类型包括的具体省份却有着较大的变化；其中所包含的省份变化比较大的两种类型主要是明显上升型和明显下降型，明显上升型的省份数量有增加的趋势，明显下降型的省份数量有减少的趋势。2002～2012 年中国 30 个省份制造业在生产过程中的能源投入结构虽然呈现出区域上的差异，但是这种特征并不稳定；东部与中部地区大部分省份制造业能源投入结构调整的幅度在减小，西部地区大部分省份制造业能源投入结构调整的幅度在增大；电力与石油是制造业能源投入结构与生产工艺调整的主要能源。

4. 生产性服务业能源混合直接消耗系数变动分析。

如表 5.6 所示，与 2002 年相比，2007 年中国 30 个省份生产性服务业能源混合直接消耗系数处于明显上升型的省份包括安徽和福建，导致直接消耗系数上升的能源主要是石油和电力；处于明显下降型的省份包括北京、甘肃、广东、海南、内蒙古、宁夏、山西、陕西、四川、新疆、云南和重庆，导致直接消耗系数下降的能源主要是石油、电力和煤炭；呈现出升降替代型的省份包括河北、黑龙江、吉林、上海、江苏、天津和浙江，其中直接消耗系数上升的能源主要是电力和石油，直接消耗系数下降的能源主要是煤炭；基本无变化型的省份包括广西、贵州、河南、湖北、湖南、青海和山东。

表5.6　　　　　2007年与2012年中国30个省份生产性服务业能源混合
直接消耗系数变动聚类结果

2007年		2012年	
类型	聚类结果	类型	聚类结果
明显上升型	安徽、福建	明显上升型	甘肃、广东、海南、湖北、内蒙古、宁夏、青海、山东、上海、陕西、四川、重庆
基本无变化型	广西、贵州、河南、湖北、湖南、青海、山东	基本无变化型	北京、辽宁、天津、云南
明显下降型	北京、甘肃、广东、海南、内蒙古、宁夏、山西、陕西、四川、新疆、云南、重庆	明显下降型	安徽、福建、广西、河北、黑龙江、吉林、江苏、江西、浙江
升降替代型	河北、黑龙江、吉林、上海、江苏、天津、浙江	升降替代型	河南、湖南、贵州、山西、新疆

与2007年相比，2012年中国30个省份生产性服务业能源混合直接消耗系数处于明显上升型的省份包括甘肃、广东、海南、湖北、内蒙古、宁夏、青海、山东、上海、陕西、四川和重庆，导致直接消耗系数上升的能源主要是石油；处于明显下降型的省份包括安徽、福建、广西、河北、黑龙江、吉林、江苏、江西和浙江，导致直接消耗系数下降的能源主要是石油和电力；呈现出升降替代型的省份包括河南、湖南、贵州、山西和新疆，其中直接消耗系数上升的能源主要是石油，直接消耗系数下降的能源主要是煤炭和电力；基本无变化型的省份包括北京、辽宁、天津、云南。

通过对2007年与2012年中国30个省份生产性服务业能源混合直接消耗系数变动结果进行对比可以发现，虽然2007年与2012年的聚类结果都可以分为明显上升型、明显下降型、升降替代型和基本无变化型等四种类型，但是这四种类型包括的具体省份却有着较大的变化；其中所包含的省份变化比较大的两种类型主要是明显上升型和明显下降型。2002~2012年中国30个省份生产性服务业在生产过程中的能源投入结构虽然呈现出区域上的差异，但是这种特征并不稳定；与 2007 年的聚类结果相比，2012 年中国 30 个省份中越来越多的省份生产性服务业能源投入结构变动比较明显，而且明显上升型的省份范围在不断扩大，明显下降型的省份范围在不断缩小，这表明大部分省份生产性服务业的生产工艺正越来越依赖于能源的投入，其中对石油的依赖最为明显。

5. 房地产业能源混合直接消耗系数变动分析。

如表 5.7 所示，与 2002 年相比，2007 年中国 30 个省份房地产业能源混合直接消耗系数处于明显上升型的省份包括吉林、上海和新疆，导致直接消耗系数上升的能源主要是石油和电力；处于明显下降型的省份包括甘肃、黑龙江、海南、辽宁、山西和重庆，导致直接消耗系数下降的能源主要是电力、石油和煤炭；呈现出升降替代型的省份仅有青海，直接消耗系数上升的能源是石油和电力，直接消耗系数下降的能源是天然气；基本无变化型的省份包括安徽、北京、福建、广东、广西、贵州、河北、河南、湖北、湖南、江苏、江西、内蒙古、宁夏、山东、陕西、四川、天津、云南和浙江。

表 5.7　　　　2007 年与 2012 年中国 30 个省份房地产业能源混合直接消耗系数变动聚类结果

2007 年		2012 年	
类型	聚类结果	类型	聚类结果
明显上升型	吉林、上海、新疆	明显上升型	甘肃、黑龙江
基本无变化型	安徽、北京、福建、广东、广西、贵州、河北、河南、湖北、湖南、江苏、江西、内蒙古、宁夏、山东、陕西、四川、天津、云南、浙江	基本无变化型	安徽、北京、福建、广东、广西、贵州、海南、河北、河南、湖北、湖南、江苏、江西、辽宁、内蒙古、宁夏、青海、山东、山西、陕西、四川、天津、云南、浙江、重庆
明显下降型	甘肃、黑龙江、海南、辽宁、山西、重庆	明显下降型	吉林、上海
升降替代型	青海	升降替代型	天津、新疆

与 2007 年相比，2012 年中国 30 个省份房地产业能源混合直接消耗系数处于明显上升型的省份包括甘肃和黑龙江，导致直接消耗系数上升的能源是石油、电力和天然气；处于明显下降型的省份包括吉林和上海，导致直接消耗系数下降的能源是石油和电力；呈现出升降替代型的省份是天津和新疆，

其中直接消耗系数上升的能源是天然气和石油，直接消耗系数下降的能源是电力；基本无变化型的省份包括安徽、北京、福建、广东、广西、贵州、海南、河北、河南、湖北、湖南、江苏、江西、辽宁、内蒙古、宁夏、青海、山东、山西、陕西、四川、天津、云南、浙江和重庆。

通过对 2007 年与 2012 年中国 30 个省份房地产业能源混合直接消耗系数变动结果进行对比可以发现，2007 年与 2012 年的聚类结果都可以分为明显上升型、明显下降型、升降替代型和基本无变化型等四种类型，这四种类型包括的具体省份除了基本无变化型在不断扩大以外，其他类型所包括的省份数量基本上变化不大。2002 ~ 2012 年，中国 30 个省份房地产业在生产过程中的能源投入结构呈现出明显的区域上差异，而且这种特征比较稳定。不论是 2007 年的聚类结果还是 2012 年的聚类结果都表明，大部分省份房地产业能源投入结构趋于无明显变动，这表明，大部分省份房地产业生产工艺对能源的依赖比较有限，而且主要依赖的能源是石油和电力。

6. 能源行业能源混合直接消耗系数变动分析。

如表 5.8 所示，与 2002 年相比，2007 年中国 30 个省份能源行业能源混合直接消耗系数处于明显上升型的省份包括天津、福建、广西、黑龙江、吉林、江西、辽宁、四川、浙江和重庆，导致直接消耗系数上升的能源主要是石油和电力；处于明显下降型的省份包括海南、湖南、内蒙古、山西和新疆，导致直接消耗系数下降的能源主要是煤炭和电力；呈现出升降替代型的省份包括安徽、北京、广东、甘肃、贵州、河北、江苏、宁夏、青海和上海，其中直接消耗系数上升的能源是电力和石油，直接消耗系数下降的能源是煤炭；基本无变化型的省份包括河南、湖北、山东、陕西和云南。

表5.8   2007 年与 2012 年中国 30 个省份能源行业能源混合
直接消耗系数变动聚类结果

2007 年		2012 年	
类型	聚类结果	类型	聚类结果
明显上升型	天津、福建、广西、黑龙江、吉林、江西、辽宁、四川、浙江、重庆	明显上升型	海南、甘肃、湖北、湖南、内蒙古、山东、四川、陕西、天津、新疆
基本无变化型	河南、湖北、山东、陕西、云南	基本无变化型	黑龙江、山西、重庆

续表

2007 年		2012 年	
类型	聚类结果	类型	聚类结果
明显下降型	海南、湖南、内蒙古、山西、新疆	明显下降型	安徽、河北、吉林、辽宁、云南、浙江
升降替代型	安徽、北京、广东、甘肃、贵州、河北、江苏、宁夏、青海、上海	升降替代型	北京、福建、广东、广西、贵州、河南、江苏、江西、宁夏、青海、上海

与 2007 年相比，2012 年中国 30 个省份能源行业能源混合直接消耗系数处于明显上升型的省份包括海南、甘肃、湖北、湖南、内蒙古、山东、四川、陕西、天津和新疆，导致直接消耗系数上升的能源主要是石油和煤炭；处于明显下降型的省份包括安徽、河北、吉林、辽宁、云南和浙江，导致直接消耗系数下降的能源主要是石油和电力；呈现出升降替代型的省份包括北京、福建、广东、广西、贵州、河南、江苏、江西、宁夏、青海和上海，其中直接消耗系数上升的能源是石油和煤炭，直接消耗系数下降的能源是电力；基本无变化型的省份包括黑龙江、山西和重庆。

通过对 2007 年与 2012 年中国 30 个省份能源行业能源混合直接消耗系数变动结果进行对比可以发现，2007 年与 2012 年的聚类结果不仅都可以分为明显上升型、明显下降型、升降替代型和基本无变化型等四种类型，而且这四种类型包括的省份数量基本上变化不大。可见，2002～2012 年中国 30 个省份能源行业在生产过程中的能源投入结构不仅呈现出区域上的差异，但是这种特征比较稳定。不论是 2007 年的聚类结果还是 2012 年的聚类结果都表明，明显上升型、明显下降型、升降替代型这三种类型所包括的省份数量都占据着主导地位，这表明大部分省份能源行业的能源投入结构调整力度都比较大，能源行业生产工艺的调整是影响能源投入的重要因素。同时值得注意的是，在 2007 年能源投入结构中直接消耗系数上升的能源是石油和电力，下降的能源是煤炭；而在 2012 年能源投入结构中直接消耗系数上升的能源却是石油和煤炭，下降的能源是电力，这表明能源行业在生产过程中对煤炭投入的依赖不降反升。

通过对农业、采掘业、制造业、生产性服务业、房地产业和能源行业的能源混合直接消耗系数测算结果进行比较可知，2002～2012 年大部分省份农业、制造业、生产性服务业和能源行业在能源投入结构与生产工艺上的改变比较大，相应地对能源投入的影响也较大，同时在能源投入的调整上集中在石油、电力和煤炭，对天然气的投入调整并不明显；而采掘业和房地产业在能源投入结构与生产工艺上的改变较小，对能源投入的影响相对比较有限。可见，基于投入视角测度的产业结构变动来看，2002～2012 年大部分省份农业、制造业、生产性服务业和能源行业的产业结构调整比较明显，采掘业和房地产业的产业结构调整并不明显；虽然在农业、制造业、生产性服务业和能源行业的产业结构变动上呈现出明显的区域差异，但是区域格局的稳定不够，与经济发展的关联性不强。

第五节　本章小结

本章在对产业结构变动的内涵进行界定和对常用产业结构变动测度方法梳理的基础上，分析和总结产业结构变动测度方法的特点和存在的问题，根据本书的研究需要和研究目标，提出基于产出与投入双重视角的产业结构变动测度方法，主要得到以下结论：

第一，根据国民经济核算中产业部门分类的理论，提出基于"产出"与"投入"双重视角的产业结构概念，其中：基于"产出"视角的产出结构是指各产业产值在国民经济中所占的比例及其结构关系，主要体现产业结构"量"的特征；基于"投入"视角的产业结构是指各产业消耗其他产业所提供的中间产品的技术经济联系及其生产工艺特征，主要体现产业结构"质"的特征。通过对产业结构调整、产业结构转型、产业结构优化与产业结构升级的特点进行阐述和辨析，结合对产业结构内涵的界定，认为产业结构变动是指基于"产出"与"投入"双重视角衡量的产业结构在数量上的变化程度与变化方向，具体表现为各产业产值在国民经济中所占的比例以及各产业技术经济系数的变化程度与方向；既衡量产业结构"量"的变化特征，也反映产业结构"质"的变化特征。

第二，2000～2017 年中国产业结构变动的多维度测算结果表明：在产业结构变动幅度上，中国产业结构变动整体呈现 U 型变化特征；在产业结构变动方向上，第二、第三产业的发展明显快于整体经济发展，并交替占据主导地位；在产业结构变动质量上，产业结构合理化和高级化程度均在提高，产业结构发展趋于单一化；在产业结构变动空间测算中，中国产业结构变动的相似程度极高。

第三，目前常见的 9 种产业结构变动测度方法虽然在内涵外延不同、计算公式不同、作用功能不同，且呈现出多样性的特点；但是在对产业结构变动测度视角的切入上却有着较大的共性。这主要体现在不论是反映产业结构变动程度的测度方法，还是反映产业结构变动方向、变动质量和变动空间的测度方法，在计算公式构造方面都不约而同的选择产业产值或增加值作为主要变量，都是以产业产值或增加值数据作为测度的主要数据源和计算支撑；这些在各种测度方法的计算公式上体现得非常清楚。因此，无论现有的产业结构变动测度方法如何演变，其研究的视角始终以产出为中心来展开，始终是站在产出变化的角度去衡量和反映产业结构的变动。

第四，无论是选择三次产业还是选择五个或六个产业部门来测度产业结构的变动，都存在着两个方面的局限性：一是用少数几个产业的变化代替整个国民经济所有产业的变化，比较笼统，不便于对各产业的具体变动进行准确的定位；二是使用产值或产值占 GDP 的比重是站在产出的角度测度产业结构变动，而产出（产值）的变化根源在于投入（生产工艺）的变化，缺少从投入（生产工艺）视角对产业结构变动的测度。现有产业结构变动基本上都是站在产出（产值）的视角对产业部门进行分类，即产出的同质性，按照生产相同产品的基层型单位划归同一类型的产业部门。对产业部门分类采用的分类标志是生产活动性质，包括投入的同质性和产出的同质性，具体来讲就是生产工艺与产品必须同时相同或相似的基层型单位才属于同一产业部门。因此，对产业部门分类仅仅站在产出角度划分是存在片面性的，尤其是在描述产业结构变动对能源消费与生态环境影响时，这样处理的结果无法真实反映产业结构的客观变化。

第五，本书中对产业结构变动的测度不仅从产出（产值）的角度去衡量，还要从投入（生产工艺）的角度去测度。基于产出（产值）角度测度产业结构，主要借助现有产业结构变动测度方法，根据产业结构变动对能源消费的作用机理，重构适合本书研究的产业结构变动测度方法；基于投入（生产工艺）角度测度产业结构，主要运用投入产出表中的技术经济系数（直接消耗系数）测算各产业部门由于生产工艺变化所引致的产业结构变动。

第六，基于产出视角本书以产业结构高级化指数和产业结构合理化指数为基础，构建产业结构综合变动指数测算中国 30 个省份 2000～2017 年的产业结构变动水平，结果表明：2000～2017 年中国 30 个省份的产业结构水平均有所提高，产业结构调整给各省份的产业结构合理化和高级化方面均带来了积极的影响。但各省份在产业结构变动程度上存在着明显的区域差异和分化的特点，北京和上海产业结构的整体水平提升最快，提高的幅度遥遥领先于全国其他省份，浙江、天津和海南产业结构水平相对提升比较快，其他省份产业结构变动的水平并不明显，呈现出微弱的上升趋势。

第七，基于投入视角本书以投入产出表和混合直接消耗系数为基础，构建非能源部门与能源部门的产业结构变动测算模型，以 2002 年和 2007 年为基期，测算中国 30 个省份 2007 年与 2012 年农业、采掘业、制造业、生产性服务业、房地产业、能源行业的能源混合直接消耗系数变动，结果表明：2002～2012 年，大部分省份农业、制造业、生产性服务业和能源行业在能源投入结构与生产工艺上的改变比较大，相应地对能源投入的影响也较大，同时在能源投入的调整上集中在石油、电力和煤炭，对天然气的投入调整并不明显；而采掘业和房地产业在能源投入结构与生产工艺上的改变较小，对能源投入的影响相对比较有限。基于投入视角测度的产业结构变动来看，大部分省份农业、制造业、生产性服务业和能源行业的产业结构调整比较明显，采掘业和房地产业的产业结构调整并不明显；虽然在农业、制造业、生产性服务业和能源行业的产业结构变动上呈现出明显的区域差异，但是区域格局的稳定不够，与经济发展的关联性不强。

第六章 产业结构变动的能源
消费效应测算

测算产业结构变动的能源消费效应是本研究定量研究的重点内容之一。而对这个问题研究的全面性和准确性取决于两个方面：一方面是产业结构变动的测度研究；另一方面是能源消费效应的表现形式。关于产业结构变动的测度问题，在第五章已经专门进行过系统的论述和分析，并在此基础上提出本书中构建的两种产业结构变动测度方法，即基于产出视角和基于投入视角的产业结构变动测度方法。对于能源消费效应的表现形式而言，本书主要从时间效应、空间效应、行业效应等多维度进行呈现和展示。

为有效解决上述提出的主要问题，本章分别基于产出视角和基于投入视角两个层面构建模型测算产业结构变动的能源消费效应。其中，基于产出视角测算产业结构变动的能源消费效应的研究重点是：（1）构建产业结构变动的能源消费效应地理加权回归模型（GWR）①，由于空间距离的确定是地理加权回归模型使用的关键，因此在对空间权重矩阵进行分类、比较的基础上，归纳和总结空间权重矩阵的特点和适用性，在此基础上选择空间全局自相关、空间局部自相关方法并构建产业结构变动的能源消费效应地理加权回归模型。（2）根据选择的空间自相关测度方法和构建的地理加权回归模型，结合中国30个省份2000～2017年的面板数据，对能源消费、产业结构等空间局部自相关进行测算，对产业结构的能源消费空间异质效应进行经验研究和可视化展示。基于投入视角测算产业结构变动的能源消费效应的研究重点是：（1）在对基本型投入产出表分解和合并的基础上编制能源型投入产出表，重新梳理能源型投入产出表的平衡关系，推算混合型直接消耗系数并推导非能源部门

---

① Harris R, Dong G P, Zhang W Z. Using contextualized geographically weighted regression to model the spatial heterogeneity of land prices in Beijing, China [J]. Transactions in GIS, 2013, 17（6）: 901 –919.

与能源部门产业结构变动的能源消费效应分解模型。（2）借助 2002 年、2007 年和 2012 年中国 30 个省份能源型投入产出表的准面板数据，以 2002 年和 2007 年为基期根据非能源与能源部门产业结构变动的能源消费效应分解模型测算 2007 年和 2012 年农业、采掘业、制造业、生产性服务业、房地产业和能源行业产业结构变动引致的煤炭、石油、电力和天然气消费效应。

第一节 产业结构变动的能源消费效应 GWR 模型

空间权重矩阵的选择问题是近几年空间计量经济学研究的核心问题，一方面是由于空间权重矩阵对研究空间计量经济问题有举足轻重的影响；另一方面是由于空间权重矩阵的选择标准尚无权威定论，学者们在研究计量经济问题时选择空间权重矩阵均带有一定的主观性。

一、空间权重矩阵的研究进展

针对如何选择空间权重矩阵的问题，国内外大量的研究内容均围绕两个方向展开：一是如何根据研究的问题和区域构造更加合理的空间权重矩阵；二是如何在现有的空间权重矩阵中选择更加合理的空间权重矩阵。在考虑如何构造空间权重矩阵时，一般分为基于绝对位置和相对位置两个方向。基于绝对位置即仅仅考虑区域间的地理位置，最初的空间权重矩阵是莫兰（Moran，1947）、吉尔里（Geary，1954）提出的 0 - 1 空间邻接矩阵，即只考虑空间单元之间是否相邻，若相邻则赋权为 1，不相邻则赋权为 0。根据"相邻"的定义不同，又衍生出多种空间权重矩阵，如边界和顶点因素定义的 Rook 权重、Queen 权重和 Bishop 权重，绝对距离的 K - 近邻权重、反距离权重，空间单元相对面积、公共边界和潜在影响等因素的 Dacey 权重、Cliff-Ord 权重等；利用 AMOEBA（a multidirectional optomal ecotope-based algorithm）过程，奥尔德施塔特和格蒂斯（Aldstadt and Geyies，2006）基于局域 G 指数，根据地理信息定义新的"邻接"关系，提出一种构造权重矩阵的具体方法；针对离散点问题，刘仲刚等根据阈值法和 K 近邻法用计算机生成空间权重矩阵，张松林和张昆利用网格法生成空间权重矩阵。

基于相对位置的权重需要更多地考虑地区之间的经济、贸易、交通等的联系，如经济权重、协动空间权重、嵌套权重、引力空间权重和一般可达性权重等；朱文康（2014）、黄精（2017）等又在 Aldstadt 和 Geyies（2006）基础上加入经济因素对构造权重矩阵的方法进一步改进等。相对位置空间权重的构造大多是学者们在应用空间计量研究实际问题时提出的，更加符合实际应用。

关于空间权重矩阵如何选择的问题，大部分学者是站在模型的角度，如巴塔查尔吉（Bhattacharjee，2005）在空间误差模型下根据数据的分布特征估计空间权重矩阵；柯斯托夫（Kostov，2010）用 Component-wise Boosting（CWB）方法把空间权重转化为变量选择问题，任华英和游万海（2012）进一步在空间滞后模型下利用 CWB 方法变量选择空间权重等。但也有学者站在不同角度提出了选择标准，如库伊曼（Kooijman，1976）提出通过 Moran 指数来选择空间权重矩阵，即能使得 Moran 指数值更大的空间权重更为合理。这种方法是站在空间自相关的角度，通过 Moran 指数作为空间权重矩阵的选择依据，在以往学者的研究中鲜有验证其合理性的文章。

国内外学者根据不同的研究问题，提出了多种不同空间权重矩阵的构造方法。这些权重矩阵根据所研究问题侧重点的不同主要分为两类：基于绝对位置的空间权重矩阵和基于相对位置的空间权重矩阵。绝对位置通常以边界、公共点、经纬坐标等因素衡量；相对位置则通常以经济、贸易、交通等因素衡量，随技术、时间等的变化而变化，具体总结如下。

（一）基于绝对位置的空间权重矩阵

1. 0 – 1 权重矩阵。

$$W_{ij} = \begin{cases} 1 & \text{当区域 } i \text{ 和区域 } j \text{ 不相邻时} \\ 0 & \text{当区域 } i \text{ 和区域 } j \text{ 不相邻时} \end{cases} \qquad (6-1)$$

莫兰（1947）、吉尔里（1954）仅以各地区之间是否相邻为标准构造空间权重矩阵，这种构造方式简单但只能表示相邻地区之间是否存在空间依赖，并不能体现其依赖程度及非相邻地区之间是否存在空间依赖。根据地理特征，对"相邻"的定义不同，常用的赋权方法不同：Rook 赋权法，当相邻空间观测单元之间共享一个边界时，赋权为 1 否则为 0；Queen 赋权法，当相邻空间观测单元之间共享一个边界或顶点时，赋权为 1 否则为 0。后来为了体现地区之间的空间依赖性随距离增加而逐渐减弱的原则，引入了固定距离 d_0，在这一距离之内赋权为 1 否则为 0。

2. K – 近邻权重矩阵。

$$W_{ij} = \begin{cases} W_{ij} = 1/d_{ij} & d_{ij} \leqslant d_i(k) \\ W_{ij} = 0 & i = j \\ W_{ij} = 0 & 其他 \end{cases} \tag{6-2}$$

贝里和马布尔（Berry and Marble, 1968）基于 K – 近邻法构建了 K – 近邻权重矩阵，其中距离 $d_i(k)$ 表示区域 i 到第 k 个邻近区域的距离。如果区域 j 不属于区域 i 的 k 个邻居，则认为两者之间不存在空间依赖关系，赋权为 0；反之，如果区域 j 是区域 i 的近邻，则权重为两者之间的距离倒数。这种权重满足了在具体研究时设定固定邻居个数的需要。

3. 反距离空间权重矩阵。

$$W_{ij} = \begin{cases} (1/d_{ij})^k & (i \neq j) \\ 0 & (i = j) \end{cases} \tag{6-3}$$

为了尽可能地体现出空间自相关的强弱，蒂尤帕斯和弗里索·施利特（Tiiupaas and Friso Schlitte, 2006）提出了反距离空间权重矩阵，这种空间权重矩阵是空间依赖性与距离之间的反比关系表达各地区之间的空间依赖程度。其中 k 为参数，测度距离与空间效应之间的关系。这种构造方式不仅简单而且解决了以上各种权重存在的问题，所以在现实研究中应用广泛。

4. Dacey 权重矩阵。

$$W_{ij} = d_{ij} \cdot \alpha_i \cdot \beta_{ij} \tag{6-4}$$

达西（Dacey, 1968）提出的权重矩阵考虑到了空间单元之间的相对面积，其中，d_{ij} 根据是否有公共边取值为 0 或 1，α_i 是单元 i 的面积占所有单元总面积的比例，β_{ij} 为单元 i 被单元 j 共享的边界长度占单元 i 边界总长度的比例。这种权重考虑了空间单元之间影响的相对性，减弱了区域面积差异对空间依赖的测量误差。

5. Cliff-Ord 权重矩阵。

$$W_{ij} = [d_{ij}]^{-\alpha}[\beta_{ij}]^b \tag{6-5}$$

克里夫和奥德（Cliff and Ord, 1972）在距离因素的基础上构造了 Cliff-Ord 权重矩阵。其中，d_{ij} 表示单元 i 和单元 j 之间的距离，β_{ij} 为单元 i 被单元 j

共享的边界长度占单元 i 总边界长度的比例，a，b 均为参数。这种权重不仅考虑了距离因素，而且同时考虑了两个空间单元之间的潜在影响。

（二）基于相对位置的空间权重矩阵

以上空间权重矩阵的构造方式都仅仅考虑了地区之间因为地理位置而可能产生的空间依赖性，但随着经济化、信息化、网络化等的飞速发展，地区之间的相互联系更多地体现在一些非地理因素方面，如技术、创新、资本、消费等。选择基于相对位置的权重计算方法更加接近区域经济的现实，适用于研究经济增长、产业结构、能源环境等问题。

1. 经济空间权重矩阵。

$$w_{ij} = \begin{cases} 1/\mid e_i - e_j \mid & i \neq j \\ 0 & i = j \end{cases} \qquad (6-6)$$

经济空间权重中的 $e_i = E(y_i)$，y_i 为 i 地区的经济变量值，通常选用经济总量的绝对差或相对差来构造。这种空间权重矩阵在实际研究中应用甚广，比较有代表性的有如林光平等（2005）根据地区经济间相互依赖性与经济发展水平差异程度的反向关系而建立的地区差异经济权重矩阵等。

2. 协动空间权重矩阵。

$$y_{i,t} = \alpha + \beta y_{j,t} + \varepsilon \qquad w_{ij} = \begin{cases} \dfrac{1}{std(\varepsilon)} & i \neq j \\ 0 & i = j \end{cases} \qquad (6-7)$$

空间权重矩阵除了用经济总量的绝对差或相对差来构造外，也可以通过经济要素之间的相关关系来体现。协动空间权重矩阵根据残差的波动幅度衡量地区间的空间自相关，$std(\varepsilon)$ 表示两地区之间的残差标准差。残差的波动幅度越小，空间权重系数越大，地区间变量的自相关越强；残差的波动幅度越大，空间权重系数越小，地区间变量的自相关越弱。

3. 嵌套空间权重矩阵。

$$W = \alpha W_d + \beta W_e (\alpha + \beta = 1) \qquad (6-8)$$

嵌套空间权重矩阵中的 W_d、W_e 分别表示基于绝对位置和相对位置的空间权重矩阵；α、β 为大于 0 的常数，二者呈此消彼长的关系，具体的取值要根据所研究问题的不同具体分析。这种权重将地区间的绝对位置和相对位置结合起来构造空间权重矩阵，同时考虑了地理因素和经济因素，更为准确地反映了空间效应的综合性和复杂性。

4. 引力空间权重矩阵。

$$W_{i,j} = c_{i,j} \frac{m_i \cdot m_j}{\exp(\rho_{i,j})} \qquad (6-9)$$

该权重源于一种将地区间距离作为解释变量的引力模型，将区域间经济的空间引力效应与地理位置和经济状态相结合测度空间权重。$c_{i,j}$ 为传染渠道变量，指第 i 个经济体和第 j 个经济体之间的经济总量占同年第 i 个经济体的总经济量比重的年平均值，根据不同的传染渠道指标动态设置；m_i 为经济体 i 的投资吸引力；$\rho_{i,j}$ 为经济距离，计算公式为：

$$\rho_{i,j} = F(R_{i,j}, d_{i,j}) = \sqrt{1 - |R_{i,j}^{d_{i,j}}|} \quad \rho_{i,j} \in [0,1] \qquad (6-10)$$

其中，$R_{i,j} \in [0,1]$，表示经济体 i 和经济体 j 之间金融市场的自相关指标；$d_{i,j} \in [0, \infty]$，表示经济体 i 到经济体 j 之间的物理距离。

5. 一般可达性权重矩阵。

$$W_{ij} = \sum_j k_j \{ a / [1 + b \times \exp(-c_j d_{ij})] \} \qquad (6-11)$$

一般可达性权重矩阵考虑了区域之间存在的不同交通方式，如公路、铁路等。其中，k_j 测度交通方式 j 的重要程度；d_{ij} 表示空间单元 i 与 j 之间的距离；a，b，c_{ij} 为待定参数。这种模型根据其设定含义可以扩展到不同领域，比如在研究经济问题时，k_j 可以代表国内生产总值。

二、空间自相关的测度方法

考察数据之间是否具有空间自相关，是用空间分析方法分析数据的基本前提。空间自相关有全局自相关和局部自相关，相关关系主要分为空间滞后相关和空间误差相关，可同时检验对象间两种关系的统计量有 Moran's I 统计量和 Geary 统计量。

（一）全局自相关

空间自相关表现为相近单元之间数据的相似程度，而全局空间自相关则描述某种现象在整体分布空间上是否存在空间集聚性。

1. 全局 Moran 指数。最常用的全局空间自相关指数是全局 Moran 指数，计算公式为：

$$I = \frac{\sum_{i=1}^{n} \sum_{j=1}^{n} w_{ij}(x_i - \bar{x})(x_j - \bar{x})}{s^2 \sum_{i=1}^{n} \sum_{j=1}^{n} w_{ij}} \qquad (6-12)$$

其中，$s^2 = \frac{1}{n} \sum_{i=1}^{n} (x_i - \bar{x})$，$\bar{x} = \frac{1}{n} \sum_{i=1}^{n} x_i$；$w_{ij}$ 为空间权重矩阵 W 的元素，反映空间单元之间的相互影响关系；x_i，x_j 为位置 i 和位置 j 的某一属性值；$\bar{x}$ 为 n 个位置属性值的平均值，$(x_i - \bar{x})(x_j - \bar{x})$ 为空间单元间的协方差。Moran's I 统计量的取值范围为 $[-1,1]$，正值表示正相关，负值表示负相关，0 表示不相关，即空间随机分布。

2. 全局 Geary 指数。

$$C = \frac{(n-1) \sum_{i=1}^{n} \sum_{j=1}^{n} w_{ij}(x_i - x_j)^2}{2 \sum_{i=1}^{n} \sum_{j=1}^{n} w_{ij} \sum_{i=1}^{n} (x_i - \bar{x})^2} \qquad (6-13)$$

其中，C 为 Geary 统计量，其取值范围为 $[0,2]$，与 Moran 指数呈负相关关系：大于 1 表示负相关，等于 1 表示不相关，小于 1 表示正相关。Geary 统计量最大的优点在于其克服了 Moran 指数不能判断空间数据集聚特征的缺陷，对 Geary 统计量进行标准化：

$$Z(C) = C(C - E(C)) / \sqrt{Var(C)} \qquad (6-14)$$

其中，$E(C)$ 为数学期望；$VAR(C)$ 为方差。正的 $Z(C)$ 表示高值集聚；负的 $Z(C)$ 表示低值集聚。

（二）局部空间自相关

1. 局部 Moran 指数。

$$I_i = \frac{(x_i - \bar{x})}{s^2} \sum_{j=1}^{n} w_{ij}(x_j - \bar{x}) \qquad (6-15)$$

正的 I_i 表示区域 i 的取值与周围区域取值相似度较高；负的 I_i 表示区域 i 的取值与周围区域取值差异度较高。

2. 局部 Geary 指数。

$$G_i = \frac{\sum_{j \neq 1} w_{ij} x_j}{\sum_{j \neq 1} x_j} \qquad (6-16)$$

$$E(G_i^*) = \frac{\sum_j w_{ij}}{n-1} = \frac{w_i}{n-1} \qquad (6-17)$$

将 G_i^* 标准化，得到：

$$Z_i = \frac{G_i^* - E(G^*i)}{\sqrt{Var(G_i^*)}} \qquad (6-18)$$

此时，显著的正 Z_i 表示邻近单元的观测值高，显著的负 Z_i 则表示邻近单元的观测值低。不同的空间自相关类型可以通过 LISA 集聚图用不同的颜色表示，以更加可视化的方式显示空间集聚特征。

空间自相关是由地区之间本身的地理、经济、交通等因素决定的，空间权重矩阵只是用来量化这种相互影响的数字表达式，如何能够更加准确地表达区域间的相互作用，以使我们在进一步研究具体的空间问题以及在建立空间模型分析时能够得出更加合理的结果就至关重要。笔者认为准确地选择空间权重矩阵的基础是对于研究区域的理解，包括地理与经济等各方面因素。因此，根据研究对象的特点和研究目的的需要，结合空间权重矩阵的特征，选择经济空间权重矩阵作为计算全局与局部自相关中使用的空间权重矩阵。

三、地理加权回归模型

目前，学术界对空间异质性问题关注度比较高，在研究空间异质性方面比较合适的模型是地理加权回归模型（GWR）[①]。地理加权模型是在普通回归模型的基础上，通过将各变量的回归系数考虑地理位置因素，从而允许普通回归模型的参数在空间上是可变的，即处于不同地理位置变量的回归系数不

---

① Harris R, Dong G P, Zhang W Z. Using contextualized geographically weighted regression to model the spatial heterogeneity of land prices in Beijing, China [J]. Transactions in GIS, 2013, 17 (6): 901–919.

再是假定常数 β_k，而是随着地理位置的变化而变化的 $\beta_k(u_i, v_i)$。具体表达式为：

$$y_{ij} = \beta_0(u_i, v_i) + \sum_{k=1}^{n} \beta_k(u_i, v_i) x_{ij} + \varepsilon_{ij} \qquad (6-19)$$

其中，(u_i, v_i) 是第 i 个区域的空间坐标，$\beta_k(u_i, v_i)$ 是第 k 个变量的第 i 个区域的回归系数。

地理加权回归模型中用权重函数描述两个样本点之间的影响程度，常见的权重函数有距离阈值法、高斯核函数法及二次核函数法。使用地理加权回归模型最重要的是带宽的设定问题，虽然高斯核函数法及二次核函数法的权重函数都是连续的函数，但是在使用的过程中都需要设定带宽，带宽的设定可以是固定的，也可以是自适应的。固定带宽的权重矩阵会导致在数据密集处选取过多数据，从而增大偏误；但在数据稀疏处选取较少数据，同样会使标准差增大。所以一般选择自适应的带宽，减少误差及标准差。确定带宽的方法主要有交叉验证法和赤池信息准则法（Harris et al.，2013）。

根据产业结构变动影响能源消费的作用机理可知，产业结构变动通过产业结构合理化和产业结构高级化两个方面，从经济规模、自然资源利用方式、技术创新、人口流动、外商直接投资和国际贸易等多路径方式影响能源消费，同时考虑到指标的测度问题，最后可将影响能源消费的中间因素归纳为 5 个方面，即经济增长因素、资源因素、劳动力因素、技术因素和对外开放因素。在构建地理加权回归模型时，产业结构变动作为核心解释变量，经济增长因素、资源因素、劳动力因素、技术因素和对外开放因素作为控制变量。设第 i 个地区的坐标为 (u_i, v_i)，则产业结构变动的能源消费效应地理加权回归模型（GWR）为：

$$\begin{aligned}EU_{ij} = {}& \beta_0(u_i, v_i) + \beta_1(u_i, v_i) IS_{ij} + \beta_2(u_i, v_i) GDP_{ij} + \beta_3(u_i, v_i) URB_{ij} \\ & + \beta_4(u_i, v_i) R\&D_{ij} + \beta_5(u_i, v_i) ES_{ij} + \beta_6(u_i, v_i) EXP_{ij} + \varepsilon_{ij} \quad (6-20)\end{aligned}$$

其中，EU_{ij}、IS_{ij}、GDP_{ij}、URB_{ij}、$R\&D_{ij}$、ES_{ij}、EXP_{ij} 分别为第 i 个地区第 j 个时期的能源消费、产业结构变动指数、经济增长、城镇化、技术进步、能源消费结构、对外开放程度；分别表征经济增长因素、劳动力因素、技术因素、资源因素和对外开放因素。

四、数据来源

本章以 2000~2017 年中国 30 个省份（西藏、香港、澳门及台湾因缺少数据剔除）作为研究样本。被解释变量为能源消费（EU），用各省能源消费总量与各省总人口的比值表示；解释变量为产业结构变动指数（IS），使用产业结构合理化和产业结构高级化的合成结果表示；控制变量中经济增长（GDP）用人均 GDP 表示，其中 GDP 根据价格指数平减为 2000 年不变价格；城镇化（URB）用各省城镇人口占总人口的比重来表示；技术进步（R&D）用各省 R&D 经费支出与总人口的比值表示；采用煤炭在能源中的占比衡量能源消费结构（ES），各类能源按折算系数折算为标准煤；对外开放程度（EXP）采用各省对外出口额与总人口的比值表示。以上数据来源于历年《中国能源统计年鉴》《中国工业年鉴》《中国统计年鉴》以及 Wind 数据库。

第二节 产业结构变动的能源消费空间异质效应测算

一、空间相关性分析

Moran 指数检验结果表明各变量均通过全局空间相关性检验。由于全局空间自相关侧重于描述某个变量在整体分布空间上是否存在空间集聚性，忽略了区域间的空间相关问题，不能够较好地刻画局部空间相关方向和相关程度。因此，本书在检验各变量全局空间相关的基础上，着重分析局部空间相关的特征。局部相关性分为两类模式：一类是"高—高"和"低—低"集聚型，区域的变量值与其周围区域变量值具有正向相关性；另一类是"高—低"和"低—高"集聚型，其变量值与周围区域变量值具有负向相关（Anselin，2010）。根据 LISA 集聚图得到各变量在 2000 年、2010 年及 2017 年的空间集聚分布，结合各变量局部空间相关结果分析不同时期的空间集聚特征，对应分析结果见表 6.1。

表 6.1　　　　　　　　　　**各变量 LISA 指数显著区域分布**

变量	模式	2000 年	2010 年	2017 年
EU	HH	内蒙古、河北、北京、天津	内蒙古、黑龙江、吉林、辽宁、河北	内蒙古、河北、山东
	LH	甘肃	甘肃、陕西	甘肃、宁夏
	LL	广东、广西	广东	广东
IS	HH	山东、上海、江苏、浙江、湖南	江苏、上海、浙江、安徽、江西	山东、江苏、上海、浙江、安徽、湖北、湖南、江西
GDP	HH	浙江、江苏	北京、江苏、上海	北京、江苏、上海
	LH	—	河北	河北
	HL	广东	广东	广东
	LL	新疆、青海、云南	新疆、青海、四川、云南	新疆、青海、云南
URB	HH	—	—	河北
	LH	河北	河北	—
	HL	广东	广东	—
	LL	云南	云南	新疆
R&D	HH	天津	天津	天津
	LH	—	河北	河北
	HL	广东	—	—
	LL	—	新疆	新疆、四川、云南
ES	HH	内蒙古、辽宁、甘肃、山西、陕西	内蒙古、甘肃、宁夏、陕西	内蒙古、甘肃、宁夏、陕西、山西、黑龙江
	LL	广东	广东	广东
EXP	HH	江苏、上海、浙江	江苏、上海、浙江	江苏、上海、浙江、福建
	LL	新疆、陕西、四川、重庆、贵州、云南	新疆、陕西、四川	新疆、内蒙古

注：HH 表示"高—高"集聚，HL 表示"高—低"集聚，LH 表示"低—高"集聚，LL 表示"低—低"集聚。

能源消费呈现北方"高—高"集聚，南方"低—低"集聚的分布特征。2000年"高—高"区域包括内蒙古、河北、北京和天津；甘肃属于"低—高"区域，这是因为甘肃恰好处于高能源消费区域的中间，周边的宁夏、内蒙古、青海、新疆能源消费在30个省份中位列前四；"低—低"区域包括广东、广西、云南、江西、海南、湖南。2010年北京和天津不再处于"高—高"区域，陕西进入"低—高"区域，能源消费有所降低；黑龙江和辽宁进入"高—高"区域，东北地区能源消费有所提高。2017年"高—高"区域仅包括内蒙古、河北和山东，与周边辽宁、山西呈现出显著的空间正相关。2000~2017年"高—高"区域在发生变化，北京、天津及东北地区的能源消费明显下降；"低—低"区域范围在缩小，能源消费水平有所提高。

产业结构变动形成以长三角为中心的辐射格局。2000年"高—高"区域集中在华东地区的山东、上海、江苏、浙江及华中地区的湖南，这些区域产业结构合理化和产业结构高级化的水平较高且存在显著的空间正相关。2017年"高—高"区域增加至9个，包括山东、江苏、上海、浙江、安徽、湖北、湖南和江西。与2000年相比，2017年产业结构变动空间集聚发生明显的扩散，"高—高"区域从上海、浙江转移到江西、湖南和湖北，长三角制造业发展对周边省份具有明显的辐射作用，形成连片高产值集聚区。相比之下，珠三角并未形成"高—高"集聚区域，广东对周边省份的拉动作用并不显著。

经济增长形成以北京和上海为中心的驱动格局。2000~2017年"高—高"区域主要包括以北京为中心的京津冀区域和以上海为中心的长三角区域；且长三角对周边地区的辐射带动作用较为明显，而京津冀协同发展虽然对河北具有一定影响，但效果并不显著。"低—低"区域基本稳定在以新疆、青海、四川和云南为中心的西北和西南地区，欠发达省份与周边地区呈现空间正相关，经济增长具有连片的特征。广东的经济增长虽然一枝独秀，但始终处于"高—低"集聚区域的中心，对周边地区的拉动作用不如北京和上海明显。

东部地区的城镇化水平明显高于中西部地区。2000年我国城镇化并未形成"高—高"区域，河北处于"低—高"区域，城镇化水平较低，仅为19.60%，与周边的北京、天津形成空间负相关；云南属于"低—低"区域，与周边广西、贵州、四川形成空间正相关；广东处于"高—低"区域，与广西、湖南、江西呈现空间负相关。2000～2017 年城镇化水平显著提高，尤其是东部沿海地区如上海、江苏、浙江等；河北由"低—高"区域进入"高—高"区域，北京、天津的快速发展带动了河北城镇化水平的提高。

华东和华北地区技术进步水平较高，西部地区较低。2000 年天津属于"高—高"区域，且呈现出显著的空间正相关；广东处于"高—低"区域，与周边的江西、湖南、海南、广西形成空间负相关。2017 年上海进入"高—高"区域，与周边江苏、浙江形成空间正相关；"低—低"区域包括新疆和云南，与周边的省份形成空间正相关。2000～2017 年技术进步空间集聚在增强，"高—高"区域主要在华东和华北地区，"低—低"区域主要在西北和西南地区，空间分布差异显著。

能源消费结构呈现北方高，南方低的空间格局。2000 年"高—高"区域包括内蒙古、辽宁、甘肃、山西和陕西，广东处于"低—低"集聚区域。2017 年能源消费结构的"高—高"集聚区域增加至 6 个，包括内蒙古、甘肃、宁夏、陕西、山西和黑龙江；西北地区"高—高"集聚的特征逐渐扩大至华北及东北地区；广东、广西、福建等地区煤炭消费较少，具有"低—低"集聚的特点。

对外开放程度东南沿海地区较高，内陆地区较低。2000 年"高—高"区域包括江苏、上海和浙江，与其周边省份形成空间正相关；"低—低"区域包括新疆、陕西、四川、重庆、贵州、云南，与其周边省份形成空间正相关。2000～2017 年"高—高"区域有所增加，主要集中在东部沿海地区，这与其优越的地理条件密切相关；"低—低"区域明显减少，重庆、贵州、四川、云南的对外开放程度均有显著提高，不再属于"低—低"区域。

二、空间异质效应分析

由于地理加权回归模型可处理的数据类型是截面数据，为更好研究中国产业结构调整对能源消费影响的时空演变规律，分别选取 2000 年、2010 年和 2017 年的数据进行分析。本研究应用 GWR4 软件选择 Fixed Gauss 核函数，使用 AICs 法确定带宽估计 GWR 模型的分位数回归结果（Elhorst，2014），如表 6.2 所示。

表 6.2   **GWR 模型不同水平分位数回归估计结果**

年份	变量	最小值	1/4 分位数	中位数	3/4 分位数	最大值
2000	IS	0.157835	0.238139	0.261465	0.278548	0.294708
	GDP	1.229858	1.304342	1.351645	1.399046	1.517157
	URB	0.340896	0.42816	0.464177	0.481835	0.528971
	R&D	− 0.448316	− 0.41323	− 0.397686	− 0.380695	− 0.351224
	ES	0.357566	0.364696	0.372131	0.381612	0.43019
	EXP	0.622429	0.6646	0.688395	0.713439	0.743111
2010	IS	0.50298	0.517691	0.535564	0.555185	0.638912
	GDP	1.719538	1.762302	1.791822	1.835606	1.948244
	URB	0.159434	0.261219	0.290799	0.311729	0.419834
	R&D	− 0.95322	− 0.891348	− 0.864972	− 0.838451	− 0.786823
	ES	0.087756	0.17231	0.198419	0.21355	0.239272
	EXP	0.554441	0.558351	0.562066	0.569775	0.602493
2017	IS	1.129874	1.155268	1.183114	1.221708	1.465293
	GDP	1.926145	1.960685	1.984053	2.020838	2.272037
	URB	0.097202	0.185078	0.221446	0.24098	0.258466
	R&D	− 2.200573	− 1.846934	− 1.788171	− 1.742462	− 1.692506
	ES	− 0.306157	− 0.213757	− 0.180493	− 0.151399	− 0.113948
	EXP	0.069815	0.042394	0.023018	0.002738	0.089641

从分位数回归结果来看，在不同分位数水平上 2000 年、2010 年和 2017 年产业结构变动、经济增长、城镇化、对外开放程度对能源消费的影响均为正相关，技术进步对能源消费的影响均为负相关；能源消费结构对能源消费的影响在 2000 年和 2010 年为正相关，在 2017 年为负相关；模型在整体上呈现出较强的稳定性。随着分位数水平的提高，正相关的影响程度在增强，负相关的影响程度在减弱。由于技术进步对能源消费的影响为负，为直观理解影响程度，使用的数值为系数的绝对值。

（一）产业结构变动对能源消费影响的时空分异

2000 年产业结构变动对能源消费的回归系数为 ［0.157835, 0.294708］，产业结构变动对能源消费具有拉动效应。从回归系数的空间分布上看，影响较大的区域集中在西北和西南地区，对东北和东南地区影响较小。2010 年产业结构变动对能源消费的回归系数为 [0.502980, 0.638912]，与 2000 年相比回归系数大幅增加，影响程度有所提高；从系数的空间分布来看，对西北、西南、华北等地区影响较大，影响范围明显扩大。2017 年产业结构变动对能源消费的回归系数为 [1.129874, 1.465293]，其空间分布与 2010 年相比并无明显变化，但影响程度进一步提高。

可见，2000～2017 年产业结构变动在降低能源消费的作用上并不明显，产业结构合理化和产业结构高级化的发展质量并不高，没有达到理论上的预期。从系数的空间分布来看，产业结构变动对能源消费影响较大的省份集中在西北和西南地区，影响较小的省份集中在东北和东南地区。随着时间的推移，影响较大的省份向华北地区转移，且高值区域逐渐增多。主要原因可能是东部地区新一轮的产业结构调整将高能耗的制造业向西部地区转移，导致西部地区制造业仍以高耗能制造业为主，东部地区尤其是东南沿海逐渐向低能耗的高端制造业发展。这表明西部地区通过产业结构调整降低能源消费的潜力要大于东部地区，不同区域在调整产业结构的具体政策上要有所差异。

（二）经济增长对能源消费影响的时空分异

经济欠发达地区虽然经济增速较快，但能源消费强度普遍偏高；经济发达地区虽然经济增长速度较慢，但能源消费强度偏低。2000 年经济增长对能源消费的回归系数为 [1.229858, 1.517157]，表明经济增长与能源消费呈正相关，对能源消费有拉动作用。从回归系数的空间分布来看，经济增长对东北地区能源消费影响较大，对西南和东南地区能源消费影响相对较小。2010 年的空间分布与 2000 年相比，经济增长对西北地区的能源消费影响在下降。2017 年经济增长对能源消费的回归系数为 [1.926145, 2.272037]，回归系数持续增加，且影响较大的范围几乎扩大到除西藏和东南沿海以外的所有区域。

我国经济增长对能源消费的影响具有明显的空间差异，西部地区经历了先下降再上升的变化过程，东北地区始终位于高位区间，东部和中部地区基本保持不变；这可能与不同区域所处的发展阶段和追求的发展目标有关。西部地区整体欠发达，经济增长的目标是赶超中部和东部地区，数据表明，同期西部地区的经济增长速度要高于中东部地区，能源消费强度也相应地高于中部和东部地区；由于西部地区经济增长对资源型企业的发展较为依赖，所以未来在追求经济增速不降低的情况下，西部地区的人均能源消费和能源消费强度仍然会处于高位水平。东北地区是老工业基地，重工业占比高、规模大，由于转型慢且转型不彻底导致经济增长始终没有摆脱对重工业的依赖，所以东北地区能源消费强度一直处于高位。东部地区经济发展水平整体较高，经济增长由追求速度再向追求质量转变，虽然经济体量在不断扩大，但发展方式向低能耗模式转变速度较快且比较彻底，因此对能源消费影响的规模效应和结构效应基本相抵，能源消费强度基本不变。

（三）城镇化对能源消费影响的时空分异

从空间分布上来看，城镇化对能源消费影响较大的省份集中在西北和西南地区，城镇化对能源消费影响较小的省份集中在东北和华北地区；2010 年城镇化对能源消费的回归系数为 [0.159434, 0.419834]，城镇化水平对能源消费的影响呈现正相关，回归系数相比 2000 年有所下降，但从系数的空间分布上看，呈现"西部高，东部低"的特点。2017 年城镇化对能源消费的回归系数为 [0.097202, 0.258466]，与 2000 年和 2010 年相比，城镇化对能源消费的影响在空间分布上发生明显变化，南方影响程度较大，北方影响程度较小。

从总体上来看，中国城镇化水平对能源消费的影响呈正相关，但正相关程度呈现出下降的趋势。城镇化进程是生产要素由能源消费较低的农业转向能源消费较高的工业转移的过程。在城镇化进程中，大量的基础设施建设需要消费能源，而且城镇居民对能源使用的多样化决定了城镇居民人均能源消费量要高于农村居民，因此这种正向相关与实际吻合。影响系数的下降说明城镇化对能源消费的影响程度在减弱，一方面，中国城镇化在经过十几年的快速发展后，城镇化的速度在降低；另一方面，城镇化进程也正在由量的扩张向质的提升转变，随着生活水平的不断提高，城镇居民利用能源的类型和结构也在发生着较大的变化。

（四）技术进步对能源消费影响的时空分异

技术进步对能源消费的影响为负相关，表明技术进步能够推动能源消费的下降。从回归系数的空间分布来看，系数绝对值高值区域集中在西北及东北地区，技术进步对能源消费影响较小的省份集中在华南地区。2010 年技术进步对能源消费的回归系数为 [-0.953220, -0.786823]，表明技术进步仍然是节能的主要推手，而且与 2000 年相比影响程度有所增强。2017 年技术进步对能源消费的回归系数为 [− 2.200573, − 1.692506]，技术进步的节能效应在不断提升；从空间分布来看，系数绝对值高值区域由从北方地区向西南地区转移的趋势，高值区域包括西北和西南地区，低值区域主要是东南沿海地区。

总体来说，技术进步对能源消费的影响显著为负，表明新技术的应用能够提高能源利用效率，减少能源消费；且随着时间的推移，技术进步对能源消费影响程度正在逐渐增强。从回归系数的空间分布来看，技术进步对能源消费的影响具有从北向南逐渐减弱的趋势，呈现出"北方高，南方低"的特征；造成这种空间差异的原因可能是：虽然南方科技水平较高，但人均能源消费基数较小，技术进步对能源消费的影响程度并不明显；而北方重工业发达，东北老工业基地、京津冀、环渤海经济圈重工业企业密集，能源消费基数较大，因而技术进步对能源消费的影响程度较为明显。

（五）　能源消费结构对能源消费影响的时空分异

能源消费结构改变的程度不够显著，对能源消费的空间异质化影响明显。2000 年能源消费结构的回归系数为 [0.357566, 0.430190]，表明能源消费结构对能源消费具有正向影响。即随着煤炭消费所占比重提高，能源消费量也不断增加。从系数的空间分布来看，除东北以外，能源消费结构对能源消费量的影响都比较大，呈现出"西部高，东部低"的特征。2010 年与 2000 年相比，能源消费结构的影响程度减弱，系数高值的区域向西南方向转移。2017 年能源消费结构的回归系数为 [− 0.306157, − 0.113948]，对能源消费的影响程度为负。

比较回归系数可以发现，能源消费结构对能源消费的正向作用逐渐减弱，并在 2017 年回归系数转为负数；表明煤炭所占比重的增加不再是能源消费量增加的主要因素。从回归系数空间分布来看，能源消费结构对能源消费量影响较大的区域集中在西北、华北、东北和西南等地区，影响较弱的区域集中在东南沿海地区。这表明西北、华北、东北和西南等地区通过调整能源消费结构提升节能的成效要大于东南沿海地区，可见北方和西部地区仍然对煤炭消耗过于依赖，对能源消费结构的调整还有较大空间。

（六）　对外开放程度对能源消费影响的时空分异

东南沿海地区对外开放程度高，对能源消费的影响较大；内陆地区对外开放程度低，对能源消费的影响较小。2000 年对外开放程度对能源消费的回归系数为 [0.622429,0.743111]，对外开放程度对能源消费的影响为正；这是因为中国主要对外出口电子、机械、服装等产品，对外开放程度越高会导致出口贸易规模扩大越快，进而带动能源消费大幅增加。从回归系数空间分布来看，2000～2017 年对外开放程度对能源消费影响的空间格局基本稳定，影响较大的省份集中在东南沿海地区，影响较小的省份集中在西北和东北地区；随着时间的推移，对外开放程度对能源消费影响程度在下降。

对外开放程度对能源消费具有正向的影响，表明对外开放程度越高的省份对能源消费的影响程度越大。江苏、浙江、福建、广东等作为中国出口贸易的高集聚区，出口产品规模远远大于东北和西北等对外开放程度较低的地区，因此对能源消费的影响程度相应也较高。对外开放程度对能源消费影响逐渐减小的原因可能是：一方面受贸易保护主义影响导致出口规模下降；另一方面是经济发展新常态下经济结构转型升级导致出口产品结构的变化，中国对外出口产品正在由初级产品和中低端制造业产品向高端制造业产品转变，智能手机、通信设备正在成为中国出口的新名片。

第三节 能源型投入产出表的编制及模型构建

本节主要从中间投入（生产工艺）衡量产业结构变动的视角出发，通过编制能源型投入产出表，推算混合型直接消耗系数表征不同部门对能源消耗的技术经济关系，并运用混合型直接消耗系数的变化来衡量不同部门在生产过程中对能源消耗的变化，即不同部门中间投入（生产工艺）的变化。在此基础上，运用指数分解法构建非能源部门与能源部门的能源消费效应分解模型，为定量测算不同省份不同行业产业结构变动对不同能源消费的动态影响提供理论依据。

一、能源型投入产出表的编制

基本型投入产出表从一般的角度描述国民经济各部门之间普遍意义上存在的数量关系和数量特征，为满足研究国民经济各部门产业结构变动对能源消费影响的要求，需要将国民经济部门按照非能源部门与能源部门进行重新组合、分类、排列并编制能源型投入产出表，用于描述非能源部门与能源部门之间错综复杂的数量关系①。

（一）能源型投入产出表的结构

能源型投入产出表是以基本型投入产出表为基础编制的，因此能源型投入产出表同样属于对称型、价值型、静态型的投入产出表②。能源型投入产出表将基本型投入产出表中的 n 个产品部门划分为两类，其中非能源生产部门有 $n-m$ 个，能源生产部门 m 个。从整体结构上看，能源型投入产出表与基本型投入产出表具有相同的特征，即能源型投入产出表也有四个象限构成，分别是：（1）位于能源型投入产出表左上角的"第Ⅰ象限"，又称"中间产品"或"中间消耗"象限；（2）位于能源型投入产出表右上角的"第Ⅱ象限"，又称"最终产品"象限；（3）位于能源型投入产出表左下角的"第Ⅲ象限"，又称"最初投入"象限；（4）位于投入产出表右下角的"第Ⅳ象限"，暂时空缺。

虽然能源型投入产出表与基本型投入产出表在总体结构上是相同的，但在具体的环节方面还存在着差异。由于能源型投入产出表更加注重描述和分析非能源部门与能源部门之间的投入产出关系，因此在"第Ⅰ象限"即"中间产品"或"中间消耗"象限的设置上与基本型投入产出表有着重要的区别。在能源型投入产出表的"第Ⅰ象限"中，由于产品部门不再按照基本投入产出表中产品部门的普通方式排列，而是在对产品部门进行分类的基础上，按非能源生产部门和能源生产部门分别集中组合的方式排列（见表6.3）；因此根据新的产品部门排列模式，可将能源型投入产出表"第Ⅰ象限"分解为四个子象限，即"非能源生产部门—非能源生产部门的中间消耗"子象限、"非能源生产部门—能源生产部门的中间消耗"子象限、"能源生产部门—非能源生产部门的中间消耗"子象限、"能源生产部门—能源生产部门的中间消耗"子象限③。

①　钟契夫，等．投入产出分析［M］．北京：中国财政经济出版社，1993.

②　董承章，等．投入产出分析［M］．北京：中国财政经济出版社，2000.

③　韩君，梁亚民．生态环境约束的能源定价模型构建及应用［J］．兰州大学学报（社会科学版），2016（2）：29－38.

表 6.3　能源型投入产出表

产出部门 (中间投入)		投入部门（中间产品）								最终 产品	总产出
		非能源生产部门				能源生产部门					
		1	2	…	$n-m$	$n-m+1$	…	n			
非能源生产部门	1	x^E_{11}	x^E_{12}	…	$x^E_{1(n-m)}$	$x^E_{1(n-m+1)}$	…	x^E_{1n}		f^E_1	q^E_1
	2	x^E_{21}	x^E_{22}	…	$x^E_{2(n-m)}$	$x^E_{2(n-m+1)}$	…	x^E_{2n}		f^E_2	q^E_2
	⋮	⋮	⋮	⋱	⋮	⋮	⋱	⋮		⋮	⋮
	$n-m$	$x^E_{(n-m)1}$	$x^E_{(n-m)2}$	…	$x^E_{(n-m)(n-m)}$	$x^E_{(n-m)(n-m+1)}$	…	$x^E_{(n-m)n}$		f^E_{n-m}	q^E_{n-m}
能源生产部门	$n-m+1$	$x^E_{(n-m+1)1}$	$x^E_{(n-m+1)2}$	…	$x^E_{(n-m+1)(n-m)}$	$x^E_{(n-m+1)(n-m+1)}$	…	$x^E_{(n-m+1)n}$		f^E_{n-m+1}	q^E_{n-m+1}
	$n-m+2$	$x^E_{(n-m+2)1}$	$x^E_{(n-m+2)2}$	…	$x^E_{(n-m+2)(n-m)}$	$x^E_{(n-m+2)(n-m+1)}$	…	$x^E_{(n-m+2)n}$		f^E_{n-m+2}	q^E_{n-m+2}
	⋮	⋮	⋮	⋱	⋮	⋮	⋱	⋮		⋮	⋮
	n	x^E_{n1}	x^E_{n2}	…	$x^E_{n(n-m)}$	$x^E_{n(n-m+1)}$	…	x^E_{nn}		f^E_n	q^E_n
最初投入		y^E_1	y^E_2	…	y^E_{n-m}	y^E_{n-m+1}	…	y^E_n			
总投入		q^E_1	q^E_2	…	q^E_{n-m}	q^E_{n-m+1}	…	q^E_n			

　　"非能源生产部门—非能源生产部门的中间消耗"子象限对应的中间消耗矩阵为：

$$
X_{(n-m)(n-m)}^{E} = \begin{bmatrix}
x_{11}^{E} & x_{12}^{E} & \cdots & x_{1(n-m)}^{E} \\
x_{21}^{E} & x_{22}^{E} & \cdots & x_{2(n-m)}^{E} \\
\vdots & \vdots & \ddots & \vdots \\
x_{(n-m)1}^{E} & x_{(n-m)2}^{E} & \cdots & x_{(n-m)(n-m)}^{E}
\end{bmatrix}
$$

　　该子象限的横行标题为非能源生产部门，纵栏标题为非能源生产部门。其主要功能在于反映非能源生产部门之间相互提供和相互消耗中间产品的数量关系。

　　"非能源生产部门—能源生产部门的中间消耗"子象限对应的中间消耗矩阵为：

$$
X_{m(n-m)}^{E} = \begin{bmatrix}
x_{(n-m+1)1}^{E} & x_{(n-m+1)2}^{E} & \cdots & x_{(n-m+1)(n-m)}^{E} \\
x_{(n-m+2)1}^{E} & x_{(n-m+2)2}^{E} & \cdots & x_{(n-m+2)(n-m)}^{E} \\
\vdots & \vdots & \ddots & \vdots \\
x_{n1}^{E} & x_{n2}^{E} & \cdots & x_{n(n-m)}^{E}
\end{bmatrix}
$$

　　该子象限的横行标题为能源生产部门，纵栏标题为非能源生产部门。其主要功能在于反映能源生产部门向非能源生产部门提供中间产品，非能源生产部门消耗能源生产部门所生产的中间产品的数量关系。

　　"能源生产部门—非能源生产部门的中间消耗"子象限对应的中间消耗矩阵为：

$$
X_{(n-m)m}^{E} = \begin{bmatrix}
x_{1(n-m+1)}^{E} & x_{1(n-m+2)}^{E} & \cdots & x_{1n}^{E} \\
x_{2(n-m+1)}^{E} & x_{2(n-m+2)}^{E} & \cdots & x_{2n}^{E} \\
\vdots & \vdots & \ddots & \vdots \\
x_{(n-m)(n-m+1)}^{E} & x_{(n-m)(n-m+2)}^{E} & \cdots & x_{(n-m)n}^{E}
\end{bmatrix}
$$

　　该子象限的横行标题为非能源生产部门，纵栏标题为能源生产部门。其主要功能在于反映非能源生产部门向能源生产部门提供中间产品，能源生产部门消耗非能源生产部门所生产的中间产品的数量关系。

　　"能源生产部门—能源生产部门的中间消耗"子象限对应的中间消耗矩阵为：

$$X_{mm}^E = \begin{bmatrix} x_{(n-m+1)(n-m+1)}^E & x_{(n-m+1)(n-m+2)}^E & \cdots & x_{(n-m+1)n}^E \\ x_{(n-m+2)(n-m+1)}^E & x_{(n-m+2)(n-m+2)}^E & \cdots & x_{(n-m+2)n}^E \\ \vdots & \vdots & \ddots & \vdots \\ x_{n(n-m+1)}^E & x_{n(n-m+2)}^E & \cdots & x_{nn}^E \end{bmatrix}$$

该子象限的横行标题为能源生产部门，纵栏标题为能源生产部门。其主要功能在于反映能源生产部门之间相互提供和相互消耗中间产品的数量关系。

（二）能源型投入产出表的平衡关系

与基本型投入产出表的平衡原理相同，能源型投入产出表的平衡关系主要有三种表现形式，即各行的平衡、各列的平衡、各行列的对应平衡。

1. 行平衡关系。

$$\underset{\substack{\text{非能源部门消耗的}\\\text{非能源部门生产的}\\\text{中间产品}}}{} + \underset{\substack{\text{能源部门消耗的非}\\\text{能源部门生产的}\\\text{中间产品}}}{} + \underset{\substack{\text{非能源部}\\\text{门生产的}\\\text{最终产品}}}{} = \underset{\substack{\text{非能源生产}\\\text{部门总产出}}}{}$$

$$\sum_{j=1}^{n-m} x_{ij}^E + \sum_{j=n-m+1}^{n} x_{ij}^E + f_i^E = q_i^E \quad i = 1, 2, \cdots, (n-m)$$

矩阵表达式为：

$$X_{(n-m)(n-m)}^E \mathbf{I}_{(n-m)} + X_{(n-m)m}^E \mathbf{I}_{(n-m)} + F_{(n-m)}^E = Q_{(n-m)}^E$$

其中：

$$F_{(n-m)}^E = \begin{bmatrix} f_1^E \\ f_2^E \\ \vdots \\ f_{n-m}^E \end{bmatrix} \quad Q_{(n-m)}^E = \begin{bmatrix} q_1^E \\ q_2^E \\ \vdots \\ q_{n-m}^E \end{bmatrix} \quad \mathbf{I}_{(n-m)} = \begin{bmatrix} 1 \\ 1 \\ \vdots \\ 1 \end{bmatrix}$$

$$\underset{\substack{\text{能源部门消耗的}\\\text{非能源部门生产的}\\\text{中间产品}}}{} + \underset{\substack{\text{能源部门消耗的}\\\text{能源部门生产的中}\\\text{间产品}}}{} + \underset{\substack{\text{能源部门}\\\text{生产的}\\\text{最终产品}}}{} = \underset{\substack{\text{能源生产}\\\text{部门总产出}}}{}$$

$$\sum_{j=1}^{n-m} x_{ij}^E + \sum_{j=n-m+1}^{n} x_{ij}^E + f_i^E = q_i^E \quad i = (n-m+1), (n-m+2), \cdots, n$$

矩阵表达式为：

$$X^E_{m(n-m)}\mathbf{I}_m + X^E_{mm}\mathbf{I}_m + F^E_m = Q^E_m$$

其中：

$$F^E_m = \begin{bmatrix} f^E_{n-m+1} \\ f^E_{n-m+2} \\ \vdots \\ f^E_n \end{bmatrix} \quad Q^E_m = \begin{bmatrix} q^E_{n-m+1} \\ q^E_{n-m+2} \\ \vdots \\ q^E_n \end{bmatrix} \quad \mathbf{I}_m = \begin{bmatrix} 1 \\ 1 \\ \vdots \\ 1 \end{bmatrix}$$

2. 列平衡关系。

非能源生产部门　　非能源生产部门　　　　非能源生产部门　非能源生产
对非能源部门产品 + 对能源部门产品的 + ───────────── = ───────────
的中间投入　　　　中间投入　　　　　　　最初投入　　　部门总投入

$$\sum_{i=1}^{n-m} x^E_{ij} + \sum_{i=n-m+1}^{n} x^E_{ij} + y^E_j = q^E_j \quad j = 1,2,\cdots,(n-m)$$

矩阵表达式为：

$$X'^E_{(n-m)(n-m)}\mathbf{I}_{(n-m)} + X'^E_{m(n-m)}\mathbf{I}_m + Y^E_{(n-m)} = Q^E_{(n-m)}$$

其中：$Y^E_{(n-m)} = \begin{bmatrix} y^E_1 \\ y^E_2 \\ \vdots \\ y^E_{n-m} \end{bmatrix}$，$X'^E_{(n-m)(n-m)}$ 为 $X^E_{(n-m)(n-m)}$ 的转置矩阵，$X'^E_{m(n-m)}$ 为

$X^E_{m(n-m)}$ 的转置矩阵。

能源生产部门对　　能源生产部门对　　　　能源生产部门　能源生产部
非能源部门产品的 + 能源部门产品的 + ───────────── = ───────────
中间投入　　　　　中间投入　　　　　　　最初投入　　　门总投入

$$\sum_{i=1}^{n-m} x^E_{ij} + \sum_{i=n-m+1}^{n} x^E_{ij} + y^E_j = q^E_j \quad j = (n-m+1),(n-m+2),\cdots,n$$

矩阵表达式为：

$$X'^E_{(n-m)m}\mathbf{I}_{(n-m)} + X'^E_{mm}\mathbf{I}_m + Y^E_m = Q^E_m$$

其中：$Y_m^E = \begin{bmatrix} y_{n-m+1}^E \\ y_{n-m+2}^E \\ \vdots \\ y_n^E \end{bmatrix}$，$X'^E_{(n-m)m}$ 为 $X^E_{(n-m)m}$ 的转置矩阵，X'^E_{mm} 为 X^E_{mm} 的转置

矩阵。

3. 行列的对应平衡。

非能源生产部门总产出 = 非能源生产部门总投入

$$\sum_{j=1}^{n-m} x_{kj}^E + \sum_{j=n-m+1}^{n} x_{kj}^E + f_k^E = q_k^E = \sum_{i=1}^{n-m} x_{ik}^E + \sum_{i=n-m+1}^{n} x_{ik}^E + y_k^E$$

$$k = 1, 2, \cdots, (n-m)$$

能源生产部门总产出 = 能源生产部门总投入

$$\sum_{j=1}^{n-m} x_{hj}^E + \sum_{j=n-m+1}^{n} x_{hj}^E + f_h^E = q_h^E = \sum_{i=1}^{n-m} x_{ih}^E + \sum_{i=n-m+1}^{n} x_{ih}^E + y_h^E$$

$$h = (n-m+1), (n-m+2), \cdots, n$$

所有部门总产出 = 所有部门总投入，即：

$$\sum_{i=1}^{n} \sum_{j=1}^{n} x_{ij}^E + \sum_{i=1}^{n} f_i^E = \sum_{i=1}^{n} \sum_{j=1}^{n} x_{ij}^E + \sum_{j=1}^{n} y_j^E$$

$$i = 1, 2, \cdots, n \qquad j = 1, 2, \cdots, n$$

二、能源型投入产出模型的构建

能源型投入产出表"第Ⅰ象限"的四个子象限分别表示不同的投入产出关系和投入产出特征，因此，根据投入产出技术经济系数的内涵和计算方法分别推算能源型投入产出表"第Ⅰ象限"四个子象限的直接消耗系数。在此基础上结合能源型投入产出表的平衡关系，建立能源型投入产出表的行模型和列模型。

（一）直接消耗系数的推导

"非能源生产部门—非能源生产部门的中间消耗"子象限的直接消耗系数矩阵为：

$$A^E_{(n-m)(n-m)} = X^E_{(n-m)(n-m)} \hat{Q}^{E\ -1}_{(n-m)}$$

$$= \begin{bmatrix} a^E_{11} & a^E_{12} & \cdots & a^E_{1(n-m)} \\ a^E_{21} & a^E_{22} & \cdots & a^E_{2(n-m)} \\ \vdots & \vdots & \ddots & \vdots \\ a^E_{(n-m)1} & a^E_{(n-m)2} & \cdots & a^E_{(n-m)(n-m)} \end{bmatrix}$$

$$= \begin{bmatrix} x^E_{11} & x^E_{12} & \cdots & x^E_{1(n-m)} \\ x^E_{21} & x^E_{22} & \cdots & x^E_{2(n-m)} \\ \vdots & \vdots & \ddots & \vdots \\ x^E_{(n-m)1} & x^E_{(n-m)2} & \cdots & x^E_{(n-m)(n-m)} \end{bmatrix} \begin{bmatrix} q^{E\ -1}_1 & 0 & \cdots & 0 \\ 0 & q^{E\ -1}_2 & \cdots & 0 \\ \vdots & \vdots & \ddots & \vdots \\ 0 & 0 & \cdots & q^{E\ -1}_{(n-m)} \end{bmatrix}$$

该矩阵中的直接消耗系数表明非能源生产部门生产单位产出对非能源生产部门产品的直接消耗量。

"非能源生产部门—能源生产部门的中间消耗"子象限的直接消耗系数矩阵为：

$$A^E_{m(n-m)} = X^E_{m(n-m)} \hat{Q}^{E\ -1}_{(n-m)}$$

$$= \begin{bmatrix} a^E_{(n-m+1)1} & a^E_{(n-m+1)2} & \cdots & a^E_{(n-m+1)(n-m)} \\ a^E_{(n-m+2)1} & a^E_{(n-m+2)2} & \cdots & a^E_{(n-m+2)(n-m)} \\ \vdots & \vdots & \ddots & \vdots \\ a^E_{n1} & a^E_{n2} & \cdots & a^E_{n(n-m)} \end{bmatrix}$$

$$= \begin{bmatrix} x^E_{(n-m+1)1} & x^E_{(n-m+1)2} & \cdots & x^E_{(n-m+1)(n-m)} \\ x^E_{(n-m+2)1} & x^E_{(n-m+2)2} & \cdots & x^E_{(n-m+2)(n-m)} \\ \vdots & \vdots & \ddots & \vdots \\ x^E_{n1} & x^E_{n2} & \cdots & x^E_{n(n-m)} \end{bmatrix}$$

$$\begin{bmatrix} q^{E\ -1}_1 & 0 & \cdots & 0 \\ 0 & q^{E\ -1}_2 & \cdots & 0 \\ \vdots & \vdots & \ddots & \vdots \\ 0 & 0 & \cdots & q^{E\ -1}_{(n-m)} \end{bmatrix}$$

该矩阵中的直接消耗系数表明非能源生产部门生产单位产出对能源生产部门产品的直接消耗量。

"能源生产部门—非能源生产部门的中间消耗"子象限的直接消耗系数矩阵为：

$$A^E_{(n-m)m} = X^E_{(n-m)m} \hat{Q}^{E-1}_m$$

$$= \begin{bmatrix} a^E_{1(n-m+1)} & a^E_{1(n-m+2)} & \cdots & a^E_{1n} \\ a^E_{2(n-m+1)} & a^E_{2(n-m+2)} & \cdots & a^E_{2n} \\ \vdots & \vdots & \ddots & \vdots \\ a^E_{(n-m)(n-m+1)} & a^E_{(n-m)(n-m+2)} & \cdots & a^E_{(n-m)n} \end{bmatrix}$$

$$= \begin{bmatrix} x^E_{1(n-m+1)} & x^E_{1(n-m+2)} & \cdots & x^E_{1n} \\ x^E_{2(n-m+1)} & x^E_{2(n-m+2)} & \cdots & x^E_{2n} \\ \vdots & \vdots & \ddots & \vdots \\ x^E_{(n-m)(n-m+1)} & x^E_{(n-m)(n-m+2)} & \cdots & x^E_{(n-m)n} \end{bmatrix}$$

$$\begin{bmatrix} q^{E-1}_{(n-m+1)} & 0 & \cdots & 0 \\ 0 & q^{E-1}_{(n-m+2)} & \cdots & 0 \\ \vdots & \vdots & \ddots & \vdots \\ 0 & 0 & \cdots & q^{E-1}_n \end{bmatrix}$$

该矩阵中的直接消耗系数表明能源生产部门生产单位产出对非能源生产部门产品的直接消耗量。

"能源生产部门—能源生产部门的中间消耗"子象限的直接消耗系数矩阵为：

$$A^E_{mm} = X^E_{mm} \hat{Q}^{E-1}_m$$

$$= \begin{bmatrix} a^E_{(n-m+1)(n-m+1)} & a^E_{(n-m+1)(n-m+2)} & \cdots & a^E_{(n-m+1)n} \\ a^E_{(n-m+2)(n-m+1)} & a^E_{(n-m+2)(n-m+2)} & \cdots & a^E_{(n-m+2)n} \\ \vdots & \vdots & \ddots & \vdots \\ a^E_{n(n-m+1)} & a^E_{n(n-m+2)} & \cdots & a^E_{nn} \end{bmatrix}$$

$$= \begin{bmatrix} x^E_{(n-m+1)(n-m+1)} & x^E_{(n-m+1)(n-m+2)} & \cdots & x^E_{(n-m+1)n} \\ x^E_{(n-m+2)(n-m+1)} & x^E_{(n-m+2)(n-m+2)} & \cdots & x^E_{(n-m+2)n} \\ \vdots & \vdots & \ddots & \vdots \\ x^E_{n(n-m+1)} & x^E_{n(n-m+2)} & \cdots & x^E_{nn} \end{bmatrix}$$

$$\begin{bmatrix} q^{E-1}_{(n-m+1)} & 0 & \cdots & 0 \\ 0 & q^{E-1}_{(n-m+2)} & \cdots & 0 \\ \vdots & \vdots & \ddots & \vdots \\ 0 & 0 & \cdots & q^{E-1}_n \end{bmatrix}$$

该矩阵中的直接消耗系数表明能源生产部门生产单位产出对能源生产部门产品的直接消耗量。

能源型投入产出表的直接消耗系数矩阵为：

$$A_{nn}^E = \begin{bmatrix} A_{(n-m)(n-m)}^E & A_{(n-m)m}^E \\ A_{m(n-m)}^E & A_{mm}^E \end{bmatrix}$$

（二）能源消费效应模型的推导

1. 混合直接消耗系数的推算。

（1）非能源部门对各种能源的混合直接消耗系数矩阵。

$$A_{m(n-m)}^{E\,*} = A_{m(n-m)}^E \hat{P}_{(n-m)}^{E\,-1}$$

（2）能源部门对各种能源的混合直接消耗系数矩阵。

$$A_{mm}^{E\,*} = A_{mm}^E \hat{P}_m^{E\,-1}$$

其中，$\hat{P}_{(n-m)}^{E\,-1}$ 和 $\hat{P}_m^{E\,-1}$ 分别为各种能源价格对角阵的逆矩阵。

2. 非能源与能源部门对各种能源消费实物量的推算。

（1）非能源部门对各种能源消费实物量矩阵。

$$EZ_{m(n-m)} = A_{m(n-m)}^{E\,*} \hat{Q}_{(n-m)}^E$$

（2）能源部门对各种能源消费实物量矩阵。

$$EZ_{mm} = A_{mm}^{E\,*} \hat{Q}_m^E$$

3. 非能源与能源部门各种能源消费效应分解模型。

（1）非能源部门各种能源消费效应分解模型。

$$\Delta EZ_{m(n-m)} = A_{m(n-m)}^{E_0\,*}\left(\hat{Q}_{(n-m)}^{E_1} - \hat{Q}_{(n-m)}^{E_0}\right) + \left(A_{m(n-m)}^{E_1\,*} - A_{m(n-m)}^{E_0\,*}\right)\hat{Q}_{(n-m)}^{E_1}$$

其中，$\Delta EZ_{m(n-m)}$ 为报告期与基期非能源部门对各种能源消费实物量的变动量矩阵；$\hat{Q}_{(n-m)}^{E_1}$、$\hat{Q}_{(n-m)}^{E_0}$ 分别为非能源部门报告期与基期的总产出对角矩阵；$A_{m(n-m)}^{E_1\,*}$、$A_{m(n-m)}^{E_0\,*}$ 分别为非能源部门报告期与基期的能源消费混合直接消耗系数矩阵；$A_{m(n-m)}^{E_0\,*}\left(\hat{Q}_{(n-m)}^{E_1} - \hat{Q}_{(n-m)}^{E_0}\right)$ 为非能源部门经济规模变动引致的各种能源消费效应矩阵；$\left(A_{m(n-m)}^{E_1\,*} - A_{m(n-m)}^{E_0\,*}\right)\hat{Q}_{(n-m)}^{E_1}$ 为非能源部门产业结构变动引致

的各种能源消费效应矩阵。

（2）能源部门各种能源消费效应分解模型。

$$\Delta EZ_{mm} = A_{mm}^{E_0^*}\left(\hat{Q}_m^{E_1} - \hat{Q}_m^{E_0}\right) + \left(A_{mm}^{E_1^*} - A_{mm}^{E_0^*}\right)\hat{Q}_m^{E_1}$$

其中，ΔEZ_{mm} 为报告期与基期能源部门对各种能源消费实物量的变动量矩阵；$\hat{Q}_m^{E_1}$、$\hat{Q}_m^{E_0}$ 分别为能源部门报告期与基期的总产出对角矩阵；$A_{mm}^{E_1^*}$、$A_{mm}^{E_0^*}$ 分别为能源部门报告期与基期的能源消费混合直接消耗系数矩阵；$A_{mm}^{E_0^*}\left(\hat{Q}_m^{E_1} - \hat{Q}_m^{E_0}\right)$ 为能源部门经济规模变动引致的各种能源消费效应矩阵；$\left(A_{mm}^{E_1^*} - A_{mm}^{E_0^*}\right)\hat{Q}_m^{E_1}$ 为能源部门产业结构变动引致的各种能源消费效应矩阵。

三、数据来源

由于投入产出表的基本表编制周期为 5 年，最新的基本型投入产出表为 2012 年，同时为与基于产出视角测算的产业结构变动对能源消费的影响在时间上尽可能保持一致，选择 2002 年、2007 年和 2012 年中国 30 个省份（西藏、香港、澳门及台湾因缺少数据剔除）的基本型投入产出表（42×42 部门）作为研究样本；数据来源于 2002 年、2007 年和 2012 年中国 30 个省份的《中国统计年鉴》投入产出表。2002 年、2007 年和 2012 年的煤炭、石油、电力和天然气等能源价格数据来源于 2003 年、2008 年和 2013 年《中国物价年鉴》。

第四节　产业结构变动的能源消费行业效应测算

根据构建的非能源部门与能源部门能源消费效应分解模型，基于中国 30 个省份 2002 年、2007 年和 2012 年的准面板投入产出表，运用指数分解的方法分别以 2002 年和 2007 年为基期进行整理和测算；得到 2007 年和 2012 年不同省份农业、采掘业、制造业、生产性服务业、房地产业和能源行业等产业结构变动对煤炭、石油、电力和天然气的影响方向和影响程度，为探讨产业结构变动的能源消费行业效应提供经验依据。同时，由于测算结果表现为不同时间、不同空间、不同行业、不同能源等多维度的特征，为更好地呈现出产业结构变动对能源消费影响的变化规律，使用 ArcGIS 软件对测算结果进行了立体化、集成化和可视化的展示（图略），以达到使用有限的图形呈现更多维度的效果。

一、产业结构变动的煤炭消费效应

2007 年、2012 年产业结构变动的煤炭消费空间和行业效应测算结果如表 6.4 和表 6.5 所示。

表 6.4　　　　　　　　　**2007 年产业结构变动的煤炭消费空间**

和行业效应测算结果　　　　　单位：万吨标准煤

省份	农业	采掘业	制造业	生产性服务业	房地产业	能源行业
安　徽	− 8.30	22.48	547.43	− 40.27	− 2.39	− 534.16
北　京	0.41	− 2.18	− 2 318.48	− 746.40	− 56.68	− 1 007.58
福　建	− 17.68	1.11	− 307.61	− 7.77	− 30.07	194.24
甘　肃	10.74	0.96	− 29.82	− 46.65	18.79	261.50
广　东	0.79	− 21.98	− 3 405.17	− 402.82	− 34.39	524.38
广　西	− 0.23	− 3.28	− 278.07	− 100.12	− 73.59	− 176.82
贵　州	− 19.61	1.98	− 116.43	19.36	− 22.78	− 418.37
海　南	0.00	− 0.82	− 87.19	− 170.13	26.74	− 96.66
河　北	− 203.62	− 0.10	325.95	− 502.00	− 172.06	1 409.63
河　南	− 0.28	2.44	− 536.21	− 23.81	0.61	837.17
黑龙江	− 22.35	7.26	− 124.25	− 40.63	− 50.29	− 221.81
湖　北	− 2.90	− 6.15	− 149.01	− 10.39	11.49	− 358.53
湖　南	− 55.17	6.32	− 240.38	− 13.29	− 133.66	− 506.35
吉　林	− 79.25	20.92	− 415.00	− 360.00	− 38.72	198.36
江　苏	2.67	− 17.52	1 381.26	− 64.66	− 20.28	124.43
江　西	− 17.04	− 37.35	− 97.55	− 87.95	− 34.00	− 37.94
辽　宁	9.47	42.04	− 168.83	− 84.74	− 70.29	− 473.22
内蒙古	13.49	− 60.46	− 301.09	− 74.77	− 34.46	− 2 225.43
宁　夏	− 0.44	0.87	17.15	− 16.18	0.77	− 224.14
青　海	0.96	7.03	− 57.66	0.20	29.91	− 164.90

续表

省份	农业	采掘业	制造业	生产性服务业	房地产业	能源行业
山 东	-163.53	-5.96	782.80	-123.80	-115.49	92.44
山 西	-0.75	-1.45	-487.00	-20.00	146.34	-2029.06
陕 西	1.12	1.02	41.52	-12.08	67.80	298.79
上 海	8.96	0.00	-1 587.11	-1 159.35	-5.82	-853.11
四 川	-156.48	-8.43	-287.22	27.21	-4.17	334.16
天 津	-0.07	2.07	-1 063.53	-187.63	-38.87	-377.66
新 疆	-2.04	10.88	31.77	224.88	-40.72	-154.68
云 南	-13.27	4.30	294.22	35.50	-152.09	-95.63
浙 江	-2.04	0.09	-1 793.69	-514.32	-5.19	-246.56
重 庆	-59.82	-2.97	-426.43	-43.92	-1.89	217.94

表 6.5　　　　　　　　　**2012 年产业结构变动的煤炭消费空间**

和行业效应测算结果　　　　单位：万吨标准煤

省份	农业	采掘业	制造业	生产性服务业	房地产业	能源行业
安 徽	-22.48	-78.34	-1 128.85	-2.04	81.60	-784.90
北 京	-6.87	17.97	-356.10	-7.00	-7.78	510.23
福 建	11.96	14.13	-29.44	0.01	-12.63	-550.61
甘 肃	-27.99	9.25	-91.42	22.65	-30.78	207.64
广 东	-2.32	-18.62	-7 972.37	-326.41	8.44	1 438.60
广 西	11.54	-5.40	-196.44	-92.41	35.13	-189.02
贵 州	-20.50	-2.39	337.74	-185.51	-45.20	680.33
海 南	24.83	0.28	-62.69	-14.64	-76.95	140.94
河 北	-90.90	-163.11	-134.44	48.00	-85.74	-3 418.04
河 南	-28.72	-24.21	-41.23	-41.89	-65.64	3 330.92
黑龙江	-24.04	-48.77	-83.99	33.11	10.95	1 310.06
湖 北	-16.09	9.23	533.45	-142.36	12.57	989.93
湖 南	-23.30	92.47	700.60	-60.76	-54.00	2 040.76
吉 林	-19.63	-80.70	-318.48	84.43	-10.64	-597.60
江 苏	10.27	103.30	-862.06	-105.48	293.58	14 586.89
江 西	-3.73	72.12	-55.48	-0.33	124.41	-395.34

省份	农业	采掘业	制造业	生产性服务业	房地产业	能源行业
辽 宁	-16.99	-70.55	-613.02	-2.13	-101.52	-92.18
内蒙古	-6.86	80.82	255.44	13.02	-30.18	3 827.08
宁 夏	-1.23	-0.24	172.43	-12.51	-7.11	544.73
青 海	-0.25	-7.23	33.10	-1.39	-76.47	761.11
山 东	-150.61	4.25	-1 401.11	-269.58	-21.34	2 903.42
山 西	4.63	-2.11	-64.41	-17.34	-773.61	1 498.92
陕 西	8.49	-3.72	27.39	-69.96	-91.67	1 666.05
上 海	-7.60	0.00	149.33	-91.09	15.72	19.46
四 川	-291.57	56.19	102.75	-66.35	57.61	3 143.11
天 津	21.14	-58.75	588.68	41.64	-31.61	1 028.67
新 疆	-11.28	-54.30	-71.19	-672.73	24.76	175.33
云 南	-20.39	-8.67	-439.22	-54.24	-4.37	296.49
浙 江	-3.08	4.04	-443.10	-0.41	123.74	-672.96
重 庆	0.05	5.65	-1 460.11	-28.50	-68.78	-328.54

从时间上来看，产业结构变动对煤炭消费的影响并没有表现出稳定的特征。2007 年产业结构变动对煤炭消费的影响主要表现为抑制效应，而且比较显著；抑制效应较大的行业主要是制造业、生产性服务业和能源行业，煤炭消费平均减少 361.89 万吨标准煤、151.57 万吨标准煤和 189.05 万吨标准煤。2012 年产业结构变动对煤炭消费的影响可能起到抑制效应，也可能起到拉动效应；总体来看拉动效应要大于抑制效应，拉动效应较大的行业主要是能源行业，煤炭消费平均增加 1 135.72 万吨标准煤。2012 年与 2007 年相比，产业结构变动对煤炭消费影响方向上呈现出截然相反的特征。

从空间上来看，产业结构变动对煤炭消费的影响呈现出东部和中部地区比较显著，而西部地区不够明显的特征。2007 年产业结构变动对煤炭消费影响较大的省份主要有北京、天津、河北、内蒙古、山西、山东、河南、江苏、上海、安徽、浙江、广东，平均减少 1 447.81 万吨标准煤。2012 年产业结构变动对煤炭消费影响较大的省份主要有内蒙古、河北、山东、江苏、河南、湖南、广东、四川，平均增加 2 167.59 万吨标准煤。2012 年与 2007 年相比，产业结构变动对煤炭消费的影响不仅方向上相反，而且影响较大的区域有所减少。

从行业上来看，产业结构变动对制造业、生产性服务业、能源行业的煤炭消费影响较大，对农业、采掘业、房地产业的煤炭消费影响较小。2007 年产业结构变动对制造业、生产性服务业、能源行业煤炭消费均有抑制效应且影响比较显著的省份主要有北京、上海、浙江；仅对能源行业煤炭消费有抑制效应且影响较小的省份主要有辽宁、黑龙江、山西、湖北、湖南、贵州、青海；对制造业煤炭消费有拉动效应的省份主要有山东、江苏、安徽。2012 年产业结构变动对能源行业煤炭消费有拉动效应且影响比较显著的省份主要有内蒙古、山东、江苏、河南、湖南、四川；对能源行业煤炭消费有拉动效应但对制造业煤炭消费有抑制效应的省份主要是广东。

整体来看，产业结构变动对煤炭消费的影响呈现出时间、空间和行业上的分异特征。从各行业中间投入即生产工艺来看，随着时间的推移，对煤炭消费的影响可能起到抑制效应，也可能起到拉动效应；无论是抑制效应还是拉动效应，东部和中部地区煤炭消费对各行业生产工艺变化的响应比较灵敏，西部地区煤炭消费对各行业生产工艺变化的响应比较迟缓；对制造业、生产性服务业、能源行业的煤炭消费影响较大，对农业、采掘业、房地产业的煤炭消费影响较小。

二、产业结构变动的石油消费效应

2007 年、2012 年产业结构变动的石油消费空间和行业效应测算结构如表 6.6 和表 6.7 所示。

表 6.6　　　　　　**2007 年产业结构变动的石油消费空间**

　　　　　　　　　　和行业效应测算结果　　　　　单位：万吨标准煤

省份	农业	采掘业	制造业	生产性服务业	房地产业	能源行业
安　徽	− 5.80	48.36	137.13	1 217.97	1.35	936.33
北　京	− 3.33	0.15	− 2 381.19	− 36.17	− 142.86	936.81
福　建	− 74.27	25.45	238.86	1 131.40	38.74	345.58
甘　肃	− 24.22	− 2.23	− 103.73	− 69.07	− 212.22	54.57
广　东	− 227.85	− 0.51	236.26	− 168.02	− 793.13	− 4 270.05
广　西	− 162.33	4.17	− 53.01	− 45.93	− 78.20	− 3.83

续表

省份	农业	采掘业	制造业	生产性服务业	房地产业	能源行业
贵 州	− 89.95	0.69	− 17.66	− 38.63	− 43.17	− 15.83
海 南	− 38.41	− 0.37	− 18.43	5.80	337.60	− 11.60
河 北	− 500.12	359.91	2 691.00	1 680.74	− 96.14	2 420.20
河 南	− 7.13	19.31	159.19	148.25	149.20	− 577.29
黑龙江	159.29	8.37	684.14	875.25	− 295.01	4 313.24
湖 北	− 22.72	21.42	170.04	42.02	4.28	− 35.09
湖 南	86.99	3.40	15.01	− 49.08	− 128.57	− 29.59
吉 林	− 102.77	20.03	67.71	563.48	52.60	637.55
江 苏	− 77.01	61.09	8 272.16	1 828.21	160.52	4 721.06
江 西	− 45.98	99.03	955.14	137.63	− 295.41	680.42
辽 宁	− 434.66	105.32	1 453.31	− 375.54	− 332.13	8 456.32
内蒙古	− 85.19	3 252.68	− 399.70	− 779.63	− 274.94	− 535.38
宁 夏	17.34	− 0.17	− 24.39	− 26.53	− 29.74	− 34.86
青 海	10.97	1.56	2.12	11.01	48.97	− 9.76
山 东	− 555.71	102.92	− 1 838.90	131.10	− 521.14	52.64
山 西	0.41	12.54	− 89.83	− 390.34	− 213.88	122.85
陕 西	30.31	− 13.82	− 84.49	− 186.35	− 333.45	92.71
上 海	20.94	0.00	959.93	1 361.57	20.14	3 902.39
四 川	63.59	− 0.59	− 398.39	− 50.87	− 588.82	84.99
天 津	− 34.79	0.87	− 72.08	866.13	− 153.04	1 290.33
新 疆	35.54	− 0.74	− 2.16	− 63.49	− 207.91	− 882.71
云 南	2.50	− 3.22	− 0.18	134.20	− 184.52	− 38.19
浙 江	− 136.75	125.37	1 621.29	1 608.55	− 973.48	4 336.58
重 庆	− 124.43	− 2.10	− 317.96	13.80	− 300.34	44.76

表 6.7　　　　　　**2012 年产业结构变动的石油消费空间**

和行业效应测算结果　　　单位：万吨标准煤

省份	农业	采掘业	制造业	生产性服务业	房地产业	能源行业
安 徽	− 45.00	− 90.84	− 564.80	− 408.58	249.42	− 939.17
北 京	− 7.18	18.36	− 744.41	− 328.61	− 247.56	260.03
福 建	507.89	81.90	460.99	− 457.04	− 199.38	747.23
甘 肃	− 4.96	39.50	571.95	327.06	73.61	3 474.80

续表

省份	农业	采掘业	制造业	生产性服务业	房地产业	能源行业
广　东	-50.35	143.72	2 695.21	7 209.58	204.63	9 575.26
广　西	-50.85	114.06	587.93	964.08	-109.86	2 128.92
贵　州	-13.23	8.16	231.78	806.58	-81.11	82.68
海　南	43.62	3.90	65.21	429.13	-1 019.32	2 781.75
河　北	-19.96	931.71	-3 434.71	-522.43	-581.12	20.86
河　南	-173.51	320.46	1 800.56	2 075.57	-722.82	2 514.21
黑龙江	-444.69	33.33	329.19	-359.13	-192.11	-957.39
湖　北	37.14	-92.15	-116.55	1 808.00	-251.25	1 584.15
湖　南	102.94	28.85	622.83	1 079.01	-253.33	2 167.20
吉　林	-208.47	-23.58	-1 340.78	-495.30	-163.22	-9.80
江　苏	58.19	-102.11	-14 360.21	-2 902.17	-602.28	5 029.85
江　西	-30.25	-284.37	-2 937.05	7.83	213.43	-424.27
辽　宁	-42.74	-16.50	-418.08	-288.94	-319.58	-1 563.16
内蒙古	-43.02	-8 945.25	31.94	2 312.32	201.18	654.51
宁　夏	-41.25	0.85	400.74	222.47	159.66	1 248.17
青　海	-32.65	12.38	278.38	-3.22	-86.82	447.20
山　东	-265.71	302.11	9 405.72	3 954.28	357.66	23 412.42
山　西	19.29	-84.38	-449.13	915.15	-317.91	-557.18
陕　西	83.86	51.29	335.23	399.73	50.17	3 663.64
上　海	-32.58	0.00	1 129.85	3 832.03	-210.65	-504.59
四　川	18.09	358.97	1 767.09	529.86	-126.42	3 722.23
天　津	-31.13	180.85	569.22	105.08	-39.91	968.48
新　疆	-120.68	121.70	1 035.63	1 409.07	-248.38	5 911.77
云　南	-51.33	134.20	694.58	73.06	-576.92	139.25
浙　江	-487.07	-71.97	-77.21	-1 853.73	154.38	-2 564.84
重　庆	23.59	92.11	606.32	329.16	294.21	183.18

　　从时间上来看，产业结构变动对石油消费的影响表现出较为稳定的特征。2007 年产业结构变动对石油消费的影响主要表现为拉动效应，而且比较显著；受到拉动效应比较明显的行业主要是能源行业、制造业和生产性服务业，石油消费平均增加 899.51 万吨标准煤、395.37 万吨标准煤和 315.92 万吨标准煤。2012 年产业结构变动对石油消费的影响同样主要表现为拉动效应，受

到拉动效应比较明显的行业主要是能源行业和生产性服务业,石油消费平均增加 2 106.58 万吨标准煤和 705.66 万吨标准煤。2012 年与 2007 年相比,产业结构变动对石油消费影响方向上呈现出基本相同的特征。

从空间上来看,产业结构变动对石油消费的影响呈现出东部地区比较显著,而中部和西部省份不够明显的特征。2007 年产业结构变动对石油消费影响较大的省份主要有北京、天津、河北、黑龙江、内蒙古、山东、江苏、上海、浙江、广东,平均增加 2 644.19 万吨标准煤。2012 年产业结构变动对石油消费影响较大的省份主要有山东、江苏、上海、广东,平均增加 12 069.96 万吨标准煤。2012 年与 2007 年相比,虽然产业结构变动对石油消费影响较大的区域有所减少,但对东南沿海省份的影响比较稳定且更加集中。

从行业上来看,产业结构变动对制造业、生产性服务业、能源行业的石油消费影响较大,对农业、采掘业、房地产业的石油消费影响较小。2007 年产业结构变动对制造业、生产性服务业、能源行业石油消费均有拉动效应且影响比较显著的省份主要有河北、辽宁、江苏、上海、浙江,仅对能源行业石油消费有拉动效应的省份主要有黑龙江,仅对生产性服务业石油消费有拉动效应的省份主要有安徽和福建,仅对采掘业石油消费有拉动效应的省份主要有内蒙古。除此之外,产业结构变动对石油消费的影响表现为抑制效应的省份主要有广东,对应的行业是能源行业。2012 年产业结构变动对能源行业石油消费有拉动效应且影响比较显著的省份主要有山东、江苏、广东、四川、新疆;对采掘业石油消费有抑制效应的省份主要是内蒙古。

整体来看,产业结构变动对石油消费的影响呈现出时间、空间和行业上比较稳定的特征。从各行业中间投入即生产工艺来看,随着时间的推移,对石油消费的影响在大部分地区和大部分行业起到拉动效应;其中,东部地区石油消费对各行业生产工艺变化的响应比较灵敏,中部和西部地区石油消费对各行业生产工艺变化的响应比较迟缓;对制造业、生产性服务业、能源行业的石油消费影响较大,对农业、采掘业、房地产业的石油消费影响较小。

三、产业结构变动的电力消费效应

2007 年、2012 年产业结构变动的电力消费空间和行业效应测算结果如表 6.8 和表 6.9 所示。

表 6.8   **2007 年产业结构变动的电力消费空间**

和行业效应测算结果   单位：万吨标准煤

省份	农业	采掘业	制造业	生产性服务业	房地产业	能源行业
安 徽	76.13	99.87	1 013.09	252.41	41.59	- 115.82
北 京	- 33.97	3.85	456.44	- 433.15	- 33.94	2743.93
福 建	- 6.44	58.19	1 253.43	227.79	36.38	515.11
甘 肃	- 35.39	- 3.79	- 82.61	6.46	35.33	- 551.70
广 东	- 456.46	0.09	- 677.17	- 1 738.63	1 923.34	2 037.31
广 西	- 1.79	- 3.09	- 26.93	- 111.76	28.96	1 330.46
贵 州	- 29.91	- 0.39	- 52.59	- 3.86	100.45	779.06
海 南	- 16.13	- 0.82	- 62.86	- 44.17	117.08	- 185.95
河 北	168.02	414.68	4 183.09	1 643.77	164.71	- 508.94
河 南	31.57	8.81	- 716.39	117.41	269.20	128.90
黑龙江	- 20.15	21.72	436.96	- 111.72	- 117.04	1 233.93
湖 北	- 10.24	- 0.82	- 36.81	- 58.07	- 10.55	- 96.52
湖 南	48.36	0.10	- 92.07	5.18	16.58	- 1 007.57
吉 林	- 24.97	55.66	932.58	321.46	84.31	395.14
江 苏	- 145.34	96.96	6 174.69	- 828.66	- 408.40	- 745.01
江 西	- 28.62	209.95	1 078.27	- 31.25	- 88.56	274.31
辽 宁	- 100.41	158.14	1 469.22	- 386.87	- 51.69	2 009.36
内蒙古	- 50.32	- 306.39	- 952.85	- 72.99	- 11.97	- 176.87
宁 夏	6.53	- 0.38	- 15.34	- 17.91	- 0.55	400.49
青 海	- 8.33	0.02	- 29.82	- 0.62	0.42	218.61
山 东	- 62.15	- 10.65	- 322.85	183.87	- 102.79	1 872.96
山 西	6.65	12.52	- 363.46	- 251.51	- 56.57	- 180.59
陕 西	- 35.44	- 0.58	- 8.86	- 397.98	- 95.37	262.61
上 海	13.07	0.00	2 936.05	46.08	722.60	816.80
四 川	- 91.29	- 15.22	- 257.33	- 166.26	18.05	493.67
天 津	- 11.91	6.04	1 000.72	- 122.78	127.96	874.09
新 疆	- 18.22	- 0.89	- 7.73	- 6.76	- 42.60	- 33.84
云 南	- 42.33	- 0.90	- 31.18	- 16.08	127.82	194.53
浙 江	- 63.45	104.63	5 036.77	- 425.36	98.79	3 107.35
重 庆	- 57.18	- 0.32	- 268.97	- 95.55	341.50	236.88

表 6.9　　　　　　　　　**2012 年产业结构变动的电力消费空间**

和行业效应测算结果　　　　　单位：万吨标准煤

省份	农业	采掘业	制造业	生产性服务业	房地产业	能源行业
安　徽	-64.78	-62.97	-917.23	-450.30	272.62	233.35
北　京	-4.20	-69.23	-429.25	-227.02	-120.91	-568.40
福　建	83.75	-10.35	326.58	-269.62	-212.52	-2 031.69
甘　肃	26.15	62.61	1 301.60	87.67	-19.02	-659.67
广　东	-50.12	239.29	8 677.89	1 677.07	-4 930.36	-2 563.28
广　西	11.35	260.93	1 449.82	7.77	-50.53	-526.72
贵　州	21.29	26.11	1 022.19	36.44	-122.16	-516.85
海　南	18.82	23.53	195.30	108.06	-443.94	115.54
河　北	-478.29	-225.49	-2 290.41	-2 361.93	-541.95	1201.97
河　南	-72.27	749.25	5 108.56	-295.06	-795.07	-3 265.03
黑龙江	-35.66	-92.50	-290.14	-128.25	-78.14	-1 116.50
湖　北	-129.14	259.65	5 056.07	-190.19	1 007.83	2 633.73
湖　南	-48.49	302.28	2 324.54	-306.29	-321.78	-42.50
吉　林	-165.97	-113.75	-1 372.18	-915.94	-60.04	-1 461.34
江　苏	-14.80	-137.83	-2 466.24	-198.91	448.77	-2 094.33
江　西	9.28	-27.21	45.79	-444.63	199.92	649.07
辽　宁	-31.26	-235.34	-1 034.32	-206.95	-90.24	-1 827.02
内蒙古	-39.20	31.88	-1 049.30	-61.99	-57.36	-640.70
宁　夏	1.52	0.25	849.40	1.84	262.45	-221.83
青　海	-0.84	14.88	844.52	-27.59	36.97	-618.22
山　东	-368.17	694.21	14 969.82	-309.92	526.23	86.13
山　西	-44.53	-91.68	472.35	-218.95	-146.00	-223.44
陕　西	-4.06	130.37	1 570.54	-81.92	117.33	1 316.83
上　海	-6.94	0.00	-1 631.02	-59.37	-1 135.03	958.46
四　川	19.17	409.66	2 928.90	-4.76	75.92	4 301.71
天　津	13.94	-277.91	-923.95	-72.52	-395.50	-105.21
新　疆	3.98	79.33	581.24	-17.12	12.44	306.38
云　南	47.17	256.92	1 077.08	77.37	-297.50	-589.33
浙　江	-177.44	-1.79	-1 343.10	-482.73	-712.44	-1 299.21
重　庆	38.59	89.03	1 890.57	-18.77	-647.98	135.05

从时间上来看，产业结构变动对电力消费的影响并没有表现出稳定的特征。2007 年产业结构变动对电力消费的影响主要表现为拉动效应，而且比较显著；受到拉动效应比较明显的行业主要是制造业和能源行业，电力消费平均增加 732.18 万吨标准煤和 544.09 万吨标准煤。2012 年产业结构变动对电力消费的影响同样主要表现为拉动效应，受到拉动效应比较明显的行业主要是制造业，电力消费平均增加 1 231.52 万吨标准煤。2012 年与 2007 年相比，产业结构变动对电力消费影响无论在行业上还是在区域上均呈现出较大的变化。

从空间上来看，产业结构变动对电力消费影响比较显著的区域呈现出由东部地区向中部地区转移，而西部地区不够明显的特征。2007 年产业结构变动对电力消费影响较大的省份主要有黑龙江、吉林、辽宁、北京、天津、河北、山东、江苏、上海、浙江、福建、广东、广西，平均增加 3 033.31 万吨标准煤。2012 年产业结构变动对电力消费影响较大的省份主要有山东、河南、湖北、湖南、四川、广东，平均增加 6 392.58 万吨标准煤。2012 年与 2007 年相比，产业结构变动对电力消费影响较大的区域明显的存在由东部地区向中部地区转移的趋势。

从行业上来看，产业结构变动对制造业、能源行业的电力消费影响较大，对农业、采掘业、生产性服务业、房地产业的电力消费影响较小。2007 年产业结构变动对制造业、能源行业电力消费均有拉动效应且影响比较显著的省份主要有辽宁和浙江，仅对制造业电力消费有拉动效应的省份主要有福建和江西，仅对能源行业电力消费有拉动效应的省份主要有北京、山东、广西、贵州，仅对房地产业电力消费有拉动效应的省份主要有上海和广东。除此之外，产业结构变动对电力消费的影响表现为抑制效应的省份主要有广东，对应的行业是房地产业。2012 年产业结构变动对制造业电力消费有拉动效应且比较显著的省份主要有山东、河南、湖北、湖南、广东；对房地产业电力消费有抑制效应的省份主要是广东。

整体来看，产业结构变动对电力消费的影响在时间上不够稳定，但在空间和行业上呈现出比较明显的规律。从各行业中间投入即生产工艺来看，随着时间的推移，对电力消费的影响在大部分地区和大部分行业可能起到拉动效应。其中，东部和中部地区电力消费对各行业生产工艺变化的响应比较灵敏，西部地区电力消费对各行业生产工艺变化的响应比较迟缓；对制造业、能源行业的电力消费影响较大，对农业、采掘业、生产性服务业、房地产业的电力消费影响较小。

四、产业结构变动的天然气消费效应

2007 年、2012 年产业结构变动的天然气消费空间和行业效应测算结果如表 6.10 和表 6.11 所示。

表 6.10　　　　　　2007 年产业结构变动的天然气消费空间
和行业效应测算结果　　　　单位：万吨标准煤

省份	农业	采掘业	制造业	生产性服务业	房地产业	能源行业
安　徽	0.00	1.34	− 8.93	− 2.54	0.01	− 16.88
北　京	0.06	0.00	− 174.21	− 690.07	− 11.98	− 13.80
福　建	− 2.64	− 0.14	− 335.25	− 1.58	7.10	− 1.72
甘　肃	0.04	0.43	− 3.49	6.37	− 1.11	− 1.51
广　东	− 5.54	− 4.65	1 552.46	183.12	1.20	− 206.32
广　西	0.12	− 1.13	− 54.33	− 2.62	0.17	− 3.21
贵　州	0.00	− 0.15	− 5.04	2.82	0.37	13.80
海　南	0.02	− 0.02	19.89	1.42	− 0.64	10.58
河　北	− 1.40	− 3.03	86.35	− 13.23	− 1.76	− 15.27
河　南	0.00	0.40	− 108.36	− 7.66	0.75	70.08
黑龙江	0.91	− 1.05	− 38.16	− 63.34	− 0.17	33.15
湖　北	− 0.10	0.69	1 078.99	85.48	− 0.01	26.23
湖　南	0.57	− 4.77	− 18.50	8.47	0.24	13.93
吉　林	− 0.03	− 0.29	− 56.25	− 0.84	0.70	− 47.82
江　苏	− 2.14	3.89	153.27	− 7.33	2.33	− 251.09
江　西	0.68	12.72	− 43.04	− 3.93	− 0.47	0.73
辽　宁	1.65	0.22	− 82.82	− 125.63	3.62	− 12.19
内蒙古	− 13.86	0.30	− 63.39	− 6.37	9.13	− 32.35
宁　夏	0.00	0.33	0.52	4.96	0.02	3.37
青　海	0.00	5.80	− 29.17	2.25	− 6.53	− 0.57
山　东	− 0.51	− 3.25	301.83	220.87	1.26	7.83
山　西	0.00	0.45	− 50.20	− 5.34	− 1.53	0.01
陕　西	− 2.33	2.91	− 21.66	− 5.77	0.00	− 120.04

续表

省份	农业	采掘业	制造业	生产性服务业	房地产业	能源行业
上 海	18.21	0.00	-110.64	-104.89	14.55	84.61
四 川	0.00	0.26	-45.35	5.70	33.08	73.99
天 津	-0.02	0.00	-125.35	-5.06	-2.48	-10.05
新 疆	0.00	0.42	-8.42	-46.94	-0.02	-16.78
云 南	-2.86	-2.29	-23.25	0.83	0.20	-17.32
浙 江	0.32	5.90	105.14	15.48	8.33	65.59
重 庆	-0.08	0.02	-46.86	1.89	-10.13	-3.41

表 6.11　　　　　　　　　2012 年产业结构变动的天然气消费空间
和行业效应测算结果　　　　　　单位：万吨标准煤

省份	农业	采掘业	制造业	生产性服务业	房地产业	能源行业
安 徽	0.00	-5.17	-15.19	41.52	2.20	219.16
北 京	0.16	2.65	-3.22	114.66	84.02	-56.33
福 建	53.66	0.15	-21.77	128.32	-18.84	217.78
甘 肃	-0.09	-1.44	-19.08	55.43	15.39	-0.13
广 东	5.30	-0.74	-4 467.99	-845.28	-0.31	-497.66
广 西	-0.20	-3.44	-47.26	-5.56	-0.32	-4.98
贵 州	0.00	-0.32	-19.62	31.90	-1.18	-17.37
海 南	4.12	-0.01	-66.53	16.49	0.21	-56.34
河 北	0.09	-70.65	-367.56	251.75	1.17	-155.93
河 南	0.00	-14.92	-188.77	127.99	-1.83	-31.24
黑龙江	-0.98	0.00	-23.18	19.87	-0.47	-116.32
湖 北	6.60	-9.18	-3 349.29	-26.36	0.32	-160.88
湖 南	-0.33	-9.52	-107.38	-12.08	-2.01	100.29
吉 林	362.26	-1.59	-46.36	4.97	-1.77	24.87
江 苏	-1.42	-12.66	-623.78	233.37	-3.23	1 988.85
江 西	-0.87	-53.18	-28.68	2.18	-0.03	108.69
辽 宁	-0.68	-11.32	-220.53	28.70	-7.77	-71.90
内蒙古	0.00	-0.80	-104.65	420.05	-34.04	453.03
宁 夏	0.00	-0.13	-6.98	74.14	7.16	-17.86

续表

省份	农业	采掘业	制造业	生产性服务业	房地产业	能源行业
青　海	0.00	-9.33	-14.66	60.29	0.00	1.12
山　东	0.00	-3.34	-1 220.51	-306.88	-3.07	5.87
山　西	0.00	-10.48	39.27	94.66	5.24	191.21
陕　西	-9.95	-6.77	-44.81	547.47	10.99	41.13
上　海	-17.16	0.00	-79.94	-19.71	12.34	-105.85
四　川	0.82	42.31	64.28	-5.10	-30.13	-159.77
天　津	7.93	0.00	-65.24	17.58	0.29	-53.32
新　疆	0.02	-0.91	-6.95	87.38	18.36	-3.36
云　南	0.40	10.63	17.33	-48.88	1.45	74.47
浙　江	-0.53	-5.19	-354.68	12.27	-24.05	-102.59
重　庆	0.00	-0.11	-71.69	79.06	-0.46	-48.10

从时间上来看，产业结构变动对天然气消费的影响并没有表现出稳定的特征。2007 年产业结构变动对天然气消费的影响既表现为拉动效应又表现为抑制效应，而且仅在部分区域比较显著；其中拉动效应比较明显的行业主要是制造业，天然气消费平均增加 61.53 万吨标准煤，抑制效应比较明显的行业主要是生产性服务业，天然气消费平均减少 18.45 万吨标准煤。2012 年产业结构变动对天然气消费的影响同样既表现为拉动效应又表现为抑制效应，其中拉动效应比较明显的行业主要是能源行业，天然气消费平均增加 58.89 万吨标准煤；抑制效应比较明显的行业主要是制造业，天然气消费平均减少 382.18 万吨标准煤。2012 年与 2007 年相比，产业结构变动对天然气消费在影响方向呈现出较大的变化。

从空间上来看，产业结构变动对天然气消费影响比较显著的区域相对固定。2007 年产业结构变动对天然气消费影响较大的省份主要有北京、山东、湖北、广东，平均增加 587.39 万吨标准煤。2012 年产业结构变动对天然气消费影响较大的省份主要有内蒙古、山东、江苏、湖北、广东，平均减少 1 711.73 万吨标准煤。2012 年与 2007 年相比，产业结构变动对天然气消费影响较大的区域主要集中在山东、湖北和广东等省份。

从行业上来看，产业结构变动对制造业、生产性服务业的天然气消费影响较大，对农业、采掘业、房地产业、能源行业的天然气消费影响较小。

2007 年产业结构变动对制造业、生产性服务业天然气消费均有拉动效应且影响比较显著的省份主要有山东、湖北、广东，仅对制造业天然气消费有拉动效应的省份主要有江苏和浙江；除此之外，产业结构变动对天然气消费的影响表现为抑制效应的省份主要有北京，对应的行业是生产性服务业。2012 年产业结构变动对制造业天然气消费有抑制效应且比较显著的省份主要有山东、湖北、广东；对房地产业天然气消费有抑制效应的省份主要是广东；对制造业天然气消费有抑制效应但对能源行业天然气消费有拉动效应的省份是江苏；对生产性服务业和能源行业天然气能源消费均有拉动效应的省份是内蒙古。

整体来看，产业结构变动对天然气消费的影响在时间上不够稳定，但在空间和行业上呈现出比较明显的规律。从各行业来看，随着时间的推移，对天然气消费的影响先呈现出拉动效应再呈现出抑制效应，其中，山东、湖北、广东等省份天然气消费对各行业生产工艺变化的响应比较灵敏，其他省份天然气消费对各行业生产工艺变化的响应比较迟缓；对制造业、生产性服务业的天然气消费影响较大，对农业、采掘业、房地产业、能源行业的天然气消费影响较小。

第五节　本章小结

本章分别从产出视角和投入视角构建产业结构变动的能源消费效应模型，运用地理加权模型侧重于测算产业结构变动的能源消费时间和空间效应，运用非能源与能源部门能源消费分解模型侧重于测算产业结构变动的能源消费行业效应，得到的结论主要有：

第一，人均能源消费水平和能源消费结构呈现北方"高—高"集聚，南方"低—低"集聚的分布特征，邻近省份空间相关性较强，空间联系的紧密程度在提升。产业结构变动形成以长三角为中心的辐射格局，对周边省份产业结构合理化和产业结构高级化的发展带动作用明显，以珠三角为中心的辐射格局并未形成，对周边产业结构调整的带动作用有限。

第二，中国不同区域产业结构变动对能源消费的影响存在着显著的时空差异。产业结构变动对能源消费影响较大的区域是西南和西北地区，影响较小的区域是东北和东南沿海地区；且随着时间的推移，影响较大的区域向华北地区转移，西南、西北和华北地区逐渐形成连片的特征。整体来看，现阶段产业结构合理化和产业结构高级化对能源消费的影响处于上升的区间，对节能降耗的作用不明显，没有达到理论预期。

第三，在控制变量中，经济增长对能源消费的拉动效应西部地区要大于东部和中部地区；城镇化对能源消费的拉动效应南方要高于北方；技术进步对能源消费的抑制效应北方要高于南方；能源消费结构的调整空间西部和北方地区要大于东南沿海地区；对外开放程度对能源消费的刺激作用东南沿海地区要高于东北和西北地区。

第四，理论研究表明，改进生产工艺通常是降低能源消费的主要途径，这一点基本已成为学术界关于减排问题的共识。然而，基于投入视角（生产工艺变化）分析产业结构变动对煤炭、石油、电力、天然气等常规能源消费的影响可以得出，通过改进生产工艺调整产业结构对煤炭、石油、电力、天然气的影响在时间上、空间上、行业上均有比较明显的差异，可能起到抑制效应也可能起到拉动效应。

第五，从时间上看，除了 2007 年、2012 年产业结构变动对煤炭和对天然气的影响表现为抑制效应外，其他时间产业结构变动对煤炭、石油、电力、天然气等能源消费的影响主要表现为拉动效应。可见，各地区、各行业所提出的改进生产工艺、调整产业结构的措施不仅没有降低单位产出的能源消费，反而进一步提高了单位产出的能耗水平；这折射出要么产业政策科学制定了但没有得到有效的落实，要么产业政策本身存在着问题虽然落实了但没有达到预期目标。从空间上看，产业结构变动对东部地区的能源消费影响较大，对西部地区的能源消费影响较小，同时，随着时间推移，影响较大的区域由东部地区向中部地区转移。这表明，一方面在产业政策落实方面东部和中部地区要高于西部地区，另一方面验证了经济发展与能源消费之间存在着显著的正相关关系，而近年来经济发展的驱动中心由东部地区向中部地区转移可能是导致能源消费影响较大的区域由东部地区向中部地区转移的重要原因。从行业上看，产业结构变动对能源消费影响较大的行业是制造业、生产性服务业、能源行业，对能源消费影响较小的行业是农业、采掘业、房地产业，这表明在行业节能方面不仅要关注传统的制造业和能源行业对能源消费的较大影响，还要关注生产性服务业在减少能源消费方面的较大潜力和空间。从能源消费类型上看，产业结构变动对煤炭、石油、电力消费的影响相对较大，对天然气消费的影响相对较小，主要原因是中国的电力消费大部分是火力发电，而火力发电的能源是煤炭，因此，综合来看中国经济发展对煤炭和石油的消费依赖程度仍然较高，产业结构调整的方向是降低煤炭和石油消费的比重。

第六，在不同时间、不同空间和不同行业上通过改进生产工艺调整产业结构对能源消费的影响与理论预期并不一致，这反映出产业结构变动对能源消费影响的复杂性和现实性。虽然如此，通过运用面板投入产出表从不同时间、不同区域、不同行业、不同能源的四维度分析，可以归纳出产业结构变动对能源消费影响的基本特征和规律，即经济发展水平较高的地区，产业结构变动对能源消费影响的程度较高，区域政策调整的实施效果越明显；能源消费水平较高的行业，产业结构变动对能源消费影响的程度较高，行业政策调整的实施效果越明显。

第七章　能源消费变动的生态
环境效应测算

　　本章是对产业结构变动的能源消费效应研究在逻辑上的传承和在内容上的扩展，研究思路与第六章基本相同，分别从产出视角和投入视角两个层面构建模型测算能源消费变动的生态环境效应。由于生态环境是一个抽象而又复杂的概念，目前在生态环境的表征上以单一污染物排放为主要选择，对生态环境问题使用单维度指标衡量的较多，从不同层面、不同角度进行全面衡量的较少。为了更加客观、全面地反映生态环境的变化，同时考虑到数据的可获得性，基于产出视角测算能源消费变动的生态环境效应时，主要选择工业废水排放量、工业二氧化硫排放量、工业粉尘排放量、工业废气排放量和工业固体废物产生量等来表征生态环境；基于投入视角测算能源消费变动的生态环境效应时，以非能源部门与能源部门在生产过程中消耗煤炭、石油、电力和天然气所排放的氮氧化物、二氧化硫和烟尘表征生态环境。

　　基于产出视角测算能源消费变动的生态环境效应的研究重点是：（1）在设定空间权重矩阵的基础上，较为系统地对空间面板模型进行归纳、比较，并对模型的适应性进行分析；然后运用相关检验方法对空间相关性和空间面板模型的形式进行检验和识别，提高模型选择的合理性、可靠性和准确性；再利用不同污染物作为被解释变量估计空间面板模型的直接效应和空间溢出效应，验证模型的统计显著性和应用中的稳定性。（2）借助中国30个省份2000～2017年的面板数据，根据空间面板模型识别检验的结果选择适配的空间面板模型估计能源消费规模与能源消费结构对生态环境的影响，并将能源消费规模与能源消费结构对生态环境的直接效应与空间溢出效应进行分解。基于投入视角测算能源消费变动的生态环境效应的研究重点是：（1）在对能源型投入产出表嵌入"环境污染物排放"模块的基础上编制环境型投入产出表，推算非能源部门与能源部门的能源消费结构，并根据指数分解法推导非能源部门与能源部门能源消费规模变动和能源消费结构变动的生态环境效应分解模型。（2）借助 2002 年、2007 年和 2012 年中国 30 个省份环境型投入产出表的准面板数据，以 2002 年和 2007 年为基期根据非能源部门与能源部门能源消费变动的生态环境效应分解模型测算 2007 年和 2012 年农业、采掘业、制造业、生产性服务业、房地产业和能源行业在生产过程中由于消耗煤炭、石油、电力和天然气所引致的氮氧化物、二氧化硫和烟尘排放效应。

第一节 能源消费变动的生态环境效应空间计量模型构建

一、空间权重矩阵设定

空间计量模型的演变过程与空间权重矩阵的发展变化相伴随，空间模型估计的有效性是建立在空间结构能够被正确反映的情况下。本研究在第六章中对空间权重矩阵按照基于绝对位置和相对位置进行分类，其中：基于绝对位置的空间权重矩阵包括 0 - 1 权重矩阵、K - 近邻权重矩阵、反距离空间权重矩阵、Dacey 权重矩阵、Cliff-Ord 权重矩阵；基于相对位置的空间权重矩阵包括经济空间权重矩阵、协动空间权重矩阵、嵌套权重矩阵、引力空间权重矩阵、一般可达性权重矩阵。绝对位置通常以边界、公共点、经纬坐标等因素衡量；相对位置则通常以经济、贸易、交通等因素衡量，随技术、时间等的变化而变化。因此，基于绝对位置的空间权重矩阵的构造方式仅仅只考虑地区之间因为地理位置而可能产生的空间依赖性，但随着经济化、信息化、网络化等的飞速发展，地区之间的相互联系更多地体现在一些非地理因素方面，如技术、创新、资本、消费等。选择基于相对位置的空间权重矩阵更加接近区域经济的现实，适用于能源与环境等问题的研究。综合对空间权重矩阵的内涵以及各自的特点分析，结合本章内容的研究需要，因此在研究能源消费变动的生态环境效应时仍然选择经济空间权重矩阵作为空间计量模型中使用的空间权重矩阵。

二、空间面板模型设定

空间数据打破了两个假设：空间异质性，打破了经典计量要求的所有样本都来自同一总体的假设；空间依赖性（空间相关性），打破了经典计量要求的所有样本都是相互独立的假设，导致 OLS 估计不再是有效的估计，通常的统计推断不再适用。在处理空间数据时，要引入一些合适的空间计量方法，即对经典计量技术进行修改以适用于空间数据分析。与标准的线性回归模型相比，空间计量模型主要研究不同空间单位之间的空间互动效应，通常对空间互动效应分为三种类型：即被解释变量之间存在的内生交互效应、解释变量之间存在的外生交互效应、误差项之间存在的交互效应。根据空间计量模型带有的交互效应数量不同，可以将现有 7 种空间计量模型归纳为 3 种类型。

（一）带有三种类型交互效应的空间面板模型

主要有广义嵌套空间模型（GNS），即：

$$Y_t = \rho WY_t + \alpha \iota_N + X_t \beta + WX_t \theta + \mu_i + \xi_t + u_t$$
$$u_t = \lambda Wu_t + \varepsilon_t$$

其中，WY_t 是被解释变量之间存在的内生交互效应；WX_t 是解释变量之间存在的外生交互效应；Wu_t 是不同单位的干扰项之间存在的交互效应。ρ 是空间自回归系数；λ 是空间自相关系数；β 和 θ 是 $K \times 1$ 阶固定且未知的需要估计的参数向量；ι_N 是 $N \times 1$ 阶单位向量；α 是被估计的常数项参数；μ_i 是空间特定效应，是对非时变变量的控制，如果省略它们，则有可能导致对一个典型的横截面研究模型估计的偏误；ξ_t 是时间特定效应，是对非空间变异变量的控制，如果省略它们，则有可能导致对一个典型的时间序列研究模型估计的偏误；W 是空间权重矩阵，描述样本中单位的空间组合。由于 GNS 模型包括了所有类型的交互效应，其他空间计量模型可以通过对 GNS 模型施加一个或多个参数约束而得到，所以其他空间计量模型的符合含义与 GNS 模型相同（Elhorst，2014）。

（二）带有两种类型交互效应的空间面板模型

1. 空间杜宾模型（SDM）。

$$Y_t = \rho WY_t + \alpha \iota_N + X_t \beta + WX_t \theta + \mu_i + \xi_t + u_t$$

当 $\lambda = 0$ 时，广义嵌套空间模型（GNS）可转换为空间杜宾模型（SDM），与 GNS 模型相比，SDM 模型包括内生交互效应和外生交互效应，不包括干扰项之间存在的交互效应。

2. 空间杜宾误差模型（SDEM）。

$$Y_t = \alpha\iota_N + X_t\beta + WX_t\theta + \mu_i + \xi_t + u_t$$
$$u_t = \lambda Wu_t + \varepsilon_t$$

当 $\rho = 0$ 时，广义嵌套空间模型（GNS）可转换为空间杜宾误差模型（SDEM），与 GNS 模型相比，SDEM 模型包括外生交互效应和干扰项之间存在的交互效应，不包括内生交互效应。

3. 广义空间模型（SAC）。

$$Y_t = \rho WY_t + \alpha\iota_N + X_t\beta + \mu_i + \xi_t + u_t$$
$$u_t = \lambda Wu_t + \varepsilon_t$$

当 $\theta = 0$ 时，广义嵌套空间模型（GNS）可转换为广义空间模型（SAC），与 GNS 模型相比，SAC 模型包括内生交互效应和干扰项之间存在的交互效应，不包括外生交互效应。

（三）带有一种类型交互效应的空间面板模型

1. 空间滞后模型（SAR，SLM）。

$$Y_t = \rho WY_t + \alpha\iota + X_t\beta + \mu_i + \xi_t + u_t$$

当 $\theta = 0$ 且 $\lambda = 0$ 时，广义嵌套空间模型（GNS）可转换为空间滞后模型（SLM）；或者当 $\lambda = 0$ 时，广义空间模型（SAC）可转换为空间滞后模型（SLM）；与 GNS 模型和 SAC 模型相比，SLM 模型仅包括内生交互效应。

2. 空间误差模型（SEM）。

$$Y_t = \alpha\iota_N + X_t\beta + \mu_i + \xi_t + u_t$$
$$u_t = \lambda Wu_t + \varepsilon_t$$

当 $\rho = 0$ 且 $\theta = 0$ 时，广义嵌套空间模型（GNS）可转换为空间误差模型（SEM）；或者当 $\theta = 0$ 时，空间杜宾误差模型（SDEM）可转换为空间误差模型（SEM）；与 GNS 模型和 SDEM 模型相比，SEM 模型仅包括干扰项之间存在的交互效应。

3. 自变量空间滞后模型（SLX）。

$$Y_t = \alpha\iota_N + X_t\beta + WX_t\theta + \mu_i + \xi_t + u_t$$

当 $\rho = 0$ 且 $\lambda = 0$ 时，广义嵌套空间模型（GNS）可转换为自变量空间滞后模型（SLX）；或者当 $\rho = 0$ 时，空间杜宾模型（SDM）可转换为自变量空间滞后模型（SLX）；与 GNS 模型和 SDM 模型相比，SLX 模型仅包括外生交互效应。

（四）模型适应性分析

最初，空间计量经济学重点关注带有一种类型交互效应的空间滞后模型（SLM）和空间误差模型（SEM），这两种模型目前应用比较广泛，主要优势在于有相对完善的识别检验方法和模型估计方法；SLM 模型和 SEM 模型的识别检验方法主要有拉格朗日乘数检验（LM）、稳健的拉格朗日乘数检验（R-LM），两种模型的估计方法都是极大似然估计法（ML）；然而与 SDM、SDEM 和 GNS 模型相比，SLM、SEM 和 SAC 模型可能不会产生溢出效应或者产生错误的溢出效应。虽然空间计量模型的研究重点应该转移到空间杜宾模型（SDM）和空间杜宾误差模型（SDEM），由于 SDM 和 SDEM 模型不是嵌套关系，因此对这两种模型的识别检验程序仍然缺乏，同时这两种模型都会产生可以在数值上和显著性上进行相互比较的溢出效应，因为被解释变量之间的交互效应和干扰项之间的交互效应都只能是弱识别的；与 SDEM 模型相比，SDM 模型的识别检验方法主要有拉格朗日乘数检验（LM）、稳健的拉格朗日乘数检验（R-LM）和 Wald 检验。广义嵌套空间模型（GNS）会导致出现一个过度参数化的问题，估计结果就是所有变量的显著性水平都倾向于下降，使得估计结果偏离实际情况。SLX 模型不仅嵌套于 SDM 模型中，而且其对数似然函数值往往比 SDM 模型小，因此 SDM 模型要优于 SLX 模型。

通过对不同空间计量模型的优点、局限性进行探析和比较可知，尽管每种空间计量模型都有其优点和局限性，但从模型识别检验方法的完备性和估计方法的准确性来看，SLM 模型、SEM 模型和 SDM 模型相对于其他空间计量模型来讲更具有一定的优势。因此，本研究选择 SLM 模型、SEM 模型和 SDM 模型作为研究产业结构变动对生态环境影响的空间计量模型。

三、变量选择

(一) 被解释变量

生态环境是一个抽象和复杂的概念，目前衡量生态环境变化主要运用废气、废水和固体废物的排放量来表征，大多数研究偏向于选择其中的一种污染物排放量作为研究对象，这样的分析结果往往有失偏颇。为分析能源消费变动对生态环境影响的稳定性，本书从不同角度、不同层面分别选择工业废水排放量、工业二氧化硫排放量、工业粉尘排放量、工业废气排放量和工业固体废物产生量作为描述生态环境变化的指标，同时为体现出不同空间单位的可比性，模型中所用到污染物排放量都是人均排放量。

(二) 解释变量

1. 能源消费规模。经济系统对能源的消耗是导致污染物排放的直接根源，正所谓是没有消耗就没有排放；因此衡量能源消费对污染物排放的影响应将能源消费规模作为首要因素进行考虑并纳入模型中。为体现出时间和空间上的可比性，本书运用人均能源消费表征能源消费规模。目前在加强生态文明建设的大背景下，对能源使用过程中产生的废水和固体废物基本上实现了全收集和全处理；而废气的排放往往由于具有负外部性的特点，因此，从理论上来讲虽然能源消费规模对废水、固体废物和废气的影响均为正向，但对废气排放的影响程度会高于废水和固体废物。

2. 能源消费结构。我国目前虽然在可燃冰和页岩气等新能源以及在风能和太阳能等可再生能源方面均取得了重要的突破和进展，但新能源和可再生能源在能源消费总量中的比重依然偏低，还没有改变化石能源尤其是煤炭消费占比过高的局面。因此，本书选择煤炭消费占能源消费总量的比重来表征能源消费结构，预期直接效应和空间溢出效应的系数符号均为正。

(三) 控制变量

1. 经济增长。人类活动是破坏生态环境的重要根源，经济活动是人类活动的主要组成部分，因此，随着一个国家或地区经济规模的不断扩大，对生态环境的影响也在逐渐加深。所以从理论上来讲，经济增长越快，能源消费就越多，污染物排放也随之增加，对生态环境的影响越严重。本书选择人均GDP表征经济增长，预期直接效应和空间溢出效应的系数符号均为正。

2. 城镇化。城镇化的过程不仅带来了人口集聚、资本集聚和技术集聚，由此带动了城镇经济的快速发展和城镇人均收入的不断提高，同时也带来了能源集聚和污染物集聚，并导致大城市及城市群空气污染问题日益严重。因此，在现阶段随着城镇化水平的提高，对生态环境的影响也将越来越大。本书选择城镇人口占总人口的比重表征城镇化，预期直接效应的系数符号为正，空间溢出效应的符合为负。

3. 技术进步。技术进步是促进经济发展的重要源泉，也是提高人均收入的主要途径。技术进步不仅可以提高劳动生产率，同时也可以降低单位能源消耗，提高能源的使用效率，进而减少污染物的排放和减轻对生态环境的破坏。本书选择人均 R&D 经费支出作为衡量技术进步的指标，预期直接效应和空间溢出效应的系数符号均为负。

4. 对外贸易。经济全球化的趋势不可阻挡，对外贸易的发展可以充分调动和发挥各国的比较优势，可以更加有效地配置全球生产要素。我国目前的对外出口主要以农业初级产品、矿产资源和加工制造业产品为主，这些产品的生产虽然发生在国内，但是消耗和使用发生在国外，相应的污染物产生和排放也发生在国外。本书选择人均出口额来表征对外贸易，预期直接效应和空间溢出效应的系数符号均为负。

四、数据来源与描述性分析

面板数据的空间单位包括北京、天津、河北、山西、内蒙古、辽宁、吉林、黑龙江、上海、江苏、浙江、安徽、福建、江西、山东、河南、湖北、湖南、广东、广西、海南、重庆、四川、贵州、云南、陕西、甘肃、青海、宁夏、新疆 30 个省级地区。各省份 2000～2017 年工业废水排放量、工业二氧化硫排放量、工业粉尘排放量、工业废气排放量、工业固体废物产生量、GDP、货物和服务出口额、能源消费总量、煤炭消费量、城镇人口数、总人口数、R&D 经费支出等数据来源于历年《中国环境统计年鉴》《中国能源统计年鉴》《中国统计年鉴》和 Wind 数据库。

为了解中国区域生态环境的动态演变特征，根据 2000～2017 年各省份的人均工业废水排放量、人均工业二氧化硫排放量、人均工业粉尘排放量、人

均工业废气排放量、人均工业固体废物产生量，运用 ArcGIS 软件制作 2000
年、2010 年和 2017 年中国区域污染物排放空间分布图（图略）。从 5 种污染
物排放分布图可以归纳得知：（1）从整体上讲，不论用何种污染物排放来描
述生态环境，2000～2017 年中国污染物高排放的范围呈现出由北方向南方不
断扩大的趋势，且高排放的水平仍然在不断提升。（2）当运用人均工业二氧
化硫排放量、人均工业粉尘排放量、人均工业废气排放量、人均工业固体废
物产生量描述生态环境时，2000～2017 年这 4 种污染物的空间分布动态特征
比较相似，即北方污染严重、南方污染相对较轻；高污染区域由北方局部逐
渐扩大到东北、华北和西北整个北方全部区域，且由向华东地区转移并与其
连片的趋势。（3）当运用工业废水排放量描述生态环境时，2000～2017 年与
其他污染物相比，工业废水的排放水平整体偏低，排放水平较高的区域主要
集中在沿海地区，中部地区尤其是西部地区的工业废水排放水平最低，且这
些空间分布规律相对比较稳定。

第二节　能源消费变动对生态环境
影响的时空效应测算

一、空间相关性检验

空间单位之间的相关性是建立空间计量模型的基础。污染物的排放虽然
按区域进行划界和计算，但其流动性往往会导致对生态环境的影响超出相应
的区域边界，尤其以二氧化硫、粉尘等废气污染物在这方面的表现更为明显。
在对不同污染物的空间动态分布进行分析时，已经表明中国生态环境北方污
染严重、南方污染相对较轻，且呈现出连片的空间相关特征。这些判断虽然
比较可靠，但还不够科学。为更加准确客观地分析不同省份生态环境的空间
相关性，本书运用 Moran 指数测算和检验不同污染物的空间相关性。通常当
Moran 指数大于 0，表明空间单位之间存在正相关性，即相邻空间单位的观测
值相似；当 Moran 指数小于 0，表明空间单位之间存在负相关性，即相邻空
间单位的观测值相异；当 Moran 指数等于 0，表明空间单位之间不存在空间
相关性，不具备建立空间计量模型的前提。

运用 Matlab 软件计算 2000～2017 年中国生态环境的 Moran 指数如表 7.1

所示。不同污染物所有年份的 Moran 指数均大于 0，表明不同污染物均存在着正的空间相关性，即污染物不论形态如何，均表现出空间聚集的特征。其中工业二氧化硫、工业粉尘、工业废气的 Moran 指数除个别年份外在 5% 的显著性水平上都是显著的，且大多数年份 Moran 指数都在 0.2 以上，表现出较强的正的空间相关性。工业废水和工业固体废物的 Moran 指数均有 1/3 的年份在 5% 的显著性水平上不显著，与工业二氧化硫、工业粉尘、工业废气较强且较稳定的空间相关性相比，工业废水和工业固体废物的空间相关性虽然比较显著，但不够稳定。同时能源消费规模、能源消费结构、经济增长、城镇化、技术进步和对外贸易也表现出显著的空间相关性。这表明对上述变量构建空间计量模型具有可行性。

表 7.1   2000～2017 年不同污染物空间相关性检验结果

年份	工业废水	工业二氧化硫	工业粉尘	工业废气	工业固体废物
2000	0.310 ***	0.124 *	0.086	0.253 ***	0.149 **
2001	0.408 ***	0.145 *	0.121 *	0.318 ***	0.146 **
2002	0.391 ***	0.167 **	0.114 *	0.286 ***	0.160 **
2003	0.335 ***	0.187 **	0.146 **	0.310 ***	0.176 **
2004	0.320 ***	0.184 **	0.227 ***	0.272 ***	0.284 ***
2005	0.096	0.212 **	0.277 ***	0.365 ***	0.319 ***
2006	0.168 **	0.204 **	0.260 ***	0.362 ***	0.294 ***
2007	0.110	0.222 ***	0.290 ***	0.315 ***	0.318 ***
2008	0.051	0.245 ***	0.268 ***	0.268 ***	0.298 ***
2009	0.121 *	0.266 ***	0.228 ***	0.267 ***	0.321 ***
2010	0.042	0.275 ***	0.259 ***	0.117 **	0.323 ***
2011	0.200 **	0.361 ***	0.358 ***	0.201 **	0.058
2012	0.222 **	0.350 ***	0.343 ***	0.214 **	0.087 *
2013	0.285 ***	0.357 ***	0.357 ***	0.178 **	0.093 *
2014	0.298 ***	0.373 ***	0.375 ***	0.205 **	0.095 *
2015	0.344 ***	0.393 ***	0.394 ***	0.261 **	0.062
2016	0.353 **	0.397 ***	0.385 ***	0.272 **	0.078 *
2017	0.267 **	0.292 **	0.326 ***	0.259 **	0.237 ***

注：*、**、*** 分别表示在 10%、5%、1% 的显著性水平上统计显著。

二、空间面板模型识别检验

空间面板模型的形式可能是空间固定效应、时间固定效应或时间空间双固定效应，可能是随机效应或固定效应，可能是空间滞后模型、空间误差模型或空间杜宾模型，这些多样化的特性和形式决定了在建立具体的空间面板模型前必须对空间面板模型进行识别检验，从而避免由于模型形式设定不正确产生的偏差对模型估计的有效性产生影响。

首先，通常使用 LR 检验（似然比检验）判别空间面板模型是空间固定效应、时间固定效应或时间空间双固定效应；其次，使用 LM 检验（拉格朗日乘数检验）和 R-LM 检验（稳健的拉格朗日乘数检验）判别空间面板模型是空间滞后模型、空间误差模型或空间杜宾模型；再次，如果 LM 检验和 R-LM 检验判别的结果表明空间面板模型是空间杜宾模型，使用 Wald 检验判别空间杜宾模型是否可以降为空间滞后模型或空间误差模型；最后，在 Wald 检验判别的基础上使用 Hausman 检验判别空间面板模型是随机效应或固定效应模型。

运用 Matlab 软件对以工业废水、工业二氧化硫、工业粉尘、工业废气和工业固体废物为被解释变量的空间面板模型进行 LR 检验、LM 检验、R-LM 检验、Wald 检验和 Hausman 检验，模型识别检验结果见表 7.2。LR 检验表明，在 5% 的显著性水平上，当生态环境用工业废水和工业固体废物衡量时，空间面板模型设定为空间固定效应模型比较合理，当生态环境用工业二氧化硫、工业粉尘、工业废气衡量时，空间面板模型设定为时间空间双固定效应模型比较合理。LM 检验、R-LM 检验和 Wald 检验表明，在 5% 的显著性水平上，除用工业固体废物衡量生态环境时空间面板模型设定为空间滞后模型外，使用其他 4 种污染物衡量生态环境时空间面板模型均设定为空间杜宾模型比较合理。Hausman 检验表明，在 5% 的显著性水平上，除用工业废水衡量生态环境时空间面板模型设定为随机效应模型外，使用其他 4 种污染物衡量生态环境时空间面板模型均设定为固定效应模型比较合理。

综合 LR 检验、LM 检验、R-LM 检验、Wald 检验和 Hausman 检验的判别结果，在 5% 的显著性水平上，当生态环境用工业二氧化硫、工业粉尘、工业废气衡量时，空间面板模型设定为时间空间双固定效应杜宾模型比较合理；当生态环境用工业废水衡量时，空间面板模型设定为空间随机效应杜宾模型

表 7.2

生态环境空间面板模型识别检验结果

检验方法	被解释变量	工业废水		工业二氧化硫		工业粉尘		工业废气		工业固体废物	
	检验形式	统计量	P值	统计量	P值	统计量	P值	统计量	P值	统计量	P值
LR检验	空间固定	684.243	0.000	801.026	0.000	577.646	0.000	423.444	0.000	204.187	0.000
	时间固定	23.224	0.108	81.398	0.000	145.679	0.000	31.776	0.011	22.782	0.119
	检验结果	空间固定效应		时空双固定效应		时空双固定效应		时空双固定效应		空间固定效应	
LM检验 R-LM检验	LM-Lag	0.292	0.589	76.677	0.000	22.197	0.000	13.702	0.000	3.029	0.082
	LM-Error	0.365	0.546	39.108	0.000	19.297	0.000	3.489	0.062	3.756	0.053
	R-LM-Lag	8.450	0.004	54.563	0.000	7.291	0.007	26.496	0.000	1.578	0.209
	R-LM-Error	8.524	0.004	16.995	0.000	4.392	0.036	16.284	0.000	2.305	0.129
	检验结果	空间杜宾模型		空间杜宾模型		空间杜宾模型		空间杜宾模型		空间滞后模型	
Wald检验	空间滞后	27.958	0.000	52.339	0.000	61.629	0.000	42.645	0.000	—	—
	空间误差	28.908	0.000	73.159	0.000	82.019	0.000	44.810	0.000	—	—
	检验结果	空间杜宾模型		空间杜宾模型		空间杜宾模型		空间杜宾模型		—	
Hausman检验	随机效应	8.882	0.180	-16.507	0.011	34.244	0.000	89.372	0.000	-157.460	0.000
	检验结果	随机效应		固定效应		固定效应		固定效应		固定效应	
空间面板模型识别结果		空间随机效应杜宾模型		时间空间双固定效应杜宾模型		时间空间双固定效应杜宾模型		时间空间双固定效应杜宾模型		固定效应空间滞后模型	

比较合理；当生态环境用工业固体废物衡量时，空间面板模型设定为固定效应空间滞后模型比较合理。整体来讲，相对于其他空间面板模型，时间空间双固定效应杜宾模型是衡量产业结构对生态环境影响的主要模型和稳定模型。

三、空间效应估计和分析

在非空间模型中，回归系数可以代表解释变量对被解释变量的边际效应。但在空间计量模型中，解释变量的系数估计值并不代表真实的偏回归系数，并不能用来检验空间变量是否存在溢出效应。莱萨奇和佩斯（LeSage and Pace，2014）提出需要将解释变量对被解释变量的影响按来源不同，利用求偏微分的方法将其系数估计值分解为直接效应和间接效应。直接效应表示一个空间单位的解释变量对其自身被解释变量的影响；间接效应即溢出效应，表示一个空间单位的解释变量对其他空间单位被解释变量的影响。总效应为直接效应与间接效应的总和。根据空间面板模型的识别检验结果，使用极大似然估计方法（ML）对通过识别检验的空间面板模型进行估计，得到能源消费对不同污染物的直接效应、间接效应和总效应。结果见表7.3。

表7.3　能源消费对不同污染物的直接效应、间接效应和总效应估计结果

被解释变量	解释变量	直接效应	间接效应	总效应
工业废水	能源消费规模	0.018 *** （5.356）	0.037 *** （4.588）	0.055 *** （5.936）
	能源消费结构	0.011 *** （3.474）	0.004 （0.586）	0.015 ** （2.031）
	经济增长	0.409 *** （3.121）	− 0.852 *** （− 3.434）	− 0.443 （− 1.682）
	城镇化	0.009 * （1.701）	0.012 （0.257）	0.021 * （1.657）
	技术进步	0.033 （0.570）	0.178 （0.116）	0.211 * （1.688）
	对外贸易	− 0.099 *** （− 3.059）	− 0.051 （0.402）	− 0.150 ** （− 2.349）

被解释变量	解释变量	直接效应	间接效应	总效应
工业二氧化硫	能源消费规模	0.015 ** (2.089)	0.107 *** (4.468)	0.122 *** (4.340)
	能源消费结构	0.006 (0.305)	0.020 (1.147)	0.026 (1.336)
	经济增长	0.010 *** (4.320)	0.002 (0.295)	0.012 (1.609)
	城镇化	− 0.006 (− 0.637)	− 0.034 (− 1.149)	− 0.040 (− 1.119)
	技术进步	0.001 (1.066)	− 0.012 *** (− 3.814)	− 0.011 *** (− 2.881)
	对外贸易	− 0.002 *** (− 3.302)	− 0.002 (− 1.031)	− 0.004 ** (− 1.999)
工业粉尘	能源消费规模	0.036 *** (8.371)	0.006 (0.642)	0.042 *** (3.165)
	能源消费结构	0.022 *** (6.065)	− 0.001 (− 0.038)	0.023 ** (2.359)
	经济增长	0.554 *** (3.384)	0.582 * (1.864)	1.136 *** (2.807)
	城镇化	0.005 (0.907)	0.002 (0.184)	0.007 (0.508)
	技术进步	− 0.268 *** (− 6.593)	0.014 (0.151)	− 0.254 *** (− 2.736)
	对外贸易	− 0.158 *** (− 4.529)	− 0.408 *** (− 7.475)	− 0.566 *** (− 10.099)
工业废气	能源消费规模	1.516 ** (2.217)	− 3.502 (− 1.810)	− 1.986 (− 0.824)
	能源消费结构	5.511 *** (3.989)	3.743 (1.020)	9.254 ** (2.217)
	经济增长	5.934 *** (9.015)	7.022 *** (4.901)	12.956 *** (7.592)

被解释变量	解释变量	直接效应	间接效应	总效应
工业废气	城镇化	0.061 (0.069)	-10.693 *** (-5.086)	-10.632 *** (-4.439)
	技术进步	-1.489 *** (-8.370)	0.345 (0.661)	-1.144 ** (-2.139)
	对外贸易	-0.799 *** (-5.039)	-0.762 ** (-2.553)	-1.561 *** (-4.977)
工业固体废物	能源消费规模	0.145 *** (6.952)	0.082 (1.604)	0.227 *** (3.452)
	能源消费结构	0.033 * (-1.785)	-0.127 *** (-2.946)	-0.160 *** (-3.399)
	经济增长	3.298 *** (4.259)	4.046 ** (2.599)	7.345 *** (3.788)
	城镇化	0.076 *** (3.164)	-0.183 *** (-3.593)	-0.107 * (-1.723)
	技术进步	-0.969 *** (-4.743)	-1.235 ** (-2.527)	-2.204 *** (-4.517)
	对外贸易	-1.590 *** (-9.223)	0.103 (0.367)	-1.487 *** (-5.202)

注：*、**、*** 分别表示在 10%、5%、1% 的显著性水平上统计显著；括号内为 t 统计量的值。

从能源消费规模来看，在 5% 的显著性水平上，能源消费规模对不同污染物的直接效应均是显著的，且均为正的直接效应，符合预期假设。其中对工业废气的影响最大，为 1.516；对工业二氧化硫的影响最小，为 0.015。这表明，随着各省份人均能源消费量的提高，对自身污染物的排放将产生正向影响，且这个影响方向是稳定的，不会随着时间、空间和变量的选择而发生改变。因此，各省份要控制污染物排放、保护生态环境应该从自身做起，从减少能源消费做起，不能把希望寄托在别人身上。在 1% 的显著性水平上，能源消费规模对工业废水和工业二氧化硫有显著的正向空间溢出效应，符合预期假设；表明一个省份能源消费规模的变化不仅会影响到自身污染物的排放，同时还会影响到相邻省份污染物的排放。主要原因是能源消费仍然是支撑经济增长的风向标，在以 GDP 作为地方绩效考核目标的驱使下，过去相当长时期各省份相互效仿走重工业化的发展模式，因此能源消费规模往往具有空间溢出效应。另外，能源消费规模对工业粉尘、工业废气和工业固体废物的空间溢出效应并不显著，这表明能源消费规模对污染物空间溢出效应的稳定性还不够强，有待进一步验证。

除工业二氧化硫外，能源消费结构对其他 4 种污染物在 10% 的显著性水平上均有显著的正向直接效应，符合预期假设。其中能源消费结构对工业废气的直接效应最大，为 5.511；对工业废水、工业粉尘和工业固体废物的直接效应相当，分别为 0.011、0.022 和 0.033。能源消费结构的正向直接效应表明，各省份通过调整能源消费结构、不断增加对新能源和可再生能源的使用、降低煤炭等化石能源的消耗比重，将会对自身污染物排放的减少和生态环境保护带来积极的作用。能源消费结构对工业废水、工业二氧化硫、工业粉尘和工业废气的空间溢出效应均不显著；虽然对工业固体废物有显著的空间溢出效应，但方向不符合预期假设。样本数据表明，一个省份的能源消费结构调整不会对相邻省份的污染物排放产生显著影响。

经济增长对不同污染物的直接效应是正向显著的，符合预期假设。经济增长对工业废气和工业固体废物的直接效应较大，分别为 5.934 和 3.298；对工业二氧化硫的直接效应最小，仅为 0.010。在产业结构不变的情况下，一个省份经济增长越快，对能源的需求就越大，由此排放的污染物也就越多，对生态环境的破坏也就越严重。从控制污染物排放和保护生态环境的角度看，应该控制经济增长；但这又违背了宏观经济政策首要发展目标的要求。因此，在可持续发展的背景下，发展绿色经济才是破解经济增长与生态保护两者之间矛盾的正确途径。在 10% 的显著性水平上，经济增长对工业粉尘、工业废气和工业固体废物有显著的正向空间溢出效应，符合预期假设，但对工业二氧化硫有显著的负向空间溢出效应，对工业二氧化硫的空间溢出效应不显著。整体上来讲，经济增长对污染物空间溢出效应的稳定性相对比较强；而经济增长的空间溢出结果同样可以用各省份之间的相互攀比效应来解释。

城镇化水平的提高对工业废水和工业固体废物在 10% 的显著性水平上有显著的正向直接效应，符合预期假设；对工业二氧化硫、工业粉尘和工业废气的直接效应在统计上不显著，但并不代表城镇化对工业二氧化硫、工业粉尘和工业废气的排放没有影响。因此，不能忽视城镇化进程对污染物排放的助推作用，在不断提升人口城镇化的过程中，需要关注环境城镇化的建设问题。在 1% 的显著性水平上，城镇化对工业废气和工业固体废物有显著的负向空间溢出效应，符合预期假设；在人口总量不变的情况下，劳动力输入地区的城镇人口增量和增速都会超过劳动力输出地区，进而导致劳动力输出地区的能源消耗减少和污染物排放下降；因此，城镇化对污染物排放具有负向的空间溢出效应。但是这种空间溢出效应并不稳定，因为城镇化对工业废水、工业二氧化硫、工业粉尘的空间溢出效应并不显著。

从技术进步对不同污染物的影响来看，在5%的显著性水平上，对工业粉尘、工业废气和工业固体废物有显著的负向直接效应，分别为 -0.268、-1.489 和 -0.969，符合预期假设；对工业二氧化硫和工业固体废物有显著的负向空间溢出效应，分别为 -0.012 和 -1.235，符合预期假设。可见，不论是直接效应还是空间溢出效应，技术进步在一定程度上会对污染物排放有抑制作用。而鼓励技术进步不仅对各省份自身污染物排放的减少有积极影响，同时对相邻省份也有示范作用。

对外贸易对不同污染物排放在1%的显著性水平上均有显著的负向直接效应，符合预期假设；这表明各省份发展对外贸易对于促进自身的节能减排和改善自身的生态环境具有积极作用，同时这种影响的稳定性也是比较强的。在5%的显著性水平上，对外贸易对工业粉尘和工业废气有显著的负向空间溢出效应，分别为 -0.408 和 -0.762，符合预期假设；但对工业废水、工业二氧化硫和工业固体废物的空间溢出效应并不显著。

第三节　环境型投入产出表的编制及模型构建

本节主要在能源型投入产出表的基础上，通过扩展和嵌入"环境污染物排放"模块编制环境型投入产出表，推算非能源与能源部门的能源消费结构，根据环境型投入产出表的特点以及能源消费变动对生态环境的作用机理，运用指数分解法构建非能源部门与能源部门能源消费规模变动和能源消费结构变动的氮氧化物、二氧化硫和烟尘排放效应分解模型，为定量测算不同省份、不同行业能源消费变动对不同污染物排放的动态影响提供理论依据。

一、环境型投入产出表的编制

能源消费的规模和类型是影响污染物排放的直接因素和决定因素，为研究能源消费变动对污染物排放带来的影响，从衡量产业结构变动的投入视角出发，本书在能源型投入产出表的基础上，通过扩展和嵌入"环境污染物排放"模块编制环境型投入产出表来实现①。环境型投入产出表的第Ⅰ象限、第Ⅱ象限、第Ⅲ象限与能源型投入产出表完全相同，这里不再重复，扩展的内容为"环境污染物排放"模块，该模块包括三个方面的内容，分别是"氮氧化物""二氧化硫"和"烟尘"，这些是根据能源消费产生的主要污染物和对生态环境影响较大的污染物来设置。同时，为更加详细体现和测算不同部门、不同能源消费对氮氧化物、二氧化硫和烟尘排放的差异，将"环境污染物排放"模块划分为"非能源部门氮氧化物排放""能源部门氮氧化物排放""非能源部门二氧化硫排放""能源部门二氧化硫排放""非能源部门烟尘排放"和"能源部门烟尘排放"等6个子模块（见表7.4）。

"非能源部门氮氧化物排放"子模块对应的污染物排放矩阵为：

$$D_{m(n-m)}^E = \begin{bmatrix} d_{(n-m+1)1}^E & d_{(n-m+1)2}^E & \cdots & d_{(n-m+1)(n-m)}^E \\ d_{(n-m+2)1}^E & d_{(n-m+2)2}^E & \cdots & d_{(n-m+2)(n-m)}^E \\ \vdots & \vdots & \ddots & \vdots \\ d_{n1}^E & d_{n2}^E & \cdots & d_{n(n-m)}^E \end{bmatrix}$$

该子模块的横行标题为能源生产部门，纵栏标题为非能源生产部门。其主要作用在于反映非能源生产部门消耗能源生产部门所提供的各种能源并由此排放的氮氧化物的数量关系。

"能源部门氮氧化物排放"子模块对应的污染物排放矩阵为：

$$D_{mm} = \begin{bmatrix} d_{(n-m+1)(n-m+1)}^E & d_{(n-m+1)(n-m+2)}^E & \cdots & d_{(n-m+1)n}^E \\ d_{(n-m+2)(n-m+1)}^E & d_{(n-m+2)(n-m+2)}^E & \cdots & d_{(n-m+2)n}^E \\ \vdots & \vdots & \ddots & \vdots \\ d_{n(n-m+1)}^E & d_{n(n-m+2)}^E & \cdots & d_{nn}^E \end{bmatrix}$$

该子模块的横行标题为能源生产部门，纵栏标题为能源生产部门。其主要作用在于反映能源生产部门消耗能源部门自己所提供的各种能源并由此排放的氮氧化物的数量关系。

---

① 李世奇，朱平芳. 产业结构调整与能源消费变动对大气污染的影响 [J]. 上海经济研究，2017（6）：82 – 89.

表7.4

环境型投入产出表

产出部门（中间投入）	投入部门（中间产品）							最终产品	总产出
	非能源生产部门				能源生产部门				
	1	2	⋯	$n-m$	$n-m+1$	⋯	n		
非能源生产部门 1	x^E_{11}	x^E_{12}	⋯	$x^E_{1(n-m)}$	$x^E_{1(n-m+1)}$	⋯	x^E_{1n}	f^E_1	q^E_1
2	x^E_{21}	x^E_{22}	⋯	$x^E_{2(n-m)}$	$x^E_{2(n-m+1)}$	⋯	x^E_{2n}	f^E_2	q^E_2
⋮	⋮	⋮	⋱	⋮	⋮	⋮	⋮	⋮	⋮
$n-m$	$x^E_{(n-m)1}$	$x^E_{(n-m)2}$	⋯	$x^E_{(n-m)(n-m)}$	$x^E_{(n-m)(n-m+1)}$	⋯	$x^E_{(n-m)n}$	f^E_{n-m}	q^E_{n-m}
能源生产部门 $n-m+1$	$x^E_{(n-m+1)1}$	$x^E_{(n-m+1)2}$	⋯	$x^E_{(n-m+1)(n-m)}$	$x^E_{(n-m+1)(n-m+1)}$	⋯	$x^E_{(n-m+1)n}$	f^E_{n-m+1}	q^E_{n-m+1}
$n-m+2$	$x^E_{(n-m+2)1}$	$x^E_{(n-m+2)2}$	⋯	$x^E_{(n-m+2)(n-m)}$	$x^E_{(n-m+2)(n-m+1)}$	⋯	$x^E_{(n-m+2)n}$	f^E_{n-m+2}	q^E_{n-m+2}
⋮	⋮	⋮	⋱	⋮	⋮	⋮	⋮	⋮	⋮
n	x^E_{n1}	x^E_{n2}	⋯	$x^E_{n(n-m)}$	$x^E_{n(n-m+1)}$	⋯	x^E_{nn}	f^E_n	q^E_n
最初投入	y^E_1	y^E_2	⋯	y^E_{n-m}	y^E_{n-m+1}	⋯	y^E_n		
总投入	q^E_1	q^E_2	⋯	q^E_{n-m}	q^E_{n-m+1}	⋯	q^E_n		
环境污染物排放 氮氧化物	$d^E_{(n-m+1)1}$ ⋮ d^E_{n1}	$d^E_{(n-m+1)2}$ ⋮ d^E_{n2}	⋯	$d^E_{(n-m+1)(n-m)}$ ⋮ $d^E_{n(n-m)}$	$d^E_{(n-m+1)(n-m+1)}$ ⋮ $d^E_{n(n-m+1)}$	⋯	$d^E_{(n-m+1)n}$ ⋮ d^E_{nn}		
二氧化硫	$s^E_{(n-m+1)1}$ ⋮ s^E_{n1}	$s^E_{(n-m+1)2}$ ⋮ s^E_{n2}	⋯	$s^E_{(n-m+1)(n-m)}$ ⋮ $s^E_{n(n-m)}$	$s^E_{(n-m+1)(n-m+1)}$ ⋮ $s^E_{n(n-m+1)}$	⋯	$s^E_{(n-m+1)n}$ ⋮ s^E_{nn}		
烟尘	$c^E_{(n-m+1)1}$ ⋮ c^E_{n1}	$c^E_{(n-m+1)2}$ ⋮ c^E_{n2}	⋯	$c^E_{(n-m+1)(n-m)}$ ⋮ $c^E_{n(n-m)}$	$c^E_{(n-m+1)(n-m+1)}$ ⋮ $c^E_{n(n-m+1)}$	⋯	$c^E_{(n-m+1)n}$ ⋮ c^E_{nn}		

"非能源部门二氧化硫排放"子模块对应的污染物排放矩阵为：

$$S_{m(n-m)}^E = \begin{bmatrix} s_{(n-m+1)1}^E & s_{(n-m+1)2}^E & \cdots & s_{(n-m+1)(n-m)}^E \\ s_{(n-m+2)1}^E & s_{(n-m+2)2}^E & \cdots & s_{(n-m+2)(n-m)}^E \\ \vdots & \vdots & \ddots & \vdots \\ s_{n1}^E & s_{n2}^E & \cdots & s_{n(n-m)}^E \end{bmatrix}$$

该子模块的横行标题为能源生产部门，纵栏标题为非能源生产部门。其主要作用在于反映非能源生产部门消耗能源生产部门所提供的各种能源并由此排放的二氧化硫的数量关系。

"能源部门二氧化硫排放"子模块对应的污染物排放矩阵为：

$$S_{mm} = \begin{bmatrix} s_{(n-m+1)(n-m+1)}^E & s_{(n-m+1)(n-m+2)}^E & \cdots & s_{(n-m+1)n}^E \\ s_{(n-m+2)(n-m+1)}^E & s_{(n-m+2)(n-m+2)}^E & \cdots & s_{(n-m+2)n}^E \\ \vdots & \vdots & \ddots & \vdots \\ s_{n(n-m+1)} & s_{n(n-m+2)} & \cdots & s_{nn}^E \end{bmatrix}$$

该子模块的横行标题为能源生产部门，纵栏标题为能源生产部门。其主要作用在于反映能源生产部门消耗能源部门自己所提供的各种能源并由此排放的二氧化硫的数量关系。

"非能源部门烟尘排放"子模块对应的污染物排放矩阵为：

$$C_{m(n-m)}^E = \begin{bmatrix} c_{(n-m+1)1}^E & c_{(n-m+1)2}^E & \cdots & c_{(n-m+1)(n-m)}^E \\ c_{(n-m+2)1}^E & c_{(n-m+2)2}^E & \cdots & c_{(n-m+2)(n-m)}^E \\ \vdots & \vdots & \ddots & \vdots \\ c_{n1}^E & c_{n2}^E & \cdots & c_{n(n-m)}^E \end{bmatrix}$$

该子模块的横行标题为能源生产部门，纵栏标题为非能源生产部门。其主要作用在于反映非能源生产部门消耗能源生产部门所提供的各种能源并由此排放的烟尘的数量关系。

"能源部门烟尘排放"子模块对应的污染物排放矩阵为：

$$C_{mm} = \begin{bmatrix} c_{(n-m+1)(n-m+1)}^E & c_{(n-m+1)(n-m+2)}^E & \cdots & c_{(n-m+1)n}^E \\ c_{(n-m+2)(n-m+1)}^E & c_{(n-m+2)(n-m+2)}^E & \cdots & c_{(n-m+2)n}^E \\ \vdots & \vdots & \ddots & \vdots \\ c_{n(n-m+1)} & c_{n(n-m+2)} & \cdots & c_{nn}^E \end{bmatrix}$$

该子模块的横行标题为能源生产部门，纵栏标题为能源生产部门。其主要作用在于反映能源生产部门消耗能源部门自己所提供的各种能源并由此排放的烟尘的数量关系。

二、环境型投入产出模型的构建

根据环境型投入产出表的特点以及能源消费变动对生态环境的作用机理，构建非能源部门与能源部门能源消费规模变动和能源消费结构变动的氮氧化物、二氧化硫和烟尘排放效应分解模型[①]。

（一）非能源与能源部门的能源消费结构

1. 非能源部门的能源消费结构矩阵。

$$ES_{m(n-m)} = EZ_{m(n-m)} E\hat{Z}_{(n-m)}^{-1}$$

其中，$EZ_{m(n-m)}$ 为非能源部门消耗的各种能源数量矩阵；$E\hat{Z}_{(n-m)}^{-1}$ 为非能源部门所消耗的能源总量的对角阵的逆矩阵。

2. 能源部门的能源消费结构矩阵。

$$ES_{mm} = EZ_{mm} E\hat{Z}_m^{-1}$$

其中，EZ_{mm} 为能源部门消耗的各种能源数量矩阵；$E\hat{Z}_m^{-1}$ 为能源部门所消耗的能源总量的对角阵的逆矩阵。

（二）能源消费变动的污染物排放效应分解模型推导

1. 能源消费变动的氮氧化物排放效应分解模型。

（1）非能源部门能源消费变动的氮氧化物排放效应分解模型。

$$\Delta D_{m(n-m)} = ES_{m(n-m)}^0 \left(E\hat{Z}_{(n-m)}^1 - E\hat{Z}_{(n-m)}^0 \right) D\hat{E}_{(n-m)}$$
$$+ \left(ES_{m(n-m)}^1 - ES_{m(n-m)}^0 \right) E\hat{Z}_{(n-m)}^1 D\hat{E}_{(n-m)}$$

---

① 雷明. 绿色投入产出核算——理论与应用 [M]. 北京：北京大学出版社，2000.

其中，$\Delta D_{m(n-m)}$ 为报告期与基期非能源部门能源消费引致的氮氧化物排放变动量矩阵；$E\hat{Z}^1_{(n-m)}$、$E\hat{Z}^0_{(n-m)}$ 分别为非能源部门报告期与基期能源消费总量的对角矩阵；$ES^1_{m(n-m)}$、$ES^0_{m(n-m)}$ 分别为非能源部门报告期与基期能源消费结构矩阵；$D\hat{E}_{(n-m)}$ 为各种能源的氮氧化物排放系数对角阵；$ES^0_{m(n-m)}$（$E\hat{Z}^1_{(n-m)}$ － $E\hat{Z}^0_{(n-m)}$）$D\hat{E}_{(n-m)}$ 为非能源部门能源消费规模变动引致的氮氧化物排放效应矩阵；（$ES^1_{m(n-m)}$ － $ES^0_{m(n-m)}$）$E\hat{Z}^1_{(n-m)}D\hat{E}_{(n-m)}$ 为非能源部门能源消费结构变动引致的氮氧化物排放效应矩阵。

（2）能源部门能源消费变动的氮氧化物排放效应分解模型。

$$\Delta D_{mm} = ES^0_{mm}（E\hat{Z}^1_m - E\hat{Z}^0_m）D\hat{E}_m + （ES^1_{mm} - ES^0_{mm}）E\hat{Z}^1_m D\hat{E}_m$$

其中，ΔD_{mm} 为报告期与基期能源部门能源消费引致的氮氧化物排放变动量矩阵；$E\hat{Z}^1_m$、$E\hat{Z}^0_m$ 分别为能源部门报告期与基期能源消费总量的对角矩阵；ES^1_{mm}、ES^0_{mm} 分别为能源部门报告期与基期能源消费结构矩阵；$D\hat{E}_m$ 为各种能源的氮氧化物排放系数对角阵；ES^0_{mm}（$E\hat{Z}^1_m$ － $E\hat{Z}^0_m$）$D\hat{E}_m$ 为能源部门能源消费规模变动引致的氮氧化物排放效应矩阵；（ES^1_{mm} － ES^0_{mm}）$E\hat{Z}^1_m D\hat{E}_m$ 为能源部门能源消费结构变动引致的氮氧化物排放效应矩阵。

2. 能源消费变动的二氧化硫排放效应分解模型。

（1）非能源部门能源消费变动的二氧化硫排放效应分解模型。

$$\Delta S_{m(n-m)} = ES^0_{m(n-m)}（E\hat{Z}^1_{(n-m)} - E\hat{Z}^0_{(n-m)}）S\hat{E}_{(n-m)}$$
$$+ （ES^1_{m(n-m)} - ES^0_{m(n-m)}）E\hat{Z}^1_{(n-m)}S\hat{E}_{(n-m)}$$

其中，$\Delta S_{m(n-m)}$ 为报告期与基期非能源部门能源消费引致的二氧化硫排放变动量矩阵；$E\hat{Z}^1_{(n-m)}$、$E\hat{Z}^0_{(n-m)}$ 分别为非能源部门报告期与基期能源消费总量的对角矩阵；$ES^1_{m(n-m)}$、$ES^0_{m(n-m)}$ 分别为非能源部门报告期与基期能源消费结构矩阵；$S\hat{E}_{(n-m)}$ 为各种能源的氮氧化物排放系数对角阵；$ES^0_{m(n-m)}$（$E\hat{Z}^1_{(n-m)}$ － $E\hat{Z}^0_{(n-m)}$）$S\hat{E}_{(n-m)}$ 为非能源部门能源消费规模变动引致的二氧化硫排放效应矩阵；（$ES^1_{m(n-m)}$ － $ES^0_{m(n-m)}$）$E\hat{Z}^1_{(n-m)}S\hat{E}_{(n-m)}$ 为非能源部门能源消费结构变动引致的二氧化硫排放效应矩阵。

（2）能源部门能源消费变动的二氧化硫排放效应分解模型。

$$\Delta S_{mm} = ES^0_{mm} \left(E\hat{Z}^1_m - E\hat{Z}^0_m \right) S\hat{E}_m + \left(ES^1_{mm} - ES^0_{mm} \right) E\hat{Z}^1_m S\hat{E}_m$$

其中，ΔS_{mm} 为报告期与基期能源部门能源消费引致的二氧化硫排放变动量矩阵；$E\hat{Z}^1_m$、$E\hat{Z}^0_m$ 分别为能源部门报告期与基期能源消费总量的对角矩阵；ES^1_{mm}、ES^0_{mm} 分别为能源部门报告期与基期能源消费结构矩阵；$S\hat{E}_m$ 为各种能源的氮氧化物排放系数对角阵；$ES^0_{mm} \left(E\hat{Z}^1_m - E\hat{Z}^0_m \right) S\hat{E}_m$ 为能源部门能源消费规模变动引致的二氧化硫排放效应矩阵；$\left(ES^1_{mm} - ES^0_{mm} \right) E\hat{Z}^1_m S\hat{E}_m$ 为能源部门能源消费结构变动引致的二氧化硫排放效应矩阵。

3. 能源消费变动的烟尘排放效应分解模型。

（1）非能源部门能源消费变动的烟尘排放效应分解模型。

$$\Delta C_{m(n-m)} = ES^0_{m(n-m)} \left(E\hat{Z}^1_{(n-m)} - E\hat{Z}^0_{(n-m)} \right) C\hat{E}_{(n-m)}$$
$$+ \left(ES^1_{m(n-m)} - ES^0_{m(n-m)} \right) E\hat{Z}^1_{(n-m)} C\hat{E}_{(n-m)}$$

其中，$\Delta C_{m(n-m)}$ 为报告期与基期非能源部门能源消费引致的烟尘排放变动量矩阵；$E\hat{Z}^1_{(n-m)}$、$E\hat{Z}^0_{(n-m)}$ 分别为非能源部门报告期与基期能源消费总量的对角矩阵；$ES^1_{m(n-m)}$、$ES^0_{m(n-m)}$ 分别为非能源部门报告期与基期能源消费结构矩阵；$C\hat{E}_{(n-m)}$ 为各种能源的烟尘排放系数对角阵；$ES^0_{m(n-m)} \left(E\hat{Z}^1_{(n-m)} - E\hat{Z}^0_{(n-m)} \right)$ $C\hat{E}_{(n-m)}$ 为非能源部门能源消费规模变动引致的烟尘排放效应矩阵；$\left(ES^1_{m(n-m)} - ES^0_{m(n-m)} \right) E\hat{Z}^1_{(n-m)} C\hat{E}_{(n-m)}$ 为非能源部门能源消费结构变动引致的烟尘排放效应矩阵。

（2）能源部门能源消费变动的烟尘排放效应分解模型。

$$\Delta C_{mm} = ES^0_{mm} \left(E\hat{Z}^1_m - E\hat{Z}^0_m \right) C\hat{E}_m + \left(ES^1_{mm} - ES^0_{mm} \right) E\hat{Z}^1_m C\hat{E}_m$$

其中，ΔC_{mm} 为报告期与基期能源部门能源消费引致的烟尘排放变动量矩阵；$E\hat{Z}^1_m$、$E\hat{Z}^0_m$ 分别为能源部门报告期与基期能源消费总量的对角矩阵；ES^1_{mm}、ES^0_{mm} 分别为能源部门报告期与基期能源消费结构矩阵；$C\hat{E}_m$ 为各种能源的烟尘排放系数对角阵；$ES^0_{mm} \left(E\hat{Z}^1_m - E\hat{Z}^0_m \right) C\hat{E}_m$ 为能源部门能源消费规模变动引致的烟尘排放效应矩阵；$\left(ES^1_{mm} - ES^0_{mm} \right) E\hat{Z}^1_m C\hat{E}_m$ 为能源部门能源消费结构变动引致的烟尘排放效应矩阵。

三、数据来源

根据产业结构变动的能源消费效应与生态环境效应的作用机理可知，能源消费变动的生态环境效应研究的基础是产业结构变动的能源消费效应，为体现出这两个问题之间的逻辑关系和连续性，本节使用的数据来源于第六章第四节整理和计算后的 2002 年、2007 年和 2012 年中国 30 个省份（西藏、香港、澳门及台湾因缺少数据剔除）的能源型投入产出表（42 × 42 部门）。2002 年、2007 年和 2012 年的煤炭、石油、电力和天然气等能源消费的氮氧化物、二氧化硫和烟尘排放系数的数据来源于 2013 年国家发改委编制的《污染物排放系数及排放量计算方法》。

第四节　能源消费变动对生态环境影响的行业效应测算

根据构建的非能源部门与能源部门污染物排放效应分解模型，基于中国 30 个省份 2002 年、2007 年和 2012 年的准面板环境型投入产出表，运用指数分解的方法分别以 2002 年和 2007 年为基期进行整理和测算；得到 2007 年和 2012 年不同省份农业、采掘业、制造业、生产性服务业、房地产业和能源行业等煤炭、石油、电力和天然气消费规模变动和消费结构变动对氮氧化物、二氧化硫和烟尘的影响方向和影响程度。同时，由于测算结果表现为不同时间、不同空间、不同行业、不同能源、不同污染物、不同效应等多维度的特征，为了更好地呈现出能源消费变动对生态环境影响的变化规律，使用 ArcGIS 软件对测算结果进行了立体化、集成化和可视化的展示（图略），以达到使用有限的图形呈现更多维度信息的效果。

一、能源消费变动的氮氧化物排放效应

（一）煤炭消费变动的氮氧化物排放效应

1. 煤炭消费规模变动的氮氧化物排放效应。2007 年、2012 年煤炭消费规模变动的氮氧化物排放空间和行业效应测算结果如表 7.5 和表 7.6 所示。

表7.5　　　　　　**2007 年煤炭消费规模变动的氮氧化物排放空间**
　　　　　　　　　　和行业效应测算结果　　　　　　　　单位：万吨

省份	农业	采掘业	制造业	生产性服务业	房地产业	能源行业
安 徽	2.81	12.04	160.56	102.06	1.75	174.67
北 京	−0.39	0.38	−73.56	72.14	−0.01	387.58
福 建	−1.00	8.54	115.88	76.87	4.03	106.90
甘 肃	0.22	0.21	3.63	−1.30	0.71	9.05
广 东	−0.23	−0.24	637.35	5.66	13.56	140.58
广 西	0.00	0.32	10.93	−1.28	1.17	247.33
贵 州	−2.48	0.20	2.50	3.99	2.70	205.39
海 南	0.00	−0.04	0.05	−3.88	5.48	−0.14
河 北	2.52	87.75	968.27	335.83	7.69	553.13
河 南	1.66	3.45	73.35	5.57	8.39	316.79
黑龙江	5.53	1.64	125.31	54.81	−0.14	753.10
湖 北	0.60	1.38	148.10	29.36	0.52	6.49
湖 南	11.74	0.53	12.26	0.32	−2.07	9.31
吉 林	−0.27	8.65	108.85	93.51	1.02	150.80
江 苏	−0.30	21.77	1 148.20	216.18	0.94	419.39
江 西	−0.43	46.00	289.91	42.80	0.52	80.77
辽 宁	−0.71	25.91	375.62	98.09	−3.13	877.43
内蒙古	−0.01	72.13	39.01	2.77	−0.76	119.04
宁 夏	0.25	−0.03	2.88	0.53	−0.11	76.00
青 海	0.00	0.71	−1.71	0.34	1.91	25.13
山 东	−7.37	9.63	282.94	39.50	−6.94	389.54
山 西	0.11	0.27	90.59	−0.04	16.62	257.65
陕 西	1.04	0.34	8.61	2.49	0.14	117.55
上 海	0.39	0.00	425.06	290.54	2.40	355.02
四 川	9.47	−1.14	1.11	2.28	−0.25	215.56
天 津	−0.12	0.17	87.22	124.49	4.88	349.34
新 疆	0.58	1.30	7.82	20.81	−1.26	5.57
云 南	0.54	0.13	20.78	1.59	5.64	42.26
浙 江	−0.03	16.62	810.02	194.62	1.85	774.48
重 庆	−6.20	−0.25	−5.07	1.12	2.58	85.27

表 7.6 **2012 年煤炭消费规模变动的氮氧化物排放空间**

和行业效应测算结果 单位：万吨

省份	农业	采掘业	制造业	生产性服务业	房地产业	能源行业
安 徽	4.63	0.01	101.57	2.02	7.79	31.30
北 京	0.48	0.01	−2.98	4.41	0.07	549.10
福 建	16.11	0.02	87.43	1.55	0.84	22.81
甘 肃	3.43	0.01	56.57	1.48	1.46	49.06
广 东	3.32	0.02	159.24	23.57	−17.42	38.04
广 西	2.79	0.02	80.85	2.19	3.21	4.28
贵 州	2.31	0.00	56.09	1.27	2.60	244.46
海 南	2.18	0.00	6.89	1.24	−4.49	1.82
河 北	1.53	0.21	88.71	1.69	−0.28	222.65
河 南	−0.75	0.07	236.92	2.07	−3.09	242.08
黑龙江	5.09	0.01	37.12	2.91	−2.20	138.64
湖 北	4.71	0.02	158.95	2.93	10.80	40.55
湖 南	6.11	0.03	148.78	3.26	1.16	229.63
吉 林	3.21	0.00	49.98	0.68	2.65	−10.59
江 苏	4.77	0.00	108.86	4.91	12.35	76.96
江 西	0.81	0.04	104.35	1.15	7.77	80.73
辽 宁	2.58	0.07	159.73	3.43	7.69	38.74
内蒙古	2.97	−0.18	78.40	7.69	4.39	1 121.43
宁 夏	1.08	0.00	40.26	0.56	4.96	77.37
青 海	−0.07	0.00	30.04	0.38	0.18	41.33
山 东	−9.95	0.06	739.99	6.18	11.84	163.48
山 西	0.54	0.00	31.90	1.97	−2.71	247.45
陕 西	7.43	0.01	77.32	2.62	4.89	235.38
上 海	−0.54	0.00	59.41	16.62	−4.57	23.12
四 川	0.09	0.06	196.62	1.89	4.63	182.59
天 津	1.17	0.03	67.64	3.66	−1.52	364.45
新 疆	5.53	0.01	50.71	2.95	0.59	27.93
云 南	2.27	0.03	59.58	1.63	1.00	58.70
浙 江	−8.49	−0.01	138.81	4.23	4.00	41.73
重 庆	1.44	0.01	67.81	1.71	7.35	72.60

从时间上来看，煤炭消费规模变动对氮氧化物排放的影响呈现出比较稳定的特征。2007 年煤炭消费规模变动对氮氧化物排放的影响主要表现为拉动效应，比较显著的行业是制造业、生产性服务业和能源行业，氮氧化物排放平均增加 195.88 万吨、60.39 万吨和 241.69 万吨。2012 年煤炭消费规模变动对氮氧化物排放的影响同样表现为拉动效应，但是影响程度在减小，比较显著的行业是制造业和能源行业，氮氧化物排放平均增加 109.25 万吨和 155.26 万吨。2012 年与 2007 年相比，煤炭消费规模变动对氮氧化物排放的影响程度和影响范围虽然在减小，但是影响方向上基本没有变化。

从空间上来看，煤炭消费规模变动对氮氧化物排放影响比较显著的区域呈现由东部地区向中部地区转移，而西部地区不够明显的特征。2007 年煤炭消费规模变动对氮氧化物排放影响较大的省份主要有黑龙江、辽宁、北京、天津、河北、内蒙古、山东、山西、河南、湖北、江苏、上海、浙江、江西、广东，平均增加 870.30 万吨。2012 年煤炭消费规模变动对氮氧化物排放影响较大的省份主要有内蒙古、北京、山东、河南、湖北、湖南、四川、广东，平均增加 544.29 万吨。2012 年与 2007 年相比，煤炭消费规模变动对氮氧化物排放影响较大的区域在缩小，对氮氧化物排放影响的程度在下降。

从行业上来看，制造业、生产性服务业、能源行业煤炭消费规模变动对氮氧化物排放的影响较大，农业、采掘业、房地产业煤炭消费规模变动对氮氧化物排放的影响较小。2007 年制造业、生产性服务业、能源行业煤炭消费规模变动对氮氧化物排放均有拉动效应且比较显著的省份主要有黑龙江、辽宁、河北、天津、江苏、上海、浙江，仅制造业煤炭消费规模变动对氮氧化物排放有拉动效应的省份主要有江西和广东。2012 年能源行业煤炭消费规模变动对氮氧化物排放有拉动效应的省份主要有内蒙古、北京、天津；制造业煤炭消费规模变动对氮氧化物排放有拉动效应的省份主要是山东。

整体来看，煤炭消费规模变动对氮氧化物排放的影响在时间、空间和行业上呈现出比较明显的规律。随着时间的推移，煤炭消费规模变动对氮氧化物排放在大部分地区和大部分行业可能起到拉动效应；其中，东部和中部地区氮氧化物排放对煤炭消费规模变动的响应比较灵敏，西部地区氮氧化物排放对煤炭消费规模变动的响应比较迟缓；制造业、能源行业、生产性服务业的氮氧化物排放效应较大，农业、采掘业、房地产业的氮氧化物排放效应较小。

2. 煤炭消费结构变动的氮氧化物排放效应。2007 年、2012 年煤炭消费结构变动的氮氧化物排放空间和行业效应测算结果如表 7.7 和表 7.8 所示。

表7.7　　　　　**2007年煤炭消费结构变动的氮氧化物排放空间和**

行业效应测算结果　　　　　　　　　单位：万吨

省份	农业	采掘业	制造业	生产性服务业	房地产业	能源行业
安　徽	-2.20	-8.40	-41.69	-105.36	-1.20	-33.52
北　京	0.64	-0.47	-65.76	-109.28	-3.89	-374.69
福　建	-0.74	-8.50	-104.58	-77.70	-5.64	-10.44
甘　肃	2.02	0.45	7.26	-0.69	3.41	46.84
广　东	0.62	0.02	-211.69	-33.55	-13.46	124.29
广　西	-0.02	-0.30	2.55	-1.28	-6.40	-164.29
贵　州	4.10	0.18	2.19	2.06	-4.67	-101.06
海　南	0.00	0.00	-2.53	-1.71	-0.86	-2.23
河　北	-16.51	-82.17	-706.27	-374.84	-20.79	132.48
河　南	-0.29	-2.11	-44.27	-5.36	-6.05	116.19
黑龙江	-5.44	-0.51	-130.73	-55.68	-3.30	-661.86
湖　北	-0.27	-1.99	-129.27	-24.58	2.06	-16.24
湖　南	-14.23	0.81	-10.13	0.28	-10.18	37.29
吉　林	-5.58	-4.97	-97.87	-122.82	-3.18	-73.39
江　苏	0.93	-22.59	-850.23	-215.19	-0.72	-250.20
江　西	-0.98	-45.96	-237.84	-49.66	-1.41	-43.12
辽　宁	3.65	-18.90	-306.76	-103.90	2.05	-759.83
内蒙古	2.55	-69.98	-0.03	-4.41	2.09	-61.39
宁　夏	-0.19	0.11	4.41	-0.78	0.87	-53.97
青　海	0.15	0.42	-0.51	-0.16	2.94	-33.42
山　东	-1.28	-7.29	86.38	-32.17	-1.91	-108.70
山　西	-0.18	-0.46	-45.52	-0.62	26.98	-52.16
陕　西	0.25	0.68	13.09	1.58	10.64	-33.93
上　海	1.02	0.00	-484.87	-356.14	-2.74	-267.84
四　川	-6.00	0.08	11.17	6.19	1.00	-71.94
天　津	0.19	0.15	-131.84	-136.12	-3.98	-288.04
新　疆	-0.38	0.83	2.22	20.10	-2.07	1.77
云　南	-0.42	0.74	32.76	4.42	-16.51	-2.18
浙　江	-0.13	-15.69	-786.53	-228.55	5.35	-469.40
重　庆	0.00	0.00	35.28	-3.23	-0.93	-13.42

表 7.8　　　　　　　　2012 年煤炭消费结构变动的氮氧化物排放空间
和行业效应测算结果　　　　　　　　单位：万吨

省份	农业	采掘业	制造业	生产性服务业	房地产业	能源行业
安 徽	-10.78	1.25	243.90	-4.87	9.47	497.10
北 京	-0.65	2.80	-16.19	-1.95	1.74	17.28
福 建	-14.93	3.37	-45.58	-4.03	0.16	97.96
甘 肃	-4.76	3.87	-13.81	5.34	3.58	143.39
广 东	-10.78	0.40	-160.51	-25.47	4.36	802.63
广 西	-5.74	1.18	36.25	-2.72	3.57	114.50
贵 州	11.69	0.33	72.54	-0.88	-0.31	132.57
海 南	1.63	0.05	-5.76	-1.41	0.48	22.45
河 北	-21.06	11.49	329.07	3.79	2.66	925.42
河 南	-6.04	-0.03	-64.62	-4.01	-0.91	1 090.31
黑龙江	-13.01	1.41	1.92	7.26	2.78	272.83
湖 北	-11.40	2.65	97.71	-4.55	-0.41	204.75
湖 南	-7.42	18.73	195.80	-4.13	2.78	406.28
吉 林	-8.38	1.86	129.19	13.69	1.05	176.56
江 苏	-4.69	17.03	135.98	-10.10	37.23	1 197.18
江 西	-2.35	18.31	121.37	-5.25	15.61	72.25
辽 宁	-1.69	30.85	55.71	-0.99	2.11	199.05
内蒙古	-3.13	22.31	90.24	-1.01	10.74	48.96
宁 夏	-2.65	0.03	13.17	-0.19	1.05	107.71
青 海	-0.25	0.60	-21.94	-0.18	-0.01	75.95
山 东	-0.82	2.91	-1.92	-10.75	-7.95	932.40
山 西	-0.21	0.33	-22.74	-1.10	2.36	589.38
陕 西	-4.71	2.49	55.37	4.13	9.06	311.75
上 海	-1.81	0.00	-75.93	-22.06	0.20	377.78
四 川	-0.39	11.41	41.60	5.43	5.68	394.84
天 津	1.29	13.63	69.44	1.16	1.93	28.23
新 疆	-12.98	0.82	-15.94	-0.53	2.81	86.55
云 南	-1.92	1.78	32.20	0.24	-5.23	122.83
浙 江	-1.97	1.73	-39.43	-8.64	28.98	645.92
重 庆	-1.43	1.21	-16.66	-2.17	-8.91	48.27

从时间上来看，煤炭消费结构变动对氮氧化物排放的影响呈现出截然相反的特征。2007 年煤炭消费结构变动对氮氧化物排放的影响主要表现为抑制效应，比较显著的行业是制造业、生产性服务业和能源行业，氮氧化物排放平均减少 139.72 万吨、66.97 万吨和 116.28 万吨。2012 年煤炭消费结构变动对氮氧化物排放的影响则表现为拉动效应，比较显著的行业是制造业和能源行业，氮氧化物排放平均增加 40.68 万吨和 338.10 万吨。2012 年与 2007 年相比，煤炭消费结构变动对氮氧化物排放在影响程度、影响范围、影响方向上均有较大的变化。

从空间上来看，煤炭消费结构变动对氮氧化物排放影响比较显著的区域呈现由东部地区向中部地区转移，而西部地区不够明显的特征。2007 年煤炭消费结构变动对氮氧化物排放影响较大的省份主要有黑龙江、辽宁、北京、天津、河北、山东、河南、湖北、江苏、上海、浙江、江西、广东、广西，平均减少 644.68 万吨。2012 年煤炭消费结构变动对氮氧化物排放影响较大的省份主要有河北、山西、山东、河南、安徽、湖北、湖南、江苏、上海、浙江、广东，平均增加 752.08 万吨。2012 年与 2007 年相比，煤炭消费结构变动对氮氧化物排放影响较大的区域不仅呈现出由东部地区向中部地区转移的趋势，而且对氮氧化物排放的影响方向发生相反的变化，排放水平也有所提高。

从行业上来看，制造业、生产性服务业、能源行业煤炭消费结构变动对氮氧化物排放的影响较大，农业、采掘业、房地产业煤炭消费结构变动对氮氧化物排放的影响较小。2007 年制造业、生产性服务业、能源行业煤炭消费结构变动对氮氧化物排放均有抑制效应且比较显著的省份主要有黑龙江、辽宁、北京、河北、江苏、上海、浙江。2012 年能源行业煤炭消费结构变动对氮氧化物排放有拉动效应的省份主要有黑龙江、山西、陕西、河北、河南、山东、江苏、上海、浙江、湖南、广东、四川；制造业煤炭消费结构变动对氮氧化物排放有拉动效应的省份主要有河北和安徽。

整体来看，煤炭消费结构变动对氮氧化物排放的影响在时间上不够稳定，但在空间和行业上呈现出比较明显的规律。随着时间的推移，煤炭消费结构变动对氮氧化物排放先起到抑制效应再起到拉动效应；其中，东部和中部地区氮氧化物排放对煤炭消费结构变动的响应比较灵敏，西部地区氮氧化物排放对煤炭消费结构变动的响应比较迟缓；制造业、能源行业、生产性服务业的氮氧化物排放效应较大，农业、采掘业、房地产业的氮氧化物排放效应较小。

（二）石油消费变动的氮氧化物排放效应

1. 石油消费规模变动的氮氧化物排放效应。2007 年、2012 年石油消费规模变动的氮氧化物排放空间和行业效应测算结果如表 7.9 和表 7.10 所示。

表 7.9 　　　　　**2007 年石油消费规模变动的氮氧化物排放空间**
和行业效应测算结果　　　　　单位：万吨

省份	农业	采掘业	制造业	生产性服务业	房地产业	能源行业
安　徽	18.50	7.96	137.76	37.56	5.68	97.63
北　京	−1.13	0.46	−90.68	3.83	1.01	206.22
福　建	−5.49	0.54	31.48	49.74	7.20	−1.57
甘　肃	2.72	0.11	3.58	−2.60	2.51	0.27
广　东	−19.18	−0.01	83.27	−1.87	162.07	398.33
广　西	4.28	0.19	4.53	0.33	6.19	6.43
贵　州	−3.43	0.06	2.03	3.49	8.16	7.24
海　南	−3.76	−0.02	0.22	4.95	15.66	1.32
河　北	7.88	5.08	431.05	100.70	18.80	478.87
河　南	19.12	0.14	9.16	14.38	58.33	94.16
黑龙江	35.21	0.35	21.60	12.55	−0.60	163.79
湖　北	9.19	1.14	51.90	10.25	6.53	11.26
湖　南	5.65	0.39	8.33	9.16	−1.86	7.01
吉　林	−0.67	1.23	160.12	12.49	32.14	43.29
江　苏	−9.30	0.10	1 179.83	38.34	10.80	280.42
江　西	−1.58	2.46	86.39	14.43	−4.38	95.31
辽　宁	−19.64	3.76	119.70	−114.94	25.01	104.18
内蒙古	−0.18	90.57	41.20	46.16	−3.10	39.97
宁　夏	7.52	−0.03	1.82	0.08	−0.24	5.46
青　海	0.93	0.74	−0.19	2.17	3.51	0.64
山　东	−21.24	1.74	222.91	69.33	−32.19	189.57
山　西	0.14	1.33	175.28	−13.07	38.57	30.57
陕　西	5.80	0.63	9.25	3.46	−3.31	15.08
上　海	4.04	0.00	221.85	−15.13	80.07	452.98
四　川	0.01	−0.20	4.55	18.60	−9.27	26.25
天　津	−2.40	0.44	43.44	3.43	16.17	36.93
新　疆	13.56	0.52	4.24	10.29	−9.18	−28.64
云　南	1.01	0.28	13.84	16.84	18.24	4.39
浙　江	−3.51	5.46	300.52	32.06	26.37	642.66
重　庆	−12.90	−0.17	−11.19	−0.58	27.81	6.11

表 7.10　　　　　　　**2012 年石油消费规模变动的氮氧化物排放空间**

和行业效应测算结果　　　　　　　　单位：万吨

省份	农业	采掘业	制造业	生产性服务业	房地产业	能源行业
安　徽	11.83	13.09	279.41	104.30	79.85	76.84
北　京	1.23	13.17	-6.96	222.91	7.89	266.57
福　建	41.14	16.40	221.14	150.72	8.28	235.06
甘　肃	8.75	7.85	146.66	84.30	17.87	586.18
广　东	8.47	24.41	401.31	1 027.32	-167.88	1 861.54
广　西	7.12	25.66	206.30	165.96	31.40	335.11
贵　州	5.91	2.20	150.42	131.03	25.69	69.14
海　南	5.56	1.79	18.08	87.94	-44.13	433.78
河　北	3.91	222.02	209.55	172.41	-3.17	799.99
河　南	-1.91	70.50	625.41	331.79	-29.68	659.18
黑龙江	12.99	8.78	92.86	131.84	-9.79	48.85
湖　北	12.02	19.22	414.26	333.02	108.74	284.28
湖　南	15.61	29.24	387.64	208.63	12.34	396.96
吉　林	8.20	4.50	134.56	45.50	19.17	167.39
江　苏	12.18	1.42	271.02	219.59	124.94	650.56
江　西	2.06	39.90	298.06	88.21	76.96	140.42
辽　宁	6.58	75.25	421.85	208.32	79.02	785.90
内蒙古	7.59	-185.19	203.06	601.83	45.92	326.53
宁　夏	2.76	-0.01	104.09	44.19	49.34	217.73
青　海	-0.17	1.20	79.76	16.42	2.04	70.69
山　东	-25.40	62.37	1 876.18	618.10	118.00	3 972.83
山　西	1.37	1.30	75.88	199.77	-26.76	308.17
陕　西	18.98	12.17	207.83	204.64	49.87	841.09
上　海	-1.38	0.00	137.84	864.60	-46.16	177.68
四　川	0.24	58.04	504.30	142.34	49.19	389.34
天　津	2.98	30.85	168.81	280.20	-12.80	554.90
新　疆	14.13	12.61	131.21	151.27	7.17	954.86
云　南	5.79	26.66	152.16	79.12	10.88	91.12
浙　江	-21.69	-7.19	333.00	59.59	41.68	122.18
重　庆	3.68	12.26	170.01	106.11	74.17	39.29

　　从时间上来看，石油消费规模变动对氮氧化物排放的影响呈现出比较稳定的特征。2007 年石油消费规模变动对氮氧化物排放的影响主要表现为拉动效应，比较显著的行业是制造业和能源行业，氮氧化物排放平均增加 108.93 万吨和 113.87 万吨。2012 年石油消费规模变动对氮氧化物排放的影响同样表现为拉动效应，但是影响程度在提高，比较显著的行业是制造业、生产性服务业和能源行业，氮氧化物排放平均增加 280.52 万吨、236.06 万吨和 528.81 万吨。2012 年与 2007 年相比，石油消费规模变动对氮氧化物排放的影响范围虽然在减小，但是影响程度却在不断提高。

　　从空间上来看，石油消费规模变动对氮氧化物排放影响比较显著的区域呈现由东部地区向中部地区转移，而西部地区不够明显的特征。2007 年石油消费规模变动对氮氧化物排放影响较大的省份主要有黑龙江、吉林、辽宁、北京、河北、山东、山西、江苏、上海、浙江、广东，平均增加 572.25 万吨。2012 年石油消费规模变动对氮氧化物排放影响较大的省份主要有内蒙古、辽宁、山东、河南、湖北、湖南、广东、陕西、甘肃、新疆，平均增加 1 968.86 万吨。2012 年与 2007 年相比，石油消费规模变动对氮氧化物排放影响较大的区域呈现出由东部地区向中部地区转移的趋势，且影响水平有较大的提高。

　　从行业上来看，制造业、能源行业石油消费规模变动对氮氧化物排放的影响较大，农业、采掘业、生产性服务业、房地产业石油消费规模变动对氮氧化物排放的影响较小。2007 年制造业、能源行业石油消费规模变动对氮氧化物排放均有拉动效应且比较显著的省份主要有河北、山东、江苏、上海、浙江、广东，仅制造业石油消费规模变动对氮氧化物排放有拉动效应的省份主要有吉林、辽宁、山西、安徽。2012 年能源行业石油消费规模变动对氮氧化物排放有拉动效应的省份主要有辽宁、河北、山东、广东、陕西、甘肃、新疆；生产性服务业石油消费规模变动对氮氧化物排放有拉动效应的省份主要是内蒙古、山东、上海、广东。

　　整体来看，石油消费规模变动对氮氧化物排放的影响在时间、空间和行业上呈现出比较明显的规律。随着时间的推移，石油消费规模变动对氮氧化物排放在大部分地区和大部分行业可能起到拉动效应；其中，东部和中部地区氮氧化物排放对石油消费规模变动的响应比较灵敏，西部地区氮氧化物排放对石油消费规模变动的响应比较迟缓；制造业、能源行业的氮氧化物排放效应较大，农业、采掘业、生产性服务业、房地产业的氮氧化物排放效应较小。

2. 石油消费结构变动的氮氧化物排放效应。2007 年、2012 年石油消费结构变动的氮氧化物排放空间和行业效应测算结果如表 7.11 和表 7.12 所示。

表 7.11　　　　2007 年石油消费结构变动的氮氧化物排放空间

和行业效应测算结果　　　　　　　　单位：万吨

省份	农业	采掘业	制造业	生产性服务业	房地产业	能源行业
安 徽	- 6.88	- 0.32	- 88.82	156.80	- 2.58	59.50
北 京	1.16	- 0.13	- 16.23	151.21	1.31	- 3.74
福 建	- 0.46	3.43	20.12	128.25	4.09	47.72
甘 肃	0.55	- 0.19	- 5.90	- 3.36	- 12.11	13.50
广 东	4.88	0.10	63.03	14.25	- 219.45	- 551.23
广 西	- 4.15	0.78	2.39	4.52	0.01	- 4.12
贵 州	- 4.14	0.07	1.73	- 3.52	- 10.10	- 3.52
海 南	0.01	0.00	- 0.23	1.32	39.84	1.70
河 北	- 30.38	51.39	96.07	204.48	- 9.75	- 69.08
河 南	- 3.96	2.91	75.15	13.16	- 19.27	- 89.77
黑龙江	12.41	0.96	87.16	136.42	- 1.16	531.37
湖 北	- 0.71	2.49	- 8.34	7.37	2.86	8.23
湖 南	10.86	0.40	8.20	- 0.85	- 3.86	0.10
吉 林	0.54	1.95	- 69.86	89.67	- 12.33	62.53
江 苏	3.91	9.44	178.05	312.45	47.88	471.56
江 西	- 0.99	13.30	84.30	23.58	- 8.20	11.84
辽 宁	- 7.68	12.74	151.69	148.47	- 11.00	1 253.68
内蒙古	- 1.94	431.39	- 12.72	3.05	- 8.71	0.88
宁 夏	- 0.81	- 0.05	- 3.29	- 1.21	- 2.62	- 6.85
青 海	1.46	- 0.46	0.95	1.29	4.48	- 0.13
山 东	- 16.82	14.90	- 152.18	- 21.18	- 5.83	- 122.59
山 西	- 0.01	0.82	56.33	- 5.59	- 24.75	35.32
陕 西	5.15	- 1.20	- 6.68	0.35	- 10.30	10.16
上 海	- 0.63	0.00	46.26	354.62	- 59.19	205.64
四 川	9.94	0.15	11.04	- 1.74	- 25.42	- 2.08
天 津	- 1.30	- 0.31	- 10.59	142.63	- 17.23	166.92
新 疆	4.22	- 0.46	- 0.75	- 16.90	1.89	- 6.81
云 南	3.50	- 0.36	- 8.08	15.88	- 5.67	- 0.72
浙 江	0.41	14.40	56.94	262.18	- 65.19	117.42
重 庆	0.00	- 0.01	3.86	7.88	- 53.60	3.68

表 7.12　　　　　　　2012 年石油消费结构变动的氮氧化物排放空间

和行业效应测算结果　　　　　　单位：万吨

省份	农业	采掘业	制造业	生产性服务业	房地产业	能源行业
安 徽	16.48	-11.61	-296.25	28.11	-31.52	18.29
北 京	-0.05	4.82	-13.47	-12.78	-10.18	57.05
福 建	44.15	2.46	-163.37	-14.91	-7.91	71.01
甘 肃	9.61	-2.00	-54.28	-27.77	-2.98	-7.64
广 东	5.71	-2.34	-274.18	58.52	-34.77	27.52
广 西	11.34	-4.57	-104.77	-3.00	-0.21	-1.19
贵 州	-7.28	-0.99	-113.20	-3.81	-13.61	-51.14
海 南	1.70	-1.18	-6.89	3.15	-1.17	5.62
河 北	24.72	122.80	-292.95	-48.15	-9.15	-522.14
河 南	16.08	-16.48	-194.71	14.29	2.20	-213.01
黑龙江	48.63	3.69	72.17	1.30	24.58	-16.57
湖 北	22.13	-14.19	-379.97	-10.33	-113.54	10.36
湖 南	21.60	-23.54	-235.00	25.50	-20.83	-41.49
吉 林	-21.41	-2.55	-158.27	-3.84	-8.38	-55.04
江 苏	17.53	-8.88	-444.99	-20.68	-35.55	-141.40
江 西	-3.55	-47.75	-315.82	-57.06	-37.40	-42.67
辽 宁	7.94	-2.73	28.61	32.47	27.93	26.31
内蒙古	5.93	-22.13	-189.17	3.74	3.72	-11.30
宁 夏	9.44	0.05	-48.60	-12.36	-27.91	-25.11
青 海	0.69	0.18	-35.22	-9.88	-2.92	9.44
山 东	1.99	-11.09	-331.22	72.81	-33.45	-179.49
山 西	0.88	-2.16	-5.52	-25.69	7.56	-446.07
陕 西	23.72	-4.88	-138.02	-119.90	-10.82	-194.95
上 海	-1.16	0.00	149.48	132.29	-11.03	54.03
四 川	-3.42	-0.85	-88.32	-15.04	-40.41	43.97
天 津	-4.45	7.04	-43.60	20.42	0.31	-8.50
新 疆	16.96	5.75	41.78	23.78	-4.77	-25.02
云 南	-0.36	-5.41	-54.17	7.07	1.66	-48.17
浙 江	0.78	-3.39	-197.39	50.28	-53.23	121.58
重 庆	0.00	2.26	-70.60	-16.17	-64.18	12.41

从时间上来看，石油消费结构变动对氮氧化物排放的影响呈现出截然相反的特征。2007 年石油消费结构变动对氮氧化物排放的影响主要表现为拉动效应，比较显著的行业是生产性服务业和能源行业，氮氧化物排放平均增加 70.85 万吨和 71.37 万吨。2012 年石油消费结构变动对氮氧化物排放的影响则表现为抑制效应，比较显著的行业是制造业、房地产业和能源行业，氮氧化物排放平均减少 131.93 万吨、16.93 万吨和 52.44 万吨。2012 年与 2007 年相比，石油消费结构变动对氮氧化物排放在影响程度、影响范围、影响方向上均有较大的变化。

从空间上来看，石油消费结构变动对氮氧化物排放影响比较显著的区域呈现由东部地区向中部地区转移，而西部地区不够明显的特征。2007 年石油消费结构变动对氮氧化物排放影响较大的省份主要有黑龙江、辽宁、内蒙古、山东、江苏、上海、浙江、广东，平均增加 461.38 万吨。2012 年石油消费结构变动对氮氧化物排放影响较大的省份主要有吉林、内蒙古、河北、山西、陕西、山东、河南、安徽、湖北、湖南、江西、江苏、上海、浙江、福建、广东，平均减少 324.46 万吨。2012 年与 2007 年相比，石油消费结构变动对氮氧化物排放影响较大的区域呈现出由东部地区向中部地区转移的趋势，影响的方向由拉动效应转向抑制效应。

从行业上来看，制造业、生产性服务业、能源行业石油消费结构变动对氮氧化物排放的影响较大，农业、采掘业、房地产业石油消费结构变动对氮氧化物排放的影响较小。2007 年生产性服务业、能源行业石油消费结构变动对氮氧化物排放均有拉动效应且比较显著的省份主要有黑龙江、辽宁、江苏、上海、浙江；采掘业石油消费结构变动对氮氧化物排放有比较显著的拉动效应的省份主要是内蒙古。2012 年制造业、能源行业石油消费结构变动对氮氧化物排放均有抑制效应且比较显著的省份主要有河北、陕西、山东、河南、江苏；制造业石油消费结构变动对氮氧化物排放有抑制效应的省份主要有吉林、内蒙古、安徽、江西、湖北、湖南。

整体来看，石油消费结构变动对氮氧化物排放的影响在时间上不够稳定，但在空间和行业上呈现出比较明显的规律。随着时间的推移，石油消费结构变动对氮氧化物排放先起到拉动效应再起到抑制效应；其中，东部和中部地区氮氧化物排放对石油消费结构变动的响应比较灵敏，西部地区氮氧化物排放对石油消费结构变动的响应比较迟缓；制造业、能源行业、生产性服务业的氮氧化物排放效应较大，农业、采掘业、房地产业的氮氧化物排放效应较小。

（三）电力消费变动的氮氧化物排放效应

1. 电力消费规模变动的氮氧化物排放效应。2007 年、2012 年电力消费规模变动的氮氧化物排放空间和行业效应测算结果如表 7.13 和表 7.14 所示。

表 7.13　　　　　2007 年电力消费规模变动的氮氧化物排放空间

和行业效应测算结果　　　　　　　　单位：万吨

省份	农业	采掘业	制造业	生产性服务业	房地产业	能源行业
安　徽	8.64	6.34	28.04	90.13	5.63	51.25
北　京	-2.35	0.01	1.90	38.42	14.46	61.79
福　建	-1.16	3.04	39.24	72.58	10.52	241.90
甘　肃	1.85	0.17	0.29	4.70	2.85	51.55
广　东	-30.70	0.00	185.03	-74.90	131.07	418.80
广　西	0.90	0.16	9.41	10.65	2.80	68.91
贵　州	-1.63	0.19	5.36	6.28	1.87	119.15
海　南	-1.57	-0.04	-1.32	-4.75	62.83	-3.37
河　北	3.44	4.66	50.32	79.20	5.14	222.97
河　南	4.52	0.55	20.35	54.78	23.51	389.58
黑龙江	11.21	0.70	6.60	38.90	-6.10	65.91
湖　北	8.38	0.43	20.98	5.61	14.51	3.96
湖　南	8.85	0.33	-3.21	6.08	-0.63	-2.23
吉　林	-0.36	4.07	3.48	40.66	0.89	74.57
江　苏	-10.46	0.30	125.57	-13.36	25.13	491.91
江　西	-1.61	0.79	3.34	29.88	-2.25	37.41
辽　宁	-6.35	8.96	35.11	-19.36	0.12	296.58
内蒙古	-0.14	373.65	123.37	26.62	-0.02	57.88
宁　夏	0.05	-0.08	2.21	1.28	-0.21	12.01
青　海	1.14	0.00	-1.43	5.24	7.68	5.26
山　东	-8.46	5.34	71.73	35.13	-8.41	133.11
山　西	1.54	2.50	134.40	12.63	9.79	96.54
陕　西	6.19	0.10	4.34	-1.07	-0.95	35.32
上　海	5.03	0.00	15.86	26.56	61.21	36.31
四　川	5.30	-1.72	7.26	10.59	-1.87	27.50
天　津	-1.73	0.79	5.21	4.09	5.66	19.89
新　疆	10.19	0.43	0.62	4.54	-0.52	3.46
云　南	1.24	0.10	14.53	28.35	2.78	124.13
浙　江	-1.54	16.51	116.70	48.79	19.62	285.92
重　庆	-5.93	-0.03	26.45	0.45	4.05	54.52

表 7.14　　　　2012 年电力消费规模变动的氮氧化物排放空间

和行业效应测算结果　　　　　　单位：万吨

省份	农业	采掘业	制造业	生产性服务业	房地产业	能源行业
安　徽	14.73	18.51	265.28	28.99	54.49	434.08
北　京	1.53	18.63	-0.83	61.44	25.32	1 300.85
福　建	51.23	23.19	238.72	29.25	4.62	34.22
甘　肃	10.90	11.10	137.78	27.19	20.12	52.31
广　东	10.55	34.53	365.61	354.53	-84.87	788.93
广　西	8.86	36.30	214.28	32.16	17.13	79.40
贵　州	7.36	3.12	127.58	29.78	14.82	161.23
海　南	6.92	2.53	18.79	26.01	-24.93	38.29
河　北	4.87	314.04	259.01	-35.17	-3.09	339.55
河　南	-2.38	99.72	625.37	56.62	-14.73	523.32
黑龙江	16.17	12.42	104.80	44.32	28.58	93.29
湖　北	14.97	27.19	398.37	67.80	68.59	571.25
湖　南	19.44	41.36	395.74	34.31	9.56	349.38
吉　林	10.21	6.36	147.23	13.63	-9.14	74.85
江　苏	15.17	2.01	415.91	112.09	80.62	645.79
江　西	2.57	56.44	255.24	25.04	45.03	285.86
辽　宁	8.20	106.44	396.36	65.52	54.55	-8.06
内蒙古	9.46	-261.95	191.72	113.35	33.74	214.76
宁　夏	3.43	-0.01	95.90	9.11	29.45	156.24
青　海	-0.21	1.70	70.48	5.93	1.99	68.00
山　东	-31.63	88.22	1 854.85	135.63	71.00	904.23
山　西	1.71	1.83	83.99	26.95	-15.31	326.32
陕　西	23.63	17.21	195.00	45.82	33.25	421.29
上　海	-1.72	0.00	93.85	232.20	-29.62	467.63
四　川	0.30	82.09	507.98	40.30	38.44	620.39
天　津	3.72	43.63	168.96	68.50	-0.93	138.19
新　疆	17.60	17.84	121.37	48.99	8.01	119.87
云　南	7.21	37.71	142.98	28.83	9.18	158.99
浙　江	-27.01	-10.18	393.73	52.84	30.23	801.99
重　庆	4.58	17.35	177.47	28.08	47.43	104.21

从时间上来看，电力消费规模变动对氮氧化物排放的影响呈现出比较稳定的特征。2007 年电力消费规模变动对氮氧化物排放的影响主要表现为拉动效应，比较显著的行业是制造业、生产性服务业和能源行业，氮氧化物排放平均增加 35.06 万吨、18.96 万吨和 116.08 万吨。2012 年电力消费规模变动对氮氧化物排放的影响同样表现为拉动效应，比较显著的行业是制造业和能源行业，氮氧化物排放平均增加 282.12 万吨和 342.22 万吨。2012 年与 2007 年相比，电力消费规模变动对氮氧化物排放的影响范围和影响程度虽然在发生变化，但是影响方向上基本没有变化。

从空间上来看，电力消费规模变动对氮氧化物排放影响比较显著的区域呈现由东部地区向中部地区转移，而西部地区不够明显的特征。2007 年电力消费规模变动对氮氧化物排放影响较大的省份主要有辽宁、内蒙古、河北、山东、江苏、浙江、福建、广东、贵州、云南，平均增加 389.35 万吨。2012 年电力消费规模变动对氮氧化物排放影响较大的省份主要有辽宁、北京、山东、陕西、河南、安徽、湖北、湖南、四川、江西、江苏、上海、浙江、福建、广东，平均增加 1 131.74 万吨。2012 年与 2007 年相比，电力消费规模变动对氮氧化物排放影响较大的区域存在由东部地区向中部地区转移的趋势。

从行业上来看，制造业、生产性服务业、能源行业电力消费规模变动对氮氧化物排放的影响较大，农业、采掘业、房地产业电力消费规模变动对氮氧化物排放的影响较小。2007 年制造业、能源行业电力消费规模变动对氮氧化物排放均有拉动效应且比较显著的省份主要有山西、山东、江苏、浙江、广东，仅房地产业电力消费规模变动对氮氧化物排放有拉动效应的省份主要有上海和广东。2012 年制造业、能源行业电力消费规模变动对氮氧化物排放均有显著拉动效应的省份主要有山东、陕西、河南、安徽、湖北、湖南、四川、江西、江苏、浙江、广东。

整体来看，电力消费规模变动对氮氧化物排放的影响在时间、空间和行业上呈现出比较明显的规律。随着时间的推移，电力消费规模变动对氮氧化物排放在大部分地区和大部分行业可能起到拉动效应；其中，东部和中部地区氮氧化物排放对电力消费规模变动的响应比较灵敏，西部地区氮氧化物排放对电力消费规模变动的响应比较迟缓；制造业、生产性服务业、能源行业的氮氧化物排放效应较大，农业、采掘业、房地产业的氮氧化物排放效应较小。

2. 电力消费结构变动的氮氧化物排放效应。2007 年、2012 年电力消费结构变动的氮氧化物排放空间和行业效应测算结果如表 7.15 和表 7.16 所示。

表 7. 15   **2007 年电力消费结构变动的氮氧化物排放空间**

和行业效应测算结果   单位：万吨

省份	农业	采掘业	制造业	生产性服务业	房地产业	能源行业
安 徽	9.08	9.31	140.38	-40.27	3.78	-23.68
北 京	-1.82	0.60	84.98	-1.14	4.32	396.95
福 建	1.34	5.99	208.91	-32.73	1.72	6.42
甘 肃	-2.58	-0.34	-1.39	2.87	8.48	-60.30
广 东	-6.49	0.06	-107.20	-22.35	232.69	443.14
广 西	4.15	-0.38	-2.15	-2.31	6.36	169.41
贵 州	0.05	-0.18	-4.47	1.07	14.71	101.75
海 南	-0.01	0.00	-0.76	-0.16	-38.98	-2.41
河 北	47.02	60.32	649.69	200.91	30.61	-55.85
河 南	4.25	0.98	-0.72	-6.17	25.20	-37.35
黑龙江	-7.10	2.68	61.74	-23.02	4.40	162.37
湖 北	0.99	-0.45	-10.26	5.62	-4.92	-3.61
湖 南	3.31	-0.09	3.21	-0.81	14.19	-40.07
吉 林	5.04	4.81	173.33	34.87	15.40	19.77
江 苏	-4.76	14.85	886.18	-8.12	-47.10	-154.13
江 西	1.87	32.06	173.72	28.34	9.70	31.65
辽 宁	3.77	15.86	227.98	11.78	8.30	116.82
内蒙古	0.77	-361.45	15.45	2.17	5.25	62.91
宁 夏	1.00	-0.11	-1.31	1.19	1.74	60.15
青 海	-1.61	0.00	-0.53	-1.45	-6.85	33.62
山 东	18.13	-5.19	36.06	19.07	7.55	230.15
山 西	0.19	-0.18	-5.32	6.35	-2.22	16.65
陕 西	-5.08	0.06	-4.75	-1.19	-0.34	38.87
上 海	-2.81	0.00	467.02	35.88	61.07	97.99
四 川	-3.93	-0.28	-19.69	-5.66	19.26	71.91
天 津	1.11	0.16	159.93	-2.81	21.66	124.90
新 疆	-3.84	-0.43	-0.05	-0.20	0.19	4.82
云 南	-2.78	-0.09	-14.16	-18.61	22.14	4.48
浙 江	-0.33	0.72	733.36	-33.05	59.86	350.74
重 庆	0.00	0.01	-37.56	-5.02	54.72	9.32

表 7.16　　　　　　 **2012 年电力消费结构变动的氮氧化物排放空间**

和行业效应测算结果　　　　　　　　　单位：万吨

省份	农业	采掘业	制造业	生产性服务业	房地产业	能源行业
安 徽	-5.55	10.36	87.53	-23.16	22.14	-511.81
北 京	0.68	-8.04	22.65	-4.14	-4.73	-15.97
福 建	-37.42	-5.86	236.19	6.48	6.67	-160.30
甘 肃	-4.78	-1.87	80.43	13.90	-3.41	-125.38
广 东	1.07	1.94	500.72	-23.51	30.51	-881.78
广 西	-5.52	3.37	88.41	8.93	-3.18	-102.35
贵 州	-4.36	0.66	52.91	0.29	14.09	-68.11
海 南	-3.96	1.14	14.46	-3.50	0.70	-23.44
河 北	-3.46	-134.30	32.90	18.84	6.23	-354.91
河 南	-9.96	16.52	319.26	-23.43	-1.14	-832.67
黑龙江	-35.70	-5.14	-60.62	-7.16	-26.82	-238.71
湖 北	-11.65	11.54	325.60	-7.30	114.54	-185.14
湖 南	-14.29	4.82	72.35	-18.77	18.23	-358.26
吉 林	-26.66	0.69	53.89	-6.30	7.47	-108.58
江 苏	-12.74	-8.15	404.63	-4.30	-1.68	-1 079.87
江 西	5.89	29.44	231.09	65.66	22.15	-18.66
辽 宁	-6.55	-28.11	-35.08	-28.33	-30.26	-195.56
内蒙古	-2.71	-0.17	122.32	-52.12	-14.15	-44.13
宁 夏	-6.75	-0.08	43.63	-1.27	25.93	-69.89
青 海	-0.43	-0.77	63.24	0.39	2.98	-81.90
山 东	-1.16	8.19	505.48	-53.73	41.96	-667.33
山 西	-0.66	1.44	42.80	17.24	-10.78	-146.68
陕 西	-18.89	2.39	100.07	32.56	0.37	-87.97
上 海	1.25	0.00	-103.22	-94.51	5.73	-377.14
四 川	3.78	-17.48	68.12	11.39	27.73	-359.55
天 津	1.95	-20.67	-9.72	-14.44	-2.12	-7.23
新 疆	-3.84	-6.74	-15.63	-35.37	-0.74	-54.83
云 南	2.26	1.95	31.59	-6.49	3.49	-68.95
浙 江	1.21	1.66	302.38	-42.72	23.90	-679.81
重 庆	1.44	-3.47	104.88	7.78	73.01	-40.29

　　从时间上来看，电力消费结构变动对氮氧化物排放的影响呈现出比较复杂的变化特征。2007年电力消费结构变动对氮氧化物排放的影响主要表现为拉动效应，比较显著的行业是制造业和能源行业，氮氧化物排放平均增加127.05万吨和72.58万吨。2012年电力消费结构变动对氮氧化物排放的影响表现为制造业的拉动效应和能源行业的抑制效应，其中制造业氮氧化物排放平均增加122.78万吨，能源行业氮氧化物排放平均减少264.91万吨。2012年与2007年相比，电力消费结构变动对氮氧化物排放在影响程度、影响范围、影响方向上均有较大的变化。

　　从空间上来看，电力消费结构变动对氮氧化物排放影响比较显著的区域呈现由东部地区向中部地区转移，而西部地区不够明显的特征。2007年电力消费结构变动对氮氧化物排放影响较大的省份主要有黑龙江、吉林、辽宁、内蒙古、北京、河北、天津、山东、江苏、上海、浙江、福建、广东，平均增加403.09万吨。2012年电力消费结构变动对氮氧化物排放影响较大的省份主要有黑龙江、河北、山东、河南、安徽、湖北、湖南、江西、四川、江苏、上海、浙江、福建、广东，平均减少278.19万吨。2012年与2007年相比，电力消费结构变动对氮氧化物排放影响较大的区域存在由东部地区向中部地区转移的趋势。

　　从行业上来看，制造业、能源行业电力消费结构变动对氮氧化物排放的影响较大，农业、采掘业、生产性服务业、房地产业电力消费结构变动对氮氧化物排放的影响较小。2007年制造业、能源行业电力消费结构变动对氮氧化物排放均有拉动效应且比较显著的省份主要有辽宁、上海、浙江；制造业电力消费结构变动对氮氧化物排放有比较显著的拉动效应的省份主要是河北、江苏、福建。2012年制造业电力消费结构变动对氮氧化物排放有拉动效应但能源行业电力消费结构变动对氮氧化物排放有抑制效应的省份主要有河南、山东、安徽、江苏、浙江、福建、广东。

　　整体来看，电力消费结构变动对氮氧化物排放的影响在时间上不够稳定，但在空间和行业上呈现出比较明显的规律。随着时间的推移，电力消费结构变动对氮氧化物排放既可能起到拉动效应也可能起到抑制效应；其中，东部和中部地区氮氧化物排放对电力消费结构变动的响应比较灵敏，西部地区氮氧化物排放对电力消费结构变动的响应比较迟缓；制造业、能源行业的氮氧化物排放效应较大，农业、采掘业、生产性服务业、房地产业的氮氧化物排放效应较小。

（四）天然气消费变动的氮氧化物排放效应

1. 天然气消费规模变动的氮氧化物排放效应。2007 年、2012 年天然气消费规模变动的氮氧化物排放空间和行业效应测算结果如表 7.17 和表 7.18 所示。

表 7.17 **2007 年天然气消费规模变动的氮氧化物排放空间**

和行业效应测算结果 单位：万吨

省份	农业	采掘业	制造业	生产性服务业	房地产业	能源行业
安 徽	0.00	0.80	10.04	11.03	0.00	1.52
北 京	0.00	0.00	-4.71	8.81	1.08	31.36
福 建	-0.14	0.88	100.23	17.63	1.37	41.63
甘 肃	0.00	0.01	0.46	-0.03	-0.13	-0.01
广 东	-0.88	-0.04	103.78	1.92	0.00	114.44
广 西	0.00	0.10	0.92	1.35	0.00	1.92
贵 州	0.00	0.08	0.04	0.22	0.00	1.43
海 南	0.00	0.00	0.02	-0.05	-0.07	0.79
河 北	0.01	31.05	63.51	29.87	0.02	12.61
河 南	0.00	2.56	33.29	1.65	0.00	0.47
黑龙江	0.03	2.96	14.41	53.02	-0.04	38.22
湖 北	0.01	0.21	24.58	2.47	0.00	3.83
湖 南	0.06	1.14	2.55	0.02	0.24	0.99
吉 林	0.00	1.84	3.35	1.68	0.00	8.27
江 苏	-0.15	2.53	253.12	91.48	0.53	58.59
江 西	0.00	1.60	18.97	1.97	0.05	0.38
辽 宁	0.00	9.91	76.22	45.22	-0.04	614.15
内蒙古	-0.01	0.00	5.90	0.53	0.06	1.59
宁 夏	0.00	0.00	0.16	0.05	0.00	0.04
青 海	0.00	0.91	-0.69	0.04	0.21	0.06
山 东	-0.01	2.90	42.33	0.27	0.00	0.50
山 西	0.00	0.29	5.86	-0.23	0.01	1.27
陕 西	0.46	0.01	1.23	1.00	0.00	13.47
上 海	0.45	0.00	53.09	30.90	1.58	50.72
四 川	0.00	0.00	1.48	0.32	0.00	17.85
天 津	0.00	0.00	12.28	3.41	0.12	-0.03
新 疆	0.00	0.02	0.82	-3.72	0.01	-2.38
云 南	0.05	0.13	9.81	4.65	0.00	1.50
浙 江	0.00	0.37	32.40	3.61	2.26	12.12
重 庆	-0.01	0.00	0.48	-0.01	-2.12	7.83

表 7.18　　　　　　　**2012 年天然气消费规模变动的氮氧化物排放空间**

和行业效应测算结果　　　　　　　　　单位：万吨

省份	农业	采掘业	制造业	生产性服务业	房地产业	能源行业
安　徽	0.05	0.00	21.78	1.71	0.38	26.08
北　京	0.01	0.00	−0.32	5.24	0.30	97.40
福　建	0.17	0.00	17.53	3.51	0.03	27.40
甘　肃	0.04	0.00	10.87	2.05	0.19	5.07
广　东	0.03	0.00	30.20	16.96	−0.40	78.87
广　西	0.03	0.00	16.02	3.50	0.09	6.12
贵　州	0.02	0.00	11.09	2.98	0.09	5.80
海　南	0.02	0.00	1.46	1.95	−0.14	3.41
河　北	0.02	0.03	16.64	3.56	−0.03	21.73
河　南	−0.01	0.01	48.71	7.73	−0.07	43.70
黑龙江	0.05	0.00	7.51	2.02	0.42	9.11
湖　北	0.05	0.00	32.14	8.51	0.44	23.99
湖　南	0.06	0.00	30.04	4.57	0.07	16.56
吉　林	0.03	0.00	11.56	1.08	−0.20	5.72
江　苏	0.05	0.00	23.49	3.54	0.53	70.18
江　西	0.01	0.01	23.37	1.97	0.27	26.03
辽　宁	0.03	0.01	32.06	4.85	0.38	9.86
内蒙古	0.03	−0.03	15.17	13.62	0.25	12.81
宁　夏	0.01	0.00	7.67	1.01	0.18	9.53
青　海	0.00	0.00	5.91	0.30	0.02	2.52
山　东	−0.10	0.01	141.36	14.77	0.43	52.88
山　西	0.01	0.00	5.56	4.87	−0.09	16.64
陕　西	0.08	0.00	15.76	4.99	0.23	23.97
上　海	−0.01	0.00	9.96	14.48	−0.19	35.55
四　川	0.00	0.01	38.35	3.23	0.30	63.26
天　津	0.01	0.00	12.63	6.56	0.04	21.81
新　疆	0.06	0.00	9.69	3.40	0.08	9.07
云　南	0.02	0.00	11.20	1.74	0.07	10.71
浙　江	−0.09	0.00	26.89	1.06	0.22	56.84
重　庆	0.02	0.00	12.79	2.42	0.31	18.17

　　从时间上来看，天然气消费规模变动对氮氧化物排放的影响呈现出比较稳定的特征。2007 年天然气消费规模变动对氮氧化物排放的影响主要表现为拉动效应，比较显著的行业是制造业和能源行业，氮氧化物排放平均增加 28.86 万吨和 34.50 万吨。2012 年天然气消费规模变动对氮氧化物排放的影响同样表现为拉动效应，比较显著的行业仍然是制造业和能源行业，氮氧化物排放平均增加 21.57 万吨和 27.03 万吨。2012 年与 2007 年相比，天然气消费规模变动对氮氧化物排放的影响范围在扩大，影响程度和影响方向上基本没有变化。

　　从空间上来看，天然气消费规模变动对氮氧化物排放影响比较显著的区域呈现由东部地区向中部地区转移，而西部地区不够明显的特征。2007 年天然气消费规模变动对氮氧化物排放影响较大的省份主要有辽宁、江苏、福建、广东，平均增加 383.09 万吨。2012 年天然气消费规模变动对氮氧化物排放影响较大的省份主要有辽宁、北京、山东、陕西、河南、安徽、湖北、湖南、四川、江西、江苏、上海、浙江、福建、广东，平均增加 82.95 万吨。2012 年与 2007 年相比，天然气消费规模变动对氮氧化物排放影响较大的区域存在由东部地区向中部地区转移的趋势。

　　从行业上来看，制造业、能源行业天然气消费规模变动对氮氧化物排放的影响较大，农业、采掘业、生产性服务、房地产业业天然气消费规模变动对氮氧化物排放的影响较小。2007 年制造业天然气消费规模变动对氮氧化物排放有拉动效应的省份主要有江苏和福建，能源行业天然气消费规模变动对氮氧化物排放有拉动效应的省份主要有辽宁和广东。2012 年制造业、能源行业天然气消费规模变动对氮氧化物排放均有显著拉动效应的省份主要有辽宁、山东、陕西、河南、安徽、湖北、湖南、四川、江西、江苏、浙江、福建、广东。

　　整体来看，天然气消费规模变动对氮氧化物排放的影响在时间、空间和行业上呈现出比较明显的规律。随着时间的推移，天然气消费规模变动对氮氧化物排放在大部分地区和大部分行业可能起到拉动效应；其中，东部和中部地区氮氧化物排放对天然气消费规模变动的响应比较灵敏，西部地区氮氧化物排放对天然气消费规模变动的响应比较迟缓；制造业、能源行业的氮氧化物排放效应较大，农业、采掘业、生产性服务业、房地产业的氮氧化物排放效应较小。

　　2. 天然气消费结构变动的氮氧化物排放效应。2007 年、2012 年天然气消费结构变动的氮氧化物排放空间和行业效应测算结果如表 7.19 和表 7.20 所示。

表 7.19　　　　　　2007 年天然气消费结构变动的氮氧化物排放空间

和行业效应测算结果　　　　　单位：万吨

省份	农业	采掘业	制造业	生产性服务业	房地产业	能源行业
安 徽	0.00	− 0.58	− 9.87	− 11.17	0.00	− 2.30
北 京	0.01	0.00	− 2.98	− 40.80	− 1.74	− 18.51
福 建	− 0.13	− 0.92	− 124.44	− 17.82	− 0.18	− 43.70
甘 肃	0.01	0.08	0.03	1.18	0.22	− 0.04
广 东	1.00	− 0.18	255.86	41.65	0.22	− 16.20
广 西	0.02	− 0.11	− 2.80	− 0.93	0.03	− 0.99
贵 州	0.00	− 0.07	0.55	0.38	0.06	2.83
海 南	0.00	0.00	3.52	0.56	− 0.01	2.94
河 北	− 0.13	− 29.54	− 39.48	− 30.55	− 0.07	− 7.55
河 南	0.00	− 1.78	− 30.16	− 1.64	0.12	10.94
黑龙江	0.13	− 3.13	− 18.17	− 57.72	0.06	− 31.88
湖 北	− 0.01	− 0.05	147.87	11.58	0.00	11.61
湖 南	0.06	− 1.12	− 1.28	1.38	− 0.14	2.69
吉 林	0.00	− 1.79	− 5.60	− 1.71	0.11	− 8.91
江 苏	− 0.08	− 1.70	− 214.00	− 89.14	− 0.07	− 67.23
江 西	0.11	0.59	− 20.19	− 2.27	− 0.09	− 0.36
辽 宁	0.26	− 9.70	− 72.91	− 56.35	0.65	− 610.67
内蒙古	− 1.37	0.05	− 2.70	− 0.81	1.38	− 2.40
宁 夏	0.00	0.05	0.20	0.80	0.00	0.66
青 海	0.00	0.04	0.09	0.33	− 0.56	− 0.07
山 东	− 0.03	− 2.42	29.73	34.28	0.20	1.14
山 西	0.00	− 0.18	− 5.49	− 0.15	− 0.02	0.19
陕 西	− 0.33	0.46	− 1.67	− 0.74	0.00	− 15.10
上 海	2.41	0.00	− 28.41	− 34.37	0.86	− 35.79
四 川	0.00	0.04	− 2.52	1.21	5.16	2.10
天 津	0.00	0.00	− 17.49	− 3.70	− 0.45	− 3.78
新 疆	0.00	0.05	− 1.41	− 3.00	− 0.01	0.21
云 南	− 0.31	− 0.29	− 10.52	− 1.69	0.03	− 1.58
浙 江	0.05	0.57	− 3.76	− 0.59	− 0.02	1.23
重 庆	0.00	0.00	− 1.57	0.37	− 0.18	0.42

表 7.20　　　　　2012 年天然气消费结构变动的氮氧化物排放空间

和行业效应测算结果　　　　　单位：万吨

省份	农业	采掘业	制造业	生产性服务业	房地产业	能源行业
安　徽	-0.15	0.00	-35.18	-0.08	-0.09	-3.58
北　京	0.03	0.41	7.01	18.88	13.17	-58.36
福　建	8.20	0.03	-27.24	12.45	1.07	-8.68
甘　肃	-0.07	0.00	-12.34	8.54	2.82	-10.38
广　东	4.00	0.00	-66.03	-9.54	-0.10	51.63
广　西	-0.08	0.01	-19.89	-3.21	-0.18	-10.96
贵　州	-0.05	0.00	-12.26	4.39	-0.16	-13.32
海　南	0.63	0.00	-1.81	1.77	-0.01	-4.62
河　北	-0.20	0.01	-69.02	25.52	0.26	-48.37
河　南	-0.07	-0.01	-59.93	13.15	-0.15	-44.63
黑龙江	0.09	0.04	-13.47	-1.39	-0.53	-17.56
湖　北	0.92	0.00	-43.34	22.18	-0.58	-29.98
湖　南	0.11	0.00	-33.15	-2.60	-0.17	-6.53
吉　林	56.44	0.00	-24.81	-3.55	-0.14	-12.94
江　苏	-0.09	0.00	-95.62	35.07	0.00	24.09
江　西	0.01	0.00	-36.65	-3.35	-0.37	-10.92
辽　宁	0.30	-0.01	-49.25	-3.14	0.22	-29.81
内蒙古	-0.09	0.00	-23.39	49.39	-0.31	6.48
宁　夏	-0.03	0.00	-8.20	13.82	0.94	-12.71
青　海	-0.01	0.00	-6.08	9.68	-0.05	-3.49
山　东	-0.02	-0.01	-172.33	-8.32	-0.56	-85.58
山　西	-0.01	0.39	-14.54	9.56	0.85	3.37
陕　西	-0.12	0.00	-17.42	83.21	1.39	-28.84
上　海	1.73	0.00	29.67	-15.72	5.11	-54.68
四　川	0.03	6.93	-21.41	-1.78	7.00	-79.26
天　津	1.21	0.00	-16.12	-7.14	-0.11	-12.50
新　疆	-0.13	0.16	-10.20	12.12	2.70	-6.70
云　南	0.01	1.68	-9.63	-0.83	0.08	-5.72
浙　江	-0.02	0.00	-65.56	1.07	0.36	-87.69
重　庆	-0.01	0.00	-17.62	10.55	0.08	-20.39

从时间上来看，天然气消费结构变动对氮氧化物排放的影响呈现出比较复杂的变化特征。2007 年天然气消费结构变动对氮氧化物排放的影响既有拉动效应也有抑制效应，比较显著的行业是制造业、生产性服务业和能源行业，氮氧化物排放平均减少 5.99 万吨、8.71 万吨和 27.67 万吨。2012 年天然气消费结构变动对氮氧化物排放的影响主要表现为制造业和能源行业的抑制效应以及生产性服务业的拉动效应；其中制造业和能源行业氮氧化物排放平均减少 31.53 万吨和 20.75 万吨，生产性服务业氮氧化物排放平均增加 9.02 万吨。2012 年与 2007 年相比，天然气消费结构变动对氮氧化物排放在影响程度、影响范围、影响方向上均有较大的变化。

从空间上来看，天然气消费结构变动对氮氧化物排放影响比较显著的区域呈现由东部地区向中部地区转移，而西部地区不够明显的特征。2007 年天然气消费结构变动对氮氧化物排放影响较大的省份主要有辽宁、湖北、江苏、福建、广东，平均减少 170.96 万吨。2012 年天然气消费结构变动对氮氧化物排放影响较大的省份主要有吉林、内蒙古、河北、陕西、山东、河南、湖北、江西、四川、江苏、上海、浙江、广东，平均减少 61.37 万吨。2012 年与 2007 年相比，天然气消费结构变动对氮氧化物排放影响较大的区域呈现出由东部地区向中部地区转移的趋势。

从行业上来看，制造业、生产性服务业、能源行业天然气消费结构变动对氮氧化物排放的影响较大，农业、采掘业、房地产业天然气消费结构变动对氮氧化物排放的影响较小。2007 年制造业天然气消费结构变动对氮氧化物排放有拉动效应的省份主要有湖北和广东，对氮氧化物排放有抑制效应的省份主要有江苏和福建；能源行业天然气消费结构变动对氮氧化物排放有比较显著的抑制效应的省份主要是辽宁。2012 年制造业和能源行业天然气消费结构变动对氮氧化物排放均有抑制效应的省份主要有河北、河南、山东、湖北、浙江；生产性服务业天然气消费结构变动对氮氧化物排放有显著拉动效应的省份主要有内蒙古、陕西、江苏；农业天然气消费结构变动对氮氧化物排放有显著拉动效应的省份主要是吉林。

整体来看，天然气消费结构变动对氮氧化物排放的影响在时间上不够稳定，但在空间和行业上呈现出比较明显的规律。随着时间的推移，天然气消费结构变动对氮氧化物排放既可能起到拉动效应也可能起到抑制效应；其中，东部和中部地区氮氧化物排放对天然气消费结构变动的响应比较灵敏，西部地区氮氧化物排放对天然气消费结构变动的响应比较迟缓；制造业、生产性服务业、能源行业的氮氧化物排放效应较大，农业、采掘业、房地产业的氮氧化物排放效应较小。

二、能源消费变动的二氧化硫排放效应

（一）煤炭消费变动的二氧化硫排放效应

1. 煤炭消费规模变动的二氧化硫排放效应。2007 年、2012 年煤炭消费规模变动的二氧化硫排放空间和行业效应测算结果如表 7.21 和表 7.22 所示。

表 7.21　　　　　　2007 年煤炭消费规模变动的二氧化硫排放空间

和行业效应测算结果　　　　　　单位：万吨

省份	农业	采掘业	制造业	生产性服务业	房地产业	能源行业
安　徽	2.97	12.74	169.83	107.95	1.85	184.74
北　京	− 0.41	0.40	− 77.80	76.30	− 0.01	409.94
福　建	− 1.06	9.04	122.57	81.30	4.26	113.06
甘　肃	0.23	0.22	3.83	− 1.37	0.75	9.57
广　东	− 0.25	− 0.25	674.12	5.98	14.34	148.69
广　西	0.00	0.34	11.56	− 1.36	1.23	261.60
贵　州	− 2.62	0.21	2.65	4.22	2.86	217.24
海　南	0.00	− 0.04	0.05	− 4.10	5.80	− 0.15
河　北	2.67	92.82	1 024.13	355.20	8.14	585.04
河　南	1.76	3.65	77.58	5.89	8.87	335.06
黑龙江	5.85	1.73	132.54	57.98	− 0.15	796.55
湖　北	0.63	1.46	156.65	31.05	0.55	6.86
湖　南	12.42	0.56	12.97	0.33	− 2.19	9.84
吉　林	− 0.29	9.15	115.14	98.91	1.07	159.50
江　苏	− 0.32	23.03	1 214.45	228.65	0.99	443.58
江　西	− 0.45	48.66	306.63	45.27	0.55	85.43
辽　宁	− 0.75	27.41	397.29	103.75	− 3.31	928.05
内蒙古	− 0.01	76.29	41.26	2.93	− 0.80	125.90
宁　夏	0.27	− 0.04	3.04	0.56	− 0.12	80.39
青　海	0.00	0.75	− 1.81	0.36	2.02	26.58

省份	农业	采掘业	制造业	生产性服务业	房地产业	能源行业
山　东	-7.79	10.19	299.27	41.78	-7.34	412.01
山　西	0.12	0.29	95.81	-0.04	17.58	272.51
陕　西	1.09	0.36	9.11	2.63	0.14	124.33
上　海	0.41	0.00	449.58	307.30	2.54	375.50
四　川	10.01	-1.21	1.18	2.41	-0.26	227.99
天　津	-0.12	0.18	92.25	131.68	5.16	369.49
新　疆	0.61	1.38	8.27	22.01	-1.33	5.89
云　南	0.57	0.14	21.98	1.68	5.96	44.70
浙　江	-0.03	17.58	856.75	205.85	1.95	819.16
重　庆	-6.56	-0.26	-5.36	1.18	2.73	90.19

表 7.22　　　**2012 年煤炭消费规模变动的二氧化硫排放空间**

和行业效应测算结果　　　　　　　　　　　单位：万吨

省份	农业	采掘业	制造业	生产性服务业	房地产业	能源行业
安　徽	4.90	0.01	107.43	2.13	8.24	33.11
北　京	0.51	0.01	-3.15	4.67	0.07	580.78
福　建	17.04	0.02	92.47	1.64	0.89	24.13
甘　肃	3.62	0.01	59.83	1.57	1.55	51.89
广　东	3.51	0.02	168.43	24.93	-18.43	40.24
广　西	2.95	0.03	85.52	2.32	3.40	4.53
贵　州	2.45	0.00	59.33	1.35	2.75	258.56
海　南	2.30	0.00	7.29	1.31	-4.75	1.92
河　北	1.62	0.23	93.83	1.78	-0.29	235.50
河　南	-0.79	0.07	250.59	2.19	-3.27	256.05
黑龙江	5.38	0.01	39.26	3.07	-2.33	146.64
湖　北	4.98	0.02	168.12	3.10	11.43	42.89
湖　南	6.47	0.03	157.37	3.45	1.23	242.88
吉　林	3.40	0.00	52.87	0.72	2.81	-11.20
江　苏	5.05	0.00	115.14	5.20	13.06	81.40
江　西	0.85	0.04	110.37	1.22	8.22	85.38

续表

省份	农业	采掘业	制造业	生产性服务业	房地产业	能源行业
辽 宁	2.73	0.08	168.94	3.63	8.13	40.98
内蒙古	3.14	-0.19	82.92	8.13	4.65	1 186.13
宁 夏	1.14	0.00	42.59	0.59	5.25	81.83
青 海	-0.07	0.00	31.77	0.40	0.19	43.71
山 东	-10.52	0.06	782.68	6.54	12.53	172.91
山 西	0.57	0.00	33.74	2.08	-2.87	261.73
陕 西	7.86	0.01	81.78	2.77	5.17	248.95
上 海	-0.57	0.00	62.84	17.57	-4.83	24.45
四 川	0.10	0.06	207.97	2.00	4.89	193.12
天 津	1.24	0.03	71.54	3.87	-1.61	385.48
新 疆	5.85	0.01	53.63	3.12	0.62	29.54
云 南	2.40	0.03	63.02	1.72	1.06	62.08
浙 江	-8.98	-0.01	146.58	4.48	4.23	44.14
重 庆	1.52	0.01	71.73	1.80	7.77	76.79

从时间上来看，煤炭消费规模变动对二氧化硫排放的影响呈现出比较稳定的特征。2007 年煤炭消费规模变动对二氧化硫排放的影响主要表现为拉动效应，比较显著的行业是制造业、生产性服务业和能源行业，二氧化硫排放平均增加 207.18 万吨、63.88 万吨和 255.64 万吨。2012 年煤炭消费规模变动对二氧化硫排放的影响同样表现为拉动效应，但是影响程度在减小，比较显著的行业是制造业和能源行业，二氧化硫排放平均增加 115.55 万吨和 164.22 万吨。2012 年与 2007 年相比，煤炭消费规模变动对二氧化硫排放的影响程度虽然在减小，但是影响方向上基本没有变化。

从空间上来看，煤炭消费规模变动对二氧化硫排放影响比较显著的区域呈现由东部地区向中部地区转移，而西部地区不够明显的特征。2007 年煤炭消费规模变动对二氧化硫排放影响较大的省份主要有黑龙江、辽宁、北京、天津、河北、内蒙古、山东、山西、河南、安徽、湖北、江苏、上海、浙江、江西、广东，平均增加 892.98 万吨。2012 年煤炭消费规模变动对二氧化硫排放影响较大的省份主要有内蒙古、北京、山东、河南、湖北、湖南、四川、贵州，平均增加 588.91 万吨。2012 年与 2007 年相比，煤炭消费规模变动对二氧化硫排放影响较大的区域呈现出由东部地区向中部地区转移的趋势。

　　从行业上来看，制造业、生产性服务业、能源行业煤炭消费规模变动对二氧化硫排放的影响较大，农业、采掘业、房地产业煤炭消费规模变动对二氧化硫排放的影响较小。2007 年制造业、生产性服务业、能源行业煤炭消费规模变动对二氧化硫排放均有拉动效应且比较显著的省份主要有黑龙江、辽宁、河北、天津、江苏、上海、浙江，仅制造业煤炭消费规模变动对二氧化硫排放有拉动效应的省份主要有江西和广东。2012 年能源行业煤炭消费规模变动对二氧化硫排放有拉动效应的省份主要有内蒙古、北京、天津；制造业煤炭消费规模变动对二氧化硫排放有拉动效应的省份主要是山东。

　　整体来看，煤炭消费规模变动对二氧化硫排放的影响在时间、空间和行业上呈现出比较明显的规律。随着时间的推移，煤炭消费规模变动对二氧化硫排放在大部分地区和大部分行业可能起到拉动效应；其中，东部和中部地区二氧化硫排放对煤炭消费规模变动的响应比较灵敏，西部地区二氧化硫排放对煤炭消费规模变动的响应比较迟缓；制造业、能源行业、生产性服务业的二氧化硫排放效应较大，农业、采掘业、房地产业的二氧化硫排放效应较小。

　　2. 煤炭消费结构变动的二氧化硫排放效应。2007 年、2012 年煤炭消费结构变动的二氧化硫排放空间和行业效应测算结果如表 7.23 和表 7.24 所示。

表 7.23　　　　　2007 年煤炭消费结构变动的二氧化硫排放空间
和行业效应测算结果　　　　　单位：万吨

省份	农业	采掘业	制造业	生产性服务业	房地产业	能源行业
安　徽	- 2.33	- 8.89	- 44.10	- 111.44	- 1.27	- 35.45
北　京	0.68	- 0.49	- 69.56	- 115.58	- 4.11	- 396.31
福　建	- 0.78	- 8.99	- 110.62	- 82.19	- 5.96	- 11.04
甘　肃	2.14	0.48	7.67	- 0.72	3.60	49.55
广　东	0.65	0.02	- 223.91	- 35.49	- 14.24	131.46
广　西	- 0.02	- 0.31	2.70	- 1.36	- 6.77	- 173.77
贵　州	4.33	0.20	2.32	2.18	- 4.94	- 106.89
海　南	0.00	0.00	- 2.67	- 1.81	- 0.91	- 2.36
河　北	- 17.46	- 86.91	- 747.02	- 396.46	- 21.99	140.13

续表

省份	农业	采掘业	制造业	生产性服务业	房地产业	能源行业
河　南	− 0.31	− 2.23	− 46.83	− 5.66	− 6.40	122.89
黑龙江	− 5.76	− 0.54	− 138.27	− 58.89	− 3.49	− 700.05
湖　北	− 0.28	− 2.11	− 136.73	− 26.00	2.18	− 17.18
湖　南	− 15.05	0.86	− 10.72	0.30	− 10.77	39.44
吉　林	− 5.91	− 5.25	− 103.52	− 129.91	− 3.36	− 77.63
江　苏	0.99	− 23.89	− 899.28	− 227.61	− 0.76	− 264.64
江　西	− 1.04	− 48.61	− 251.56	− 52.52	− 1.49	− 45.61
辽　宁	3.86	− 19.99	− 324.45	− 109.90	2.17	− 803.67
内蒙古	2.70	− 74.02	− 0.03	− 4.66	2.21	− 64.94
宁　夏	− 0.20	0.12	4.66	− 0.82	0.92	− 57.08
青　海	0.16	0.44	− 0.54	− 0.17	3.11	− 35.35
山　东	− 1.35	− 7.71	91.37	− 34.02	− 2.02	− 114.97
山　西	− 0.19	− 0.49	− 48.15	− 0.65	28.54	− 55.17
陕　西	0.27	0.72	13.85	1.67	11.26	− 35.89
上　海	1.08	0.00	− 512.85	− 376.68	− 2.90	− 283.30
四　川	− 6.35	0.08	11.82	6.55	1.06	− 76.09
天　津	0.20	0.16	− 139.45	− 143.97	− 4.21	− 304.65
新　疆	− 0.40	0.88	2.34	21.26	− 2.18	1.87
云　南	− 0.44	0.78	34.65	4.68	− 17.46	− 2.30
浙　江	− 0.14	− 16.60	− 831.91	− 241.73	5.66	− 496.48
重　庆	0.00	0.00	37.31	− 3.42	− 0.99	− 14.19

表 7.24　　　　**2012 年煤炭消费结构变动的二氧化硫排放空间**

和行业效应测算结果　　　　单位：万吨

省份	农业	采掘业	制造业	生产性服务业	房地产业	能源行业
安　徽	− 11.40	1.32	257.97	− 5.16	10.01	525.78
北　京	− 0.69	2.97	− 17.12	− 2.07	1.85	18.28
福　建	− 15.79	3.57	− 48.21	− 4.26	0.17	103.61
甘　肃	− 5.03	4.09	− 14.60	5.65	3.78	151.66
广　东	− 11.41	0.42	− 169.77	− 26.94	4.61	848.93

续表

省份	农业	采掘业	制造业	生产性服务业	房地产业	能源行业
广　西	−6.08	1.25	38.34	−2.88	3.77	121.11
贵　州	12.36	0.35	76.73	−0.93	−0.33	140.21
海　南	1.73	0.05	−6.10	−1.50	0.50	23.74
河　北	−22.28	12.15	348.05	4.00	2.81	978.81
河　南	−6.39	−0.03	−68.34	−4.24	−0.96	1 153.21
黑龙江	−13.77	1.49	2.03	7.67	2.94	288.57
湖　北	−12.06	2.80	103.35	−4.82	−0.44	216.56
湖　南	−7.85	19.81	207.10	−4.37	2.94	429.72
吉　林	−8.86	1.97	136.64	14.48	1.11	186.74
江　苏	−4.97	18.02	143.83	−10.68	39.37	1 266.25
江　西	−2.48	19.37	128.37	−5.55	16.52	76.42
辽　宁	−1.79	32.63	58.92	−1.05	2.23	210.53
内蒙古	−3.31	23.59	95.45	−1.07	11.36	51.78
宁　夏	−2.81	0.03	13.93	−0.20	1.11	113.93
青　海	−0.27	0.63	−23.21	−0.19	−0.01	80.33
山　东	−0.86	3.07	−2.03	−11.37	−8.41	986.20
山　西	−0.23	0.35	−24.05	−1.16	2.50	623.39
陕　西	−4.98	2.63	58.56	4.36	9.58	329.73
上　海	−1.92	0.00	−80.31	−23.34	0.21	399.58
四　川	−0.42	12.07	44.00	5.75	6.01	417.62
天　津	1.37	14.42	73.45	1.22	2.04	29.86
新　疆	−13.73	0.87	−16.86	−0.57	2.97	91.54
云　南	−2.03	1.88	34.06	0.26	−5.53	129.92
浙　江	−2.08	1.83	−41.70	−9.14	30.65	683.19
重　庆	−1.51	1.28	−17.62	−2.29	−9.42	51.06

从时间上来看，煤炭消费结构变动对二氧化硫排放的影响呈现出截然相反的特征。2007年煤炭消费结构变动对二氧化硫排放的影响主要表现为抑制效应，比较显著的行业是制造业、生产性服务业和能源行业，二氧化硫排放平均减少147.78万吨、70.83万吨和122.99万吨。2012年煤炭消费结构变

动对二氧化硫排放的影响则表现为拉动效应，比较显著的行业是制造业和能源行业，二氧化硫排放平均增加 43.03 万吨和 357.61 万吨。2012 年与 2007 年相比，煤炭消费结构变动对二氧化硫排放在影响程度、影响范围、影响方向上均有较大的变化。

从空间上来看，煤炭消费结构变动对二氧化硫排放影响比较显著的区域呈现由东部地区向中部地区转移，而西部地区不够明显的特征。2007 年煤炭消费结构变动对二氧化硫排放影响较大的省份主要有黑龙江、辽宁、北京、天津、河北、江苏、上海、浙江、江西、广东，平均减少 917.93 万吨。2012 年煤炭消费结构变动对二氧化硫排放影响较大的省份主要有河北、山西、山东、河南、安徽、湖北、湖南、四川、江苏、上海、浙江、广东，平均增加 769.59 万吨。2012 年与 2007 年相比，煤炭消费结构变动对二氧化硫排放影响较大的区域呈现出由东部地区向中部地区转移的趋势。

从行业上来看，制造业、生产性服务业、能源行业煤炭消费结构变动对二氧化硫排放的影响较大，农业、采掘业、房地产业煤炭消费结构变动对二氧化硫排放的影响较小。2007 年制造业、生产性服务业、能源行业煤炭消费结构变动对二氧化硫排放均有抑制效应且比较显著的省份主要有黑龙江、辽宁、北京、天津、江苏、上海、浙江。2012 年能源行业煤炭消费结构变动对二氧化硫排放有拉动效应的省份主要有黑龙江、山西、陕西、河北、河南、山东、江苏、上海、浙江、湖南、广东、四川；制造业煤炭消费结构变动对二氧化硫排放有拉动效应的省份主要有河北和安徽。

整体来看，煤炭消费结构变动对二氧化硫排放的影响在时间上不够稳定，但在空间和行业上呈现出比较明显的规律。随着时间的推移，煤炭消费结构变动对二氧化硫排放先起到抑制效应再起到拉动效应；其中，东部和中部地区二氧化硫排放对煤炭消费结构变动的响应比较灵敏，西部地区二氧化硫排放对煤炭消费结构变动的响应比较迟缓；制造业、能源行业、生产性服务业的二氧化硫排放效应较大，农业、采掘业、房地产业的二氧化硫排放效应较小。

（二）石油消费变动的二氧化硫排放效应

1. 石油消费规模变动的二氧化硫排放效应。2007 年、2012 年石油消费规模变动的二氧化硫排放空间和行业效应测算结果如表 7.25 和表 7.26 所示。

表 7.25　　　　　**2007 年石油消费规模变动的二氧化硫排放空间**

和行业效应测算结果　　　　　　单位：万吨

省份	农业	采掘业	制造业	生产性服务业	房地产业	能源行业
安　徽	19.56	8.42	145.71	39.73	6.00	103.26
北　京	−1.20	0.48	−95.91	4.05	1.07	218.12
福　建	−5.81	0.57	33.29	52.61	7.62	−1.66
甘　肃	2.88	0.12	3.78	−2.75	2.66	0.28
广　东	−20.28	−0.01	88.07	−1.98	171.42	421.31
广　西	4.53	0.20	4.79	0.35	6.55	6.80
贵　州	−3.63	0.07	2.15	3.69	8.63	7.66
海　南	−3.98	−0.02	0.23	5.24	16.56	1.40
河　北	8.34	5.37	455.92	106.51	19.88	506.49
河　南	20.22	0.15	9.69	15.21	61.70	99.59
黑龙江	37.24	0.37	22.84	13.27	−0.64	173.24
湖　北	9.72	1.21	54.89	10.85	6.90	11.91
湖　南	5.98	0.41	8.81	9.69	−1.96	7.41
吉　林	−0.70	1.30	169.36	13.21	33.99	45.79
江　苏	−9.83	0.10	1 247.89	40.56	11.42	296.60
江　西	−1.67	2.60	91.38	15.26	−4.63	100.80
辽　宁	−20.77	3.98	126.61	−121.57	26.45	110.19
内蒙古	−0.19	95.80	43.57	48.82	−3.28	42.28
宁　夏	7.95	−0.03	1.93	0.09	−0.25	5.77
青　海	0.98	0.79	−0.20	2.30	3.71	0.68
山　东	−22.46	1.84	235.77	73.33	−34.05	200.51
山　西	0.15	1.41	185.40	−13.82	40.80	32.33
陕　西	6.13	0.66	9.78	3.66	−3.50	15.95
上　海	4.28	0.00	234.65	−16.00	84.69	479.12
四　川	0.01	−0.21	4.81	19.67	−9.80	27.76
天　津	−2.54	0.47	45.94	3.63	17.10	39.07
新　疆	14.35	0.55	4.48	10.89	−9.71	−30.29
云　南	1.07	0.30	14.64	17.81	19.29	4.65
浙　江	−3.71	5.77	317.86	33.91	27.89	679.74
重　庆	−13.64	−0.18	−11.84	−0.61	29.42	6.46

表 7. 26　　　　　　　**2012 年石油消费规模变动的二氧化硫排放空间**

和行业效应测算结果　　　　　　　　单位：万吨

省份	农业	采掘业	制造业	生产性服务业	房地产业	能源行业
安 徽	12. 52	13. 84	295. 53	110. 32	84. 46	81. 27
北 京	1. 30	13. 93	- 7. 36	235. 77	8. 34	281. 95
福 建	43. 52	17. 34	233. 90	159. 41	8. 76	248. 62
甘 肃	9. 26	8. 30	155. 12	89. 16	18. 90	620. 00
广 东	8. 96	25. 82	424. 46	1 086. 59	- 177. 56	1 968. 94
广 西	7. 53	27. 14	218. 21	175. 53	33. 21	354. 44
贵 州	6. 25	2. 33	159. 10	138. 59	27. 18	73. 13
海 南	5. 88	1. 89	19. 13	93. 01	- 46. 68	458. 80
河 北	4. 13	234. 83	221. 64	182. 36	- 3. 35	846. 14
河 南	- 2. 02	74. 56	661. 49	350. 93	- 31. 39	697. 21
黑龙江	13. 74	9. 29	98. 22	139. 45	- 10. 36	51. 67
湖 北	12. 71	20. 33	438. 16	352. 23	115. 02	300. 68
湖 南	16. 51	30. 92	410. 01	220. 67	13. 05	419. 86
吉 林	8. 67	4. 76	142. 32	48. 13	20. 27	177. 05
江 苏	12. 89	1. 50	286. 65	232. 26	132. 15	688. 10
江 西	2. 18	42. 20	315. 29	93. 29	81. 40	148. 52
辽 宁	6. 96	79. 59	446. 19	220. 34	83. 58	831. 25
内蒙古	8. 03	- 195. 88	214. 77	636. 55	48. 57	345. 37
宁 夏	2. 92	- 0. 01	110. 10	46. 74	52. 19	230. 29
青 海	- 0. 18	1. 27	84. 36	17. 36	2. 16	74. 77
山 东	- 26. 87	65. 96	1 984. 42	653. 76	124. 80	4 202. 03
山 西	1. 45	1. 37	80. 26	211. 29	- 28. 31	325. 95
陕 西	20. 08	12. 87	219. 82	216. 44	52. 74	889. 61
上 海	- 1. 46	0. 00	145. 79	914. 48	- 48. 83	187. 94
四 川	0. 26	61. 39	533. 39	150. 56	52. 03	411. 80
天 津	3. 16	32. 63	178. 55	296. 36	- 13. 54	586. 91
新 疆	14. 95	13. 34	138. 78	159. 99	7. 58	1 009. 94
云 南	6. 13	28. 20	160. 94	83. 68	11. 51	96. 37
浙 江	- 22. 95	- 7. 61	352. 21	63. 03	44. 09	129. 23
重 庆	3. 89	12. 97	179. 82	112. 23	78. 44	41. 55

从时间上来看，石油消费规模变动对二氧化硫排放的影响呈现出比较稳定的特征。2007 年石油消费规模变动对二氧化硫排放的影响主要表现为拉动效应，比较显著的行业是制造业和能源行业，二氧化硫排放平均增加 115.21万吨和 120.44 万吨。2012 年石油消费规模变动对二氧化硫排放的影响同样表现为拉动效应，但是影响程度在减小，比较显著的行业是制造业、生产性服务业和能源行业，二氧化硫排放平均增加 296.71 万吨、249.68 万吨和559.31 万吨。2012 年与 2007 年相比，石油消费规模变动对二氧化硫排放的影响程度虽然在提高，但是影响方向上基本没有变化。

从空间上来看，石油消费规模变动对二氧化硫排放影响比较显著的区域呈现由东部地区向中部地区转移，而西部地区不够明显的特征。2007 年石油消费规模变动对二氧化硫排放影响较大的省份主要有黑龙江、吉林、辽宁、北京、河北、山东、山西、江苏、上海、浙江、广东，平均增加 603.52 万吨。2012 年石油消费规模变动对二氧化硫排放影响较大的省份主要有内蒙古、辽宁、河北、山东、河南、湖北、湖南、广东、陕西、甘肃、新疆，平均增加 2 028.20 万吨。2012 年与 2007 年相比，石油消费规模变动对二氧化硫排放影响较大的区域呈现出由东部地区向中部地区转移的趋势。

从行业上来看，制造业、生产性服务业、能源行业石油消费规模变动对二氧化硫排放的影响较大，农业、采掘业、房地产业石油消费规模变动对二氧化硫排放的影响较小。2007 年制造业、能源行业石油消费规模变动对二氧化硫排放均有拉动效应且比较显著的省份主要有河北、山东、江苏、上海、浙江、广东，仅制造业石油消费规模变动对二氧化硫排放有拉动效应的省份主要有吉林、山西、安徽。2012 年能源行业石油消费规模变动对二氧化硫排放有拉动效应的省份主要有辽宁、河北、山东、广东、陕西、甘肃、新疆；生产性服务业石油消费规模变动对二氧化硫排放有拉动效应的省份主要是内蒙古、山东、上海、广东。

整体来看，石油消费规模变动对二氧化硫排放的影响在时间、空间和行业上呈现出比较明显的规律。随着时间的推移，石油消费规模变动对二氧化硫排放在大部分地区和大部分行业可能起到拉动效应；其中，东部和中部地区二氧化硫排放对石油消费规模变动的响应比较灵敏，西部地区二氧化硫排放对石油消费规模变动的响应比较迟缓；制造业、生产性服务业、能源行业的二氧化硫排放效应较大，农业、采掘业、房地产业的二氧化硫排放效应较小。

2. 石油消费结构变动的二氧化硫排放效应。2007 年、2012 年石油消费结构变动的二氧化硫排放空间和行业效应测算结果如表 7.27 和表 7.28 所示。

表 7.27　　　　　　2007 年石油消费结构变动的二氧化硫排放空间
和行业效应测算结果　　　　　　单位：万吨

省份	农业	采掘业	制造业	生产性服务业	房地产业	能源行业
安 徽	-7.28	-0.34	-93.95	165.84	-2.72	62.93
北 京	1.23	-0.14	-17.17	159.93	1.39	-3.96
福 建	-0.49	3.62	21.28	135.65	4.33	50.47
甘 肃	0.59	-0.20	-6.24	-3.56	-12.81	14.28
广 东	5.16	0.10	66.66	15.07	-232.11	-583.03
广 西	-4.39	0.83	2.53	4.78	0.01	-4.36
贵 州	-4.38	0.07	1.83	-3.72	-10.68	-3.73
海 南	0.01	0.00	-0.25	1.40	42.14	1.80
河 北	-32.13	54.35	101.61	216.27	-10.31	-73.07
河 南	-4.19	3.08	79.48	13.92	-20.38	-94.95
黑龙江	13.13	1.01	92.19	144.29	-1.23	562.02
湖 北	-0.75	2.63	-8.82	7.80	3.03	8.71
湖 南	11.49	0.42	8.67	-0.90	-4.08	0.11
吉 林	0.58	2.07	-73.89	94.84	-13.04	66.13
江 苏	4.14	9.99	188.32	330.48	50.65	498.77
江 西	-1.05	14.07	89.17	24.94	-8.68	12.52
辽 宁	-8.12	13.47	160.44	157.04	-11.64	1 326.01
内蒙古	-2.05	456.28	-13.45	3.22	-9.22	0.94
宁 夏	-0.86	-0.05	-3.48	-1.28	-2.77	-7.24
青 海	1.54	-0.49	1.01	1.36	4.74	-0.14
山 东	-17.79	15.76	-160.96	-22.40	-6.16	-129.66
山 西	-0.01	0.87	59.58	-5.91	-26.17	37.36
陕 西	5.45	-1.27	-7.06	0.37	-10.90	10.75
上 海	-0.66	0.00	48.93	375.08	-62.61	217.51
四 川	10.51	0.16	11.68	-1.84	-26.89	-2.20
天 津	-1.38	-0.32	-11.20	150.86	-18.22	176.55
新 疆	4.46	-0.49	-0.80	-17.88	2.00	-7.20
云 南	3.71	-0.38	-8.55	16.79	-6.00	-0.76
浙 江	0.43	15.23	60.23	277.31	-68.95	124.20
重 庆	0.00	-0.01	4.08	8.33	-56.69	3.89

表 7.28 **2012 年石油消费结构变动的二氧化硫排放空间**

和行业效应测算结果 单位：万吨

省 份	农业	采掘业	制造业	生产性服务业	房地产业	能源行业
安 徽	17.43	-12.28	-313.35	29.73	-33.34	19.34
北 京	-0.05	5.10	-14.25	-13.52	-10.77	60.34
福 建	46.70	2.60	-172.80	-15.77	-8.36	75.11
甘 肃	10.16	-2.11	-57.42	-29.38	-3.15	-8.08
广 东	6.04	-2.47	-290.00	61.89	-36.77	29.11
广 西	12.00	-4.83	-110.81	-3.17	-0.22	-1.26
贵 州	-7.70	-1.04	-119.73	-4.03	-14.40	-54.09
海 南	1.80	-1.25	-7.29	3.33	-1.23	5.94
河 北	26.14	129.88	-309.85	-50.92	-9.68	-552.26
河 南	17.00	-17.43	-205.95	15.11	2.33	-225.30
黑龙江	51.44	3.90	76.33	1.38	25.99	-17.52
湖 北	23.41	-15.01	-401.89	-10.92	-120.09	10.96
湖 南	22.85	-24.90	-248.55	26.97	-22.04	-43.89
吉 林	-22.64	-2.70	-167.40	-4.06	-8.86	-58.21
江 苏	18.54	-9.39	-470.66	-21.87	-37.60	-149.55
江 西	-3.76	-50.51	-334.04	-60.35	-39.55	-45.13
辽 宁	8.40	-2.89	30.27	34.34	29.54	27.83
内蒙古	6.27	-23.41	-200.08	3.96	3.93	-11.96
宁 夏	9.98	0.05	-51.40	-13.07	-29.52	-26.56
青 海	0.73	0.19	-37.25	-10.45	-3.09	9.98
山 东	2.11	-11.73	-350.33	77.01	-35.38	-189.85
山 西	0.93	-2.28	-5.84	-27.17	8.00	-471.80
陕 西	25.09	-5.16	-145.98	-126.82	-11.44	-206.19
上 海	-1.23	0.00	158.10	139.93	-11.67	57.15
四 川	-3.62	-0.90	-93.41	-15.91	-42.75	46.51
天 津	-4.71	7.45	-46.12	21.60	0.33	-8.99
新 疆	17.94	6.08	44.19	25.15	-5.04	-26.46
云 南	-0.38	-5.72	-57.29	7.48	1.76	-50.95
浙 江	0.82	-3.59	-208.78	53.18	-56.30	128.59
重 庆	0.00	2.39	-74.67	-17.10	-67.88	13.12

从时间上来看，石油消费结构变动对二氧化硫排放的影响呈现出截然相反的特征。2007年石油消费结构变动对二氧化硫排放的影响主要表现为拉动效应，比较显著的行业是生产性服务业和能源行业，二氧化硫排放平均增加74.94万吨和75.49万吨。2012年石油消费结构变动对二氧化硫排放的影响则表现为抑制效应，比较显著的行业是制造业和能源行业，二氧化硫排放平均减少139.54万吨和55.47万吨。2012年与2007年相比，石油消费结构变动对二氧化硫排放在影响程度、影响范围、影响方向上均有较大的变化。

从空间上来看，石油消费结构变动对二氧化硫排放影响比较显著的区域呈现由东部地区向中部地区转移，而西部地区不够明显的特征。2007年石油消费结构变动对二氧化硫排放影响较大的省份主要有黑龙江、辽宁、内蒙古、河北、江苏、上海、浙江、广东，平均增加560.24万吨。2012年石油消费结构变动对二氧化硫排放影响较大的省份主要有吉林、内蒙古、河北、山西、陕西、山东、河南、安徽、湖北、湖南、江西、江苏、上海、浙江、福建、广东，平均减少343.18万吨。2012年与2007年相比，石油消费结构变动对二氧化硫排放影响较大的区域呈现出由东部地区向中部地区转移的趋势。

从行业上来看，制造业、生产性服务业、能源行业石油消费结构变动对二氧化硫排放的影响较大，农业、采掘业、房地产业石油消费结构变动对二氧化硫排放的影响较小。2007年生产性服务业、能源行业石油消费结构变动对二氧化硫排放均有拉动效应且比较显著的省份主要有黑龙江、辽宁、江苏、上海；采掘业石油消费结构变动对二氧化硫排放有比较显著的拉动效应的省份主要是内蒙古。2012年制造业、能源行业石油消费结构变动对二氧化硫排放均有抑制效应且比较显著的省份主要有吉林、河北、陕西、山东、河南、江苏；制造业石油消费结构变动对二氧化硫排放有抑制效应的省份主要有吉林、内蒙古、安徽、江西、湖北、湖南、浙江、福建、广东。

整体来看，石油消费结构变动对二氧化硫排放的影响在时间上不够稳定，但在空间和行业上呈现出比较明显的规律。随着时间的推移，石油消费结构变动对二氧化硫排放先起到拉动效应再起到抑制效应；其中，东部和中部地区二氧化硫排放对石油消费结构变动的响应比较灵敏，西部地区二氧化硫排放对石油消费结构变动的响应比较迟缓；制造业、能源行业、生产性服务业的二氧化硫排放效应较大，农业、采掘业、房地产业的二氧化硫排放效应较小。

（三）电力消费变动的二氧化硫排放效应

1. 电力消费规模变动的二氧化硫排放效应。2007 年、2012 年电力消费规模变动的二氧化硫排放空间和行业效应测算结果如表 7.29 和表 7.30 所示。

表 7.29　　　　　2007 年电力消费规模变动的二氧化硫排放空间

和行业效应测算结果　　　　　单位：万吨

省份	农业	采掘业	制造业	生产性服务业	房地产业	能源行业
安　徽	9.14	6.71	29.66	95.33	5.95	54.20
北　京	−2.48	0.01	2.01	40.64	15.29	65.35
福　建	−1.22	3.22	41.50	76.77	11.13	255.85
甘　肃	1.96	0.18	0.31	4.97	3.01	54.53
广　东	−32.47	0.00	195.71	−79.22	138.64	442.96
广　西	0.95	0.17	9.95	11.26	2.96	72.88
贵　州	−1.73	0.20	5.67	6.65	1.98	126.02
海　南	−1.66	−0.04	−1.39	−5.03	66.45	−3.56
河　北	3.64	4.93	53.22	83.76	5.43	235.84
河　南	4.78	0.58	21.53	57.94	24.86	412.06
黑龙江	11.86	0.74	6.98	41.15	−6.45	69.71
湖　北	8.86	0.45	22.19	5.93	15.35	4.18
湖　南	9.36	0.35	−3.40	6.43	−0.66	−2.36
吉　林	−0.38	4.31	3.69	43.01	0.94	78.87
江　苏	−11.06	0.32	132.82	−14.13	26.58	520.28
江　西	−1.71	0.84	3.53	31.60	−2.38	39.57
辽　宁	−6.71	9.48	37.14	−20.47	0.13	313.69
内蒙古	−0.14	395.20	130.48	28.16	−0.02	61.22
宁　夏	0.05	−0.08	2.33	1.35	−0.22	12.71
青　海	1.21	0.00	−1.52	5.55	8.12	5.56
山　东	−8.95	5.65	75.87	37.16	−8.90	140.79
山　西	1.63	2.64	142.16	13.36	10.36	102.10
陕　西	6.55	0.10	4.59	−1.14	−1.01	37.36
上　海	5.32	0.00	16.78	28.10	64.74	38.40
四　川	5.61	−1.82	7.68	11.20	−1.98	29.09
天　津	−1.83	0.83	5.51	4.33	5.99	21.04
新　疆	10.78	0.46	0.66	4.81	−0.55	3.66
云　南	1.31	0.11	15.37	29.98	2.94	131.29
浙　江	−1.63	17.46	123.44	51.61	20.75	302.42
重　庆	−6.27	−0.03	27.97	0.47	4.28	57.66

表 7.30　　　　　　　2012 年电力消费规模变动的二氧化硫排放空间
和行业效应测算结果　　　　　　　　单位：万吨

省份	农业	采掘业	制造业	生产性服务业	房地产业	能源行业
安　徽	15.59	19.58	280.59	30.66	57.64	459.12
北　京	1.62	19.71	−0.87	64.99	26.78	1 375.90
福　建	54.19	24.53	252.50	30.94	4.88	36.20
甘　肃	11.53	11.75	145.73	28.76	21.29	55.33
广　东	11.16	36.52	386.70	374.99	−89.76	834.44
广　西	9.38	38.39	226.64	34.02	18.12	83.98
贵　州	7.78	3.30	134.94	31.50	15.67	170.53
海　南	7.32	2.68	19.87	27.51	−26.37	40.50
河　北	5.15	332.16	273.96	−37.20	−3.27	359.13
河　南	−2.52	105.47	661.45	59.89	−15.58	553.51
黑龙江	17.11	13.14	110.85	46.88	30.23	98.68
湖　北	15.83	28.76	421.35	71.71	72.55	604.21
湖　南	20.56	43.74	418.57	36.29	10.11	369.54
吉　林	10.80	6.73	155.73	14.41	−9.67	79.17
江　苏	16.05	2.13	439.90	118.56	85.27	683.04
江　西	2.71	59.69	269.97	26.48	47.62	302.35
辽　宁	8.67	112.58	419.23	69.30	57.69	−8.52
内蒙古	10.00	−277.07	202.79	119.89	35.68	227.15
宁　夏	3.63	−0.01	101.43	9.63	31.15	165.26
青　海	−0.22	1.80	74.55	6.27	2.11	71.92
山　东	−33.46	93.30	1 961.86	143.45	75.10	956.40
山　西	1.81	1.94	88.84	28.51	−16.20	345.15
陕　西	25.00	18.20	206.25	48.47	35.17	445.59
上　海	−1.82	0.00	99.26	245.60	−31.33	494.60
四　川	0.32	86.83	537.28	42.63	40.66	656.18
天　津	3.93	46.15	178.70	72.45	−0.98	146.17
新　疆	18.61	18.87	128.37	51.82	8.47	126.78
云　南	7.63	39.88	151.23	30.49	9.71	168.16
浙　江	−28.57	−10.76	416.45	55.89	31.98	848.26
重　庆	4.84	18.35	187.71	29.70	50.16	110.22

从时间上来看，电力消费规模变动对二氧化硫排放的影响呈现出比较稳定的特征。2007 年电力消费规模变动对二氧化硫排放的影响主要表现为拉动效应，比较显著的行业是制造业、房地产业和能源行业，二氧化硫排放平均增加 37.08 万吨、13.79 万吨和 122.78 万吨。2012 年电力消费规模变动对二氧化硫排放的影响同样表现为拉动效应，比较显著的行业是制造业和能源行业，二氧化硫排放平均增加 298.39 万吨和 361.97 万吨。2012 年与 2007 年相比，电力消费规模变动对二氧化硫排放虽然在影响方向上基本没有变化，但是影响程度在不断提高，影响范围也在扩大。

从空间上来看，电力消费规模变动对二氧化硫排放影响比较显著的区域呈现由东部地区向中部地区转移，而西部地区不够明显的特征。2007 年电力消费规模变动对二氧化硫排放影响较大的省份主要有辽宁、内蒙古、河北、山西、河南、山东、江苏、浙江、福建、广东、贵州、云南，平均增加 409.34 万吨。2012 年电力消费规模变动对二氧化硫排放影响较大的省份主要有辽宁、北京、山东、河南、安徽、湖北、湖南、四川、江西、江苏、上海、浙江、福建、广东，平均增加 1 226.92 万吨。2012 年与 2007 年相比，电力消费规模变动对二氧化硫排放影响较大的区域呈现出由东部地区向中部地区转移的趋势。

从行业上来看，制造业、房地产业、能源行业电力消费规模变动对二氧化硫排放的影响较大，农业、采掘业、生产性服务业电力消费规模变动对二氧化硫排放的影响较小。2007 年制造业、能源行业电力消费规模变动对二氧化硫排放均有拉动效应且比较显著的省份主要有山西、山东、江苏、浙江、广东，仅房地产业电力消费规模变动对二氧化硫排放有拉动效应的省份主要有上海和广东。2012 年制造业、能源行业电力消费规模变动对二氧化硫排放均有显著拉动效应的省份主要有山东、陕西、河南、安徽、湖北、湖南、四川、江西、江苏、浙江、广东。

整体来看，电力消费规模变动对二氧化硫排放的影响在时间、空间和行业上呈现出比较明显的规律。随着时间的推移，电力消费规模变动对二氧化硫排放在大部分地区和大部分行业可能起到拉动效应；其中，东部和中部地区二氧化硫排放对电力消费规模变动的响应比较灵敏，西部地区二氧化硫排放对电力消费规模变动的响应比较迟缓；制造业、房地产业、能源行业的二氧化硫排放效应较大，农业、采掘业、生产性服务业的二氧化硫排放效应较小。

2. 电力消费结构变动的二氧化硫排放效应。2007 年、2012 年电力消费结构变动的二氧化硫排放空间和行业效应测算结果如表 7.31 和表 7.32 所示。

表 7.31　　　　　2007 年电力消费结构变动的二氧化硫排放空间

和行业效应测算结果　　　　　　　　单位：万吨

省份	农业	采掘业	制造业	生产性服务业	房地产业	能源行业
安　徽	9.61	9.85	148.48	-42.59	3.99	-25.04
北　京	-1.92	0.63	89.88	-1.20	4.56	419.85
福　建	1.41	6.34	220.96	-34.62	1.82	6.79
甘　肃	-2.73	-0.36	-1.47	3.04	8.97	-63.78
广　东	-6.87	0.06	-113.38	-23.64	246.11	468.71
广　西	4.39	-0.40	-2.27	-2.44	6.73	179.18
贵　州	0.05	-0.19	-4.73	1.14	15.56	107.62
海　南	-0.01	0.00	-0.80	-0.17	-41.23	-2.55
河　北	49.73	63.81	687.17	212.50	32.37	-59.07
河　南	4.50	1.03	-0.76	-6.52	26.65	-39.50
黑龙江	-7.51	2.84	65.30	-24.35	4.66	171.74
湖　北	1.04	-0.47	-10.86	5.95	-5.20	-3.81
湖　南	3.50	-0.10	3.40	-0.86	15.00	-42.39
吉　林	5.33	5.09	183.33	36.88	16.28	20.91
江　苏	-5.04	15.71	937.31	-8.58	-49.81	-163.02
江　西	1.98	33.91	183.75	29.97	10.26	33.47
辽　宁	3.99	16.78	241.13	12.46	8.78	123.56
内蒙古	0.81	-382.31	16.34	2.29	5.55	66.54
宁　夏	1.05	-0.12	-1.39	1.26	1.84	63.62
青　海	-1.70	0.00	-0.56	-1.54	-7.25	35.56
山　东	19.18	-5.49	38.14	20.17	7.98	243.43
山　西	0.20	-0.19	-5.63	6.72	-2.35	17.61
陕　西	-5.37	0.06	-5.03	-1.26	-0.36	41.11
上　海	-2.97	0.00	493.97	37.95	64.59	103.64
四　川	-4.16	-0.29	-20.83	-5.99	20.37	76.06
天　津	1.18	0.17	169.15	-2.97	22.91	132.10
新　疆	-4.06	-0.45	-0.05	-0.21	0.20	5.10
云　南	-2.94	-0.09	-14.98	-19.69	23.42	4.74
浙　江	-0.35	0.76	775.66	-34.95	63.31	370.98
重　庆	0.00	0.01	-39.73	-5.31	57.88	9.85

表 7.32 　　　　　　　2012 年电力消费结构变动的二氧化硫排放空间

和行业效应测算结果 　　　　　　　单位：万吨

省份	农业	采掘业	制造业	生产性服务业	房地产业	能源行业
安　徽	-5.87	10.95	92.58	-24.49	23.42	-541.34
北　京	0.71	-8.50	23.95	-4.38	-5.01	-16.90
福　建	-39.58	-6.20	249.82	6.85	7.05	-169.54
甘　肃	-5.06	-1.98	85.07	14.70	-3.61	-132.61
广　东	1.13	2.05	529.60	-24.87	32.27	-932.65
广　西	-5.84	3.57	93.51	9.44	-3.37	-108.25
贵　州	-4.61	0.69	55.96	0.31	14.90	-72.04
海　南	-4.19	1.20	15.30	-3.70	0.74	-24.79
河　北	-3.66	-142.04	34.80	19.93	6.59	-375.38
河　南	-10.54	17.47	337.68	-24.78	-1.21	-880.70
黑龙江	-37.76	-5.44	-64.11	-7.58	-28.37	-252.48
湖　北	-12.32	12.21	344.39	-7.72	121.15	-195.82
湖　南	-15.11	5.10	76.52	-19.85	19.28	-378.93
吉　林	-28.19	0.73	57.00	-6.66	7.90	-114.85
江　苏	-13.48	-8.62	427.97	-4.55	-1.78	-1 142.17
江　西	6.23	31.14	244.43	69.45	23.43	-19.74
辽　宁	-6.92	-29.73	-37.10	-29.96	-32.00	-206.84
内蒙古	-2.87	-0.18	129.38	-55.12	-14.96	-46.68
宁　夏	-7.14	-0.08	46.14	-1.35	27.43	-73.92
青　海	-0.46	-0.82	66.89	0.41	3.15	-86.62
山　东	-1.23	8.66	534.64	-56.83	44.38	-705.83
山　西	-0.69	1.52	45.27	18.23	-11.40	-155.15
陕　西	-19.98	2.53	105.85	34.44	0.39	-93.04
上　海	1.32	0.00	-109.17	-99.97	6.06	-398.89
四　川	4.00	-18.49	72.05	12.04	29.33	-380.30
天　津	2.06	-21.87	-10.28	-15.28	-2.25	-7.65
新　疆	-4.07	-7.13	-16.53	-37.41	-0.78	-57.99
云　南	2.39	2.06	33.41	-6.86	3.69	-72.93
浙　江	1.28	1.76	319.82	-45.18	25.28	-719.03
重　庆	1.53	-3.67	110.93	8.23	77.22	-42.62

从时间上来看，电力消费结构变动对二氧化硫排放的影响呈现出比较复杂的变化特征。2007 年电力消费结构变动对二氧化硫排放的影响主要表现为拉动效应，比较显著的行业是制造业和能源行业，二氧化硫排放平均增加134.38 万吨和 76.77 万吨。2012 年电力消费结构变动对二氧化硫排放的影响表现为制造业的拉动效应和能源行业的抑制效应，其中制造业二氧化硫排放平均增加 129.86 万吨，能源行业二氧化硫排放平均减少 280.19 万吨。2012年与 2007 年相比，电力消费结构变动对二氧化硫排放在影响程度、影响范围、影响方向上均有较大的变化。

从空间上来看，电力消费结构变动对二氧化硫排放影响比较显著的区域呈现由东部地区向中部地区转移，而西部地区不够明显的特征。2007 年电力消费结构变动对二氧化硫排放影响较大的省份主要有黑龙江、吉林、辽宁、内蒙古、北京、河北、天津、山东、安徽、江西、江苏、上海、浙江、福建、广东，平均增加 434.08 万吨。2012 年电力消费结构变动对二氧化硫排放影响较大的省份主要有黑龙江、河北、山东、河南、安徽、湖北、湖南、江西、四川、江苏、上海、浙江、福建、广东，平均减少 294.25 万吨。2012 年与2007 年相比，电力消费结构变动对二氧化硫排放影响较大的区域呈现出由东部地区向中部地区转移的趋势。

从行业上来看，制造业、能源行业电力消费结构变动对二氧化硫排放的影响较大，农业、采掘业、生产性服务业、房地产业电力消费结构变动对二氧化硫排放的影响较小。2007 年制造业、能源行业电力消费结构变动对二氧化硫排放均有拉动效应且比较显著的省份主要有辽宁、上海、浙江；制造业电力消费结构变动对二氧化硫排放有比较显著的拉动效应的省份主要是吉林、河北、安徽、江西、江苏、福建。2012 年制造业电力消费结构变动对二氧化硫排放有拉动效应但能源行业电力消费结构变动对二氧化硫排放有抑制效应的省份主要有河南、山东、安徽、江苏、浙江、福建、广东。

整体来看，电力消费结构变动对二氧化硫排放的影响在时间上不够稳定，但在空间和行业上呈现出比较明显的规律。随着时间的推移，电力消费结构变动对二氧化硫排放既可能起到拉动效应也可能起到抑制效应；其中，东部和中部地区二氧化硫排放对电力消费结构变动的响应比较灵敏，西部地区二氧化硫排放对电力消费结构变动的响应比较迟缓；制造业、能源行业的二氧化硫排放效应较大，农业、采掘业、生产性服务业、房地产业的二氧化硫排放效应较小。

（四）天然气消费变动的二氧化硫排放效应

1. 天然气消费规模变动的二氧化硫排放效应。2007 年、2012 年天然气消费规模变动的二氧化硫排放空间和行业效应测算结果如表 7.33 和表 7.34 所示。

表 7.33　　　　　　2007 年天然气消费规模变动的二氧化硫排放空间
和行业效应测算结果　　　　　　　　单位：万吨

省份	农业	采掘业	制造业	生产性服务业	房地产业	能源行业
安　徽	0.00	0.85	10.62	11.67	0.00	1.60
北　京	0.00	0.00	−4.98	9.32	1.14	33.17
福　建	−0.14	0.93	106.01	18.65	1.45	44.03
甘　肃	0.00	0.01	0.49	−0.03	−0.14	−0.01
广　东	−0.93	−0.04	109.77	2.04	0.00	121.04
广　西	0.00	0.10	0.97	1.43	0.00	2.03
贵　州	0.00	0.08	0.04	0.23	0.00	1.51
海　南	0.00	0.00	0.02	−0.05	−0.07	0.84
河　北	0.02	32.84	67.18	31.60	0.02	13.34
河　南	0.00	2.70	35.21	1.75	0.00	0.50
黑龙江	0.03	3.13	15.24	56.08	−0.04	40.42
湖　北	0.01	0.22	26.00	2.61	0.00	4.05
湖　南	0.06	1.20	2.70	0.02	0.25	1.05
吉　林	0.00	1.94	3.54	1.77	0.00	8.75
江　苏	−0.16	2.68	267.72	96.76	0.56	61.97
江　西	0.00	1.69	20.07	2.08	0.05	0.40
辽　宁	0.00	10.48	80.62	47.83	−0.04	649.58
内蒙古	−0.01	0.00	6.24	0.56	0.07	1.68
宁　夏	0.00	0.00	0.17	0.06	0.00	0.04
青　海	0.00	0.97	−0.73	0.04	0.22	0.07
山　东	−0.02	3.06	44.77	0.29	0.00	0.53
山　西	0.00	0.31	6.20	−0.25	0.01	1.34
陕　西	0.49	0.01	1.30	1.06	0.00	14.25
上　海	0.47	0.00	56.15	32.68	1.67	53.64
四　川	0.00	0.00	1.56	0.33	0.00	18.88
天　津	0.00	0.00	12.99	3.61	0.13	−0.03
新　疆	0.00	0.02	0.87	−3.93	0.01	−2.52
云　南	0.05	0.13	10.37	4.92	0.00	1.58
浙　江	0.00	0.39	34.27	3.82	2.39	12.82
重　庆	−0.01	0.00	0.51	−0.01	−2.24	8.29

表 7.34　　　**2012 年天然气消费规模变动的二氧化硫排放空间**

和行业效应测算结果　　　　　　单位：万吨

省份	农业	采掘业	制造业	生产性服务业	房地产业	能源行业
安　徽	0.05	0.00	23.04	1.81	0.40	27.58
北　京	0.01	0.00	−0.34	5.55	0.32	103.02
福　建	0.18	0.00	18.54	3.71	0.03	28.98
甘　肃	0.04	0.00	11.50	2.16	0.20	5.36
广　东	0.04	0.00	31.94	17.94	−0.43	83.42
广　西	0.03	0.00	16.94	3.70	0.10	6.47
贵　州	0.03	0.00	11.73	3.16	0.09	6.13
海　南	0.02	0.00	1.54	2.07	−0.15	3.60
河　北	0.02	0.03	17.59	3.76	−0.03	22.98
河　南	−0.01	0.01	51.52	8.17	−0.07	46.22
黑龙江	0.06	0.00	7.94	2.13	0.44	9.63
湖　北	0.05	0.00	33.99	9.00	0.47	25.38
湖　南	0.07	0.00	31.77	4.83	0.08	17.52
吉　林	0.04	0.00	12.22	1.15	−0.22	6.05
江　苏	0.05	0.00	24.85	3.75	0.56	74.23
江　西	0.01	0.01	24.72	2.09	0.28	27.53
辽　宁	0.03	0.01	33.91	5.12	0.40	10.43
内蒙古	0.03	−0.03	16.04	14.41	0.26	13.55
宁　夏	0.01	0.00	8.11	1.07	0.19	10.08
青　海	0.00	0.00	6.26	0.32	0.02	2.66
山　东	−0.11	0.01	149.51	15.62	0.46	55.93
山　西	0.01	0.00	5.88	5.15	−0.09	17.60
陕　西	0.08	0.00	16.67	5.28	0.24	25.35
上　海	−0.01	0.00	10.54	15.32	−0.21	37.60
四　川	0.00	0.01	40.56	3.42	0.31	66.91
天　津	0.01	0.00	13.36	6.94	0.05	23.07
新　疆	0.06	0.00	10.25	3.59	0.08	9.59
云　南	0.03	0.00	11.84	1.84	0.08	11.33
浙　江	−0.09	0.00	28.44	1.13	0.23	60.12
重　庆	0.02	0.00	13.53	2.56	0.33	19.22

从时间上来看，天然气消费规模变动对二氧化硫排放的影响呈现出比较稳定的特征。2007 年天然气消费规模变动对二氧化硫排放的影响主要表现为拉动效应，比较显著的行业是制造业和能源行业，二氧化硫排放平均增加30.53 万吨和 36.49 万吨。2012 年天然气消费规模变动对二氧化硫排放的影响同样表现为拉动效应，比较显著的行业仍然是制造业和能源行业，二氧化硫排放平均增加 22.81 万吨和 28.59 万吨。2012 年与 2007 年相比，天然气消费规模变动对二氧化硫排放的影响范围在不断扩大，影响程度稍微有所下降，而在影响方向上基本保持不变。

从空间上来看，天然气消费规模变动对二氧化硫排放影响比较显著的区域呈现由东部地区向中部地区转移，而西部地区不够明显的特征。2007 年天然气消费规模变动对二氧化硫排放影响较大的省份主要有辽宁、江苏、福建、广东，平均增加 405.19 万吨。2012 年天然气消费规模变动对二氧化硫排放影响较大的省份主要有辽宁、北京、山东、河南、安徽、湖北、湖南、四川、江西、江苏、上海、浙江、福建、广东，平均增加 90.61 万吨。2012 年与2007 年相比，天然气消费规模变动对二氧化硫排放影响较大的区域呈现出由东部地区向中部地区转移的趋势。

从行业上来看，制造业、能源行业天然气消费规模变动对二氧化硫排放的影响较大，农业、采掘业、生产性服务、房地产业天然气消费规模变动对二氧化硫排放的影响较小。2007 年制造业天然气消费规模变动对二氧化硫排放有拉动效应的省份主要有江苏和福建，能源行业天然气消费规模变动对二氧化硫排放有拉动效应的省份主要有辽宁和广东。2012 年制造业、能源行业天然气消费规模变动对二氧化硫排放均有显著拉动效应的省份主要有辽宁、山东、河南、安徽、湖北、湖南、四川、江西、江苏、浙江、福建、广东。

整体来看，天然气消费规模变动对二氧化硫排放的影响在时间、空间和行业上呈现出比较明显的规律。随着时间的推移，天然气消费规模变动对二氧化硫排放在大部分地区和大部分行业可能起到拉动效应；其中，东部和中部地区二氧化硫排放对天然气消费规模变动的响应比较灵敏，西部地区二氧化硫排放对天然气消费规模变动的响应比较迟缓；制造业、能源行业的二氧化硫排放效应较大，农业、采掘业、生产性服务业、房地产业的二氧化硫排放效应较小。

2. 天然气消费结构变动的二氧化硫排放效应。2007 年、2012 年天然气消费结构变动的二氧化硫排放空间和行业效应测算结果如表 7.35 和表 7.36 所示。

表 7. 35 　　　　　2007 年天然气消费结构变动的二氧化硫排放空间
和行业效应测算结果　　　　　　　单位：万吨

省份	农业	采掘业	制造业	生产性服务业	房地产业	能源行业
安 徽	0.00	−0.62	−10.44	−11.82	0.00	−2.43
北 京	0.01	0.00	−3.15	−43.15	−1.84	−19.58
福 建	−0.14	−0.97	−131.62	−18.85	−0.19	−46.22
甘 肃	0.01	0.08	0.04	1.25	0.23	−0.05
广 东	1.05	−0.19	270.63	44.05	0.23	−17.14
广 西	0.02	−0.12	−2.96	−0.98	0.03	−1.05
贵 州	0.00	−0.08	0.58	0.40	0.06	2.99
海 南	0.01	0.00	3.72	0.59	−0.01	3.11
河 北	−0.14	−31.25	−41.76	−32.31	−0.07	−7.98
河 南	0.00	−1.89	−31.89	−1.73	0.12	11.57
黑龙江	0.14	−3.31	−19.21	−61.05	0.06	−33.72
湖 北	−0.01	−0.05	156.41	12.25	0.00	12.28
湖 南	0.06	−1.18	−1.36	1.46	−0.15	2.84
吉 林	0.00	−1.90	−5.93	−1.81	0.12	−9.42
江 苏	−0.09	−1.80	−226.35	−94.29	−0.08	−71.11
江 西	0.11	0.62	−21.36	−2.40	−0.09	−0.38
辽 宁	0.27	−10.26	−77.12	−59.60	0.69	−645.91
内蒙古	−1.45	0.05	−2.86	−0.86	1.45	−2.54
宁 夏	0.00	0.05	0.21	0.84	0.00	0.70
青 海	0.00	0.04	0.09	0.34	−0.60	−0.07
山 东	−0.03	−2.56	31.44	36.26	0.21	1.21
山 西	0.00	−0.19	−5.81	−0.16	−0.02	0.20
陕 西	−0.35	0.49	−1.76	−0.78	0.00	−15.97
上 海	2.55	0.00	−30.05	−36.35	0.91	−37.86
四 川	0.00	0.05	−2.67	1.28	5.46	2.22
天 津	0.00	0.00	−18.50	−3.91	−0.48	−4.00
新 疆	0.00	0.05	−1.49	−3.17	−0.01	0.23
云 南	−0.32	−0.31	−11.12	−1.78	0.03	−1.68
浙 江	0.05	0.61	−3.98	−0.62	−0.02	1.30
重 庆	0.00	0.00	−1.66	0.39	−0.20	0.44

表7.36　　　　　　　**2012 年天然气消费结构变动的二氧化硫排放空间**

和行业效应测算结果　　　　　　单位：万吨

省份	农业	采掘业	制造业	生产性服务业	房地产业	能源行业
安　徽	-0.16	0.00	-37.21	-0.09	-0.09	-3.79
北　京	0.03	0.44	7.42	19.96	13.93	-61.73
福　建	8.67	0.03	-28.81	13.17	1.14	-9.18
甘　肃	-0.07	0.01	-13.05	9.03	2.98	-10.98
广　东	4.23	0.00	-69.84	-10.09	-0.11	54.61
广　西	-0.08	0.01	-21.04	-3.39	-0.19	-11.59
贵　州	-0.05	0.00	-12.96	4.65	-0.17	-14.09
海　南	0.66	0.00	-1.92	1.87	-0.01	-4.89
河　北	-0.21	0.01	-73.00	26.99	0.28	-51.16
河　南	-0.08	-0.01	-63.39	13.91	-0.16	-47.21
黑龙江	0.09	0.05	-14.25	-1.47	-0.56	-18.57
湖　北	0.97	0.00	-45.84	23.46	-0.62	-31.70
湖　南	0.11	0.00	-35.07	-2.75	-0.18	-6.91
吉　林	59.70	0.00	-26.24	-3.75	-0.15	-13.68
江　苏	-0.10	0.00	-101.14	37.09	0.00	25.48
江　西	0.01	0.00	-38.76	-3.54	-0.39	-11.55
辽　宁	0.32	-0.01	-52.09	-3.32	0.23	-31.53
内蒙古	-0.09	0.00	-24.74	52.24	-0.33	6.85
宁　夏	-0.03	0.00	-8.68	14.62	0.99	-13.44
青　海	-0.01	0.00	-6.44	10.24	-0.05	-3.69
山　东	-0.02	-0.01	-182.28	-8.81	-0.59	-90.52
山　西	-0.01	0.42	-15.38	10.11	0.90	3.56
陕　西	-0.13	0.00	-18.43	88.01	1.47	-30.50
上　海	1.83	0.00	31.38	-16.62	5.40	-57.83
四　川	0.04	7.33	-22.64	-1.89	7.40	-83.83
天　津	1.28	0.00	-17.05	-7.55	-0.12	-13.22
新　疆	-0.14	0.17	-10.79	12.82	2.85	-7.08
云　南	0.01	1.78	-10.18	-0.87	0.08	-6.05
浙　江	-0.02	0.00	-69.34	1.14	0.38	-92.75
重　庆	-0.02	0.00	-18.64	11.16	0.08	-21.57

从时间上来看，天然气消费结构变动对二氧化硫排放的影响呈现出比较复杂的变化特征。2007 年天然气消费结构变动对二氧化硫排放的影响主要表现为抑制效应，比较显著的行业是制造业、生产性服务业和能源行业，二氧化硫排放平均减少 6.33 万吨、9.22 万吨和 29.27 万吨。2012 年天然气消费结构变动对二氧化硫排放的影响同样既有拉动效应又有抑制效应，比较显著的行业是制造业、生产性服务业、能源行业；其中，生产性服务业二氧化硫排放平均增加 9.54 万吨，制造业和能源行业二氧化硫排放平均减少 33.35 万吨和 21.95 万吨。2012 年与 2007 年相比，天然气消费结构变动对二氧化硫排放在影响程度、影响范围、影响方向上均有较大的变化。

从空间上来看，天然气消费结构变动对二氧化硫排放影响比较显著的区域呈现由东部地区向中部地区转移，而西部地区不够明显的特征。2007 年天然气消费结构变动对二氧化硫排放影响较大的省份主要有辽宁、湖北、江苏、福建、广东，平均减少 180.82 万吨。2012 年天然气消费结构变动对二氧化硫排放影响较大的省份主要有吉林、辽宁、内蒙古、北京、河北、陕西、山东、河南、湖北、江西、四川、江苏、上海、浙江、广东，平均减少 63.35 万吨。2012 年与 2007 年相比，天然气消费结构变动对二氧化硫排放影响较大的区域呈现出由东部地区向中部地区转移的趋势。

从行业上来看，制造业、生产性服务业、能源行业天然气消费结构变动对二氧化硫排放的影响较大，农业、采掘业、房地产业天然气消费结构变动对二氧化硫排放的影响较小。2007 年制造业天然气消费结构变动对二氧化硫排放有拉动效应的省份主要有湖北和广东，对二氧化硫排放有抑制效应的省份主要有江苏和福建；能源行业天然气消费结构变动对二氧化硫排放有比较显著的抑制效应的省份主要是辽宁。2012 年制造业和能源行业天然气消费结构变动对二氧化硫排放均有抑制效应的省份主要有河北、河南、山东、湖北、浙江；生产性服务业天然气消费结构变动对二氧化硫排放有拉动效应的省份主要有内蒙古、陕西、江苏；农业天然气消费结构变动对二氧化硫排放有显著拉动效应的省份主要是吉林。

整体来看，天然气消费结构变动对二氧化硫排放的影响在时间上不够稳定，但在空间和行业上呈现出比较明显的规律。随着时间的推移，天然气消费结构变动对二氧化硫排放既可能起到拉动效应也可能起到抑制效应；其中，东部和中部地区二氧化硫排放对天然气消费结构变动的响应比较灵敏，西部地区二氧化硫排放对天然气消费结构变动的响应比较迟缓；制造业、生产性服务业、能源行业的二氧化硫排放效应较大，农业、采掘业、房地产业的二氧化硫排放效应较小。

三、能源消费变动的烟尘排放效应

（一）煤炭消费变动的烟尘排放效应

1. 煤炭消费规模变动的烟尘排放效应。2007 年、2012 年煤炭消费规模变动的烟尘排放空间和行业效应测算结果如表 7.37 和表 7.38 所示。

表 7.37　　　　　　　　2007 年煤炭消费规模变动的烟尘排放空间
和行业效应测算结果　　　　　　　　　　单位：万吨

省份	农业	采掘业	制造业	生产性服务业	房地产业	能源行业
安　徽	1.73	7.41	98.81	62.81	1.08	107.49
北　京	−0.24	0.23	−45.27	44.39	−0.01	238.51
福　建	−0.61	5.26	71.31	47.30	2.48	65.78
甘　肃	0.13	0.13	2.23	−0.80	0.44	5.57
广　东	−0.14	−0.15	392.22	3.48	8.35	86.51
广　西	0.00	0.20	6.73	−0.79	0.72	152.20
贵　州	−1.53	0.12	1.54	2.45	1.66	126.39
海　南	0.00	−0.03	0.03	−2.39	3.37	−0.08
河　北	1.55	54.00	595.86	206.66	4.73	340.39
河　南	1.02	2.12	45.14	3.43	5.16	194.95
黑龙江	3.40	1.01	77.11	33.73	−0.09	463.45
湖　北	0.37	0.85	91.14	18.07	0.32	3.99
湖　南	7.22	0.33	7.55	0.19	−1.27	5.73
吉　林	−0.17	5.32	66.99	57.55	0.63	92.80
江　苏	−0.19	13.40	706.59	133.03	0.58	258.09
江　西	−0.26	28.31	178.40	26.34	0.32	49.71
辽　宁	−0.44	15.95	231.15	60.36	−1.93	539.96
内蒙古	0.00	44.39	24.01	1.70	−0.47	73.25
宁　夏	0.16	−0.02	1.77	0.33	−0.07	46.77
青　海	0.00	0.44	−1.05	0.21	1.18	15.46

省份	农业	采掘业	制造业	生产性服务业	房地产业	能源行业
山　东	−4.53	5.93	174.12	24.31	−4.27	239.71
山　西	0.07	0.17	55.75	−0.02	10.23	158.55
陕　西	0.64	0.21	5.30	1.53	0.08	72.34
上　海	0.24	0.00	261.57	178.79	1.48	218.47
四　川	5.83	−0.70	0.68	1.40	−0.15	132.65
天　津	−0.07	0.11	53.67	76.61	3.00	214.98
新　疆	0.36	0.80	4.81	12.81	−0.78	3.43
云　南	0.33	0.08	12.79	0.98	3.47	26.01
浙　江	−0.02	10.23	498.47	119.77	1.14	476.60
重　庆	−3.82	−0.15	−3.12	0.69	1.59	52.48

表 7.38　　　　　　　　**2012 年煤炭消费规模变动的烟尘排放空间**

和行业效应测算结果　　　　　单位：万吨

省份	农业	采掘业	制造业	生产性服务业	房地产业	能源行业
安　徽	2.85	0.01	62.50	1.24	4.79	19.26
北　京	0.30	0.01	−1.84	2.72	0.04	337.91
福　建	9.91	0.01	53.80	0.95	0.52	14.04
甘　肃	2.11	0.00	34.81	0.91	0.90	30.19
广　东	2.04	0.01	97.99	14.50	−10.72	23.41
广　西	1.72	0.02	49.76	1.35	1.98	2.64
贵　州	1.42	0.00	34.52	0.78	1.60	150.43
海　南	1.34	0.00	4.24	0.76	−2.76	1.12
河　北	0.94	0.13	54.59	1.04	−0.17	137.02
河　南	−0.46	0.04	145.80	1.27	−1.90	148.97
黑龙江	3.13	0.01	22.84	1.79	−1.35	85.32
湖　北	2.90	0.01	97.81	1.80	6.65	24.96
湖　南	3.76	0.02	91.56	2.01	0.72	141.31
吉　林	1.98	0.00	30.76	0.42	1.63	−6.51
江　苏	2.94	0.00	66.99	3.02	7.60	47.36
江　西	0.50	0.02	64.22	0.71	4.78	49.68

续表

省份	农业	采掘业	制造业	生产性服务业	房地产业	能源行业
辽　宁	1.59	0.04	98.29	2.11	4.73	23.84
内蒙古	1.83	-0.11	48.24	4.73	2.70	690.11
宁　夏	0.66	0.00	24.78	0.34	3.05	47.61
青　海	-0.04	0.00	18.49	0.23	0.11	25.43
山　东	-6.12	0.04	455.38	3.81	7.29	100.60
山　西	0.33	0.00	19.63	1.21	-1.67	152.28
陕　西	4.57	0.01	47.58	1.61	3.01	144.85
上　海	-0.33	0.00	36.56	10.22	-2.81	14.23
四　川	0.06	0.03	121.00	1.16	2.85	112.36
天　津	0.72	0.02	41.63	2.25	-0.94	224.28
新　疆	3.40	0.01	31.21	1.81	0.36	17.18
云　南	1.40	0.02	36.67	1.00	0.62	36.12
浙　江	-5.23	0.00	85.42	2.60	2.46	25.68
重　庆	0.89	0.01	41.73	1.05	4.52	44.68

从时间上来看，煤炭消费规模变动对烟尘排放的影响呈现出比较稳定的特征。2007 年煤炭消费规模变动对烟尘排放的影响主要表现为拉动效应，比较显著的行业是制造业、生产性服务业和能源行业，烟尘排放平均增加 120.54 万吨、37.16 万吨和 148.74 万吨。2012 年煤炭消费规模变动对烟尘排放的影响同样表现为拉动效应，但是影响程度在减小，比较显著的行业是制造业和能源行业，烟尘排放平均增加 67.23 万吨和 95.55 万吨。2012 年与 2007 年相比，煤炭消费规模变动对烟尘排放的影响程度虽然在减小，但是影响方向上基本没有变化。

从空间上来看，煤炭消费规模变动对烟尘排放影响比较显著的区域呈现由东部地区向中部地区转移，而西部地区不够明显的特征。2007 年煤炭消费规模变动对烟尘排放影响较大的省份主要有黑龙江、辽宁、北京、天津、河北、山东、山西、河南、江苏、上海、浙江、江西、广东、广西、贵州，平均增加 537.71 万吨。2012 年煤炭消费规模变动对烟尘排放影响较大的省份主要有内蒙古、北京、天津、山东、河南、湖北、湖南、四川、贵州，平均增加 334.34 万吨。2012 年与 2007 年相比，煤炭消费规模变动对烟尘排放影响较大的区域呈现出由东部地区向中部地区转移的趋势。

从行业上来看，制造业、生产性服务业、能源行业煤炭消费规模变动对烟尘排放的影响较大，农业、采掘业、房地产业煤炭消费规模变动对烟尘排放的影响较小。2007 年制造、生产性服务业、能源行业煤炭消费规模变动对烟尘排放均有拉动效应且比较显著的省份主要有黑龙江、辽宁、河北、天津、江苏、上海、浙江，仅制造业煤炭消费规模变动对烟尘排放有拉动效应的省份主要有江西和广东。2012 年能源行业煤炭消费规模变动对烟尘排放有拉动效应的省份主要有内蒙古、北京、天津；制造业煤炭消费规模变动对烟尘排放有拉动效应的省份主要是山东。

整体来看，煤炭消费规模变动对烟尘排放的影响在时间、空间和行业上呈现出比较明显的规律。随着时间的推移，煤炭消费规模变动对烟尘排放在大部分地区和大部分行业可能起到拉动效应；其中，东部和中部地区烟尘排放对煤炭消费规模变动的响应比较灵敏，西部地区烟尘排放对煤炭消费规模变动的响应比较迟缓；制造业、能源行业、生产性服务业的烟尘排放效应较大，农业、采掘业、房地产业的烟尘排放效应较小。

2. 煤炭消费结构变动的烟尘排放效应。2007 年、2012 年煤炭消费结构变动的烟尘排放空间和行业效应测算结果如表 7.39 和表 7.40 所示。

表 7.39　　　　　　　**2007 年煤炭消费结构变动的烟尘排放空间**
和行业效应测算结果　　　　　　　单位：万吨

省份	农业	采掘业	制造业	生产性服务业	房地产业	能源行业
安　徽	-1.36	-5.17	-25.66	-64.84	-0.74	-20.63
北　京	0.40	-0.29	-40.47	-67.25	-2.39	-230.58
福　建	-0.45	-5.23	-64.36	-47.82	-3.47	-6.42
甘　肃	1.24	0.28	4.46	-0.42	2.10	28.83
广　东	0.38	0.01	-130.27	-20.65	-8.28	76.49
广　西	-0.01	-0.18	1.57	-0.79	-3.94	-101.10
贵　州	2.52	0.11	1.35	1.27	-2.87	-62.19
海　南	0.00	0.00	-1.56	-1.05	-0.53	-1.37
河　北	-10.16	-50.57	-434.63	-230.67	-12.79	81.53
河　南	-0.18	-1.30	-27.25	-3.30	-3.72	71.50

续表

省份	农业	采掘业	制造业	生产性服务业	房地产业	能源行业
黑龙江	-3.35	-0.31	-80.45	-34.26	-2.03	-407.30
湖　北	-0.16	-1.23	-79.55	-15.13	1.27	-10.00
湖　南	-8.76	0.50	-6.23	0.17	-6.27	22.95
吉　林	-3.44	-3.06	-60.23	-75.58	-1.96	-45.16
江　苏	0.57	-13.90	-523.22	-132.43	-0.44	-153.97
江　西	-0.61	-28.28	-146.36	-30.56	-0.86	-26.54
辽　宁	2.25	-11.63	-188.77	-63.94	1.26	-467.59
内蒙古	1.57	-43.07	-0.02	-2.71	1.29	-37.78
宁　夏	-0.12	0.07	2.71	-0.48	0.53	-33.21
青　海	0.09	0.26	-0.31	-0.10	1.81	-20.56
山　东	-0.79	-4.49	53.16	-19.79	-1.18	-66.89
山　西	-0.11	-0.28	-28.01	-0.38	16.60	-32.10
陕　西	0.15	0.42	8.06	0.97	6.55	-20.88
上　海	0.63	0.00	-298.38	-219.16	-1.69	-164.83
四　川	-3.69	0.05	6.88	3.81	0.62	-44.27
天　津	0.12	0.09	-81.13	-83.77	-2.45	-177.25
新　疆	-0.23	0.51	1.36	12.37	-1.27	1.09
云　南	-0.26	0.45	20.16	2.72	-10.16	-1.34
浙　江	-0.08	-9.66	-484.02	-140.64	3.29	-288.86
重　庆	0.00	0.00	21.71	-1.99	-0.58	-8.26

表7.40　　　　　　　　　**2012年煤炭消费结构变动的烟尘排放空间**

和行业效应测算结果　　　　　　单位：万吨

省份	农业	采掘业	制造业	生产性服务业	房地产业	能源行业
安　徽	-6.63	0.77	150.09	-3.00	5.83	305.91
北　京	-0.40	1.73	-9.96	-1.20	1.07	10.64
福　建	-9.19	2.08	-28.05	-2.48	0.10	60.28
甘　肃	-2.93	2.38	-8.50	3.29	2.20	88.24

省份	农业	采掘业	制造业	生产性服务业	房地产业	能源行业
广 东	-6.64	0.25	-98.77	-15.67	2.68	493.93
广 西	-3.54	0.73	22.31	-1.67	2.20	70.46
贵 州	7.19	0.20	44.64	-0.54	-0.19	81.58
海 南	1.01	0.03	-3.55	-0.87	0.29	13.81
河 北	-12.96	7.07	202.50	2.33	1.63	569.49
河 南	-3.72	-0.02	-39.76	-2.47	-0.56	670.96
黑龙江	-8.01	0.87	1.18	4.46	1.71	167.90
湖 北	-7.02	1.63	60.13	-2.80	-0.25	126.00
湖 南	-4.56	11.52	120.49	-2.54	1.71	250.02
吉 林	-5.16	1.15	79.50	8.42	0.65	108.65
江 苏	-2.89	10.48	83.68	-6.21	22.91	736.73
江 西	-1.45	11.27	74.69	-3.23	9.61	44.46
辽 宁	-1.04	18.99	34.28	-0.61	1.30	122.49
内蒙古	-1.93	13.73	55.53	-0.62	6.61	30.13
宁 夏	-1.63	0.02	8.11	-0.12	0.64	66.28
青 海	-0.16	0.37	-13.50	-0.11	0.00	46.74
山 东	-0.50	1.79	-1.18	-6.62	-4.89	573.79
山 西	-0.13	0.20	-14.00	-0.68	1.45	362.70
陕 西	-2.90	1.53	34.07	2.54	5.57	191.85
上 海	-1.12	0.00	-46.73	-13.58	0.12	232.48
四 川	-0.24	7.02	25.60	3.34	3.50	242.98
天 津	0.80	8.39	42.73	0.71	1.18	17.37
新 疆	-7.99	0.51	-9.81	-0.33	1.73	53.26
云 南	-1.18	1.09	19.82	0.15	-3.22	75.59
浙 江	-1.21	1.06	-24.26	-5.32	17.83	397.49
重 庆	-0.88	0.75	-10.25	-1.33	-5.48	29.71

从时间上来看，煤炭消费结构变动对烟尘排放的影响呈现出截然相反的特征。2007 年煤炭消费结构变动对烟尘排放的影响主要表现为抑制效应，比

较显著的行业是制造业、生产性服务业和能源行业，烟尘排放平均减少85.98万吨、41.21万吨和71.56万吨。2012年煤炭消费结构变动对烟尘排放的影响则表现为拉动效应，比较显著的行业是制造业和能源行业，烟尘排放平均增加25.03万吨和208.06万吨。2012年与2007年相比，煤炭消费结构变动对烟尘排放在影响程度、影响范围、影响方向上均有较大的变化。

从空间上来看，煤炭消费结构变动对烟尘排放影响比较显著的区域呈现由东部地区向中部地区转移，而西部地区不够明显的特征。2007年煤炭消费结构变动对烟尘排放影响较大的省份主要有黑龙江、辽宁、北京、天津、河北、江苏、上海、浙江、江西、广东，平均减少534.07万吨。2012年煤炭消费结构变动对烟尘排放影响较大的省份主要有河北、山西、山东、河南、安徽、湖北、湖南、四川、江苏、上海、浙江、广东，平均增加447.76万吨。2012年与2007年相比，煤炭消费结构变动对烟尘排放影响较大的区域呈现出由东部地区向中部地区转移的趋势。

从行业上来看，制造业、生产性服务业、能源行业煤炭消费结构变动对烟尘排放的影响较大，农业、采掘业、房地产业煤炭消费结构变动对烟尘排放的影响较小。2007年制造业、生产性服务业、能源行业煤炭消费结构变动对烟尘排放均有抑制效应且比较显著的省份主要有黑龙江、辽宁、北京、天津、江苏、上海、浙江。2012年能源行业煤炭消费结构变动对烟尘排放有拉动效应的省份主要有黑龙江、山西、陕西、河北、河南、山东、江苏、上海、浙江、湖南、广东、四川；制造业煤炭消费结构变动对烟尘排放有拉动效应的省份主要有河北、安徽和湖南。

整体来看，煤炭消费结构变动对烟尘排放的影响在时间上不够稳定，但在空间和行业上呈现出比较明显的规律。随着时间的推移，煤炭消费结构变动对烟尘排放先起到抑制效应再起到拉动效应。其中，东部和中部地区烟尘排放对煤炭消费结构变动的响应比较灵敏，西部地区烟尘排放对煤炭消费结构变动的响应比较迟缓；制造业、能源行业、生产性服务业的烟尘排放效应较大，农业、采掘业、房地产业的烟尘排放效应较小。

（二）石油消费变动的烟尘排放效应

1. 石油消费规模变动的烟尘排放效应。2007年、2012年石油消费规模变动的烟尘排放空间和行业效应测算结果如表7.41和表7.42所示。

表 7.41 2007 年石油消费规模变动的烟尘排放空间
和行业效应测算结果 单位：万吨

省份	农业	采掘业	制造业	生产性服务业	房地产业	能源行业
安 徽	11.38	4.90	84.78	23.12	3.49	60.08
北 京	-0.70	0.28	-55.80	2.35	0.62	126.91
福 建	-3.38	0.33	19.37	30.61	4.43	-0.96
甘 肃	1.68	0.07	2.20	-1.60	1.55	0.16
广 东	-11.80	-0.01	51.24	-1.15	99.74	245.12
广 西	2.64	0.12	2.79	0.21	3.81	3.95
贵 州	-2.11	0.04	1.25	2.15	5.02	4.46
海 南	-2.31	-0.01	0.14	3.05	9.64	0.81
河 北	4.85	3.13	265.26	61.97	11.57	294.69
河 南	11.76	0.09	5.64	8.85	35.90	57.94
黑龙江	21.67	0.21	13.29	7.72	-0.37	100.79
湖 北	5.66	0.70	31.94	6.31	4.02	6.93
湖 南	3.48	0.24	5.13	5.64	-1.14	4.31
吉 林	-0.41	0.76	98.54	7.69	19.78	26.64
江 苏	-5.72	0.06	726.05	23.60	6.65	172.57
江 西	-0.97	1.51	53.16	8.88	-2.70	58.65
辽 宁	-12.08	2.31	73.66	-70.73	15.39	64.11
内蒙古	-0.11	55.74	25.35	28.40	-1.91	24.60
宁 夏	4.63	-0.02	1.12	0.05	-0.15	3.36
青 海	0.57	0.46	-0.12	1.34	2.16	0.40
山 东	-13.07	1.07	137.18	42.66	-19.81	116.66
山 西	0.09	0.82	107.87	-8.04	23.74	18.81
陕 西	3.57	0.39	5.69	2.13	-2.04	9.28
上 海	2.49	0.00	136.52	-9.31	49.28	278.76
四 川	0.01	-0.12	2.80	11.45	-5.70	16.15
天 津	-1.48	0.27	26.73	2.11	9.95	22.73
新 疆	8.35	0.32	2.61	6.33	-5.65	-17.62
云 南	0.62	0.17	8.52	10.36	11.22	2.70
浙 江	-2.16	3.36	184.94	19.73	16.22	395.48
重 庆	-7.94	-0.11	-6.89	-0.35	17.11	3.76

表 7.42　　　　　　**2012 年石油消费规模变动的烟尘排放空间**
和行业效应测算结果　　　　单位：万吨

省份	农业	采掘业	制造业	生产性服务业	房地产业	能源行业
安　徽	7.28	8.06	171.94	64.19	49.14	47.28
北　京	0.76	8.11	-4.28	137.17	4.85	164.04
福　建	25.32	10.09	136.08	92.75	5.09	144.65
甘　肃	5.39	4.83	90.25	51.88	10.99	360.73
广　东	5.21	15.02	246.96	632.20	-103.31	1 145.57
广　西	4.38	15.79	126.96	102.13	19.32	206.22
贵　州	3.64	1.36	92.56	80.64	15.81	42.55
海　南	3.42	1.10	11.13	54.12	-27.16	266.94
河　北	2.41	136.63	128.95	106.10	-1.95	492.30
河　南	-1.18	43.38	384.87	204.18	-18.26	405.65
黑龙江	7.99	5.40	57.15	81.13	-6.03	30.06
湖　北	7.40	11.83	254.93	204.93	66.92	174.94
湖　南	9.61	17.99	238.55	128.39	7.59	244.28
吉　林	5.05	2.77	82.80	28.00	11.80	103.01
江　苏	7.50	0.87	166.78	135.13	76.88	400.35
江　西	1.27	24.55	183.42	54.28	47.36	86.41
辽　宁	4.05	46.31	259.60	128.20	48.63	483.63
内蒙古	4.67	-113.97	124.96	370.35	28.26	200.94
宁　夏	1.70	0.00	64.06	27.19	30.37	133.99
青　海	-0.10	0.74	49.08	10.10	1.25	43.50
山　东	-15.63	38.38	1 154.57	380.37	72.61	2 444.82
山　西	0.84	0.80	46.69	122.94	-16.47	189.64
陕　西	11.68	7.49	127.89	125.93	30.69	517.59
上　海	-0.85	0.00	84.82	532.06	-28.41	109.34
四　川	0.15	35.72	310.34	87.60	30.27	239.59
天　津	1.84	18.98	103.88	172.43	-7.88	341.48
新　疆	8.70	7.76	80.75	93.09	4.41	587.60
云　南	3.57	16.40	93.64	48.69	6.70	56.07
浙　江	-13.35	-4.43	204.92	36.67	25.65	75.19
重　庆	2.26	7.55	104.62	65.30	45.64	24.18

从时间上来看，石油消费规模变动对烟尘排放的影响呈现出比较稳定的特征。2007 年石油消费规模变动对烟尘排放的影响主要表现为拉动效应，比较显著的行业是制造业和能源行业，烟尘排放平均增加 67.03 万吨和 70.07 万吨。2012 年石油消费规模变动对烟尘排放的影响同样表现为拉动效应，但是影响程度在扩大，比较显著的行业是制造业、生产性服务业、能源行业，烟尘排放平均增加 172.63 万吨、145.27 万吨和 325.42 万吨。2012 年与 2007 年相比，石油消费规模变动对烟尘排放的影响程度虽然在扩大，但是影响方向上基本没有变化。

从空间上来看，石油消费规模变动对烟尘排放影响比较显著的区域呈现由东部地区向中部地区转移，而西部地区不够明显的特征。2007 年石油消费规模变动对烟尘排放影响较大的省份主要有黑龙江、北京、河北、山东、山西、江苏、上海、浙江、广东，平均增加 405.34 万吨。2012 年石油消费规模变动对烟尘排放影响较大的省份主要有内蒙古、辽宁、河北、山东、河南、湖北、湖南、广东、陕西、甘肃、新疆，平均增加 1 180.05 万吨。2012 年与 2007 年相比，石油消费规模变动对烟尘排放影响较大区域的范围呈现出由东部地区向中部地区转移的趋势。

从行业上来看，制造业、生产性服务业、能源行业石油消费规模变动对烟尘排放的影响较大，农业、采掘业、房地产业石油消费规模变动对烟尘排放的影响较小。2007 年制造业、能源行业石油消费规模变动对烟尘排放均有拉动效应且比较显著的省份主要有河北、山东、江苏、上海、浙江、广东，仅制造业石油消费规模变动对烟尘排放有拉动效应的省份主要有吉林、山西、安徽。2012 年能源行业石油消费规模变动对烟尘排放有拉动效应的省份主要有辽宁、河北、山东、江苏、广东、陕西、甘肃、新疆；生产性服务业石油消费规模变动对烟尘排放有拉动效应的省份主要是内蒙古、山东、上海、广东。

整体来看，石油消费规模变动对烟尘排放的影响在时间、空间和行业上呈现出比较明显的规律。随着时间的推移，石油消费规模变动对烟尘排放在大部分地区和大部分行业可能起到拉动效应；其中，东部和中部地区烟尘排放对石油消费规模变动的响应比较灵敏，西部地区烟尘排放对石油消费规模变动的响应比较迟缓；制造业、生产性服务业、能源行业的烟尘排放效应较大，农业、采掘业、房地产业的烟尘排放效应较小。

2. 石油消费结构变动的烟尘排放效应。2007 年、2012 年石油消费结构变动的烟尘排放空间和行业效应测算结果如表 7.43 和表 7.44 所示。

表 7.43　　　　**2007 年石油消费结构变动的烟尘排放空间**

和行业效应测算结果　　　　单位：万吨

省份	农业	采掘业	制造业	生产性服务业	房地产业	能源行业
安　徽	-4.23	-0.20	-54.66	96.49	-1.58	36.61
北　京	0.72	-0.08	-9.99	93.05	0.81	-2.30
福　建	-0.29	2.11	12.38	78.93	2.52	29.37
甘　肃	0.34	-0.12	-3.63	-2.07	-7.45	8.31
广　东	3.00	0.06	38.79	8.77	-135.04	-339.22
广　西	-2.55	0.48	1.47	2.78	0.01	-2.54
贵　州	-2.55	0.04	1.07	-2.16	-6.22	-2.17
海　南	0.00	0.00	-0.14	0.81	24.52	1.05
河　北	-18.69	31.62	59.12	125.83	-6.00	-42.51
河　南	-2.44	1.79	46.25	8.10	-11.86	-55.25
黑龙江	7.64	0.59	53.64	83.95	-0.72	327.00
湖　北	-0.44	1.53	-5.13	4.54	1.76	5.07
湖　南	6.69	0.25	5.05	-0.52	-2.37	0.06
吉　林	0.33	1.20	-42.99	55.18	-7.59	38.48
江　苏	2.41	5.81	109.57	192.28	29.47	290.19
江　西	-0.61	8.19	51.88	14.51	-5.05	7.28
辽　宁	-4.73	7.84	93.35	91.37	-6.77	771.50
内蒙古	-1.20	265.47	-7.83	1.88	-5.36	0.54
宁　夏	-0.50	-0.03	-2.02	-0.75	-1.61	-4.21
青　海	0.90	-0.28	0.59	0.79	2.76	-0.08
山　东	-10.35	9.17	-93.65	-13.04	-3.59	-75.44
山　西	-0.01	0.50	34.66	-3.44	-15.23	21.73
陕　西	3.17	-0.74	-4.11	0.21	-6.34	6.25
上　海	-0.39	0.00	28.47	218.23	-36.43	126.55
四　川	6.12	0.09	6.79	-1.07	-15.64	-1.28
天　津	-0.80	-0.19	-6.52	87.77	-10.60	102.72
新　疆	2.59	-0.28	-0.46	-10.40	1.16	-4.19
云　南	2.16	-0.22	-4.97	9.77	-3.49	-0.44
浙　江	0.25	8.86	35.04	161.34	-40.12	72.26
重　庆	0.00	0.00	2.37	4.85	-32.99	2.26

表 7. 44　　　　　　　2012 年石油消费结构变动的烟尘排放空间

和行业效应测算结果　　　　　　　单位：万吨

省份	农业	采掘业	制造业	生产性服务业	房地产业	能源行业
安　徽	10.14	- 7.14	- 182.31	17.30	- 19.40	11.25
北　京	- 0.03	2.96	- 8.29	- 7.87	- 6.27	35.11
福　建	27.17	1.52	- 100.54	- 9.17	- 4.87	43.70
甘　肃	5.91	- 1.23	- 33.41	- 17.09	- 1.83	- 4.70
广　东	3.52	- 1.44	- 168.73	36.01	- 21.40	16.94
广　西	6.98	- 2.81	- 64.47	- 1.85	- 0.13	- 0.73
贵　州	- 4.48	- 0.61	- 69.66	- 2.34	- 8.38	- 31.47
海　南	1.05	- 0.73	- 4.24	1.94	- 0.72	3.46
河　北	15.21	75.57	- 180.28	- 29.63	- 5.63	- 321.32
河　南	9.89	- 10.14	- 119.82	8.79	1.35	- 131.08
黑龙江	29.93	2.27	44.41	0.80	15.12	- 10.19
湖　北	13.62	- 8.73	- 233.83	- 6.35	- 69.87	6.38
湖　南	13.29	- 14.49	- 144.61	15.69	- 12.82	- 25.53
吉　林	- 13.17	- 1.57	- 97.40	- 2.36	- 5.16	- 33.87
江　苏	10.79	- 5.46	- 273.84	- 12.72	- 21.88	- 87.01
江　西	- 2.19	- 29.39	- 194.35	- 35.11	- 23.01	- 26.26
辽　宁	4.89	- 1.68	17.61	19.98	17.19	16.19
内蒙古	3.65	- 13.62	- 116.41	2.30	2.29	- 6.96
宁　夏	5.81	0.03	- 29.91	- 7.61	- 17.18	- 15.45
青　海	0.43	0.11	- 21.67	- 6.08	- 1.80	5.81
山　东	1.23	- 6.82	- 203.83	44.80	- 20.59	- 110.46
山　西	0.54	- 1.33	- 3.40	- 15.81	4.65	- 274.50
陕　西	14.60	- 3.00	- 84.93	- 73.79	- 6.66	- 119.97
上　海	- 0.71	0.00	91.99	81.41	- 6.79	33.25
四　川	- 2.10	- 0.52	- 54.35	- 9.25	- 24.87	27.06
天　津	- 2.74	4.34	- 26.83	12.57	0.19	- 5.23
新　疆	10.44	3.54	25.71	14.63	- 2.93	- 15.40
云　南	- 0.22	- 3.33	- 33.34	4.35	1.02	- 29.64
浙　江	0.48	- 2.09	- 121.47	30.94	- 32.76	74.82
重　庆	0.00	1.39	- 43.45	- 9.95	- 39.50	7.64

从时间上来看，石油消费结构变动对烟尘排放的影响呈现出截然相反的特征。2007年石油消费结构变动对烟尘排放的影响主要表现为拉动效应，比较显著的行业是生产性服务业和能源行业，烟尘排放平均增加43.59万吨和43.92万吨。2012年石油消费结构变动对烟尘排放的影响则表现为抑制效应，比较显著的行业是制造业和能源行业，烟尘排放平均减少81.19万吨和32.27万吨。2012年与2007年相比，石油消费结构变动对烟尘排放在影响程度、影响范围、影响方向上均有较大的变化。

从空间上来看，石油消费结构变动对烟尘排放影响比较显著的区域呈现由东部地区向中部地区转移，而西部地区不够明显的特征。2007年石油消费结构变动对烟尘排放影响较大的省份主要有黑龙江、辽宁、内蒙古、河北、江苏、上海、浙江、广东，平均增加325.96万吨。2012年石油消费结构变动对烟尘排放影响较大的省份主要有吉林、内蒙古、河北、山西、陕西、山东、河南、安徽、湖北、湖南、江西、江苏、上海、浙江、福建、广东，平均减少199.67万吨。2012年与2007年相比，石油消费结构变动对烟尘排放影响较大的区域呈现出由东部地区向中部地区转移的趋势。

从行业上来看，制造业、生产性服务业、能源行业石油消费结构变动对烟尘排放的影响较大，农业、采掘业、房地产业石油消费结构变动对烟尘排放的影响较小。2007年生产性服务业、能源行业石油消费结构变动对烟尘排放均有拉动效应且比较显著的省份主要有黑龙江、辽宁、江苏、上海；采掘业石油消费结构变动对烟尘排放有比较显著的拉动效应的省份主要是内蒙古。2012年制造业、能源行业石油消费结构变动对烟尘排放均有抑制效应且比较显著的省份主要有吉林、河北、陕西、山东、河南、江苏；制造业石油消费结构变动对烟尘排放有抑制效应的省份主要有吉林、内蒙古、安徽、江西、湖北、湖南、浙江、福建、广东。

整体来看，石油消费结构变动对烟尘排放的影响在时间上不够稳定，但在空间和行业上呈现出比较明显的规律。随着时间的推移，石油消费结构变动对烟尘排放先起到拉动效应再起到抑制效应。其中，东部和中部地区烟尘排放对石油消费结构变动的响应比较灵敏，西部地区烟尘排放对石油消费结构变动的响应比较迟缓；制造业、能源行业、生产性服务业的烟尘排放效应较大，农业、采掘业、房地产业的烟尘排放效应较小。

（三）电力消费变动的烟尘排放效应

1. 电力消费规模变动的烟尘排放效应。2007 年、2012 年电力消费规模变动的烟尘排放空间和行业效应测算结果如表 7.45 和表 7.46 所示。

表 7.45　　　　　　　**2007 年电力消费规模变动的烟尘排放空间**

和行业效应测算结果　　　　　单位：万吨

省份	农业	采掘业	制造业	生产性服务业	房地产业	能源行业
安　徽	5.32	3.90	17.26	55.46	3.46	31.54
北　京	-1.44	0.01	1.17	23.64	8.90	38.02
福　建	-0.71	1.87	24.15	44.67	6.47	148.86
甘　肃	1.14	0.11	0.18	2.89	1.75	31.72
广　东	-18.89	0.00	113.87	-46.09	80.66	257.72
广　西	0.55	0.10	5.79	6.55	1.72	42.40
贵　州	-1.01	0.12	3.30	3.87	1.15	73.32
海　南	-0.97	-0.03	-0.81	-2.93	38.66	-2.07
河　北	2.12	2.87	30.97	48.74	3.16	137.21
河　南	2.78	0.34	12.53	33.71	14.47	239.74
黑龙江	6.90	0.43	4.06	23.94	-3.76	40.56
湖　北	5.15	0.26	12.91	3.45	8.93	2.43
湖　南	5.45	0.20	-1.98	3.74	-0.39	-1.37
吉　林	-0.22	2.50	2.14	25.02	0.55	45.89
江　苏	-6.44	0.19	77.27	-8.22	15.46	302.71
江　西	-0.99	0.49	2.05	18.39	-1.39	23.02
辽　宁	-3.91	5.52	21.61	-11.91	0.07	182.51
内蒙古	-0.08	229.94	75.92	16.38	-0.01	35.62
宁　夏	0.03	-0.05	1.36	0.79	-0.13	7.39
青　海	0.70	0.00	-0.88	3.23	4.73	3.23
山　东	-5.20	3.29	44.14	21.62	-5.18	81.92
山　西	0.95	1.54	82.71	7.77	6.03	59.41
陕　西	3.81	0.06	2.67	-0.66	-0.59	21.74
上　海	3.10	0.00	9.76	16.35	37.67	22.34
四　川	3.26	-1.06	4.47	6.52	-1.15	16.92
天　津	-1.07	0.48	3.21	2.52	3.48	12.24
新　疆	6.27	0.27	0.38	2.80	-0.32	2.13
云　南	0.76	0.06	8.94	17.44	1.71	76.39
浙　江	-0.95	10.16	71.82	30.03	12.07	175.95
重　庆	-3.65	-0.02	16.28	0.27	2.49	33.55

表 7.46　　　　　**2012 年电力消费规模变动的烟尘排放空间**

和行业效应测算结果　　　　　　　单位：万吨

省份	农业	采掘业	制造业	生产性服务业	房地产业	能源行业
安　徽	9.07	11.39	163.25	17.84	33.53	267.13
北　京	0.94	11.47	-0.51	37.81	15.58	800.52
福　建	31.53	14.27	146.91	18.00	2.84	21.06
甘　肃	6.71	6.83	84.79	16.73	12.38	32.19
广　东	6.49	21.25	224.99	218.17	-52.23	485.49
广　西	5.46	22.34	131.86	19.79	10.54	48.86
贵　州	4.53	1.92	78.51	18.32	9.12	99.22
海　南	4.26	1.56	11.56	16.01	-15.34	23.57
河　北	3.00	193.26	159.39	-21.64	-1.90	208.95
河　南	-1.46	61.36	384.85	34.85	-9.07	322.04
黑龙江	9.95	7.64	64.49	27.27	17.59	57.41
湖　北	9.21	16.73	245.15	41.72	42.21	351.54
湖　南	11.96	25.45	243.53	21.11	5.88	215.00
吉　林	6.28	3.91	90.60	8.39	-5.63	46.06
江　苏	9.34	1.24	255.94	68.98	49.61	397.41
江　西	1.58	34.73	157.07	15.41	27.71	175.91
辽　宁	5.04	65.50	243.91	40.32	33.57	-4.96
内蒙古	5.82	-161.20	117.98	69.75	20.76	132.16
宁　夏	2.11	-0.01	59.01	5.60	18.12	96.15
青　海	-0.13	1.05	43.38	3.65	1.22	41.85
山　东	-19.47	54.29	1 141.45	83.46	43.69	556.45
山　西	1.05	1.13	51.69	16.59	-9.42	200.81
陕　西	14.54	10.59	120.00	28.20	20.46	259.25
上　海	-1.06	0.00	57.75	142.89	-18.23	287.77
四　川	0.19	50.52	312.60	24.80	23.65	381.78
天　津	2.29	26.85	103.97	42.16	-0.57	85.04
新　疆	10.83	10.98	74.69	30.15	4.93	73.76
云　南	4.44	23.20	87.99	17.74	5.65	97.84
浙　江	-16.62	-6.26	242.30	32.52	18.60	493.53
重　庆	2.82	10.67	109.22	17.28	29.19	64.13

从时间上来看，电力消费规模变动对烟尘排放的影响呈现出比较稳定的特征。2007 年电力消费规模变动对烟尘排放的影响主要表现为拉动效应，比较显著的行业是制造业、房地产业和能源行业，烟尘排放平均增加 21.57 万吨、8.02 万吨和 71.43 万吨。2012 年电力消费规模变动对烟尘排放的影响同样表现为拉动效应，比较显著的行业是制造业和能源行业，烟尘排放平均增加 173.61 万吨和 210.59 万吨。2012 年与 2007 年相比，虽然电力消费规模变动对烟尘排放的影响范围在不断扩大，影响程度在不断提高，但是在影响方向上基本没有变化。

从空间上来看，电力消费规模变动对烟尘排放影响比较显著的区域呈现由东部地区向中部地区转移，而西部地区不够明显的特征。2007 年电力消费规模变动对烟尘排放影响较大的省份主要有辽宁、内蒙古、河北、山西、河南、山东、江苏、浙江、福建、广东、贵州、云南，平均增加 238.16 万吨。2012 年电力消费规模变动对烟尘排放影响较大的省份主要有辽宁、北京、山东、河南、安徽、湖北、湖南、四川、江西、江苏、上海、浙江、福建、广东，平均增加 713.84 万吨。2012 年与 2007 年相比，电力消费规模变动对烟尘排放影响较大的区域呈现出由东部地区向中部地区转移的趋势。

从行业上来看，制造业、房地产业、能源行业电力消费规模变动对烟尘排放的影响较大，农业、采掘业、生产性服务业电力消费规模变动对烟尘排放的影响较小。2007 年制造业、能源行业电力消费规模变动对烟尘排放均有拉动效应且比较显著的省份主要有山西、山东、江苏、浙江、广东，仅房地产业电力消费规模变动对烟尘排放有拉动效应的省份主要有上海和广东。2012 年制造业、能源行业电力消费规模变动对烟尘排放均有显著拉动效应的省份主要有山东、陕西、河南、安徽、湖北、湖南、四川、江西、江苏、浙江、广东。

整体来看，电力消费规模变动对烟尘排放的影响在时间、空间和行业上呈现出比较明显的规律。随着时间的推移，电力消费规模变动对烟尘排放在大部分地区和大部分行业可能起到拉动效应。其中，东部和中部地区烟尘排放对电力消费规模变动的响应比较灵敏，西部地区烟尘排放对电力消费规模变动的响应比较迟缓；制造业、房地产业、能源行业的烟尘排放效应较大，农业、采掘业、生产性服务业的烟尘排放效应较小。

2. 电力消费结构变动的烟尘排放效应。2007 年、2012 年电力消费结构变动的烟尘排放空间和行业效应测算结果如表 7.47 和表 7.48 所示。

表 7.47　　　　**2007 年电力消费结构变动的烟尘排放空间**

和行业效应测算结果　　　　单位：万吨

省份	农业	采掘业	制造业	生产性服务业	房地产业	能源行业
安　徽	5.59	5.73	86.39	−24.78	2.32	−14.57
北　京	−1.12	0.37	52.29	−0.70	2.66	244.28
福　建	0.82	3.69	128.56	−20.14	1.06	3.95
甘　肃	−1.59	−0.21	−0.85	1.77	5.22	−37.11
广　东	−4.00	0.04	−65.97	−13.75	143.19	272.70
广　西	2.55	−0.23	−1.32	−1.42	3.91	104.25
贵　州	0.03	−0.11	−2.75	0.66	9.05	62.62
海　南	−0.01	0.00	−0.46	−0.10	−23.99	−1.49
河　北	28.93	37.12	399.81	123.63	18.84	−34.37
河　南	2.62	0.60	−0.44	−3.80	15.51	−22.98
黑龙江	−4.37	1.65	37.99	−14.17	2.71	99.92
湖　北	0.61	−0.28	−6.32	3.46	−3.03	−2.22
湖　南	2.03	−0.06	1.98	−0.50	8.73	−24.66
吉　林	3.10	2.96	106.67	21.46	9.47	12.17
江　苏	−2.93	9.14	545.34	−4.99	−28.98	−94.85
江　西	1.15	19.73	106.91	17.44	5.97	19.47
辽　宁	2.32	9.76	140.29	7.25	5.11	71.89
内蒙古	0.47	−222.43	9.51	1.33	3.23	38.71
宁　夏	0.61	−0.07	−0.81	0.73	1.07	37.02
青　海	−0.99	0.00	−0.33	−0.89	−4.22	20.69
山　东	11.16	−3.20	22.19	11.74	4.64	141.63
山　西	0.12	−0.11	−3.27	3.91	−1.37	10.25
陕　西	−3.12	0.03	−2.92	−0.73	−0.21	23.92
上　海	−1.73	0.00	287.40	22.08	37.58	60.30
四　川	−2.42	−0.17	−12.12	−3.49	11.85	44.25
天　津	0.68	0.10	98.42	−1.73	13.33	76.86
新　疆	−2.36	−0.26	−0.03	−0.12	0.12	2.97
云　南	−1.71	−0.05	−8.72	−11.46	13.63	2.76
浙　江	−0.20	0.44	451.30	−20.34	36.84	215.84
重　庆	0.00	0.00	−23.12	−3.09	33.67	5.73

表 7. 48 　　　　　　　　**2012 年电力消费结构变动的烟尘排放空间**

和行业效应测算结果 单位：万吨

省份	农业	采掘业	制造业	生产性服务业	房地产业	能源行业
安 徽	- 3. 42	6. 37	53. 86	- 14. 25	13. 63	- 314. 96
北 京	0. 42	- 4. 95	13. 94	- 2. 55	- 2. 91	- 9. 83
福 建	- 23. 03	- 3. 61	145. 35	3. 99	4. 10	- 98. 64
甘 肃	- 2. 94	- 1. 15	49. 50	8. 55	- 2. 10	- 77. 15
广 东	0. 66	1. 19	308. 13	- 14. 47	18. 77	- 542. 63
广 西	- 3. 40	2. 08	54. 40	5. 49	- 1. 96	- 62. 98
贵 州	- 2. 68	0. 40	32. 56	0. 18	8. 67	- 41. 91
海 南	- 2. 44	0. 70	8. 90	- 2. 15	0. 43	- 14. 43
河 北	- 2. 13	- 82. 64	20. 25	11. 60	3. 83	- 218. 40
河 南	- 6. 13	10. 17	196. 47	- 14. 42	- 0. 70	- 512. 41
黑龙江	- 21. 97	- 3. 16	- 37. 30	- 4. 41	- 16. 51	- 146. 90
湖 北	- 7. 17	7. 10	200. 37	- 4. 49	70. 49	- 113. 93
湖 南	- 8. 79	2. 96	44. 52	- 11. 55	11. 22	- 220. 47
吉 林	- 16. 40	0. 42	33. 16	- 3. 88	4. 60	- 66. 82
江 苏	- 7. 84	- 5. 02	249. 00	- 2. 64	- 1. 03	- 664. 54
江 西	3. 62	18. 12	142. 21	40. 41	13. 63	- 11. 48
辽 宁	- 4. 03	- 17. 30	- 21. 59	- 17. 43	- 18. 62	- 120. 34
内蒙古	- 1. 67	- 0. 11	75. 27	- 32. 07	- 8. 71	- 27. 16
宁 夏	- 4. 16	- 0. 05	26. 85	- 0. 78	15. 96	- 43. 01
青 海	- 0. 27	- 0. 48	38. 92	0. 24	1. 83	- 50. 40
山 东	- 0. 71	5. 04	311. 06	- 33. 06	25. 82	- 410. 66
山 西	- 0. 40	0. 88	26. 34	10. 61	- 6. 63	- 90. 27
陕 西	- 11. 62	1. 47	61. 58	20. 04	0. 23	- 54. 13
上 海	0. 77	0. 00	- 63. 52	- 58. 16	3. 52	- 232. 08
四 川	2. 33	- 10. 76	41. 92	7. 01	17. 06	- 221. 26
天 津	1. 20	- 12. 72	- 5. 98	- 8. 89	- 1. 31	- 4. 45
新 疆	- 2. 37	- 4. 15	- 9. 62	- 21. 76	- 0. 45	- 33. 74
云 南	1. 39	1. 20	19. 44	- 3. 99	2. 15	- 42. 43
浙 江	0. 75	1. 02	186. 08	- 26. 29	14. 71	- 418. 35
重 庆	0. 89	- 2. 13	64. 54	4. 79	44. 93	- 24. 79

从时间上来看，电力消费结构变动对烟尘排放的影响呈现出比较复杂的变化特征。2007 年电力消费结构变动对烟尘排放的影响主要表现为拉动效应，比较显著的行业是制造业和能源行业，烟尘排放平均增加 78.19 万吨和 44.66 万吨。2012 年电力消费结构变动对烟尘排放的影响表现为制造业的拉动效应和能源行业的抑制效应，其中制造业烟尘排放平均增加 75.55 万吨，能源行业烟尘排放平均减少 163.02 万吨。2012 年与 2007 年相比，电力消费结构变动对烟尘排放在影响程度、影响范围、影响方向上均有较大的变化。

从空间上来看，电力消费结构变动对烟尘排放影响比较显著的区域呈现由东部地区向中部地区转移，而西部地区不够明显的特征。2007 年电力消费结构变动对烟尘排放影响较大的省份主要有黑龙江、吉林、辽宁、内蒙古、北京、河北、天津、山东、安徽、江西、江苏、上海、浙江、福建、广东，平均增加 252.55 万吨。2012 年电力消费结构变动对烟尘排放影响较大的省份主要有黑龙江、河北、山东、河南、安徽、湖北、湖南、江西、四川、江苏、上海、浙江、福建、广东，平均减少 171.19 万吨。2012 年与 2007 年相比，电力消费结构变动对烟尘排放影响较大的区域呈现出由东部地区向中部地区转移的趋势。

从行业上来看，制造业、能源行业电力消费结构变动对烟尘排放的影响较大，农业、采掘业、生产性服务业、房地产业电力消费结构变动对烟尘排放的影响较小。2007 年制造业、能源行业电力消费结构变动对烟尘排放均有拉动效应且比较显著的省份主要有辽宁、上海、浙江；制造业电力消费结构变动对烟尘排放有比较显著的拉动效应的省份主要是吉林、河北、安徽、江西、江苏、福建。2012 年制造业电力消费结构变动对烟尘排放有拉动效应但能源行业电力消费结构变动对烟尘排放有抑制效应的省份主要有河南、山东、安徽、江苏、浙江、福建、广东。

整体来看，电力消费结构变动对烟尘排放的影响在时间上不够稳定，但在空间和行业上呈现出比较明显的规律。随着时间的推移，电力消费结构变动对烟尘排放既可能起到拉动效应也可能起到抑制效应。其中，东部和中部地区烟尘排放对电力消费结构变动的响应比较灵敏，西部地区烟尘排放对电力消费结构变动的响应比较迟缓；制造业、能源行业的烟尘排放效应较大，农业、采掘业、生产性服务业、房地产业的烟尘排放效应较小。

（四）天然气消费变动的烟尘排放效应

1. 天然气消费规模变动的烟尘排放效应。2007 年、2012 年天然气消费规模变动的烟尘排放空间和行业效应测算结果如表 7.49 和表 7.50 所示。

表 7.49　　　　　2007 年天然气消费规模变动的烟尘排放空间

和行业效应测算结果　　　　单位：万吨

省份	农业	采掘业	制造业	生产性服务业	房地产业	能源行业
安　徽	0.00	0.49	6.18	6.79	0.00	0.93
北　京	0.00	0.00	-2.90	5.42	0.66	19.30
福　建	-0.08	0.54	61.68	10.85	0.84	25.62
甘　肃	0.00	0.00	0.28	-0.02	-0.08	-0.01
广　东	-0.54	-0.02	63.87	1.18	0.00	70.42
广　西	0.00	0.06	0.56	0.83	0.00	1.18
贵　州	0.00	0.05	0.02	0.13	0.00	0.88
海　南	0.00	0.00	0.01	-0.03	-0.04	0.49
河　北	0.01	19.11	39.08	18.38	0.01	7.76
河　南	0.00	1.57	20.49	1.02	0.00	0.29
黑龙江	0.02	1.82	8.87	32.63	-0.03	23.52
湖　北	0.00	0.13	15.13	1.52	0.00	2.35
湖　南	0.04	0.70	1.57	0.01	0.15	0.61
吉　林	0.00	1.13	2.06	1.03	0.00	5.09
江　苏	-0.09	1.56	155.76	56.29	0.33	36.05
江　西	0.00	0.98	11.67	1.21	0.03	0.23
辽　宁	0.00	6.10	46.91	27.83	-0.03	377.94
内蒙古	-0.01	0.00	3.63	0.33	0.04	0.98
宁　夏	0.00	0.00	0.10	0.03	0.00	0.02
青　海	0.00	0.56	-0.43	0.02	0.13	0.04
山　东	-0.01	1.78	26.05	0.17	0.00	0.31
山　西	0.00	0.18	3.61	-0.14	0.00	0.78
陕　西	0.29	0.76	0.76	0.62	0.00	8.29
上　海	0.28	0.00	32.67	19.02	0.97	31.21
四　川	0.00	0.00	0.91	0.19	0.00	10.99
天　津	0.00	0.00	7.56	2.10	0.08	-0.02
新　疆	0.00	0.01	0.51	-2.29	0.01	-1.47
云　南	0.03	0.08	6.04	2.86	0.00	0.92
浙　江	0.00	0.22	19.94	2.22	1.39	7.46
重　庆	0.00	0.00	0.29	-0.01	-1.31	4.82

表 7.50　　　　**2012 年天然气消费规模变动的烟尘排放空间**

和行业效应测算结果　　　　　　　单位：万吨

省份	农业	采掘业	制造业	生产性服务业	房地产业	能源行业
安　徽	0.03	0.00	13.40	1.05	0.23	16.05
北　京	0.00	0.00	−0.20	3.23	0.19	59.94
福　建	0.10	0.00	10.79	2.16	0.02	16.86
甘　肃	0.02	0.00	6.69	1.26	0.12	3.12
广　东	0.02	0.00	18.58	10.44	−0.25	48.54
广　西	0.02	0.00	9.86	2.15	0.06	3.77
贵　州	0.01	0.00	6.82	1.84	0.05	3.57
海　南	0.01	0.00	0.90	1.20	−0.09	2.10
河　北	0.01	0.02	10.24	2.19	−0.02	13.37
河　南	0.00	0.01	29.97	4.76	−0.04	26.89
黑龙江	0.03	0.00	4.62	1.24	0.26	5.60
湖　北	0.03	0.00	19.78	5.24	0.27	14.76
湖　南	0.04	0.00	18.49	2.81	0.05	10.19
吉　林	0.02	0.00	7.11	0.67	−0.13	3.52
江　苏	0.03	0.01	14.46	2.18	0.33	43.19
江　西	0.01	0.00	14.38	1.21	0.16	16.02
辽　宁	0.02	0.01	19.73	2.98	0.24	6.07
内蒙古	0.02	−0.02	9.33	8.38	0.15	7.89
宁　夏	0.01	0.00	4.72	0.62	0.11	5.87
青　海	0.00	0.00	3.64	0.19	0.01	1.55
山　东	−0.06	0.01	86.99	9.09	0.27	32.54
山　西	0.00	0.00	3.42	3.00	−0.05	10.24
陕　西	0.05	0.00	9.70	3.07	0.14	14.75
上　海	0.00	0.00	6.13	8.91	−0.12	21.88
四　川	0.00	0.01	23.60	1.99	0.18	38.93
天　津	0.01	0.00	7.77	4.04	0.03	13.42
新　疆	0.04	0.00	5.96	2.09	0.05	5.58
云　南	0.01	0.00	6.89	1.07	0.05	6.59
浙　江	−0.05	0.00	16.55	0.65	0.14	34.98
重　庆	0.01	0.00	7.87	1.49	0.19	11.18

从时间上来看，天然气消费规模变动对烟尘排放的影响呈现出比较稳定的特征。2007 年天然气消费规模变动对烟尘排放的影响主要表现为拉动效应，比较显著的行业是制造业和能源行业，烟尘排放平均增加 17.76 万吨和 21.23 万吨。2012 年天然气消费规模变动对烟尘排放的影响同样表现为拉动效应，比较显著的行业仍然是制造业和能源行业，烟尘排放平均增加 13.27 万吨和 16.63 万吨。2012 年与 2007 年相比，虽然天然气消费规模变动对烟尘排放的影响范围在不断扩大，影响程度有所降低，但是在影响方向上基本没有变化。

从空间上来看，天然气消费规模变动对烟尘排放影响比较显著的区域呈现由东部地区向中部地区转移，而西部地区不够明显的特征。2007 年天然气消费规模变动对烟尘排放影响较大的省份主要有辽宁、江苏、福建、广东，平均增加 235.75 万吨。2012 年天然气消费规模变动对烟尘排放影响较大的省份主要有辽宁、北京、山东、河南、安徽、湖北、湖南、四川、江西、江苏、上海、浙江、福建、广东，平均增加 52.72 万吨。2012 年与 2007 年相比，天然气消费规模变动对烟尘排放影响较大的区域呈现出由东部地区向中部地区转移的趋势。

从行业上来看，制造业、能源行业天然气消费规模变动对烟尘排放的影响较大，农业、采掘业、生产性服务、房地产业天然气消费规模变动对烟尘排放的影响较小。2007 年制造业天然气消费规模变动对烟尘排放有拉动效应的省份主要有江苏和福建，能源行业天然气消费规模变动对烟尘排放有拉动效应的省份主要有辽宁和广东。2012 年制造业、能源行业天然气消费规模变动对烟尘排放均有显著拉动效应的省份主要有辽宁、山东、河南、安徽、湖北、湖南、四川、江西、江苏、浙江、福建、广东。

整体来看，天然气消费规模变动对烟尘排放的影响在时间、空间和行业上呈现出比较明显的规律。随着时间的推移，天然气消费规模变动对烟尘排放在大部分地区和大部分行业可能起到拉动效应。其中，东部和中部地区烟尘排放对天然气消费规模变动的响应比较灵敏，西部地区烟尘排放对天然气消费规模变动的响应比较迟缓；制造业、能源行业的烟尘排放效应较大，农业、采掘业、生产性服务业、房地产业的烟尘排放效应较小。

2. 天然气消费结构变动的烟尘排放效应。2007 年、2012 年天然气消费结构变动的烟尘排放空间和行业效应测算结果如表 7.51 和表 7.52 所示。

表 7.51　　　　**2007 年天然气消费结构变动的烟尘排放空间**

和行业效应测算结果　　　　单位：万吨

省份	农业	采掘业	制造业	生产性服务业	房地产业	能源行业
安　徽	0.00	-0.36	-6.07	-6.87	0.00	-1.42
北　京	0.01	0.00	-1.83	-25.11	-1.07	-11.39
福　建	-0.08	-0.57	-76.58	-10.97	-0.11	-26.89
甘　肃	0.00	0.05	0.02	0.73	0.14	-0.03
广　东	0.61	-0.11	157.45	25.63	0.13	-9.97
广　西	0.01	-0.07	-1.72	-0.57	0.02	-0.61
贵　州	0.00	-0.04	0.34	0.23	0.04	1.74
海　南	0.00	0.00	2.16	0.34	0.00	1.81
河　北	-0.08	-18.18	-24.30	-18.80	-0.04	-4.64
河　南	0.00	-1.10	-18.56	-1.01	0.07	6.73
黑龙江	0.08	-1.93	-11.18	-35.52	0.03	-19.62
湖　北	-0.01	-0.03	91.00	7.13	0.00	7.15
湖　南	0.04	-0.69	-0.79	0.85	-0.09	1.65
吉　林	0.00	-1.10	-3.45	-1.05	0.07	-5.48
江　苏	-0.05	-1.05	-131.69	-54.86	-0.04	-41.37
江　西	0.07	0.36	-12.43	-1.39	-0.05	-0.22
辽　宁	0.16	-5.97	-44.87	-34.68	0.40	-375.80
内蒙古	-0.85	0.03	-1.66	-0.50	0.85	-1.48
宁　夏	0.00	0.03	0.12	0.49	0.00	0.41
青　海	0.00	0.02	0.05	0.20	-0.35	-0.04
山　东	-0.02	-1.49	18.29	21.09	0.12	0.70
山　西	0.00	-0.11	-3.38	-0.09	-0.01	0.12
陕　西	-0.20	0.29	-1.03	-0.45	0.00	-9.29
上　海	1.48	0.00	-17.48	-21.15	0.53	-22.03
四　川	0.00	0.03	-1.55	0.74	3.18	1.29
天　津	0.00	0.00	-10.77	-2.28	-0.28	-2.33
新　疆	0.00	0.03	-0.87	-1.85	-0.01	0.13
云　南	-0.19	-0.18	-6.47	-1.04	0.02	-0.97
浙　江	0.03	0.35	-2.32	-0.36	-0.01	0.76
重　庆	0.00	0.00	-0.97	0.23	-0.11	0.26

表 7.52 **2012 年天然气消费结构变动的烟尘排放空间**
和行业效应测算结果 单位：万吨

省份	农业	采掘业	制造业	生产性服务业	房地产业	能源行业
安 徽	−0.09	0.00	−21.65	−0.05	−0.05	−2.20
北 京	0.02	0.25	4.32	11.62	8.11	−35.91
福 建	5.04	0.02	−16.76	7.66	0.66	−5.34
甘 肃	−0.04	0.00	−7.59	5.25	1.73	−6.39
广 东	2.46	0.00	−40.63	−5.87	−0.06	31.77
广 西	−0.05	0.01	−12.24	−1.97	−0.11	−6.74
贵 州	−0.03	0.00	−7.54	2.70	−0.10	−8.20
海 南	0.39	0.00	−1.12	1.09	−0.01	−2.85
河 北	−0.12	0.01	−42.47	15.70	0.16	−29.77
河 南	−0.04	−0.01	−36.88	8.09	−0.09	−27.47
黑龙江	0.05	0.03	−8.29	−0.86	−0.33	−10.81
湖 北	0.56	0.00	−26.67	13.65	−0.36	−18.45
湖 南	0.07	0.00	−20.40	−1.60	−0.11	−4.02
吉 林	34.73	0.00	−15.27	−2.18	−0.09	−7.96
江 苏	−0.06	0.00	−58.84	21.58	0.00	14.82
江 西	0.01	0.00	−22.55	−2.06	−0.23	−6.72
辽 宁	0.19	−0.01	−30.31	−1.93	0.13	−18.34
内蒙古	−0.05	0.00	−14.39	30.39	−0.19	3.99
宁 夏	−0.02	0.00	−5.05	8.51	0.58	−7.82
青 海	0.00	0.00	−3.74	5.96	−0.03	−2.15
山 东	−0.01	−0.01	−106.05	−5.12	−0.34	−52.67
山 西	−0.01	0.24	−8.95	5.88	0.52	2.07
陕 西	−0.08	0.00	−10.72	51.21	0.86	−17.74
上 海	1.06	0.00	18.26	−9.67	3.14	−33.65
四 川	0.02	4.26	−13.17	−1.10	4.31	−48.78
天 津	0.74	0.00	−9.92	−4.39	−0.07	−7.69
新 疆	−0.08	0.10	−6.28	7.46	1.66	−4.12
云 南	0.01	1.04	−5.92	−0.51	0.05	−3.52
浙 江	−0.01	0.00	−40.34	0.66	0.22	−53.96
重 庆	−0.01	0.00	−10.84	6.49	0.05	−12.55

从时间上来看，天然气消费结构变动对烟尘排放的影响呈现出比较复杂的变化特征。2007 年天然气消费结构变动对烟尘排放的影响既有拉动效应也有抑制效应，比较显著的行业是制造业、生产性服务业和能源行业，烟尘排放平均减少 3.68 万吨、5.36 万吨和 17.03 万吨。2012 年天然气消费结构变动对烟尘排放的影响同样既有拉动效应又有抑制效应，比较显著的行业是制造业、生产性服务业、能源行业；其中生产性服务业烟尘排放平均增加 5.55 万吨，制造业和能源行业烟尘排放平均减少 19.40 万吨和 12.77 万吨。2012 年与 2007 年相比，天然气消费结构变动对烟尘排放在影响程度、影响范围、影响方向上均有较大的变化。

从空间上来看，天然气消费结构变动对烟尘排放影响比较显著的区域呈现由东部地区向中部地区转移，而西部地区不够明显的特征。2007 年天然气消费结构变动对烟尘排放影响较大的省份主要有辽宁、湖北、江苏、福建、广东，平均减少 105.21 万吨。2012 年天然气消费结构变动对烟尘排放影响较大的省份主要有吉林、辽宁、内蒙古、北京、河北、陕西、山东、河南、湖北、江西、四川、江苏、上海、浙江、广东，平均减少 36.86 万吨。2012 年与 2007 年相比，天然气消费结构变动对烟尘排放影响较大的区域呈现出由东部地区向中部地区转移的趋势。

从行业上来看，制造业、生产性服务业、能源行业天然气消费结构变动对烟尘排放的影响较大，农业、采掘业、房地产业天然气消费结构变动对烟尘排放的影响较小。2007 年制造业天然气消费结构变动对烟尘排放有拉动效应的省份主要有湖北和广东，对烟尘排放有抑制效应的省份主要有江苏和福建；能源行业天然气消费结构变动对烟尘排放有比较显著的抑制效应的省份主要是辽宁。2012 年制造业和能源行业天然气消费结构变动对烟尘排放均有抑制效应的省份主要有河北、河南、山东、湖北、浙江；生产性服务业天然气消费结构变动对烟尘排放有显著拉动效应的省份主要有内蒙古、陕西、江苏；农业天然气消费结构变动对烟尘排放有显著拉动效应的省份主要是吉林。

整体来看，天然气消费结构变动对烟尘排放的影响在时间上不够稳定，但在空间和行业上呈现出比较明显的规律。随着时间的推移，天然气消费结构变动对烟尘排放既可能起到拉动效应也可能起到抑制效应。其中，东部和中部地区烟尘排放对天然气消费结构变动的响应比较灵敏，西部地区烟尘排放对天然气消费结构变动的响应比较迟缓；制造业、生产性服务业、能源行业的烟尘排放效应较大，农业、采掘业、房地产业的烟尘排放效应较小。

第五节　本章小结

本章分别从产出视角和投入视角构建能源消费变动的生态环境效应模型，运用空间面板模型侧重于测算能源消费变动的生态环境时间和空间效应，运用非能源与能源部门污染物排放分解模型侧重于测算能源消费变动的生态环境行业效应，得到的结论主要有：

第一，不同污染物的时空分布图和 Moran's I 指数空间相关性检验结果表明，中国生态环境已经形成北方污染严重、南方污染相对较轻且污染区域连片的空间格局。2000～2017 年工业二氧化硫、工业粉尘、工业废气、工业固体废物等 4 种污染物的高排放区域由北方局部逐渐扩大到东北、华北和西北整个北方全部区域，且由向华东地区转移并与其连片的趋势。工业废水的排放水平整体偏低，排放水平较高的区域主要集中在东部沿海地区，中西部地区尤其是西部地区的工业废水排放水平最低，且这些空间分布规律相对比较稳定。

第二，LR 检验、LM 检验、R-LM 检验、Wald 检验和 Hausman 检验的综合判别结果表明，当生态环境用工业二氧化硫、工业粉尘、工业废气衡量时，空间面板模型设定为时间空间双固定效应杜宾模型比较合理；当生态环境用工业废水衡量时，空间面板模型设定为空间随机效应杜宾模型比较合理；当生态环境用工业固体废物衡量时，空间面板模型设定为固定效应空间滞后模型比较合理。

第三，能源消费对不同污染物均有显著的正向直接效应。对工业废气的直接效应最大，对工业二氧化硫的直接效应最小。能源消费对各省份自身污染物的排放将产生正向影响；且影响方向是稳定的，不会随着时间、空间和变量的选择而发生改变，能源消费对工业废水和工业二氧化硫有显著的正向空间溢出效应。由于能源消费对工业粉尘、工业废气和工业固体废物的空间溢出效应并不显著，因此能源消费对污染物排放的空间溢出效应稳定性还不够强。

第四，环境经济学研究表明，氮氧化物、二氧化硫和烟尘排放与能源消费规模变动和结构变动高度相关，通过控制能源消费规模和改善能源消费结构往往会对减少氮氧化物、二氧化硫和烟尘排放起到积极的作用。然而，基于面板投入产出分析煤炭、石油、电力和天然气等能源消费规模和消费结构变动对氮氧化物、二氧化硫和烟尘排放效应结果表明，煤炭、石油、电力和天然气消费规模和消费结构变动对氮氧化物、二氧化硫和烟尘排放效应在时间上、空间上、行业上呈现出分异的特征。

第五，从时间上看，2007 年和 2012 年能源消费规模变动对氮氧化物排放的影响均为拉动效应，分别平均增加 260.51 万吨和 539.76 万吨。2007 年煤炭和天然气消费结构变动对氮氧化物排放的影响是抑制效应，平均减少 335.91 万吨和 43.91 万吨；2012 年石油、电力和天然气消费结构变动对氮氧化物排放的影响为抑制效应，平均减少 191.38 万吨、150.98 万吨和 39.42 万吨。2007 年和 2012 年能源消费规模变动对二氧化硫排放的影响均为拉动效应，分别平均增加 1 102.15 万吨和 2 283.59 万吨。2007 年煤炭和天然气消费结构变动对二氧化硫排放的影响是抑制效应，平均减少 355.29 万吨和 46.44 万吨；2012 年石油、电力和天然气消费结构变动对二氧化硫排放的影响为抑制效应，平均减少 202.42 万吨、159.69 万吨和 41.69 万吨。2007 年和 2012 年能源消费规模变动对烟尘排放的影响均为拉动效应，分别平均增加 641.25 万吨和 1 328.63 万吨。2007 年煤炭和天然气消费结构变动对烟尘排放的影响是抑制效应，平均减少 206.71 万吨和 27.02 万吨；2012 年石油、电力和天然气消费结构变动对烟尘排放的影响为抑制效应，平均减少 117.77 万吨、92.91 万吨和 24.26 万吨。

第六，从空间上看，2007 东部地区能源消费规模变动和结构变动导致氮氧化物排放分别平均增加 1 291.71 万吨和平均减少 815.69 万吨，均高于中部和西部地区；随着时间推移，氮氧化物排放较高的区域由东部地区向中部地区转移，2012 年中部地区能源消费规模变动和结构变动导致氮氧化物排放分别平均增加 1 796.08 万吨和平均减少 503.33 万吨，均高于东部和西部地区。2007 东部地区能源消费规模变动和结构变动导致二氧化硫排放分别平均增加 1 756.45 万吨和平均减少 862.74 万吨，均高于中部和西部地区；随着时间推移，二氧化硫排放较高的区域由东部地区向中部地区转移，2012 年中部地区能源消费规模变动和结构变动导致二氧化硫排放分别平均增加 1 899.69 万吨和平均减少 532.37 万吨，均高于东部和西部地区。2007 年东部地区能源消费规模变动和结构变动导致烟尘排放分别平均增加 1 021.94 万吨和平均减少 501.96 万吨，均高于中部和西部地区；随着时间推移，烟尘排放较高的区域由东部地区向中部地区转移，2012 年中部地区能源消费规模变动和结构变动导致烟尘排放分别平均增加 1 105.28 万吨和平均减少 309.74 万吨，均高于东部和西部地区，这与能源消费中心由东部地区向中部地区转移密切相关。

第七，从行业上看，能源消费规模变动和结构变动对氮氧化物、二氧化硫和烟尘排放影响较大的行业是制造业、生产性服务业、房地产业、能源行业；影响较小的行业是农业、采掘业。从能源消费效应上看，不论是哪种类型的能源，随着能源消费规模的不断扩大，氮氧化物、二氧化硫和烟尘排放量均在不断提升；而对于能源消费结构来讲，由于不同类型能源之间存在着替代关系，因此，当煤炭消费结构变动的氮氧化物、二氧化硫和烟尘排放为抑制效应时，石油、电力和天然气消费结构变动的氮氧化物、二氧化硫和烟尘排放为拉动效应，反之亦然。

第八，在不同时间、不同空间和不同行业的能源消费变动对氮氧化物、二氧化硫和烟尘排放影响与理论预期并不一致，这反映出能源消费变动对氮氧化物、二氧化硫和烟尘排放影响的复杂性和现实性。通过运用面板投入产出表对不同时间、不同区域、不同行业、不同能源、不同效应的五维度分析，可以归纳出能源消费变动对氮氧化物、二氧化硫和烟尘排放影响的基本特征和规律，即经济发展水平较高的地区，能源消费变动对氮氧化物、二氧化硫和烟尘排放影响的程度较高，区域政策调整的实施效果越明显；能源消费水平较高的行业，能源消费变动对氮氧化物、二氧化硫和烟尘排放影响的程度较高，行业政策调整的实施效果越明显；虽然能源消费规模扩大是导致氮氧化物、二氧化硫和烟尘排放增加的主要原因，但是可以通过控制煤炭等单位氮氧化物、二氧化硫和烟尘排放浓度较高能源在能源消费结构中的比重来减少氮氧化物、二氧化硫和烟尘排放。

第八章　产业结构变动的能源消费效应与生态环境效应规律研究

研究产业结构变动的能源消费效应规律与生态环境效应规律是本书研究的归宿和目标，本章在前述章节测度产业结构变动、经验分析产业结构变动的能源消费效应与能源消费变动的生态环境效应的基础上，专门从理论层面上提炼、归纳和总结新时代中国的产业结构变动规律、产业结构变动的能源消费效应规律以及能源消费变动的生态环境效应规律，以期深化和拓展对产业结构演变规律的认识。

第一节　产业结构变动的规律研究

对产业结构变动规律的研究是经济学与经济统计学发展中始终关注的重点问题。本节在对经典的产业结构演变规律进行系统归纳的基础上，较为全面地阐述了可持续发展背景下产业结构变化的规律，同时更为重要的是本书提出和研究了基于产出与投入双重视角的产业结构变动规律，这不仅拓展了产业结构变动规律理论，而且深化了对产业结构变动规律的认识。

一、经典的产业结构演变规律研究

配第（1672）是最早研究产业结构演变规律的经济学家之一，他通过比较农业、工业和商业的人均收入，揭示了产业结构演变与经济发展的基本方向。霍夫曼（1931）通过设定霍夫曼系数，认为随着工业化的推进，消费品部门与资本品部门的净产值之比逐渐下降，霍夫曼系数呈现出不断下降的特征。克拉克（1940）认为三次产业的就业人数会由第一产业流向第二产业，再由第二产业流向第三产业。在继承克拉克研究成果的基础上，库兹涅茨（1941）认为随着社会生产力水平的不断提高，三次产业的产值会由第一产业向第二产业转移，再由第二产业向第三产业转移。钱纳里（1986）将不发达经济到成熟工业经济整个变化过程划分为三个阶段六个时期，认为从任何一个发展阶段向更高一个发展阶段的演进都是通过产业结构变动来推动的。这些经典的产业结构理论主要从产业结构变动对产值和就业等影响的角度研究产业结构的演进规律，为人们认识产业结构客观变化特征和指导宏观产业结构调整提供重要的理论依据。

二、可持续发展背景下的产业结构变化规律研究

当前节约能源和保护环境已成为世界各国可持续发展面临的两个重要问题，然而可能是由于时代背景的限制，经典的产业结构理论并没有涉及产业结构变动对能源消费和生态环境影响的研究。舒尔和内舍特（1960）通过对美国 1880~1955 年的经验数据研究得到随着产业结构的演进，能源消费呈现出倒 U 型的变化规律。马伦鲍姆（1975）通过研究矿产资源消费生命周期认为，从长期来看，能源强度和能源消费弹性系数随着产业结构的变动呈现出倒 U 型的变化规律。汉弗莱和斯坦尼斯瓦夫（1979）根据英国 1700~1975 年的产业结构经验数据研究认为，在这个时期英国的能源强度随着产业结构的演进呈现出倒 U 型的规律。李艳梅（2014）从生产和生活方式变化对生产部门和生活部门能源消费影响的理论视角，阐述了产业结构演进对能源消费的作用机理。相对于经典的产业结构变动规律理论来讲，舒尔和内舍特、马伦鲍姆、汉弗莱和斯坦尼斯瓦夫、李艳梅等学者关于产业结构变动对能源消费规律的研究，虽然与我们现在的时代特征更加契合，但仍然缺少产业结构变动对生态环境影响的关注。王海建（1999）通过构建产业结构变动对环境污染物排放影响分析模型，从理论上和方法上分析生产技术结构变动、最终需求结构变动及收入变动对环境污染物排放的影响；但缺少与中国实践相结合，对中国产业结构变动的生态环境效应规律缺乏相应的研究和阐述。

三、基于产出与投入双重视角的产业结构变动规律研究

鉴于产业结构变动的复杂性，同时结合新时代中国经济发展的特点，本

书不仅从产出的视角以多维度重新测算和归纳产业结构变动的规律，而且增加从投入的视角以新的维度测算和总结产业结构变动的规律。

（一）基于产出视角的产业结构变动规律研究

1. 产业结构变动程度规律。2000～2017 年中国产业结构变动程度整体呈现出 U 型变化特征，2010 年以后产业结构变动程度逐年增加，表明中国产业结构调整步伐加快，有强劲的后发优势。虽然产业结构变动值、Moore 结构变化指数、产业结构变动指数 SCI 三种方法测算的产业结构变动程度趋于一致，但是产业结构变动却呈现出一定的阶段性波动，其中以 2008 年、2009 年最为明显。

2. 产业结构变动方向规律。2000～2017 年中国产业结构变动方向虽然有趋同特征，但是存在着差异性。在产业结构超前系数测算产业结构变动的过程中，第一产业的发展远远落后于第二、第三产业的发展。以 2008 年为拐点，2008 年之前，中国多数年份的第二产业发展快于整体经济的发展；2008 年之后，中国多数年份的第三产业超前系数大于第一、第二产业。产业结构变动系数测算的产业结构变动方向结果表明，2000～2017 年中国第二产业和第三产业的主导地位交替出现。2010 年之后，第三产业的结构变动系数大于第一、第二产业，第三产业基本占主导地位。

3. 产业结构变动质量规律。2000～2017 年中国产业结构合理化和高级化程度均在不断提高，但是产业结构合理化和产业结构高级化均呈现出阶段性波动特征。随着经济的不断发展，以农业为主导的第一产业比重逐渐下降，第二、第三产业比重逐渐上升，产业结构熵数值相应地在不断减小。中国产业结构一直处于动态变化中，并且产业结构熵数值逐年递减，表明我国产业结构逐步趋于单一化，这与理论分析结果一致。结合三次产业的增加值比重可以看出，虽然产业结构趋于单一化，但产业结构的主导地位在发生改变。2000～2012 年第二产业占据主导地位，2013～2017 年第三产业占据主导地位。

4. 产业结构变动空间相关规律。产业结构相似系数衡量区域间产业结构的相似或差异程度；重力模型从空间角度考察产业结构的变动轨迹，由于产业结构的空间相关性，产业结构变动必然会引起区域间生产要素流动，从而引发产业结构重新组合，使得产业重心在全国范围内移动。从全局来看，2000～2017 年间中国产业结构的相似程度很高，产业结构相似系数取值均在

0.99 以上，但是在 2012 年以后相似程度总体呈下降趋势。运用重力模型测度产业结构变动表明我国产业结构调整的重心以 2012 年为拐点，先向西北方向转移，再向西南方向转移。

从局部来看，产业结构变动形成以长三角为中心的辐射格局。2000 年"高—高"区域集中在华东地区的山东、上海、江苏、浙江及华中地区的湖南，这些区域产业结构合理化和产业结构高级化的水平较高且存在显著的空间正相关。2017 年"高—高"区域增加至 9 个，包括山东、江苏、上海、浙江、安徽、湖北、湖南和江西。与 2000 年相比，2017 年产业结构变动空间集聚发生明显的扩散，"高—高"区域从上海、浙江转移到江西、湖南和湖北，长三角制造业发展对周边省份具有明显的辐射作用，形成连片高产值集聚区。相比之下，珠三角并未形成"高—高"集聚区域，广东在发展对周边省份的拉动作用并不显著。

5. 产业结构变动区域分布规律。2000～2017 年中国 30 个省份在产业结构变动上存在着明显的区域差异和分化的特点；经济发展水平较高的地区产业结构水平提升的较快，经济发展水平较低的地区产业结构水平提升的较慢。具体表现为：2000～2017 年北京和上海两个经济发展水平最高的直辖市产业结构变动特征比较相似，属于第 1 类，在此期间这两个省份产业结构的整体水平提升最快，分别由 73.37 上升到 91.78、由 68.37 上升到 83.41，提高的幅度遥遥领先于全国其他省份。第 2 类主要包括浙江、天津和海南，这 3 个省份在全国的经济发展水平也比较高，产业结构水平在 2000～2017 年相对提升也比较快，且到 2017 年基本都保持在 70 左右的水平上。其他省份属于第 3 类，2000～2017 年产业结构变动的水平并不明显，呈现出微弱的上升趋势，基本在 [61,68] 区间上徘徊。

（二）基于投入视角的产业结构变动规律研究

1. 农业产业结构变动规律。2002～2012 年中国 30 个省份农业在生产过程中对石油和电力的投入结构有较大的变化，而且呈现出区域上的差异，但是这种特征并不稳定；同时 2012 年中国 30 个省份中越来越多的省份农业能源投入结构趋于无明显变动，这表明大部分省份农业产业结构和生产工艺的调整空间在不断减小。

2. 采掘业产业结构变动规律。2002～2012 年中国 30 个省份采掘业在生产过程中的能源投入结构虽然呈现出区域上的差异，但是这种特征并不稳定。

与 2007 年的测算结果相比，2012 年处于基本无变化型的省份在减少，且仅包括上海，其他省份分别转向到微弱上升型和微弱下降型；而内蒙古的分类变化最为明显，从 2007 年的明显上升型直接转向到 2012 年的明显下降型；这表明就能源投入结构来看，大部分省份采掘业生产工艺的调整空间都有着一定的变化。

3. 制造业产业结构变动规律。2002～2012 年中国 30 个省份制造业在生产过程中的能源投入结构虽然呈现出区域上的差异，但是这种特征并不稳定；东部与中部地区大部分省份制造业能源投入结构调整的幅度在减小，西部地区大部分省份制造业能源投入结构调整的幅度在增大；电力与石油是制造业能源投入结构与生产工艺调整的主要能源。

4. 生产性服务业产业结构变动规律。2002～2012 年中国 30 个省份生产性服务业在生产过程中的能源投入结构虽然呈现出区域上的差异，但是这种特征并不稳定；与 2007 年的测算结果相比，2012 年中国 30 个省份中越来越多的省份生产性服务业能源投入结构变动比较明显，而且明显上升型的省份范围在不断扩大，明显下降型的省份范围在不断缩小，这表明大部分省份生产性服务业的生产工艺正越来越依赖于能源的投入，其中对石油的依赖最为明显。

5. 房地产业产业结构变动规律。2002～2012 年中国 30 个省份房地产业在生产过程中的能源投入结构呈现出明显的区域上差异，而且这种特征比较稳定。不论是 2007 年的测算结果还是 2012 年的测算结果都表明，大部分省份房地产业能源投入结构趋于无明显变动，这表明大部分省份房地产业生产工艺对能源的依赖比较有限，而且主要依赖的能源是石油和电力。

6. 能源行业产业结构变动规律。不论是 2007 年的测算结果还是 2012 年的测算结果都表明，明显上升型、明显下降型、升降替代型这三种类型所包括的省份数量都占据着主导地位，这表明大部分省份能源行业的能源投入结构调整力度都比较大，能源行业生产工艺的调整是影响能源投入的重要因素。同时值得注意的是，在 2007 年能源投入结构中直接消耗系数上升的能源是石油和电力，下降的能源是煤炭；而在 2012 年能源投入结构中直接消耗系数上升的能源却是石油和煤炭，下降的能源是电力，这表明能源行业在生产过程中对煤炭投入的依赖不降反升。

2002～2012 年大部分省份农业、制造业、生产性服务业和能源行业在能源投入结构与生产工艺上的改变比较大，相应地对能源投入的影响也较大，同时在能源投入的调整上集中在石油、电力和煤炭，对天然气的投入调整并不明显；而采掘业和房地产业在能源投入结构与生产工艺上的改变较小，对能源投入的影响相对比较有限。基于投入视角测度的产业结构变动来看，大部分省份农业、制造业、生产性服务业和能源行业的产业结构调整比较明显，采掘业和房地产业的产业结构调整并不明显；虽然在农业、制造业、生产性服务业和能源行业的产业结构变动上呈现出明显的区域差异，但是区域格局的稳定不够，与经济发展的关联性不强。

第二节　产业结构变动的能源消费效应规律研究

现有产业结构变动对能源消费影响的研究大多数是从整体上分析能源消费随着产业结构变动的特征和规律，本节不仅从产出视角研究产业结构变动对能源消费影响的时间与空间规律，同时从投入视角研究产业结构变动对能源消费影响的时间、空间、行业与能源消费类型规律。

一、基于产出视角的能源消费效应规律研究

地理加权回归模型估计结果表明，2000～2017 年产业结构变动对能源消费具有拉动效应，可见产业结构调整在降低能源消费的作用上并不明显，产业结构合理化和产业结构高级化的发展质量并不高，没有达到理论上的预期。从回归系数的空间分布来看，产业结构变动对能源消费影响较大的省份集中在西北和西南地区，影响较小的省份集中在东北和东南地区；随着时间的推移，影响较大的省份向华北地区转移，且高值区域逐渐增多。主要原因可能是东部地区新一轮的产业结构调整将高能耗的制造业向西部地区转移，导致西部地区制造业仍以高耗能制造业为主，东部地区尤其是东南沿海逐渐向低能耗的高端制造业发展；同时也可能是西部地区产业结构调整的程度要高于东部地区，调整的空间要大于东部地区，从而导致西部地区产业结构变动对能源消费的影响要大于东部地区。这表明西部地区通过产业结构调整降低能源消费的潜力要大于东部地区，不同区域在调整产业结构的具体政策上要有所差异。

二、基于投入视角的能源消费效应规律研究

1. 从时间上看，除了 2007 年、2012 年产业结构变动对煤炭和对天然气的影响表现为抑制效应外，其他时间产业结构变动对煤炭、石油、电力、天然气等能源消费的影响主要表现为拉动效应；可见，各地区、各行业所提出的改进生产工艺、调整产业结构的措施不仅没有降低单位产出的能源消耗，反而进一步提高了单位产出的能耗水平；这折射出要么产业政策科学制定了但没有得到有效的落实，要么产业政策本身存在着问题虽然落实了但没有达到预期目标；表明基于投入视角来看，产业结构在投入结构和生产工艺上的调整效果与理论上的预期还存在着差距。

2. 从空间上看，产业结构变动对东部地区的能源消费影响较大，对西部地区的能源消费影响较小；同时随着时间推移，影响较大的区域由东部地区向中部地区转移。这表明一方面在产业政策落实方面东部和中部地区要高于西部地区，另一方面验证了经济发展与能源消费之间存在着显著的正相关关系，而近年来经济发展的驱动中心由东部地区向中部地区转移可能是能源消费影响较大的区域由东部地区向中部地区转移的重要原因。可见，基于投入视角来看，目前对东部地区生产工艺的调整空间要大于西部地区，未来节能的重点在于对东部地区能源消耗结构的调整上。

3. 从行业上看，产业结构变动对能源消费影响较大的行业是制造业、生产性服务业、能源行业，对能源消费影响较小的行业是农业、采掘业、房地产业；而在国民经济中通常制造业和能源行业是能源消费的大户，这比较符合各行业能源消费特征的理论预期。可见，在行业节能方面，控制制造业、生产性服务业和能源行业的能源消费是降低国民经济能源消费的重点；因此，不仅要继续关注传统的制造业和能源行业生产工艺的升级改造，还要关注生产性服务业在减少能源消费方面的较大潜力和空间。

4. 从能源消费类型上看，产业结构变动对煤炭、石油、电力消费的影响相对较大，对天然气消费的影响相对较小；主要原因是与中国能源的供给结构有关系，目前我国的能源供给中仍然以煤炭为主，其次是石油；同时中国的电力生产中大部分是火力发电，而火力发电的能源是煤炭，因此综合来看中国各地区经济发展对煤炭和石油的消费依赖程度仍然较高，产业结构调整的方向是继续降低煤炭和石油消费的比重，调整的重点区域和行业是东部地

区和中部地区的制造业和能源行业。

在不同时间、不同空间和不同行业上通过改进生产工艺调整产业结构对能源消费的影响与理论预期并不一致，这反映出产业结构变动对能源消费影响的复杂性和现实性。虽然如此，通过运用面板投入产出表从不同时间、不同区域、不同行业、不同能源的四维度分析，可以归纳出产业结构变动对能源消费影响的基本特征和规律，即经济发展水平较高的地区，产业结构变动对能源消费影响的程度较高，区域政策调整的实施效果越明显；能源消费水平较高的行业，产业结构变动对能源消费影响的程度较高，行业政策调整的实施效果越明显；能源消费占比较高的能源，产业结构变动对该能源消费影响的程度较高，能源政策调整的实施效果越明显。

第三节　能源消费变动的生态环境效应规律研究

关于能源消费变动对生态环境影响的研究非常少，这主要是因为现有大部分研究认为产业结构变动直接作用于生态环境，忽视了产业结构变动先作用于能源消费，然后再由能源消费变动作用于生态环境这个机理；也就是说，产业结构变动对能源消费有直接作用，能源消费变动对生态环境有直接作用，而产业结构变动对生态环境有间接作用。本节在基于产出与投入双重视角研究产业结构变动对能源消费影响的前提下，分别从产出视角与投入视角进一步分析能源消费变动对生态环境的影响，并提炼和归纳能源消费变动的生态环境效应规律。

一、基于产出视角的生态环境效应规律研究

从能源消费规模来看，能源消费规模对不同污染物的直接效应均是显著的，且均为正的直接效应，符合理论预期。其中对工业废气的影响最大；对工业二氧化硫的影响最小。这表明随着各省份人均能源消费量的提高，对自身污染物的排放将产生正向影响；且这个影响方向是稳定的，不会随着时间、空间和变量的选择而发生改变。因此，各省份要控制污染物排放、保护生态环境应该从自身做起，从减少能源消费做起，不能把希望寄托在别人身上。能源消费规模对工业废水和工业二氧化硫有显著的正向空间溢出效应，符合

理论预期，表明一个省份能源消费规模的变化不仅会影响到自身污染物的排放，同时还会影响到相邻省份污染物的排放，主要原因是，能源消费仍然是支撑经济增长的风向标，在以 GDP 作为地方绩效考核目标的驱使下，过去相当长时期各省份相互效仿走重工业化的发展模式，因此，能源消费规模往往具有空间溢出效应。另外，能源消费规模对工业粉尘、工业废气和工业固体废物的空间溢出效应并不显著，这表明能源消费规模对污染物空间溢出效应的稳定性还不够强，有待进一步验证。

能源消费结构对工业废气、工业粉尘、工业废水、工业固体废物等污染物均有显著的正向直接效应，符合理论预期。其中能源消费结构对工业废气的直接效应最大；对工业废水、工业粉尘和工业固体废物的直接效应相当。能源消费结构的正向直接效应表明，各省份通过调整能源消费结构、不断增加对新能源和可再生能源的使用、降低煤炭等化石能源的消耗比重，将会对自身污染物排放的减少和生态环境保护带来积极的作用。能源消费结构对工业废水、工业二氧化硫、工业粉尘和工业废气的空间溢出效应均不显著；虽然对工业固体废物有显著的空间溢出效应，但方向不符合理论预期。样本数据经验表明，一个省份的能源消费结构调整不会对相邻省份的污染物排放产生显著影响。

二、基于投入视角的生态环境效应规律研究

环境经济学研究表明，氮氧化物、二氧化硫和烟尘排放与能源消费规模变动和结构变动高度相关，通过控制能源消费规模和改善能源消费结构往往会对减少氮氧化物、二氧化硫和烟尘排放起到积极的作用。然而，基于面板投入产出分析煤炭、石油、电力和天然气等能源消费规模和消费结构变动对氮氧化物、二氧化硫和烟尘排放效应结果表明，煤炭、石油、电力和天然气消费规模和消费结构变动对氮氧化物、二氧化硫和烟尘排放效应在时间上、空间上、行业上呈现出分异的特征。

1. 从时间上看，2007 年和 2012 年能源消费规模变动对氮氧化物排放的影响均为拉动效应，分别平均增加 260.51 万吨和 539.76 万吨。2007 年煤炭和天然气消费结构变动对氮氧化物排放的影响是抑制效应，平均减少 335.91 万吨和 43.91 万吨；2012 年石油、电力和天然气消费结构变动对氮氧化物排的影响为抑制效应，平均减少 191.38 万吨、150.98 万吨和 39.42 万吨。2007

年和 2012 年能源消费规模变动对二氧化硫排放的影响均为拉动效应，分别平均增加 1 102.15 万吨和 2 283.59 万吨。2007 年煤炭和天然气消费结构变动对二氧化硫排放的影响是抑制效应，平均减少 355.29 万吨和 46.44 万吨；2012 年石油、电力和天然气消费结构变动对二氧化硫排放的影响为抑制效应，平均减少 202.42 万吨、159.69 万吨和 41.69 万吨。2007 年和 2012 年能源消费规模变动对烟尘排放的影响均为拉动效应，分别平均增加 641.25 万吨和 1 328.63 万吨。2007 年煤炭和天然气消费结构变动对烟尘排放的影响是抑制效应，平均减少 206.71 万吨和 27.02 万吨；2012 年石油、电力和天然气消费结构变动对烟尘排放的影响为抑制效应，平均减少 117.77 万吨、92.91 万吨和 24.26 万吨。

2. 从空间上看，2007 东部地区能源消费规模变动和结构变动导致氮氧化物排放分别平均增加 1 291.71 万吨和平均减少 815.69 万吨，均高于中部和西部地区；随着时间推移，氮氧化物排放较高的区域由东部地区向中部地区转移，2012 年中部地区能源消费规模变动和结构变动导致氮氧化物排放分别平均增加 1 796.08 万吨和平均减少 503.33 万吨，均高于东部和西部地区。2007 东部地区能源消费规模变动和结构变动导致二氧化硫排放分别平均增加 1 756.45 万吨和平均减少 862.74 万吨，均高于中部和西部地区；随着时间推移，二氧化硫排放较高的区域由东部地区向中部地区转移，2012 年中部地区能源消费规模变动和结构变动导致二氧化硫排放分别平均增加 1 899.69 万吨和平均减少 532.37 万吨，均高于东部和西部地区。2007 年东部地区能源消费规模变动和结构变动导致烟尘排放分别平均增加 1 021.94 万吨和平均减少 501.96 万吨，均高于中部和西部地区；随着时间推移，烟尘排放较高的区域由东部地区向中部地区转移，2012 年中部地区能源消费规模变动和结构变动导致烟尘排放分别平均增加 1 105.28 万吨和平均减少 309.74 万吨，均高于东部和西部地区，这与能源消费中心由东部地区向中部地区转移密切相关。

3. 从行业上看，能源消费规模变动和结构变动对氮氧化物、二氧化硫和烟尘排放影响较大的行业是制造业、生产性服务业、房地产业、能源行业；影响较小的行业是农业、采掘业。从能源消费效应上看，不论是哪种类型的能源，随着能源消费规模的不断扩大，氮氧化物、二氧化硫和烟尘排放量均在不断提升；而对于能源消费结构来讲，由于不同类型能源之间存在着替代关系，因此，当煤炭消费结构变动的氮氧化物、二氧化硫和烟尘排放为抑制效应时，石油、电力和天然气消费结构变动的氮氧化物、二氧化硫和烟尘排放为拉动效应，反之亦然。

在不同时间、不同空间和不同行业上能源消费变动对氮氧化物、二氧化硫和烟尘排放影响与理论预期并不一致，这反映出能源消费变动对氮氧化物、二氧化硫和烟尘排放影响的复杂性和现实性。通过运用面板投入产出表对不同时间、不同区域、不同行业、不同能源、不同效应的五维度分析，可以归纳出能源消费变动对氮氧化物、二氧化硫和烟尘排放影响的基本特征和规律，即经济发展水平较高的地区，能源消费变动对氮氧化物、二氧化硫和烟尘排放影响的程度较高，区域政策调整的实施效果越明显；能源消费水平较高的行业，能源消费变动对氮氧化物、二氧化硫和烟尘排放影响的程度较高，行业政策调整的实施效果越明显；虽然能源消费规模扩大是导致氮氧化物、二氧化硫和烟尘排放增加的主要原因，但是可以通过控制煤炭等单位氮氧化物、二氧化硫和烟尘排放浓度较高能源在能源消费结构中的比重来减少氮氧化物、二氧化硫和烟尘排放，在能源政策调整上多下功夫。

第四节　本章小结

产业结构的演变是社会经济发展的动力来源和时代特征。经典的产业结构理论重点关注产业结构变动对就业和产值的影响，已经比较成熟和完善。在推动经济高质量发展的新时代背景下，能源消费与生态环境已经成为制约社会经济发展的重要约束条件，因此，探寻产业结构变动对能源消费与生态环境的作用规律对于促进社会经济可持续发展具有重要的理论价值。本章在对经典产业结构理论进行系统梳理的基础上，着重基于产出与投入双重视角研究产业结构变动规律、产业结构变动的能源消费效应规律、能源消费变动的生态环境效应规律等问题，主要得到如下结论：

第一，新时代中国产业结构变动规律是，产业结构变动的引擎是在以北京为中心的京津冀地区和以上海为中心的长三角地区，产业结构变动的重心分布在西北地区和西南地区，产业结构变动的主导产业由第二产业转向第三产业，劳动、资本、能源等各类生产要素将会向产业结构变动的引擎、重心和主导产业流动并加速聚集。

第二，新时代中国产业结构变动的能源消费效应规律是，从产出视角来看，产业结构变动对西部地区的能源消费影响较大；从投入视角来看，产业结构变动对东部地区的能源消费影响较大。这两个角度的分析结果不仅不存在矛盾，而且能够反映出两个区域在降低能源消费的对策措施上应该有所差异，西部地区节能的侧重点是调整各产业在国民经济中的占比是比较有效的，而东部地区节能的侧重点在于对产业内部的生产工艺进行升级改造可能是比较有效的。整体从投入视角来看，经济发展水平较高的地区，产业结构变动对能源消费影响的程度较高，应注重区域政策的制定和实施；能源消费水平较高的行业，产业结构变动对能源消费影响的程度较高，应注重行业政策的制定和实施；能源消费占比较高的能源，产业结构变动对该类能源消费影响的程度较高，应注重能源政策的制定和实施。

第三，新时代中国能源消费变动的生态环境效应规律是，从产出视角来看，能源消费规模对不同污染物均为显著的正向直接效应，对工业废气的影响最大，对工业二氧化硫的影响最小；对工业废水和工业二氧化硫有显著的正向空间溢出效应，对工业粉尘、工业废气和工业固体废物的空间溢出效应并不显著。能源消费结构对工业废气、工业粉尘、工业废水、工业固体废物等污染物均有显著的正向直接效应，对工业固体废物有显著的空间溢出效应。从投入视角来看，能源消费规模变动对氮氧化物、二氧化硫和烟尘排放均具有拉动效应，能源消费结构变动对氮氧化物、二氧化硫和烟尘排放具有分类、分时的抑制效应。东部地区能源消费规模变动和结构变动对氮氧化物、二氧化硫和烟尘排放水平均高于中部和西部地区，但是随着时间的推移，排放的高值区域由东部地区向中部地区转移。制造业、生产性服务业、房地产业、能源行业能源消费规模变动和结构变动对氮氧化物、二氧化硫和烟尘排放影响较大，农业、采掘业能源消费规模变动和结构变动对氮氧化物、二氧化硫和烟尘排放影响较小。

第九章　结　　语

围绕"产业结构变动规律研究",学者们较多地关注产业结构变动对产值和就业等影响的研究,虽然对也有少数学者关注产业结构变动对能源消费和生态环境影响的研究,但研究的内容还不够系统和全面,同时对产业结构变动影响能源消费和生态环境的机理阐述还不够客观和透彻。围绕"产业结构变动的能源消费效应实证研究",学者们虽然在模型选择上呈现出多样化的特征,但在产业结构变动的测度上使用的指标和方法相对来讲比较单一和趋同,对产业部门的划分还不够详细,这不利于针对具体部门和行业提出差异性和有效性的建议和措施。围绕"产业结构变动的生态环境效应实证研究",学者们虽然运用的研究方法不同,但在研究思路上却是趋同的,即直接从产业结构变动对生态环境影响的角度进行建模和分析;这里需要的强调的是,由于现有关于产业结构变动对生态环境影响的理论还比较匮乏,因此这样建模和分析的理论基础值得讨论和商榷。本书首先从投入(生产工艺)和产出(产值)的双重视角测度产业结构变动,然后根据能源系统、经济系统、生态环境系统之间的作用机理,深入探究产业结构变动对能源消费和生态环境影响的机理,以此作为建立产业结构变动的能源消费效应和生态环境效应模型的理论基础,最后结合中国及各省份的经验数据,基于产业结构变动投入视角与产出视角从时间、空间、时空、行业和结构的角度探寻产业结构变动的能源消费效应规律和生态环境效应规律。

本章作为本书的结语部分,重点研究两个方面的问题:一方面是从全书的角度对研究过程中的主要结论进行归纳和提炼,并在此基础上提出相应的对策建议;另一方面是对产业结构变动的能源消费效应与生态环境效应研究中得到的启示进行阐述,并对预期的研究进行展望。

第一节　结论与建议

一、结论

本书通过构建新的产业结构变动对能源消费与生态环境影响的理论框架，辨析和界定产业结构及产业结构变动的内涵，以产出与投入双重视角测度的产业结构变动结果为基础，运用中国宏观经济面板数据和投入产出面板数据测算 30 个省份产业结构变动的能源消费效应以及能源消费变动的生态环境效应，并梳理归纳新时代中国产业结构的演变规律，主要得到以下结论：

（一）不同经济发展阶段的产业结构特征研究

本书较为系统地研究了传统社会阶段、工业化阶段、后工业化阶段和生态化阶段不同经济发展阶段的产业结构特征，其中，传统社会阶段以农业为主导产业，对能源消费以可再生资源为主，用于满足生活需要；对生态环境的影响主要集中在空气污染、水体问题和土壤退化等局部影响，空气污染来源于秸秆焚烧和烧荒垦田，水体问题来源于肥料使用和过度开采造成的地下水位下降，土壤退化来源于土壤过度使用和开垦造成的荒漠化和盐碱化。工业化阶段可以分为工业化初期、中期和后期三个阶段，工业化初期和中期以重工业为主导产业，对能源消费以化石能源为主，如煤炭、石油和天然气等，除了用于满足生活需要外，主要用于满足日益扩大的再生产需要，对生态环境的影响全方位的，主要是工业废气、废水和固体废物大量产生并且基本上未经处理直接排放到生态环境中，对生态系统造成不可逆的破坏和影响；工业化后期虽然仍以工业为主导，但是转向清洁生产模式，对能源资源的投入、过程中能源消耗和残余物的化学处理均有严格的要求标准。后工业化阶段以服务业为主导产业，产业模式由清洁生产演化为循环经济模式，能源消费中清洁能源的使用比例逐渐增大，回收的残余能量也成为能量转化重要来源；通过提升残余物回收利用技术，使得输出端的污染物排放水平显著下降。生态化阶段产业模式的实质是实现经济与生态系统的耦合，能源消费将以不可再生的清洁能源如天然气、可燃冰和可再生能源如核能、太阳能、水能等为主，废弃物排放有效降低。

（二）关于产业结构变动对能源消费与生态环境作用机理的论述

产业结构变动对能源消费与生态环境的作用方式和途径是构建产业结构变动的能源消费效应与生态环境效应模型的理论基础。（1）产业结构变动对能源消费的作用机理。由于不同产业的能源强度存在着差异，通常第二产业的能源强度高于第一、第三产业的能源强度；当第二产业产值所占比重上升，第一、第三产业产值所占比重下降时，国民经济总体的能源强度会上升，能源消费量也会相应增加；反之，当第二产业产值所占比重下降，第一、第三产业产值所占比重上升时，国民经济总体的能源强度会下降，能源消费量也会相应减少。因此，从产出（产值）角度表征产业结构来看，产业结构变动与能源消费之间存在着规律性的直接相关关系。产业结构变动从表面上看是各产业产值的变化，但探究其变化的深层次原因是技术进步、国际贸易和管理创新等所带来的各产业部门生产工艺的变化。对于同一类型产品的生产来讲，不同的生产工艺意味着不同类型的能源消费和不同数量的能源消费。因此，从投入（生产工艺）角度表征产业结构来看，产业结构变动与能源消费之间同样存在着直接的、有规律性的数量关系和数量特征。（2）能源消费变动对生态环境的作用机理。产业结构变动对能源消费有着直接的影响，但是否对生态环境有着直接的作用和影响需要深入分析。在没有政策干预和冲击的情景下，经济系统的输入端连接着能源系统，输出端则连接着生态环境系统；各种能源资源进入经济系统并通过使用向生态环境中排放各种污染物。在政策干预和冲击即产业结构调整的情景下，经济系统受到冲击后直接影响到输入端能源系统即能源消费。由于煤炭、石油、天然气、电力等不同能源单位消耗量产生的污染物在种类和数量存在着明显差异，因此是能源消费在种类和数量的变化导致产生的污染物在种类和数量也发生相应的变化，即能源消费的种类和数量决定着污染物排放的种类和数量，能源消费对污染物排放存在着直接影响。虽然产业结构变动对能源消费有直接影响，但对生态环境的影响是通过能源消费传递的，是间接的影响和作用；能源消费起到中间传导机制的作用。

（三）对产业结构及产业结构变动内涵的辨析与界定

通过对已有研究进行梳理可以发现，对产业结构内涵的理解基本上是按照"狭义"和"广义"进行区分。从"狭义"的角度来看，产业结构的内涵主要是指构成经济主体的各产业的地位、组合方式、技术基础、本质关系等；从"广义"的角度来看，产业结构的内涵不仅包括其"狭义"的内容，而且还包括在数量上不同产业的比例关系和区域空间布局等内容。要理解产业结构的内涵需要从两个视角去考察，其中一个视角是"量"，主要关注静态情况下不同产业之间数量上的联系；另一个视角是"质"，即关注不同产业间在技术或经济上如何联系及关联方式的变化，从而揭示各产业部门及其关系的变化规律和动态变化过程。这与从"量"的视角与从"质"的视角对产业结构的理解具有一致性，即从"量"的视角理解产业结构就是基于产出的视角考察产业部门分类并观察其结构关系，而从"质"的视角理解产业结构则是基于投入的视角考察产业部门分类并观察其结构关系。因此，根据国民经济核算中产业部门分类的理论，将产业结构的内涵从"产出"与"投入"双重视角进行阐释和界定，其中：基于"产出"视角的产出结构是指各产业产值在国民经济中所占的比例及其结构关系，主要体现产业结构"量"的特征；基于"投入"视角的产业结构是指各产业消耗其他产业所提供的中间产品的技术经济联系及其生产工艺特征，主要体现产业结构"质"的特征。

通过对产业结构调整、产业结构转型、产业结构优化与产业结构升级的内涵和特点进行阐述和辨析，这4个概念相同之处表现为均是对产业结构变化的描述，且与主观的、有目标的宏观经济管理相对应，而差异主要表现在：产业结构调整偏向于同产业政策和目标的对接，产业结构转型偏向于通过改善产业结构解决产业发展中的约束限制，产业结构优化偏向于产业结构的合理化与协调发展，产业结构升级偏向于产业结构的高级化。本研究提出的产业结构变动概念既与产业结构调整、产业结构转型、产业结构优化、产业结构升级有联系，也与它们有差别。有联系的地方体现在这些概念均是反映产业结构的变化，有差别的地方体现在产业结构调整、产业结构转型、产业结构优化、产业结构升级主要是从主观的角度衡量产业结构的变化，侧重于为宏观经济管理与宏观经济调控的实践服务；而产业结构变动则主要是从客观的角度反映产业结构的变化，侧重于产业结构演变规律的理论研究。

基于对产业结构变动同产业结构调整、产业结构转型、产业结构优化、产业结构升级之间关系的分析，结合对产业结构内涵的界定，本研究认为产业结构变动是指基于"产出"与"投入"双重视角衡量的产业结构在数量上的变化程度与变化方向，具体表现为各产业产值在国民经济中所占的比例以及各产业技术经济系数的变化程度与方向；既衡量产业结构"量"的变化特征，也反映产业结构"质"的变化特征。产业结构变动的程度取决于所研究的时间、空间和产业的具体表现，讨论其数量特征需要结合相应的样本数据。本研究主要对产业结构变化的方向从两个方面进行界定：一方面是基于"产出"视角的产业结构变动的方向；另一方面是基于"投入"视角的产业结构变动的方向。从"产出"视角观察产业结构变动的方向，主要表现为合理化与高级化两个方面，其中：产业结构合理化是指各产业产值在国民经济中所占比例与经济发展阶段、产业结构演进规律相适应；产业结构高级化是指以劳动密集型和资本密集型产业为主导向以技术密集型产业为主导的转变，经济发展的重心从第一产业转移到第二产业，再转移到第三产业的过程。从"投入"视角观察产业结构变动的方向，主要表现为低消耗与低排放两个方面，其中：产业结构低消耗是指各产业在生产过程中对各种中间产品尤其是能源的单位消耗不断降低，具体表现为技术经济系数特别是直接消耗系数的不断下降；产业结构低排放是指通过技术进步与技术创新改善生产工艺，以此提升节能水平和优化能源消费结构，降低对各种污染物排放的水平。

（四）产业结构变动测度方法的比较与重构

目前常见的产业结构变动测度方法主要有产业结构变动值、产业结构变动系数、产业结构超前系数、Moore 结构变化指数、产业结构熵数、产业结构合理化与高级化指数、产业结构变动指数、产业结构相似系数、重力模型坐标值；虽然这些方法在内涵外延不同、计算公式不同、作用功能不同，且呈现出多样性的特点，但是在对产业结构变动测度视角的切入上却有着较大的共性。这主要体现在：不论是反映产业结构变动程度的测度方法，还是反映产业结构变动方向、变动质量和变动空间的测度方法，在计算公式构造方面都不约而同地选择产业产值或增加值作为主要变量，都是以产业产值或增加值数据作为测度的主要数据源和计算支撑；这些在各种测度方法的计算公式上体现得非常清楚。因此，不论现有的产业结构变动测度方法如何演变，其研究的视角始终以产出为中心来展开，始终是站在产出变化的角度去衡量和反映产业结构的变动。本书对产业结构变动的测度不仅从产出（产值）的角度去衡量，而且还从投入（生产工艺）的角度去测度。基于产出（产值）角度测度产业结构，主要借助现有产业结构变动测度方法，根据产业结构变动对能源消费的作用机理，构建了适合本书的产业结构变动测度方法；基于投入（生产工艺）角度测度产业结构，主要运用投入产出表中的技术经济系数（直接消耗系数）构建了各产业部门由于生产工艺变化所引致的产业结构变动模型。

（五）中国产业结构变动数量特征研究

基于产出视角来看，2000～2017 年中国 30 个省份的产业结构水平均有所提高，产业结构调整给各省份的产业结构合理化和高级化方面均带来了积极的影响。但在各省份在产业结构变动程度上存在着明显的区域差异和分化的特点，北京和上海产业结构的整体水平提升最快，提高的幅度遥遥领先于全国其他省份，浙江、天津和海南产业结构水平相对提升比较快，其他省份产业结构变动的水平并不明显，呈现出微弱的上升趋势。基于投入视角来看，2002～2012 年中国大部分省份农业、制造业、生产性服务业和能源行业的产业结构调整比较明显，在能源投入结构与生产工艺上的改变比较大，相应地对能源投入的影响也较大，同时在能源投入的调整上集中在石油、电力和煤炭，对天然气的投入调整并不明显；而采掘业和房地产业的产业结构调整并不明显，在能源投入结构与生产工艺上的改变较小，对能源投入的影响相对比较有限。虽然在农业、制造业、生产性服务业和能源行业的产业结构变动上呈现出明显的区域差异，但是区域格局的稳定不够，与经济发展的关联性不强。

（六）中国能源消费与生态环境的时空特征研究

中国能源消费水平与能源消费结构的空间集聚特征：能源消费水平呈现北方"高—高"集聚，南方"低—低"集聚的分布特征。2000 年"高—高"区域包括内蒙古、河北、北京和天津；甘肃属于"低—高"区域，这是因为甘肃恰好处于高能源消费区域的中间，周边的宁夏、内蒙古、青海、新疆能源消费在 30 个省份中位列前四；"低—低"区域包括广东、广西、云南、江西、海南、湖南。2010 年北京和天津不再处于"高—高"区域，陕西进入"低—高"区域，能源消费有所降低；黑龙江和辽宁进入"高—高"区域，东北地区能源消费有所提高。2017 年"高—高"区域仅包括内蒙古、河北和山东，与周边辽宁、山西呈现出显著的空间正相关。2000～2017 年"高—高"区域在发生变化，北京、天津及东北地区的能源消费明显下降；"低—低"区域范围在缩小，能源消费水平有所提高。能源消费结构呈现北方高，南方低的空间格局。2000 年"高—高"区域包括内蒙古、辽宁、甘肃、山西和陕西,广东处于"低—低"集聚区域。2017 年能源消费结构的"高—高"集聚区域增加至 6 个,包括内蒙古、甘肃、宁夏、陕西、山西和黑龙江;西北地区"高—高"集聚的特征逐渐扩大至华北及东北地区;广东、广西、福建等地区煤炭消费较少,具有"低—低"集聚的特点。

中国区域生态环境的动态演变特征,从整体上讲,不论用何种污染物排放来描述生态环境,2000 ~ 2017 年中国污染物高排放的范围呈现出由北方向南方不断扩大的趋势,且高排放的水平仍然在不断提升。当运用人均工业二氧化硫排放量、人均工业粉尘排放量、人均工业废气排放量、人均工业固体废物产生量描述生态环境时,2000 ~ 2017 年这 4 种污染物的空间分布动态特征比较相似,即北方污染严重、南方污染相对较轻;高污染区域由北方局部逐渐扩大到东北、华北和西北整个北方全部区域,且由向华东地区转移并与其连片的趋势。当运用工业废水排放量描述生态环境时,2000 ~ 2017 年与其他污染物相比,工业废水的排放水平整体偏低,排放水平较高的区域主要集中在沿海地区,中部地区尤其是西部地区的工业废水排放水平最低,且这些空间分布规律相对比较稳定。

(七)产业结构变动的能源消费效应研究

基于产出视角来看,中国不同区域产业结构变动对能源消费水平的影响存在着显著的时空差异。产业结构变动对能源消费水平影响较大的区域是西南和西北地区,影响较小的区域是东北和东南沿海地区;且随着时间的推移,影响较大的区域向华北地区转移,西南、西北和华北地区逐渐形成连片的特征。整体来看,现阶段产业结构合理化和产业结构高级化对能源消费水平的影响处于上升的区间,对节能降耗的作用不明显,没有达到理论预期。基于投入视角来看,产业结构变动对煤炭、石油、电力、天然气等能源消费的影响主要表现为拉动效应;各地区、各行业所提出的改进生产工艺、调整产业结构的措施不仅没有降低单位产出的能源消费,反而进一步提高了单位产出的能耗水平。从空间上看,产业结构变动对东部地区的能源消费影响较大,对西部地区的能源消费影响较小;同时,随着时间推移,影响较大的区域由东部地区向中部地区转移。从行业上看,产业结构变动对能源消费影响较大的行业是制造业、生产性服务业、能源行业,对能源消费影响较小的行业是农业、采掘业、房地产业。从能源消费类型上看,产业结构变动对煤炭、石油、电力消费的影响相对较大，对天然气消费的影响相对较小；因此综合来看中国经济发展对煤炭和石油的消费依赖程度仍然较高，产业结构调整的方向是降低煤炭和石油消费的比重。

（八）能源消费变动的生态环境效应研究

基于产出视角来看，能源消费水平对不同污染物均有显著的正向直接效应；对工业废气的直接效应最大，对工业二氧化硫的直接效应最小。能源消费水平对各省份自身污染物的排放将产生正向影响，且影响方向是稳定的，不会随着时间、空间和变量的选择而发生改变，能源消费水平对工业废水和工业二氧化硫有显著的正向空间溢出效应。由于能源消费水平对工业粉尘、工业废气和工业固体废物的空间溢出效应并不显著，因此，能源消费水平对污染物排放的空间溢出效应稳定性还不够强。能源消费结构对工业废气、工业废水、工业粉尘和工业固体废物均有显著的正向直接效应，其中对工业废气的直接效应最大；对工业废水、工业粉尘和工业固体废物的直接效应相当；能源消费结构的正向直接效应表明，各省份通过调整能源消费结构、不断增加对新能源和可再生能源的使用、降低煤炭等化石能源的消耗比重，将会对自身污染物排放的减少和生态环境保护带来积极的作用。能源消费结构对工业废水、工业二氧化硫、工业粉尘和工业废气的空间溢出效应均不显著，虽然对工业固体废物有显著的空间溢出效应，但方向不符合预期假设，表明一个省份的能源消费结构调整不会对相邻省份的污染物排放产生显著影响。

基于投入视角来看，2007 年和 2012 年能源消费规模变动对氮氧化物、二氧化硫和烟尘排放的影响均为拉动效应，2007 年煤炭和天然气消费结构变动对氮氧化物、二氧化硫和烟尘排放的影响均为抑制效应；2012 年石油、电力和天然气消费结构变动对氮氧化物、二氧化硫和烟尘排放的影响均为抑制效应。2007 东部地区能源消费规模变动和结构变动导致氮氧化物、二氧化硫和烟尘排放均高于中部和西部地区；随着时间推移，氮氧化物、二氧化硫和烟尘排放较高的区域由东部地区向中部地区转移，2012 年中部地区能源消费规模变动和结构变动导致氮氧化物、二氧化硫和烟尘排放均高于东部和西部地区。能源消费规模变动和结构变动对氮氧化物、二氧化硫和烟尘排放影响较大的行业是制造业、生产性服务业、房地产业、能源行业；影响较小的行业是农业、采掘业。不论是哪种类型的能源，随着能源消费规模的不断扩大，氮氧化物、二氧化硫和烟尘排放量均在不断提升；而对于能源消费结构来讲，由于不同类型能源之间存在着替代关系；当煤炭消费结构变动的氮氧化物、二氧化硫和烟尘排放为抑制效应时，石油、电力和天然气消费结构变动的氮氧化物、二氧化硫和烟尘排放为拉动效应，反之亦然。

（九）新时代中国产业结构变动的演变规律研究

产业结构变动的引擎是在以北京为中心的京津冀地区和以上海为中心的长三角地区，产业结构变动的重心分布在西北地区和西南地区，产业结构变动的主导产业由第二产业转向第三产业，劳动、资本、能源等各类生产要素将会向产业结构变动的引擎、重心和主导产业流动并加速聚集。产业结构变动的能源消费效应规律表现为：从产出视角来看，产业结构变动对西部地区的能源消费影响较大；从投入视角来看，产业结构变动对东部地区的能源消费影响较大。这两个角度的分析结果不仅不存在矛盾，而且能够反映出两个区域在降低能源消费的对策措施上应该有所差异，西部地区节能的侧重点是调整各产业在国民经济中的占比是比较有效的，而东部地区节能的侧重点在于对产业内部的生产工艺进行升级改造可能是比较有效的。经济发展水平较高的地区，产业结构变动对能源消费影响的程度较高，应注重区域政策的制定和实施；能源消费水平较高的行业，产业结构变动对能源消费影响的程度较高，应注重行业政策的制定和实施；能源消费占比较高的能源，产业结构变动对该类能源消费影响的程度较高，应注重能源政策的制定和实施。能源消费变动的生态环境效应规律表现为：从产出视角来看，能源消费规模对不同污染物均为显著的正向直接效应，对工业废气的影响最大，对工业二氧化硫的影响最小；对工业废水和工业二氧化硫有显著的正向空间溢出效应。能源消费结构对工业废气、工业粉尘、工业废水、工业固体废物等污染物均有显著的正向直接效应，对工业固体废物有显著的空间溢出效应。从投入视角来看，能源消费规模变动对氮氧化物、二氧化硫和烟尘排放均具有拉动效应，能源消费结构变动对氮氧化物、二氧化硫和烟尘排放具有分类、分时的抑制效应。东部地区能源消费规模变动和结构变动对氮氧化物、二氧化硫和烟尘排放水平均高于中部和西部地区，但是，随着时间的推移，排放的高值区域由东部地区向中部地区转移。制造业、生产性服务业、房地产业、能源行业能源消费规模变动和结构变动对氮氧化物、二氧化硫和烟尘排放影响较大，农业、采掘业能源消费规模变动和结构变动对氮氧化物、二氧化硫和烟尘排放影响较小。

二、建议

为促进经济系统、能源系统、生态环境系统的协调平衡发展，提升产业结构调整对能源消费与生态环境影响效果的精准性和实效性，实现新时代经济高质量发展的目标。笔者认为不仅需要分类考虑制定产业政策、能源政策、环境政策，同时需要将产业政策、能源政策、环境政策的内容按照"3E"系统之间的作用机理进行融合，形成政策之间的合力。

（一）产业政策的制定需要以区域分类的精准性为主

要破解中国北方严重污染区域连片且由向南方蔓延的局面，不能采取简单的"一刀切"的产业政策。由于各省份在资源禀赋、地理位置、人力资本、物质资本和经济发展水平上的差异性，因此，不能都发展第二产业，走传统的工业化发展模式；亦不能都不发展第二产业，直接发展第三产业，走跨越化的发展模式。各省份都走工业化发展模式形成的局面就是，每个地方都有着完备和相似的产业结构，所生产产品的替代性要大于互补性，最重要的是能源消耗多，污染物排放高，容易形成污染区域连片情况。当然，如果不发展第二产业，走跨越化发展的结果是，第三产业就成了无水之源、无本之木。因此，在地方考核方式允许的条件下，建议各省份根据自己的实际情况，定位自身的发展模式和发展目标，打造适合于自身的产业政策，形成独特的主体功能区；不同区域需要制定精准产业政策方能取得预期的效果。具体表现为：

1. 东部地区经济发展水平较高、区位优势明显、人才和资金高度集聚、对外开放程度位居全国前列，产业结构调整的方向是以高新技术制造业、大数据产业、人工智能产业发展为重点，降低高耗能制造业和能源行业在经济体系中的比重，着力发展现代服务业，改变对外出口产品结构，充分利用自由贸易区和自由贸易港建设优势扩大对外开放的程度和提升对外开放的质量，提高共享发展水平，实现经济由高速增长向高质量发展的转变。

2. 东北地区是全国老工业基地，重型国有企业较多，经济发展对国有企业的依赖程度高，经济转型的难度较大；产业结构调整的方向是适当降低第二产业的比重，找准长远发展与短期生存的平衡点，根据市场需求积极应对重型国有企业转型升级，激活第三产业的发展动力，在降低制造业、能源行业能耗的同时保持经济稳定增长和充分就业，实现产业协调发展与城乡协调发展。

3. 中部地区交通便利、人口密度较大、经济发展最具活力，产业结构调整的方向是以国家中心城市建设为契机，合理布局战略性新兴产业，利用全国最密集的高速公路网建设国家级现代物流新枢纽体系，提前设计和布局新的制造业发展模式和发展体系，避免走传统工业化发展的老路，努力打造清洁能源利用和绿色发展的示范区。

4. 西部地区资源丰富、经济发展水平较低、区位优势不明显，产业结构调整既要考虑节能降耗，又要考虑经济增长；产业政策的重点是通过改善生产工艺、更新机器设备、改变经营理念、提升管理水平等途径充分发挥技术进步对第二产业能源消费的抑制效应，维持第二产业在国民经济中的比重不明显降低；同时要积极对接"一带一路"建设，找准在"一带一路"建设中的定位，发挥自身优势，制定切实可行的向西发展战略，保证在产业结构调整过程中能源利用效率的提升和经济增长速度的稳定。

（二）能源政策的制定需要以定价机制的生态性为主

当前，我国的能源供给结构仍然以煤炭和石油等化石能源为主，这决定了各地区、各行业对能源消费仍然以煤炭和石油为主要依赖的局面在短期内基本不会有明显的改变；要想实现控制能源消费总量、人均能源消费量以及改善能源消费结构的目标，主要途径在于通过完善能源定价机制的方式来调控能源的需求，通过价格干预的方式影响生产和生活对能源消费量和消费结构。

1. 将深化能源资源价格形成机制改革与转变经济发展方式有机结合。目前，我国正处于经济发展的转型期，其中重要的目标就是将"高投入、高能耗、高排放"的粗放式经济发展模式转变成"低投入、低能耗、低排放"的集约式经济发展模式。要实现这个重要目标，不仅需要政府的宏观调控和引导，更重要的是需要依靠市场机制对资源的有效配置。而市场机制要发挥对资源的配置作用和功能，则离不开完善的价格机制和体系[①]。实践表明，当能源资源被无价或低价进行开采和使用时，往往会造成能源资源的过度消耗和滥用，进而导致生态环境质量的日益下降；相反，当完善价格形成机制并提高能源资源的价格时，能源资源的过度使用会得到约束和减弱，同时排放的污染物也会随之减少。因此，建立能够反映市场供求关系、资源稀缺程度和环境损害成本的

---

① 韩君. 生态环境约束的能源资源定价机制：一种分析框架的构建［J］. 生态经济，2015（10）：53－58.

能源资源价格形成机制，将有助于提升市场机制对能源资源的配置功效，有利于实现"低投入、低能耗、低排放"的集约式经济发展模式的目标。

2. 建立与生态环境质量联动的能源资源定价体系。不可持续的发展模式是"能源→生态环境的主动作用关系和方向"，主要表现为经济系统需要多少能源，就向能源系统索取多少能源，同时就向生态环境系统排放相应量的污染物。可持续的发展模式是"生态环境→能源的约束作用关系和方向"，主要表现为在维持一定生态环境质量水平的条件下，确定能源资源的使用量，进而确定相应的经济总量和经济增长速度。显然，要实现可持续的发展战略，就必须走可持续的发展模式。因此，为保证可持续发展目标的实现，在对能源资源进行定价时，应考虑生态环境的约束，应保持与生态环境质量之间的动态联系。具体可以根据各种能源资源的特点，制定差异化的定价策略。煤炭、石油、天然气、电力等常规能源具有不同的形态，单位能源提供的热量存在着差异，使用后向生态环境排放的废物也不尽相同。目前在我国对这四种常规能源采用的定价模式中，石油定价的市场化程度是最高的，而煤炭、天然气、电力等定价的市场程度相对较低；因此实际的石油价格比实际的煤炭、天然气、电力等能源价格更能够反映其真实的价值。所以，在生态环境约束条件下，对不同的能源资源进行定价，要考虑不同能源资源特征以及现有各自定价机制的情况，制定差别化的定价策略。

（三）环境政策的制定需要以跨区联合的协调性为主

当前，绿色发展是国际发展大势和世界发展潮流，中国工业化进程所面临的环境与发达国家工业化进程中面对的发展环境已经有了较大的变化。在发达国家在工业化进程中，其他国家都处于农业社会或向工业社会过渡阶段，全球的能源资源供给比较丰富，污染物排放总量比现在要少，生态环境的承载力要比现在大得多。现在中国正在进行的工业化已经面临着气候变化、资源短缺、原材料价格上升、环境恶化以及削减二氧化碳排放量等严峻现实，面临的发展困难比发达国家工业化进程中要多，面临的发展压力比发达国家工业化进程中要大，所以我们不能躺在环境库兹涅茨曲线上等待环境好转，必须变被动为主动采取符合生态环境发展规律的措施和对策来保护环境[①]。

环境污染尤其是大气污染问题往往没有边界性，区域性的环境污染问题

---

① 韩君. 中国区域环境库兹涅茨曲线的稳定性检验 [J]. 统计与信息论坛，2012 (8)：56 – 62.

往往是由某个中心区域排放的污染物向周围扩散造成的，或者是由上游区域排放的污染物向下游区域流动造成的；由于受环境负外部性偏好的影响以及现有的地方政府事权与财权分配往往是按照行政边界划分的，这就会造成环境污染治理的权责不明确以及事权与财权的不匹配，进而形成环境污染治理中的"真空"地带，给环境政策的实施带来了较大的制约作用，环境政策的落实效果往往不够理想。习近平总书记在推动长江经济带发展座谈会上提出了"共抓大保护、不搞大开发"的发展要求，为实现长江经济带可持续发展和流域生态环境综合治理提供了根本遵循和指导原则①。因此，解决区域性环境污染这个问题的主要途径就是要探讨建立区域环境污染的跨界治理模式，对于环保财政支出资金的分配要打破行政边界的束缚，改变目前各自为政的环境治理模式，形成区域环境综合治理的合力，例如可以尝试建立京津冀、长江经济带、黄河流域、珠三角等环境污染区域为主体的环保财政支出机制，建立地方在环境污染治理中的财权与事权相匹配的制度，完善中央环保转移支付体系，加强区域环境治理的日常监督考核和专项巡视问责，真正形成联控联防的协调发展模式②。

第二节 启示与展望

一、启示

产业结构问题研究既是经济学与经济统计学领域中的一个重要理论问题，同时又是社会经济发展中的一个热点现实问题。人类社会发展的历史其实也是产业之间不断更替、产业结构不断演变的历史，因此，研究产业结构演变规律对于探寻经济发展的规律、促进社会经济的可持续发展具有重要的理论与现实意义。本书通过对产业结构变动的能源消费效应与生态环境效应问题的研究，主要得到以下三点启示。

① 王亚菲. 公共财政环保投入对环境污染的影响分析 [J]. 财政研究，2011 (2)：38–42.
② 韩君，孟冬傲. 财政分权对生态环境的空间效应分析：来自省际面板的经验数据 [J]. 财政研究，2018 (3)：71–77.

（一）对产业结构演变规律的理论认识需要与时俱进

经典的产业结构理论较多地关注产业结构变动对就业与产值的影响，这些方面的研究结论在克拉克法则与库兹涅茨法则上体现得最为明显、最具有代表性，而且在理论上已经达成共识。随着经济发展水平与发展环境的不断变化，当前世界各国发展都面临着能源与生态环境的双重约束，要解决能源供求矛盾与生态环境恶化的问题，如果仍然沿用经典的产业结构理论去解释和分析已经不能够满足解决问题的需要。因此，站在新时代的背景下，面对新的发展目标，探讨和研究产业结构变动对能源消费的影响与生态环境的影响就显得非常必要①。本书旨在基于投入与产出的双重视角从时间、空间、行业等多维度探寻产业结构变动的能源消费规律与生态环境效应规律，拓展和完善产业结构演变规律理论，以此适应新时代社会经济高质量发展与经济管理决策的需求。

（二）对产业结构变动测度方法的重新审视

现有产业结构变动测度方法在计算公式构造方面都选择产业产值或增加值作为主要变量，都是以产业产值或增加值数据作为测度的主要数据源，始终是站在产出变化的角度去衡量和反映产业结构的变动。这里其实存在着不能够准确反映产业结构变动的问题，例如电力生产部门，其产品是电力，而生产工艺可以是煤电、水电、风力发电、太阳能发电、核电等，当生产电力产品的生产工艺由煤电向水电、风力发电、太阳能发电、核电等转变时，显然在生产过程中会对煤炭消耗减少，相应的污染物排放会减少，对生态环境的影响会减弱，这应该属于产业结构变动的范畴；然而如果仅站在产出角度衡量产业结构变动，结果很显然是没有变化。因此，对产业部门分类仅仅站在产出角度划分是存在片面性的，尤其是在描述产业结构变动对能源消费与生态环境影响时，这样处理的结果无法真实反映产业结构的客观变化。

（三）就产业结构变动对能源消费与生态环境影响作用机理的再论述

现有的研究主要认为，产业结构变动对能源消费有直接作用，产业结构

---

① 郑新业，吴施美，李芳华. 经济结构变动与未来中国能源需求走势 [J]. 中国社会科学，2019（2）：92 – 112 + 206.

对生态环境有直接作用，这在已经发表的文献中体现得非常明显。虽然产业结构变动会带来能源消费的变化，从而对能源消费有直接作用，然而不会直接影响污染物排放的变化，不会对生态环境产生有直接影响。由于煤炭、石油、天然气、电力等不同能源单位消耗量产生的污染物在种类和数量存在着明显差异，所以能源消费在结构和数量的变化导致产生的污染物在种类和数量也发生相应的变化，即能源消费的结构和数量决定着污染物排放的种类和数量，能源消费对污染物排放存在着直接影响。因此，虽然产业结构变动对能源消费有直接影响，但对生态环境的影响是通过能源消费传递的，是间接的影响和作用；能源消费起到中间传导机制的作用。

二、展望

本书以中国30个省份产业结构变动对能源消费与生态环境影响的数量关系和数量特征为研究对象，通过运用国民经济统计学、计量经济学、产业经济学、能源经济学、生态经济学等跨学科的理论知识，运用空间自相关分析、地理加权回归模型、空间杜宾模型、能源型投入产出模型、环境型投入产出模型等多种定量分析方法，着重研究三个方面的重要问题：一是产业结构变动的测度及演进规律研究；二是产业结构变动的能源消费效应测算及规律研究；三是能源消费变动的生态环境效应测算及规律研究，并以此作为中国各省份产业结构调整和制定产业政策的经验参考和理论依据。

尽管本书在产业结构变动规律理论的扩展、产业结构变动测度研究视角、研究方法、学术观点等方面有所创新，但囿于产业结构问题是一个随着时代发展变化而变化的复杂经济学与统计学问题，同时限于对其认知的局限性和数据获取的客观性，因此，仍然有较大的空间需要继续去挖掘和探索。主要表现在：（1）在产业结构变动的测度方面，虽然本书增加了投入视角的测度，但是主要使用的指标是直接消耗系数；从投入产出分析的专业角度来看，各部门之间的技术经济联系不仅可以使用直接消耗系数来衡量，还可以通过完全消耗系数、完全需求系数来反映。因此，在未来的研究中，我们将尝试运用完全消耗系数、完全需求系数的变化来测度各部门生产工艺的变化，以此更加全面地反映产业结构的变动。（2）相对于产出视角仅从区域层面测算产业结构变动、产业结构变动的能源消费效应以及能源消费变动的生态环境效应，基于投入视角不仅可以在区域层面上研究这些问题，而且可以将这些问题研究细化到农业、采掘业、制造业、生产性服务业、房地产业和能源行业等产业层面上，提高了研究的精细化和针对性；然而限于篇幅的问题，本书中并没有将制造业、生产性服务业和能源行业等进行再细分，这将成为未来研究中针对以重要行业为切入点的新研究方向和目标。（3）由于我国编制投入产出表的时间比较短，所以能够获取的各省份投入产出表在时间跨度更是非常有限。虽然本书中使用准面板投入产出数据来测算产业结构变动、产业结构变动的能源消费效应以及能源消费变动的生态环境效应，且取得了较为新颖的研究结果，但是由于时间长度较短，这可能会影响到结论的稳定性。在未来的研究中，我们将及时补充完善各省份新的投入产出表数据，持续关注这项研究，从而形成更加客观、科学的研究结论。

参考文献

［1］阿兰·兰德尔. 资源经济学［M］. 北京：商务印书馆，1989.

［2］不列颠百科全书. 国际中文版［M］. 北京：中国大百科全书出版社，2007.

［3］蔡运龙. 自然资源学原理［M］. 北京：北京大学出版社，1997.

［4］曾波，苏晓燕. 中国产业结构变动的能源消费影响——基于灰色关联理论和面板数据计量分析［J］. 资源与环境，2006（6）：110－112.

［5］柴泽阳，杨金刚，孙建. 产业结构对能源消费的环境门槛效应［J］. 广西社会科学，2016（9）：81－86.

［6］常中甫. 中国经济增长与能源消耗的现状分析与对策［J］. 经济研究导刊，2008（15）：107－108.

［7］陈生明. 环境规制下中国产业结构与能源消费结构对雾霾污染及空间外溢效应研究［D］. 长沙：湖南大学，2019.

［8］程钰，徐成龙，任建兰，等. 山东省工业结构演变的大气环境效应研究［J］. 中国人口·资源与环境，2014（1）：157－162.

［9］辞海. 缩印本［S］. 上海：上海辞书出版社，1979.

［10］邓光耀，韩君，张忠杰. 产业结构升级、国际贸易和能源消费碳排放的动态演进［J］. 软科学，2018（4）：35－38，48.

［11］丁霄泉. 农村剩余劳动力转移对我国经济增长的贡献［J］. 中国农村观察，2001（3）：18－24＋80.

［12］东童童. 能源消费结构对雾霾污染的影响：来自中国省域数据的研究［J］. 特区经济，2019（6）：56－60.

［13］董承章，等. 投入产出分析［M］. 北京：中国财政经济出版社，2000.

［14］董锋，谭清美，周德群，等. 技术进步、产业结构和对外开放程度对中国能源消费量的影响——基于灰色关联分析—协整检验两步法的实证

[J]. 中国人口·资源与环境, 2010 (6): 22 - 27.

[15] 董雯, 杜宏茹, 周艳时. 乌昌地区资源型产业的集聚特征及其城市化效应研究 [J]. 自然资源学报, 2010 (4): 657 - 667.

[16] 方时姣, 周倩玲. 产业结构、能源消费与我国雾霾的时空分布 [J]. 学习与实践, 2017 (11): 49 - 58.

[17] 付玉芹, 等. 黄河三角洲典型滨海城市产业结构转变过程及生态环境效应 [J]. 中国人口·资源与环境, 2016 (11): 133 - 136.

[18] 干春晖, 郑若谷, 余典范. 中国产业结构变迁对经济增长和波动的影响 [J]. 经济研究, 2011 (5): 4 - 16.

[19] 干春晖, 郑若谷. 改革开放以来产业结构演进与生产率增长研究: 对中国 1978—2007 年 "结构红利假说" 的检验 [J]. 中国工业经济, 2009 (2): 55 - 65.

[20] 龚敏, 辛明辉. 产业结构与劳动份额的统一性研究——基于要素替代弹性视角的理论模型解释 [J]. 吉林大学社会科学学报, 2018 (1): 60 - 73.

[21] 关伟, 金一. 中国能源利用、经济增长演进对生态环境的脉冲响应 [J]. 经济地理, 2020 (2): 31 - 40.

[22] 郭文. 产业结构变迁对能源消费结构的影响——基于能源品阶核算的视角 [J]. 南京财经大学学报, 2018 (5): 90 - 97.

[23] 郭志军, 李飞, 覃巍. 中国产业结构变动对能源消费影响的协整分析 [J]. 工业技术经济, 2007 (11): 97 - 101.

[24] 韩君, 梁亚民. 生态环境约束的能源定价模型构建及应用 [J]. 兰州大学学报 (社会科学版), 2016 (2): 29 - 38.

[25] 韩君, 孟冬傲. 财政分权对生态环境的空间效应分析: 来自省际面板的经验数据 [J]. 财政研究, 2018 (3): 71 - 77.

[26] 韩君, 张慧楠. 中国经济高质量发展背景下区域能源消费的测度 [J]. 数量经济技术经济研究, 2019 (7): 42 - 61.

[27] 韩君. 生态环境约束的能源资源定价机制: 一种分析框架的构建 [J]. 生态经济, 2015 (10): 53 - 58.

[28] 韩君. 生态环境质量约束条件下能源资源性产品定价机制研究 [D]. 兰州: 兰州大学, 2014.

[29] 韩君. 中国区域环境库兹涅茨曲线的稳定性检验 [J]. 统计与信息论坛, 2012 (8): 56 - 62.

［30］韩君. 生态环境质量约束的能源资源定价机制研究［M］. 北京：经济科学出版社，2017.

［31］韩智勇，魏一鸣，范英. 中国能源强度与经济结构变化特征研究［J］. 数理统计与管理，2004（1）：1－6＋52.

［32］郝亚钢. 能源消费、产业结构与经济增长［J］. 产业经济评论，2015（5）：62－71.

［33］何晓群. 多元统计分析（第5版）［M］. 北京：中国人民大学出版社，2019.

［34］胡迺武. 三次产业演进规律与我国产业结构变动趋势［J］. 经济纵横. 2017（6）：15－21.

［35］胡永泰. 中国全要素生产率：来自农业部门劳动力再配置的首要作用［J］. 经济研究，1998（3）：31－39.

［36］环境保护部. 中华人民共和国环境保护法［Z］. 2015.

［37］黄精，张辉国，胡锡健. 一种新的空间权重矩阵构造及模拟比较研究［J］. 数学的实践与认识，2017（2）：191－199.

［38］黄少军. 服务业与经济增长［M］. 北京：经济科学出版社，2000.

［39］纪玉俊，赵娜. 产业结构变动、地区市场化水平与能源消费［J］. 软科学，2017（5）：16－20.

［40］金福子，刘洋. 制度创新对产业转型升级影响的区域性差异［J］. 北京工业大学学报（社会科学版），2017（5）：43－49.

［41］靖学青. 上海产业升级测度及评析［J］. 上海经济研究，2008（6）：53－59.

［42］雷明. 绿色投入产出核算——理论与应用［M］. 北京：北京大学出版社，2000.

［43］蕾切尔·卡逊著. 寂静的春天［M］. 吕瑞兰，李长生译. 上海：上海译文出版社，2014.

［44］李金昌，等. 资源核算论［M］. 北京：海洋出版社，1991.

［45］李金铠. 产业结构对能源消费的影响及实证分析：基于面板数据模型［J］. 统计与信息论坛，2008（10）：30－35.

［46］李世奇，朱平芳. 产业结构调整与能源消费变动对大气污染的影响［J］. 上海经济研究，2017（6）：82－89.

［47］李翔，刘刚，王蒙. 第三产业份额提升是结构红利还是成本病

[J].统计研究，2016（7）：46－54.

[48] 李艳梅，赵锐，杨涛.产业结构演进对能源消费的影响机理分析[J].科学，2014（1）：50－54.

[49] 李玉梅.中国产业结构变迁中"逆库兹涅茨化"效应测量及分析[J].数量经济技术经济研究，2017（11）：98－114.

[50] 李桢.区域产业结构趋同的制度性诱因与策略选择 [J].经济学动态，2012（11）：63－68.

[51] 厉以宁，章静.环境经济学 [M].北京：中国计划出版社，1995.

[52] 梁亚民，杨燕燕，韩君.产业结构变动测算方法的多维度研究[J].开发研究，2018（4）：38－44.

[53] 廖敬文.长江经济带产业结构与技术创新对能源消费的影响 [D].重庆：重庆工商大学，2017.

[54] 林伯强.中国能源发展报告 [M].北京：北京大学出版社，2019.

[55] 林光平，龙志和，吴梅.我国地区经济收敛的空间计量实证分析：1978－2002年 [J].经济学：季刊，2005，4（SI）：67－82.

[56] 林毅夫.新结构经济学：重构发展经济学的框架 [J].经济学（季刊），2011（1）：1－32.

[57] 刘凤朝，孙玉涛.技术创新、产业结构调整对能源消费影响的实证分析 [J].中国人口·资源与环境，2008（5）：108－113.

[58] 刘佳骏，董锁成，李宇.产业结构对区域能源效率贡献的空间分析——以中国大陆31省（市、自治区）为例 [J].自然资源学报，2011（12）：1999－2011.

[59] 刘起运，等.投入产出分析 [M].北京：中国人民大学出版社，2006.

[60] 刘伟，张辉.中国经济增长中的产业结构变迁和技术进步 [J].经济研究，2008（11）：4－15.

[61] 刘晓红，江可申.环境规制、能源消费结构与雾霾——基于省际面板数据的实证检验 [J].国土资源科技管理，2016（1）：59－65.

[62] 刘璇.能源消费视角下北京市产业结构调整的政策建议 [D].北京：首都经济贸易大学，2015.

[63] 刘耀彬，张安军.中部地区煤炭城市产业结构效益动态比较分析[J].地域研究与开发，2010（1）：11－16.

［64］鲁万波，仇婷婷，杜磊．中国不同经济增长阶段碳排放影响因素研究［J］．经济研究，2013（4）：106 – 118．

［65］陆道芬，黄伟新．广西产业结构调整的生态环境效应研究［J］．生产力研究，2015（31）：60 – 63．

［66］陆家亮，赵素平．中国能源消费结构调整与天然气产业发展前景［J］．天然气工业，2013（11）：9 – 15．

［67］路正南．产业结构调整对我国能源消费影响的实证分析［J］．数量经济技术经济研究，1999（12）：53 – 55．

［68］吕明元，陈磊，王洪刚．产业结构生态化演进对能源消费结构影响的区域比较——基于京津冀地区与长三角地区的实证研究［J］．天津商业大学学报，2018（3）：9 – 19．

［69］马克思，恩格斯．马克思恩格斯选集：第四卷［M］．北京：人民出版社，2012．

［70］马瑞婕．能源消费对中国雾霾污染的影响研究：机理阐释与实证检验［D］．太原：山西财经大学，2018．

［71］马晓微，石秀庆，王颖慧，等．中国产业结构变化对能源强度的影响［J］．资源科学，2017（12）：2299 – 2309．

［72］帕克．能源百科全书［M］．程惠尔译．北京：科学出版社，1992．

［73］彭公阳．产业结构变动对能源消费影响的实证研究［D］．杭州：浙江财经大学，2015．

［74］彭建，王仰麟，叶敏婷，等．区域产业结构变化及其生态环境效应——以云南省丽江市为例［J］．地理学报，2005（5）：799 – 806．

［75］齐志新，陈文颖，吴宗鑫．工业轻重结构变化对能源消费的影响［J］．中国工业经济，2007（2）：35 – 42．

［76］齐志新，陈文颖．结构调整还是技术进步？——改革开放后我国能源效率提高的因素分析［J］．上海经济研究，2006（6）：8 – 16．

［77］秦洁琼，于忠华，孙瑞玲，等．南京市产业结构变化对生态环境影响分析［J］．中国环境管理，2018（6）：99 – 106．

［78］任华英，游万海．一种新的空间权重矩阵选择方法［J］．统计研究，2012（6）：99 – 105．

［79］邵玮．环境规制约束下中国产业结构优化的路径研究［D］．武汉：武汉大学，2017．

［80］沈满洪．资源与环境经学 ［M］．北京：中国环境科学出版社，2007．

［81］沈树明，符磊，强永昌．推进江苏省产业结构调整与创新资源配置协调发展研究 ［J］．生态经济，2017 （7）：98 - 102．

［82］石秀华，刘伦．中国地区能源消费与产业结构的关系研究 ［J］．中国地质大学学报 （社会科学版），2014 （11）：39 - 47．

［83］史丹，张金隆．产业结构变动对能源消费的影响 ［J］．经济理论与经济管理，2003 （9）：30 - 32．

［84］史丹．产业结构变动对能源消费需求的影响 ［J］．数量经济技术经济研究，1999 （12）：50 - 52．

［85］世界环境与发展委员会．我们共同的未来 ［M］．王之佳等译．长春：吉林人民出版社，1997．

［86］汤进华，钟儒刚．武汉市产业结构变动的生态环境效应研究 ［J］．水土保持研究，2010 （2）：260 - 263．

［87］唐登莉，李力，洪雪飞．能源消费对中国雾霾污染的空间溢出效应——基于静态与动态空间面板数据模型的实证研究 ［J］．系统工程理论与实践，2017 （7）：1697 - 1708．

［88］汪海波．中外产业结构升级的历史考察与启示——经济史和思想史相结合的视角 ［J］．经济学动态，2014 （6）：4 - 15．

［89］王丹枫．我国能源利用效率、经济增长及产业结构调整的区域特征——基于 1995 - 2007 年 31 个省域数据的分位点回归分析 ［J］．财经研究，2010 （7）：104 - 113．

［90］王海建．经济结构变动对环境污染物排放的影响分析 ［J］．中国人口·资源与环境，1999 （3）：30 - 33．

［91］王军．资源与环境经济学 ［M］．北京：中国农业大学出版社，2009．

［92］王克强．资源与环境经济学 ［M］．上海：上海财经大学出版社，2007．

［93］王述英，蓝庆新．论信息化条件下的产业结构跨越式升级 ［J］．社会科学辑刊，2004 （1）：46 - 50．

［94］王晓芳，于江波．中国产业结构变动驱动要素的动态轨迹：基于新古典经济学要素流动视角的研究 ［J］．上海经济研究，2015 （1）：69 - 80．

［95］王亚菲．公共财政环保投入对环境污染的影响分析 ［J］．财政研究，2011 （2）：38 - 42．

［96］王智波. 我国产业结构变动的成因——基于投入产出表需求一侧的 SDA 模型分析［J］. 统计与决策，2011（4）：114 – 116.

［97］威廉·配第. 政治算术［M］. 北京：商务印书馆，2014.

［98］魏巍贤，马喜立. 能源结构调整与雾霾治理的最优政策选择［J］. 中国人口·资源与环境，2015（7）：6 – 14.

［99］魏一鸣，等. 中国能源报告：战略与政策研究［M］. 北京：科学出版社，2010.

［100］温杰，张建华. 中国产业结构变迁的资源再配置效应［J］. 中国软科学，2010（6）：57 – 67.

［101］沃西里·里昂惕夫. 投入产出经济学［M］. 崔书香译. 北京：商务印书馆，1980.

［102］乌敦，李百岁. 鄂尔多斯市产业结构变化及其生态环境效应［J］. 干旱区资源与环境，2009（5）：7 – 10.

［103］邬娜，傅泽强，谢园园. 产业结构变动的环境效应及案例分析［J］. 生态经济，2013（4）：29 – 31.

［104］吴滨，李为人. 中国能源强度变化因素争论与剖析［J］. 中国社会科学院研究生院学报，2007（2）：121 – 128.

［105］吴德进. 福建省 FDI、对外贸易与经济增长关系的实证研究［J］. 国际贸易问题，2007（10）：69 – 76.

［106］伍山林. 农业劳动力流动对中国经济增长的贡献［J］. 经济研究，2016（2）：97 – 110.

［107］习近平. 决胜全面建成小康社会 夺取新时代中国特色社会主义伟大胜利——在中国共产党第十九次全国代表大会上的报告［J］. 中国经济周刊，2017（42）.

［108］相贺澈夫. 日本大百科全书［M］. 日本：株式会社，1987.

［109］熊彼特，邹建平. 经济发展理论［M］. 北京：中国画报出版社，2012.

［110］徐博，刘芳. 产业结构变动对能源消费的影响［J］. 辽宁工程技术大学学报（社会科学版），2004（9）：499 – 501.

［111］徐少侠. 产业结构变动对吉林省经济增长的影响研究［D］. 长春：吉林大学，2016.

［112］阳扬. 中国公共服务发展对产业结构高级化的影响［D］. 广州：

广东外语外贸大学，2019.

[113] 杨芬，郭广生，张士运. 技术创新、产业结构调整与能源消费 [J]. 中国科技论坛，2020（6）：75 - 84.

[114] 杨公仆，夏大慰. 产业经济学教程 [M]. 上海：上海财经大学出版社（第二版），2002.

[115] 杨柳英，赵翠薇. 贵州省产业结构变化及其生态环境效应研究 [J]. 贵州科学，2018（2）：50 - 54.

[116] 叶琪. 我国技术创新与制造业结构调整互动的机理与实证 [J]. 技术经济与管理研究，2017（8）：105 - 109.

[117] 尹春华，顾培亮. 我国产业结构的调整与能源消费的灰色关联分析 [J]. 天津大学学报，2003（1）：104 - 107.

[118] 尹希文. 中国区域创新环境对产业结构升级的影响研究 [D]. 长春：吉林大学，2019.

[119] 袁富华. 长期增长过程的"结构性加速"与"结构性减速"：一种解释 [J]. 经济研究，2012（3）：127 - 140.

[120] 袁杭松，陈来. 巢湖流域产业结构演化及其生态环境效应 [J]. 中国人口·资源与环境，2010（3）：349 - 351.

[121] 袁晓玲，李浩，邸勍. 环境规制强度、产业结构升级与生态环境优化的互动机制分析 [J]. 贵州财经大学学报，2019（1）：73 - 81.

[122] 岳龙华，杨仕元. 中国劳动力再配置与经济增长实证研究 [J]. 中国社会科学院研究生院学报，2013（7）：29 - 36.

[123] 张传平，高伟，赵亚楠. 山东省能源消费、产业结构和经济发展关系实证研究 [J]. 华东经济管理，2014（4）：23 - 26.

[124] 张慧楠，罗家鑫，杨燕燕. 产业结构变动对能源消费影响的空间效应分析 [J]. 兰州财经大学学报，2018（1）：52 - 62.

[125] 张健. 区域产业结构变动对生态环境影响评价及调控研究 [J]. 江西农业学报，2008（2）：129 - 133.

[126] 张坤民. 当代环境管理要义之一：环境管理的基本概念 [J]. 环境保护，1999（5）：3 - 5.

[127] 张瑞，丁日佳，尹岚岚. 中国产业结构变动对能源强度的影响 [J]. 统计与决策，2007（5）：73 - 74.

[128] 张远宾，熊理然. 滇西北产业结构演替及其生态环境效应研究

［J］. 资源开发与市场，2015（31）：60－63.

［129］赵楠，贾丽静，张军桥. 技术进步对中国能源利用效率影响机制研究［J］. 统计研究，2013（4）：63－69.

［130］赵彤，丁萍. 区域产业结构转变对生态环境影响的实证分析——以江苏省为例［J］. 工业技术经济，2008（12）：90－93.

［131］赵雪雁. 甘肃省空间结构及其生态效应［J］. 干旱区资源与环境，2007（6）：18－21.

［132］郑新业，吴施美，李芳华. 经济结构变动与未来中国能源需求走势［J］. 中国社会科学，2019（2）：92－112＋206.

［133］中国科学院. 科学技术百科全书［M］. 北京：科学出版社，1981.

［134］钟契夫，等. 投入产出分析［M］. 北京：中国财政经济出版社，1993.

［135］周慧敏，安佳. 东部地区能源消费对雾霾污染影响的实证研究——基于面板数据模型与熵值法评价模型［J］. 统计与管理，2018（5）：50－53.

［136］周景博. 北京市产业结构状况及其对环境的影响分析［J］. 统计研究，1999（8）：41－43.

［137］周庆元，陈海龙. 我国能源消费与产业结构的互动关系分析［J］. 统计与决策，2018（20）：99－102.

［138］朱妮，张艳芳. 陕西省能源消费结构、产业结构演变对碳排放强度的冲击影响分析［J］. 干旱区地理，2015（4）：843－850.

［139］朱文康. 空间计量模型的权重矩阵构造与分析［D］. 上海：上海交通大学，2014.

［140］邹璇，王盼. 产业结构调整与能源消费结构优化［J］. 软科学，2019（5）：11－16.

［141］Aldstadt J, Getis A. Using AMOEBA to create a spatial weights matrix and identify spatial clusters［J］. Geographical Analysis, 2006, 38（4）: 327－343.

［142］Ang B. W. and Zhang F. Q. A Survey of Index Decomposition Analysis in Energy and Environmental Studies［J］. Energy, 2000, 25（12）.

［143］Ang B. W., Liu F. L. and Chew E. P. Perfect Decomposition Techniques in Energy and Environmental Analysis［J］. Energy Policy, 2003, 31

(4).

［144］Anselin L. Thirty years of spatial econometrics ［J］. Papers in Regional Science, 2010, 89 (1): 3 - 25.

［145］Berry BJL, Marble DF. Spatial analysis: A reader in statistical Geography ［M］. Prentice-Hall, Inc, 1968.

［146］Bhattacharjee A, Jensen-Butler C. Estimation of spatial weights matrix, with an application to diffusion in housing demand ［J］. Crieff Discussion Papers. 0519, 2005.

［147］Chenery H. B. Growth and Transformation. Industrialization and Growth: a comparative study. ［M］. New York: Oxford University Press, 1986.

［148］Cliff A D, Ord J. K. Testing for Spatial Autocorrelation Among Regression Residuals ［J］. Geographical Analysis, 1972, 4 (4): 267 - 284.

［149］Colin Clark. The Conditions of Economic Progress ［M］. London: Macmillan & Co. Ltd, 1940.

［150］Commission of the European Communities, International Monetary Fund, Organisation for Economic Cooperation and Development, United Nations, World Bank. System of National Accounts 2008 ［M］. UN Publishers. New York, 2008.

［151］Dacey M A Review of Measures of Contiguity for two and K-color maps ［J］. In spatial analysis, 1968 (4): 79 - 95.

［152］Elhorst J P. Spatial econometrics: From cross-sectional data to spatial panels ［M］. Berlin: Springer, 2014.

［153］Ercolani J. P. Applied Spatial Econometrics: Raising the Bar ［J］. Spatial Economic Analysis, 2011, 5 (1): 9 - 28.

［154］Ernst D. Upgrading through Innovation in a Small Network Economy: Insights from Taiwan's IT industry ［C］. Science, Technology and Innovation Policy, 2007 Atlanta Conference on. IEEE, 2007.

［155］Garbaccio R. F. Ho, M. S. , and D. W. Jorgenson. Why Has the Energy-output Ratio Fallen in China ［J］. The Energy Journal, 1999, 20 (3).

［156］Geary R. C. , The contiguity ratio and statistical mapping ［J］. Incorporated Statistician, 1954, 5 (3): 115 - 145.

［157］Harris R, Dong G P, Zhang W Z. Using contextualized geographically weighted regression to model the spatial heterogeneity of land prices in Beijing, China [J]. Transactions in GIS, 2013, 17 (6): 901 –919.

[158] Hodrick, Prescott. Postwar US Business Cycles: an Empirical Investigation [J]. Journal of Money, Credit and Banking, 1997 (1): 1 –16.

[159] Hoffmann, Walter G. Stadien and Typender Industrialisterung. Ein Beitragzur uantitaticen Analyse historischer Wirtschaft sprozesse [M]. Jena: Verlag von Gustar Fischer, 1931.

[160] Humphrey WS、Stanislaw J. Economic growth and energy consumption in the UK, 1700 – 1975 [J]. Energy Policy, 1979, 7 (1): 29 –42.

[161] Juan-Carlos Ciscar, Paul Dowling. Integrated assessment of climate impacts and adaptation in the energy sector [J]. Energy Economics, 2014, 46 (11): 531 –538.

[162] Kambara T. The energy situation in China. The China Quarterly, 1992 (131): 608 –636.

[163] Kaname Akamatsu. Trade trend of wool industrial products in Japan [J]. Commercial Economy Review, 1935 (8): 129 –212.

[164] Kooijman S A L M. Some remarks on the statistical analysis of grids especially with respect to econogy [J]. Annals of Systems Research, 1976 (5): 113 – 132.

[165] Kostov P. Model boosting for spatial weighting matrix selection in spatial lag models [J]. Environment & Planning B Planning & Design, 2010, 37 (3): 533 –549.

[166] LeSage J P, Pace R K. Interpreting spatial econometrics models [J]. Handbook of Regional Science, 2014: 1535 – 1552.

[167] Lilien D M. Sectoral Shifts and Cyclical Unemployment [J]. Journal of Political Economy, 1982 (4): 777 –793.

[168] Lin X. and Polenske K R. Input-output Anatomy of China's Energy Use Change in the 1980s [J]. Economic Systems Research, 1995, 7 (1): 67 – 84.

[169] Llop M. Economic Structure and Pollution Intensity within the Environmental Input-output Framework [J]. Energy Policy, 2007 (35): 3410 –3417.

[170] Malenbaum W. Laws of Demand for Minerals [C]. New York: Pro-

ceedings of the Council of Economics, 1975: 147 – 155.

[171] Miyohei Shinohara. The Structure of Saving and the Consumption Function in Postwar Japan [J]. Journal of Political Economy, 1959, 67 (6): 589 – 603.

[172] Moran, PAP. The interpretation of statistical maps [J]. Journal of the Royal Statistical Society Series B Statistical Methodology, 1947, 10 (2): 172 – 243.

[173] Nehru V. A Dhareshwar. Physical Capital and deAnalisis Sources, Methodology Results [J]. Revista De Analisis Economico, 1993, 8 (1): 37 – 59.

[174] Nehru, C. E. A New Brachinite and Petrogenesis of the Group [J]. Lunar and Planetary Science, 1996, 27 (3): 943.

[175] OhI, Wehrmeyer W, Mulugetta Y. Decomposition analysis and mitigation strategies of CO_2 emissions from energy consumption in South Korea [J]. Energy Policy, 2010, 38 (1): 364 – 377.

[176] Peng J et al.. Intercalibration of DMSP-OLS nighttime light data by the invariant region method [J]. International journal of remote sensing, 2015, 34 (20): 7356 – 7368.

[177] Pieper U. Deindustrialization and the Social and Economic Sustainability Nexus in Developing Country Evidence: Cross-Country Evidence on Productivity and Employment [J]. The Journal of Development, 2000, 36 (4): 66 – 99.

[178] Samy Y. Daudclin J. Globalization and Irieguality: Insights from Municipal Level Data in Brazil [J]. Indian Urowth and Development Review, 2013, 6 (1): 128 – 147.

[179] Schurr, S. Netschert, B. Energy in the American Economy 1850 – 1975 [J]. Journal of Political Economy, 1960, 10 (9): 41 – 44.

[180] Shuai Shao et al. Estimation, Characteristics, and Determinants of Energy-Related Industrial CO_2 Emissions in Shanghai (China), 1994 – 2009 [J]. Energy Policy, 2011, 39 (10): 6476 – 6494.

[181] Simon Kuznets. Modern Economics Growth: Findings and Reflec-tions [J]. American Economic Review, 1973, 63 (2): 829 – 846.

[182] Simon Kuznets. National Income and its Composition, 1919 – 1938

[M]. New York: National Bureau of Economic Research, 1941.

[183] Stamer. Strukturwandel and Wirtschaftliche Entwicklung in Deutschland, den USA und Japan [M]. Aachen: Shaker, 1999.

[184] Stern D I. Explaining Changes in Global Sulfur Emissions: An Econometric Decomposition Approach [J]. Ecological Economics, 2002, 42 (1 – 2): 201 – 220.

[185] Sun J. W. Accounting for Energy Use in China 1984 – 1994 [J]. Energy, 1998, 23 (10): 835 – 849.

[186] Tiiu Pass, Friso Schlitte. Regional Income Inequality and Convergence Processes in the EU – 25 [R]. ER-SA Conference Papers, 2006.

[187] United Nations. Integrated Environmental and Economic Accounting [M]. UN Publishers. New York, 1993.

[188] United Nations. United Nations declaration of the human environment [R]. 1972.

[189] V. R. Fuchs. The Service Economy [M]. New York: National Bureau of Economic Research, 1968.

[190] Vernon R. International Investment and International Trade in the Product Cycle [J]. International Economics Policies & Their The oretical Foundations, 1966, 8 (4): 307 – 324.